HISTOIRE

DE LA

SOUVERAINETÉ DE DOMBES

Lyon. — Imp. Aimé Vingtrinier.

HISTOIRE
DE LA
SOUVERAINETÉ DE DOMBES
JUSTIFIÉE PAR

TITRES, FONDATIONS DE MONASTÈRES, ANCIENS MANUSCRITS, ETC.

PAR

Samuel GUICHENON,
Écuyer,
Seigneur de Painnesuyt, chevalier de l'ordre des Saints Maurice et Lazare,
Historiographe de France, de Savoie et de Dombes.

1662

PUBLIÉE

Avec des Notes et des Documents inédits

Par M.-C. GUIGUE,
Ancien élève de l'École des Chartes

DEUXIÈME ÉDITION

SUIVIE DES ADDITIONS ET RECTIFICATIONS, JUSQU'A CE JOUR INÉDITES,
Faites par l'auteur lui-même à son

HISTOIRE DE BRESSE ET DE BUGEY
Imprimée en 1650.

TOME PREMIER.

LYON

Aug. BRUN, libraire, rue du Plat, 13.

BOURG-EN-BRESSE	PARIS
FRANCISQUE MARTIN-BOTTIER	DUMOULIN, LIBRAIRE
Libraire	Quai des Augustins. 13

1874

A Monsieur le Comte

Léonor de Cholier de Cibeins

———

Je dédie cette nouvelle édition de l'Histoire de Dombes, par Guichenon, comme un hommage public rendu aux bons souvenirs laissés, depuis bientôt cinq siècles, dans notre pays, par sa noble famille et comme un témoignage tout particulier de ma cordiale et respectueuse affection,

M.-C. Guigue.

Bourg-en-Bresse, 17 février 1874.

Samuel Guichenon, déjà célèbre par son *Histoire de Bresse et de Bugey*, les faveurs du roi de France, la bienveillance de la cour de Turin et ses relations avec les savants de son siècle, accueillit avec d'autant plus de plaisir et d'empressement la proposition que lui fit, au mois de décembre 1658, Mademoiselle de Montpensier, d'écrire l'histoire de sa souveraineté de Dombes (1),

---

(1) La fixation de cette époque me semble résulter de la lettre suivante de Guichenon à La Mure :

« Quel jugement ferez-vous de moy d'avoir si longtemps gardé le silence ? Je croyois que l'arrivée des deux cours à Lyon vous y attireroit et que j'aurois l'honneur de vous y voir pendant six semaines que j'y ai demeuré ; mais vous avez préféré la satisfaction de vostre cabinet à ces divertissements, en quoy vous avez eu raison ; et je vous jure que si je n'y eusse esté mandé de leurs AA. RR., je n'aurois bougé de chez moy. J'y ay pourtant rencontré tant d'advantage que je ne plains point mes pas. *Mademoiselle m'a engagé à entreprendre l'Histoire de Dombes*, à laquelle je vays m'appliquer dès que j'auray porté celle de Savoye en Piémont... etc. — Bourg en Bresse, ce 1ᵉʳ de l'an 1658. — Le chevalier de GUICHENON. »

Je me fais un plaisir en même temps qu'un devoir de reconnaître que je dois à l'obligeante amitié de M. R. de Chantelauze la communication de cette lettre inédite, destinée, avec une foule d'autres documents curieux, à enrichir le deuxième volume de sa splendide publication de l'*Histoire des ducs de Bourbon et des comtes de Forez*, par le chanoine La Mure.

qu'il avait la conviction que cette œuvre réclamée de son talent par la cousine germaine de Louis XIV, lui rendrait encore, et à la fois, honneur et profit. *L'Histoire généalogique de la royale maison de Savoie*, du reste, était alors sous presse, et il lui était ainsi devenu possible de consacrer tout son temps et de donner tous ses soins à de nouvelles investigations.

Dès les premiers jours de l'année 1659, il fit un appel aux documents en publiant le *Dessein de l'Histoire de Dombes* (1), qui lui amena en peu de temps de nombreuses communications. Riche lui-même d'une grande quantité de matériaux inédits recueillis à l'occasion de ses publications antérieures, et favorisé d'une manière toute particulière par les conservateurs des trésors de Moulins, de Villefranche et de Trévoux, il se vit bientôt en mesure de remplir le programme qui lui avait été tracé. Dix-huit mois s'étaient à peine écoulés depuis son entrevue avec Mademoiselle, que déjà son travail touchait à sa fin.

Le 30 juin 1661, il disait dans une de ses lettres au savant Du Chesnes, conseiller et historiographe du roi, qu'il lui *donnoit la dernière main*; le 18 août suivant, il lui écrivait : *J'achève aujourd'hui, jour de ma naissance et de ma 54ᵉ année, l'Histoire de Dombes. J'en vay donner le ms. au libraire pour le relier et puis je vous l'envoyeray avec supplication très-humble de le présenter à S. A. R. Mademoiselle pour le faire examiner.* Enfin le 4 novembre de la même année, il lui annonçait en ces termes l'envoi de son manuscrit : *Puisque vous m'asseurés que S. A. R.*

---

(1) Voyez ci-dessous, p. XXVII.

Mademoyselle est de retour à Paris en bonne santé, je feray partir la semaine prochaine, sans autre delay, le ms. de l'Histoire de Dombes, et vous adresseray le tout par le messager de Dijon avec la lettre que j'escriray sur ce sujet à Sad. A. R. et à Monsieur Guilloire (son secrétaire) (1).

---

(1) Biblioth. nationale, F. Duchesne, n° 9612. AF. — AG. — Voici quelques autres fragments relatifs à l'*Histoire de Dombes*, extraits des lettres originales de Guichenon à Duchesne :

De Turin, ce 28 may 1661.— Vous ne serés pas marry d'apprendre qu'à la fin mon *Histoire de S.*[avoie] est achevée ! que je l'ai apportée icy, et qu'elle y a esté receü avec un applaudissement universel et inconcevable. Leurs AA. RR. m'ont fait des honneurs et des caresses inouyes, et mon livre, il y a quinze jours, fait tout l'entretien de la Cour. Il y a un mois que je suis en ceste ville, j'espère d'en partir mardy prochain, et dès que je seray au logis je vay faire partir une balle de livres pour Paris, de laquelle je vous feray l'adresse franc de port, avec supplication très-humble de faire vous mesme mes présents. Puisque je n'ay pas esté assés heureux de finir cette histoire par le mariage de S. A. R., je crois que je n'auray pas le mesme malheur pour celle de Dombes, puisque Mademoyselle se marie. Je la vay achever et lui en envoyeray le ms. pour le faire examiner.

A Painessuyt, le 30 juin 1661. — ....Quant à l'article de S. A. R. Mademoyselle, cette princesse est à plaindre, et son histoire aura la mesme fatalité qu'a eu celle de Savoye (c'est-à-dire que cette histoire ne se terminera pas par un mariage). En luy donnant mon livre (l'*Histoire de Savoie*), vous aurés occasion de parler de l'*Histoire de Dombes*, à laquelle je donne la dernière main. Elle en aura bientost le ms., duquel je ne souhaite pas d'être le porteur, tant à cause des grandes affaires que j'ay, que parce que venant de faire un grand voyage, il n'y a point d'apparence d'en entreprendre un plus long ; outre, qu'entre vous et moy, il n'y a pas plaisir de s'engager à une semblable despense sans estre asseuré de son bâton. A bon entendeur salut......

Sans date. — Je n'ay rien à vous répéter sur l'article de S. A. R. Mademoyselle, m'estant assez expliqué par ma dernière. Vous la pourrés seulement asseurer qu'elle aura une fort jolie histoire et très-curieuse Je ne doute pas qu'estant à Paris je ne la puisse augmenter, mais les voyages coustent trop. Je deviens vieux, incommodé de la goutte; j'ay des affaires et je perds beaucoup quittant le cabinet ; ainsy, à moins d'estre asseuré d'une reconnaissance qui surpassat les frais de la courvée et que S. A. R. ou

Les espérances que notre historien avait conçues en entreprenant son dernier ouvrage ne se réalisèrent pas.

M. Guilloire m'escrivissent de faire le voyage, je ne le feray point. C'est à vous, s'il vous plaist, de mesnager la chose.

A Painessuyt, le 15 juillet 1661. — Escrivés-moy par le premier ordinaire à qui vous aurés donné de mes livres... Quant à M. de Segrés, c'est un homme que je ne connois point, quoique son mérite ne me soit pas inconnu. Si vous jugés qu'il soit nécessaire de le gratifier d'un exemplaire et qu'il soit homme à me servir auprès de S. A. R. Mademoyselle pour l'examen de mon *Histoire de Dombes*, ... je feray ce que vous me conseillerés.

A Painessuyt, le 5 d'aoust 1661. — Quant à S. A. R. Mademoyselle,.... son histoire ne peut pas me tenir plus loin de quinze jours. Je lui en envoyeray le ms. pour le faire examiner, et si l'on me fait justice, cette princesse aura matière à se louer de moy, qui ay eu l'industrie de faire un éléphant d'une mouche, sans toutefoys avoir mis quoyque ce soit hors d'œuvre.

A Bourg. le 9 de septembre 1661. — ...Demain, je vay à Painessuyt prendre le chemin de nos vendanges ; j'emporte mon *Hist. de Dombes* pour la relire. Je la vous envoyeray par la voye du messager de Dijon pour la présenter à S. A. R. Mademoyselle, avec une lettre que je luy escriray. Vous sçavés comme l'on peut obliger ses amis en de semblables rencontres.....

A Painessuyt, le 13 d'octobre 1661. — ...Nonobstant neuf accès de fièvre quarte, une furieuse diarrhée, difficulté d'uriner et les hémorroïdes qui m'ont affligé extraordinairement, à Cesseria, pendant nos vendanges, j'ay achevé de lire l'*Histoire Domboyse*, laquelle je vous envoyeray par la voye du messager pour la présenter à S. A. R. Mademoyselle dès que je la saurai de retour à Paris.

A Painessuyt, le 21 d'octobre 1661. — Dès que sçaurai le temps de retour de S. A. R. Mademoyselle à Paris, je feray partir l'*Histoire Domboyse* à vostre adresse par le messager de Dijon. Je ne vous dis rien sur ce chapitre, parce que vous sçavés bien ce qui se peut faire pour un ami en pareille rencontre.

A Painessuyt, le 21 d'octobre 1661. — ...J'ay déjà fait ma lettre pour S. A. R. Mademoyselle et pour M. Guilloire, et estois prest de faire partir mes deux volumes ms. de l'Histoire Domboyse à vostre adresse ; mais n'estant pas certain de la santé de cette A. R. ni de son retour à Paris, j'ai sursoyé l'envoy et de la lettre que je vous faisois sur ce sujet.

A Bourg, le 14 d'avril 1662. — Je suis ravy que vous ayés receu la lettre de change de M. Duport et qu'à la fin nous soyons hors d'affaires de ce côté-là. Je voudrais bien l'estre avec S. A. R. Mademoyselle, et pour cela je vous conjure de tout mon cœur et par toute l'amitié que vous m'avez pro-

Les commissaires chargés par Mademoiselle d'examiner son manuscrit lui signalèrent ses tendances à favoriser les prétentions de la maison de Savoie sur quelques terres de Dombes et conclurent à la révision ou à la suppression d'une partie du texte. Guichenon ne voulut accéder à aucune des propositions qui furent faites dans ce but, aimant mieux voir supprimer son œuvre que de la voir mutiler. Dans la crainte cependant qu'après sa mort elle ne fût corrigée ou publiée sous un autre nom que le sien, il en fit faire sous ses yeux une copie littérale, au verso du titre de laquelle il écrivit de sa main la déclaration suivante :

« Cette histoire a esté entreprise sur commandemant de S.A.R. Mademoyselle, souveraine de Dombes. Mais ayant esté veüe et examinée tant par elle que par ceux qu'elle a députés, Sadite A. R. n'a pas jugé à propos de la faire imprimer, par motif d'estat, à cause que cette souveraineté ne se trouve pas dépendante immédiatement de l'empire ou de la couronnne de France, mais bien de celle de Savoye, outre qu'il y a plusieurs terres de cette Principauté mouvantes de Cluny, de l'Eglise de Lyon et des comtes de Forests ; laquelle mouvance cette princesse ne veut pas avouer. Si j'eusse voulu consentir que ces vérités fussent dissimulées ou desguisées, l'ouvrage eût esté imprimé; mais j'ay mieux aimé que cette A. R. en retirast de moy la minute escrite de ma main et tous les titres, papiers et mémoires dont je me suis servy, que de faire cette lâcheté indigne d'un homme qui fait profession d'honneur et d'estre historien ; de sorte que pour

---

mise de vous y employer, sans vous lasser, auprès de M. Guilloire et d'y faire agir MM. d'Amigny et de Segrais, affin que mon esprit soit en repos de ce costé-là et que je sache à quoy je m'en dois tenir. Mais n'y perdez pas, s'il vous plaist, une heure de temps. A la pareille.

(Biblioth. nation., ibid.)

empescher qu'un jour ce livre, tombant entre les mains de quelque autre, ne fût chastié et imprimé sous un autre nom que le mien, j'en ay fait faire ceste coppie de diverses mains, pour servir de mémoire aux miens tant seulement.

« A Bourg, le 25 du mois de mars 1663.

« Signé : GUICHENON. »

Guichenon mourut le 8 septembre 1664. Son fils et sa fille recueillirent sa succession et s'engagèrent, moyennant 3,000 livres, à remettre à Mademoiselle non-seulement la minute, mais encore tous les documents utilisés par leur père dans son *Histoire de Dombes*. C'est ce que nous apprend la note suivante écrite de la main d'un des neveux de Guichenon, au verso du troisième feuillet de la copie précitée :

« Ensuite des propositions qui avoient desjà esté faictes par Mademoiselle ou par ses officiers durant la vie de Monsieur Guichenon, auteur de cette histoire, pour en retirer la minute et tous les titres, papiers et mémoires dont il s'estoit servy pour la composer, on a traité avec le sieur Penet, lieutenant-général à Trévoux, qui a payé ou fait payer 3,000 livres, moyennant quoy on a remis la minutte et tout le reste, sans en rien réserver qui soit à ma connaissance, que ceste copie que M. Guichenon avoit fait faire pour servir de mémoire et d'instruction aux siens tant seulement, et affin qu'il leur restât encore quelques pièces de son travail, ainsi qu'il la marqué luy mesme dans le revers du premier feuillet de cette copie contenant le titre de l'ouvrage ; si bien que pour suivre son intention nous l'avons gardée et n'avons pas cru d'estre obligés à la remettre, parce que nous n'avons jamais promis que la minutte, les titres, papiers et mémoires dont M. Guichenon s'estoit servy pour composer l'histoire, et encore que nous n'avons faict faire nulle copie despuis sa mort ; mais comme celle-cy avoit esté auparavant faite et qu'elle n'estoit pas du nombre des pièces qui avoient servy à l'histoire, on a creu aussi qu'elle n'estoit pas comprise dans les choses qu'on avoit promis et qu'on a remis fort exactement; néantmoins on voit bien que l'intention de Mademoiselle et celle de son agent a esté d'en supprimer toutes les copies, que s'ils avoient sceu s'expliquer et nous demander celles qui pourroient avoir été faictes durant la vie aussi bien que despuis la mort, nous n'aurions pas peu refuser celle-cy, etc.

« A Bourg, en 1673. »

Nous nous abstenons de toute réflexion sur la manière dont l'*Histoire de Dombes*, vouée, en vertu d'un contrat, à la destruction la plus complète, nous a été conservée. Nous constatons seulement, qu'au dernier siècle, plusieurs transcriptions ont été faites sur la copie originale. Louis Aubret, conseiller au Parlement de Dombes, qui écrivait sur nos pays, vers 1730, entre autres, en possédait une qu'il prit le soin d'annoter. Nous reproduisons ses notes d'après le manuscrit de la ville de Trévoux dont nous nous sommes surtout servi pour établir cette édition.

Aucune de ces transcriptions, de même que la copie originale qui se trouve aujourd'hui à la Bibliothèque nationale (1), n'est accompagnée des pièces justificatives. Nos recherches pour les découvrir ont été infructueuses. Tout ce que nous avons pu nous procurer c'est

---

(1) Des descendants directs de Guichenon, cette copie originale passa à la famille Favier de Pontoux, qui la possédait en 1747. En 1760, un M. Favier de Pontoux la donna à un de ses neveux, ainsi que l'apprend la note suivante écrite sur le recto du feuillet précédant le titre de ladite copie :

Ce vingt février 1760, j'ay donné à M. de Borsat, mon neveu, ce manuscrit, le priant d'en user suivant les nottes écrittes au commencement de cette histoire de la main de M. Guichenon, de mon ayeul et de mon père, de qui je le tiens. — Signé : Favier de Pontoux.

la table de ces pièces conservée aussi à la Bibliothèque nationale, dans les portefeuilles de Fontanieu, nos 736-737; Provinces, vol. C. D. Nous reproduisons cette table *in extenso* (1), avec des indications qui aideront peut-être un jour à les reconstituer, si l'on ne parvient pas à en trouver le recueil complet.

Depuis 200 ans que l'*Histoire de Dombes* a été écrite, bien des découvertes ont été faites, bien des faits obscurs éclaircis par la critique; néanmoins Guichenon reste encore, sur beaucoup de points historiques et généalogiques, la seule autorité possible, plusieurs des sources où il avait puisé étant complètement taries. En publiant cette nouvelle édition de la dernière œuvre de notre vieil historien, nous nous sommes attachés surtout à rectifier les erreurs qui lui étaient échappées et à faire connaître les documents les plus importants relatifs au pays de Dombes qui existent encore dans les grands dépôts de l'Etat.

---

(1) Voyez ci-après, p. 13.

NOTICE

DES

TITRES DE LA PREMIÈRE PARTIE DU VOLUME DES PREUVES

DE

L'HISTOIRE MANUSCRITE DES DOMBES

Par GUICHENON

Sentence rendue par Philippes d'Aurillia, légat du pape, sur les différens du comte de Savoye, du seigneur de Beaujeu, du dauphin de Viennois et de l'abbé de l'Isle-Barbe, à cause de la mareschaussée et limites des terres de Montluel, de Miribel et de Fontaines, de la garde du prieuré de Rillieu et des isles du Rhône. Du mois de septembre 1326 (1).

Hommage d'Isabelle, comtesse de Forest, dame de Beaujeu, à Philippes, comte de Savoye et de Bourgogne, pour les terres de Bugey et de Valromey. Sans datte.... Tiré de la Chambre des comptes de Savoye, ainsi que les deux titres suivants.

Lettres de la même Isabelle audit Philippes, comte de Savoye, par lesquelles elle le prie de recevoir Louis, son fils, à hommage des terres de Bugey et de Valromey, dont elle lui a fait donation. Sans datte.

Promesse d'hommage faite au même comte de Savoye, par Louis, seigneur de Beaujeu, des mêmes terres et de quelques autres châteaux. Sans datte.

Extraits des titres de la Chambre des comptes de Paris, inventaire de Beaujollais. — Envoyé par M. Vion, seigneur d'Erouval.

Observation. — Pour l'intelligence de cet extrait, il est nécessaire d'observer que l'établissement des deux royaumes de Bourgogne fut une usurpation sur la

---

(1) Cette charte doit se retrouver dans les archives du Rhône.

France, faite par des seigneurs puissants qui, s'étant érigés en souverains, ne reconnurent plus l'autorité affaiblie des descendants de Charles-Magne ; les deux royaumes de Bourgogne réunis passèrent aux empereurs en la personne de Conrad le Salique ; mais les empereurs éprouvèrent eux-mêmes ce que nos rois avaient éprouvé. Les seigneurs du pays les voyant éloignés dans le fond de l'Allemagne et de l'Italie, s'emparèrent de toute l'autorité et ne les reconnruent plus que par de vains hommages, au moyen desquels ils ne leur obéissaient que lorsque leur intérêt, souvent même leur caprice, les déterminait à obéir. Ce fut ainsi que les comtes de Savoye se regardèrent comme maîtres du pays qui est entre la Saône et le Rhosne comme faisant partie du royaume de la Bourgogne transjurane, et dans cette étendue, la principauté de Dombes et tout ce qui en dépend se trouve compris ; c'est aussi par la raison de l'extension des deux Bourgognes jusques au Rhosne que, dans les actes, et même encore aujourd'hui par abus, la rive gauche de ce fleuve est appelée le costé de l'empire. Guichenon, écrivain françois né à Mâcon, corrompu par l'argent de la maison de Savoye, a écrit l'histoire de cette maison, celle de Bresse, dans le principe d'autoriser ses usurpations. Mademoiselle, devenue souveraine de Dombes, le choisit pour écrire l'histoire de cette principauté. Cette princesse, haute et fière, n'ayant pu parvenir à être reine de France, voulait au moins régner sur ce qui lui appartenait dans le royaume, et elle ne pouvait mieux s'adresser qu'à Guichenon pour servir cette chicane. Guichenon a rassemblé dans son manuscrit tout ce qu'il a pu, c'est-à-dire tous les actes du temps des comtes et ducs de Savoye. Il a donné pour des droits ce qui, en effet, ne venait que de l'usurpation, et voilà pourquoi son ouvrage a toujours été censuré quand on l'a voulu mettre en lumière, et le sera toujours (1).

L'extrait dont il s'agit ici a été fait par Guichenon dans ces principes ; les actes qui y sont énoncés sont des dates suivantes : 1231, 1247, 1247, 1296, 1297, 1299, 1301, 1302, 1309, 1309, 1312, 11 octobre 1333, 12 juin 1337, 6 octobre 1340, 1350, 28 mars 1353, 20 avril 1356, 1364, 13 décembre 1364, 1371, 7 avril 1373, 12 septembre 1379, 8 octobre 1388, 1391, 1392, 1397, 13 septembre 1399, 1402, 1402 ter, 25 juillet 1402, 1403, 1404, 18 mars 1404, 1406, 1407, 1409, 1412, 1413, 17 juillet 1415, 29 mars 1416, 29 novembre et 4 décembre 1418, 28 octobre 1436, 8 octobre 1438, 1440, 1461, 1488, 1522 (2).

Traité entre Isabelle, comtesse de Forest, et Louis, son fils, sieur de Beaujeu, d'une part, et Henri, chevalier, seigneur de Varax, son fils et autres, d'autre part. Du jour de la feote Saint-André 1270.

---

(1) Il n'est pas nécessaire de faire observer que tout ce qui concerne Guichenon, dans cette observation, est d'une flagrante injustice.

(2) Non-seulement l'inventaire, mais aussi tous les titres rappelés dans cet extrait existent encore aux archives nationales, dans les séries PP. et P,

Communiqué à Guichenon par M. de la Mure, chantre et sacristain des dames de Montbrison.

Extrait d'un registre de la Chambre des comptes de Paris, cotté Inventaire des titres étant en la Chambre des comptes à Villefranche, appartenant à Monseigneur le duc de Bourbon et d'Auvergne, à cause de la baronnie de Beaujeu, fait en l'an 1470.

Communiqué à Guichenon par M. Vion, sieur d'Hérouval.

Même observation que sur l'extrait précédent des titres de l'inventaire du Beaujollais.

Les actes compris dans cet extrait sont des dates suivantes : 1218, ..., mars 1240, 1248, 1272, 1273, 1285, 1286 et 1290, 1314, 1225 bis, 1326, 1334, 5 juillet 1337, 1337, 1340, 1376, 1383, 1389, 1400, 1402, 18 mai 1409, 1425, 1431, 1433, 21 juillet 1436, septembre 1441, 1441 bis, 1462 (1).

Traité entre Humbert, seigneur de Beaujeu, et Humbert, seigneur de Luyrieu, de l'an 1222.

Tiré de la chambre des comptes de Savoye.

Traité entre Aymon, comte de Savoye, et Edouard, sire de Beaujeu, du même jour 5 juillet 1337 (2).

Tiré de la même chambre des comptes.

Traité entre Aymon, comte de Savoye, et Edouard, seigneur de Beaujeu, du 5 juillet 1337.

Tiré du trésor du Beaujollois.

Traité de partage entre Estienne, abbé de Cluny, et Humbert, sire de Beaujeu, du 11 des calendes de mai 1233 (3).

Tiré de la bibliothèque de Cluny.

Autre traité entre les mêmes et sur le même sujet du mois de juillet 1239 (4).

Donation de Mont-Hugon au monastère de Chassaigne, par Estienne, sieur de Villars, de l'an 1175.

Tiré des archives de ce monastère.

Lettres du duc de Bourbon, contenant acceptation des trèves entre lui et le duc de Savoye, du 24 janvier 1461.

Tiré des archives de Turin et communiqué par M. Rocca, conseiller et archiviste de son Altesse Royale.

Bulle de Calixte II pour l'Evesque et Chapitre de Saint-Vincent de Mâcon, à cause de Mont-Goudin. Entre 1121 et 1125.

---

(1) V. la note précédente.

(2) V. pour ce titre et le suivant l'Histoire généalogique de la maison de Savoie, preuves, p. 162.

(3) L'original de ce titre est conservé aux archives nationales, dans la série P., carton 1391, cote n° 582, le texte en a été donné, dans la Bibliotheca Dumbensis, par M. Valentin-Smith, p. 134.

(4) Original, ibid., P. 1391, cote 581 ; texte ibid., p. 141.

Tiré de l'ancien cartulaire de ladite église (1).

Déguerpissement des droits que le seigneur d'Anton avoit à Mont-Goudin, en faveur de la même église de Mâcon, de l'an 1247.

Tiré du même cartulaire.

Autre déguerpissement de Guy-l'Enchainé et de ses enfants en faveur de la même église de Mâcon, des droits qu'il pouvoit avoir acquis ou usurpés à Mont-Goudin, de l'an 1152.

Tiré du même cartulaire.

Traité d'accord de donation et eschange fait par Jean, roi de France, et Amédée, comte de Savoye, à la charge d'en faire, par ledit comte, foy et hommage, datté de Paris du 4 janvier 1354.

Extrait de plusieurs traités et lettres contenant ratification de trèves entre les duché et comté de Bourgogne, d'une part, et les pays de Charolloys, le comté de Bourbonnois, le comté de Forest, la seigneurie de Beaujollois, Châtel-Chinon, etc.

Ces titres sont des dattes suivantes : 6 et 21 juin 1414, 20 juillet 1414, 17 février 1417, 18 mai 1420, 20 mars 1421, juillet 1423, 7 février 1424, 7 septembre 1431, 14 et 29 mars 1432, 24 octobre 1433, 4 décembre 1434, 6 février 1434 et 1434 ter.

Donation réciproque entre Amé-le-Grand, comte de Savoye, et Guichard, sire de Beaujeu, du 7 des calendes de juillet, indiction 7, année 1308.

Tiré des archives de Turin et communiqué à Guichenon par M. Rocca, conseiller et archiviste de S. A. R. le duc de Savoye.

Priviléges accordés par le roi François Ier aux manans et habitans du pays de Dombes, contenant création d'un conseil souverain en la ville de Lyon, pour juger souverainement et en dernier ressort les causes et appellations des juges ordinaires et d'appeaux des susdits manans et habitans de Dombes. Du mois de novembre 1523. Donnés à Lyon.

Contrat de mariage de Pierre de Bourbon, seigneur de Beaujeu, avec Anne de France, du 3 novembre 1473 (2).

Communiqué par M. de la Marre, conseiller au Parlement de Dijon.

Provisions d'une charge de conseiller-maitre des requêtes au Parlement de Dombes, accordées par Mademoiselle de Montpensier, souveraine de cette principauté, à M. André Amiot, baron de Bully, lieutenant en la conservation de Lyon, données à Paris le dernier jour de novembre 1652, et de la souveraineté (de Mademoiselle) le vingt-quatrième.

Codicile d'Antoine, chevalier, seigneur de Beaujeu, fait à Montpellier le 12 août 1374 (3).

---

(1) V. ce cartulaire, qui vient d'être publié.

(2) Le texte de ce contrat doit se trouver aux Archives nationales, dans la série P.

(3) Texte aux Arch. nationales, P. 1367, c. 1572. P. 1368, c. 1586, et à la Bibliothèque nationale, mss. fr. Brienne, n° 313, f° 53.

Tiré des archives de S. A. R., à Turin, et communiqué par M. Rocca, son conseiller et archiviste.

Rolle du ban et arrière-ban de Dombes, de l'an 1534.

Lettres patentes de Gaston, duc d'Orléans, père et tuteur de Mademoiselle de Montpensier, et, en ces qualités, gardien et usufruitier de la souveraineté de Dombes, contenant déclaration des degrés de noblesse nécessaires pour être pourvu des charges de conseillers et maîtres des requêtes au Parlement de Dombes, données à Paris le 28 novembre 1648.

Extrait des registres du Parlement de Dombes (1).

Traité entre Marguerite de Beaujeu, princesse de la Morée, et Robert de Grancey, chevalier, et Jeanne de Beaujeu-sur-Saône, sa femme, du mois d'août 1386.

Tiré des archives de Turin et communiqué par M. Rocca.

Déclaration en forme d'édit, qui règle les tailles réelles de Dombes pour les forains, donnée par François, prince souverain de Dombes, duc de Montpensier, au château de Champigny, le 29 juin 1583.

Extrait des registres du Parlement de Dombes.

Edit de Louis de Bourbon, duc de Montpensier, contre les religionaires dans sa souveraineté de Dombes.

Cet édit se trouve déchiré dans les registres du Parlement de Dombes, là où commencent ses dispositions contre les protestants (2).

Arrest du parlement de Dombes contre les religionaires de cette souveraineté, prononcé à Lyon, le 7 janvier 1568.

Extrait des registres du Parlement de Dombes.

Déclaration du roi Louis XIII par laquelle il confirme le pays du Beaujollois dans l'exemption des édits de nouvelle création d'offices de judicature, accordée en faveur des seigneurs dudit pays, par les rois ses prédécesseurs, du 13 janvier 1629.

Acte par lequel Edouard, seigneur de Beaujeu, renouvelle entre les mains d'Amédée, comte de Savoye, l'hommage par lui précédemment fait au comte Aimon, père dudit Amédée, de la seigneurie de Beaujeu. Datté d'Haute-Combe, le 26 juin 1343.

Tiré du protocolle de Jean Renaud, secrétaire du comte Amédée.

Autre acte par lequel les ambassadeurs d'Amédée, comte de Savoye, requièrent le dauphin de Vienne, qu'attendu que la seigneurie de Beaujeu est tenue en fief du comte de Savoye, n'y pouvant en aucune façon porter la guerre, il ait à y procurer incessamment la paix, et à rétablir le seigneur de ladite terre dans tous

---

(1) Les registres du Parlement de Dombes sont conservés dans les archives de la Côte-d'Or.

(2) Le texte de cet édit, daté du 2 avril 1571, est conservé, moins les formules finales, dans un mss. appartenant à M. Raffin, ancien maire de Trévoux.

ses droits et biens, en tel et semblable état qu'ils étoient avant les hostilités qui ont été commises par les gens dudit dauphin de Vienne. Du 15 avril 1348.

Tiré d'un autre protocole dudit Renaud, et les deux pièces précédentes communiquées à Guichenon en extraits collationnés par sieur César-Félix Rocca, archiviste de S. A. R. à Turin.

Lettres de noblesse accordées par Mademoiselle de Montpensier, souveraine de Dombes, à sieur Hugues d'Héridal, capitaine de la ville et château de Lent en ladite souveraineté, données à Lyon le 8 décembre 1658, et de la souveraineté de Mademoiselle le 30e.

Extrait des registres du Parlement de Dombes.

Traité de ligue entre les ducs de Bourgogne et de Savoye contre le duc de Bourbon. Fait à Chambéry le 12 février 1404.

Au bas de cette pièce, communiquée en original à Guichenon par M. Pérard, conseiller du roi en ses conseils et doyen de la chambre des comptes de Dijon, sont dessinés le grand et le petit sceau d'Amédée, comte de Savoye.

Notice de quelques faits historiques concernant la principauté de Dombes, des années 1414, 1425 bis, 1434, 1442, 1449, 1468 et 1477.

Sans indication de l'endroit d'où Guichenon les a tirés.

Transport du cœur du duc de Montpensier, tué à l'expédition de Naples, dans l'église de Saint-Estienne de Belle-Ville, du 24 avril 1532.

Communiqué à Guichenon par M. Dauderet, de Besançon

Franchises concédées aux habitants de Meximieux par Louis, seigneur de Beaujeu, du 10 janvier 1337 (1).

Sans indication de l'endroit d'où elle sont tirées.

Investiture donnée par le comte de Savoye, surnommé le Verd, à Edouard, sire de Beaujeu, de ses terres de Dombes, du 20 février 1377.

Tiré du trésor de Beaujollois (2).

Traité contenant partage provisionel fait par Edouard de Beaujeu et Jaqueline de Linière, de leurs terres et seigneuries à François et Jaques de Beaujeu, leurs fils, du pénultième novembre 1464.

Investiture donnée par Jaqueline de Linière, veuve d'Edouard de Beaujeu, à François de Linière, son fils, des château, terres et seigneuries de Linière, Rocery, Thyenne, Vermiels, Bois, Raoulx, la Maigne et le Petit-Bois, etc., du 20 novembre 1465.

Donation par ladite dame de Linière, veuve d'Edouard de Beaujeu, audit François de Beaujeu, desdits château, terres et seigneuries, dudit jour 20 novembre 1465.

---

(1) L'original de ces franchises existe encore dans les archives de la commune de Meximieux.

(2) Cette charte, indiquée comme extraite du trésor du Beaujolais, doit se retrouver à Dijon.

Nota. C'est la donation en conséquence de laquelle a été donnée l'investiture qui précède dans le volume.

Edit de Henri, prince souverain de Dombes, duc de Montpensier, portant que toute imposition sera déclarée réelle en Dombes, donné à Rouen le 3 novembre 1596.

Extrait des registres du Parlement de Dombes.

Lettre du duc d'Anjou au duc de Montpensier, du 20 juin 1568.

Tirée sur la minute sans signature.

Lettre du duc de Montpensier au roi, du 1er juin 1568.

Lettre du prince dauphin au roi, du 8 mars 1568.

Lettre du duc de Montpensier à la reine, du dernier jour d'août 1568.

Lettre du même duc de Montpensier au duc d'Anjou, du dernier jour d'août 1568.

Ordre du duc Charles de Montpensier à..... de conduire cinq cents lansquenets en garnison dans la ville de Décize. Donné à Dijon le 26 avril 1514.

Lettre de Guillaume de Rochefort, chancelier de France, à M. le comte de Clermont et de la Marche, seigneur de Beaujeu, du 6 novembre.....

Lettre de Gui de Rochefort, chancelier de France, à M. le duc de Bourbon. Dattée de Mâcon le dernier de septembre....

Lettre du R. P. François Binet, général des Minimes et successeur de saint François de Paule, à Madame Anne de France, duchesse de Bourbon, du 16 décembre 1516.

Nota. Les originaux des lettres précédentes sont conservés dans la bibliothèque de M. Achille de Harlai de Beaumont, maître des requêtes, desquelles le R. P. Jacob de Saint-Charles, carme, a donné des copies (1).

Lettre du duc de Montpensier au roi, du dernier mars 1579.

Lettre du même Louis de Bourbon, duc de Montpensier, au roi, du dernier jour de mars 1579.

Lettre du même au roi, du 16 septembre 1579.

Autre lettre du même au roi, du 15 octobre 1578.

Autre lettre du même Louis de Bourbon au roi, du 19 novembre 1574.

Lettre du Révérend Père Jacob de Saint-Charles, carme, à M. Guichenon, de Paris, le 5 juillet 1659.

Lettre du duc de Montpensier au roi. Du camp de Villeboys, le 1er may.

Lettre du même duc à la reine. De la même date que la précédente.

Lettre du prince dauphin à la reine. Du camp d'Aigre, le dernier décembre 1569.

Lettre du duc de Montpensier au roi. De Saumur, le 1er octobre 1568.

Lettre de Madame la duchesse de Montpensier à la reine. De Champigny, le 11 may.

---

(1) Ces lettres doivent exister dans la Bibliothèque nationale, mss. fr.

Erection en fief, par Mademoiselle de Montpensier, de la maison, fonds et pourpris de Montluelde, près de Trévoux, en faveur du sieur Cachet, Du mois de juin 1661, et de la souveraineté de Mademoiselle le 34e.

Communiqué à Guichenon par le sieur Cachet, fils.

Déclaration d'Henri, duc de Bourbon et de Montpensier, par laquelle il affranchit de main-morte les biens de la chastellenie de Chastelard. Donné à Lyon au mois de janvier 1601.

Communiqué par M. Cachet, ancien procureur de S. A. R. de Dombes.

Priviléges et franchises de Villefranche, concédés et confirmés par Humbert et Guichard de Beaujeu. Du mois de novembre 1260 (1).

Déclaration de Mademoiselle de Montpensier pour la levée et la perception de ses droits de francs-fiefs, nouveaux aquêts et amortissement dans la souveraineté de Dombes. Donné à Paris le 8 juin 1658, et de la souveraineté de Mademoiselle le 32e.

Extrait des registres du Parlement de Dombes.

Arrêt du Parlement de Dombes, qui ordonne l'enregistrement de la déclaration précédente, du 18 décembre 1658.

Extrait des registres.

Lettres d'érection en marquisat de la baronnie d'Antigny, en faveur du sieur Claude de Damas et de dame Claude-Alexandre de Vienne, données par Louis XIV au mois de septembre 1654.

Charte collective de toutes les acquisitions et donations faites au doyenné de Mont-Berthoud, dépendant de l'abbaye de Cluny, du 5 des ides de septembre 1097.

Autre charte par laquelle le comte de Mâcon, Jean de Dreux, et Alix son épouse déclarent qu'ils n'ont aucun droit dans le village de Montberthoud et abandonnent, au surplus, à l'abbaye de Cluny tous ceux qu'ils peuvent y avoir, de l'an 1237.

Charte du comte Guillaume, de Vienne et de Mâcon, par laquelle il rend la liberté et les franchises au village de Montberthoud, du mois de janvier 1221 (2).

Charte du comte Jean de Dreux et d'Alix, son épouse, semblable et de la même date que celle ci-dessus, de l'an 1237 (mois de janvier) (3).

Charte de Renaud, frère de Guillaume, comte de Vienne et de Mâcon, aussi concernant le village de Montberthoud, du mois de juillet 1228.

Nota. Toutes les chartes ci-dessus concernant le village de Montberthoud sont tirées des archives de Cluny, qui les conserve la plupart en originaux.

Donation du maix de Mont-Hugon au monastère de Chassaignes par Estienne de Villars, de l'an 1175.

---

(1) Original dans les archives de Villefranche; texte dans l'Histoire du Beaujolais de M. de la Carelle.

(2) Nous avons donné le texte de cette charte dans nos notes sur Guichenon. V. ci-après t. 1.

(3) V. le texte dans la Bibliotheca Sebusiana, cent. 1, cap. XLVII, p. 102.

Donation faite par Monseigneur Henri de Bourbon, duc de Montpensier, et prenant la qualité de prince souverain de Dombes, de son duché de Saint-Fargeau, à Monseigneur le duc d'Orléans, en considération de son futur mariage avec Mademoiselle de Montpensier, du 14 février 1608.

Lettres du duc de Bourbon, contenant acceptation des tresves entre lui et le duc de Savoye, du 24 janvier 1461.

Tirées des archives de Turin et communiquées à Guichenon par M. Rocca, conseiller-archiviste de S. A. R. de Savoye.

Arrest du Conseil d'Etat privé du roi, tenu à Chambéry, qui ordonne qu'un prisonnier accusé d'un assassinat commis en Dombes sera conduit à Lyon, pour lui être son procès fait et parfait par les officiers du Parlement de Dombes, du 12 septembre 1600 (1).

Extrait des registres du Conseil privé du roy.

Lettres patentes d'Henri IV, addressées au prévôt de son hôtel, portant ordre de conduire le même prisonnier des prisons de Chambéry dans celles de Lyon, du 12 septembre 1600 (1).

Arrest du Conseil d'Etat privé du roi, rendu en faveur de Mademoiselle de Montpensier, contre la cour des aydes de Paris, du 14 avril 1610.

Extrait des registres du Parlement.

Arrest du Conseil d'Etat privé du roi en faveur du ressort du Parlement de Dombes, du 8 mai 1654.

Déclaration du roi Louis XIII sur le rang, séance et préséance du Parlement de Dombes, du 14 septembre 1624.

Lettres patentes du même roy concernant les honneurs, priviléges et franchises, immunités et exemptions dont doivent jouir les officiers du Parlement de Dombes, du mois de septembre 1611 (2).

Extrait d'un livre manuscrit de la bibliothèque de M. Guichenon, intitulé le promptuaire des monnayes, Article des monnayes de Dombes.

Lettres d'eschange de quelques droits de justice dans la souveraineté de Dombes, entre Madame la duchesse de Montpensier et le seigneur de Fléchières, du mois de février 1620, et de la souveraineté de Mademoiselle le 13e.

Enregistrées au Parlement le 13 may suivant.

Actes de soumission, dépôt, publication, faits en exécution dudit échange, etc.

Notice de quelques faits historiques concernant la souveraineté de Dombes, des années 1403, 1410, 1412, 1414, 1417, 1419, 1431, 1528 et 1531.

Sans indication de l'endroit d'où Guichenon les a tirés.

Reconnaissance par Hugonin de la Guiche, qu'il tient en fief de Robert, duc de Bourgogne, tout ce qu'il possède au village de la Guiche, du mois de novembre 1286.

---

(1) (2) V. le texte dans le recueil des droits et priviléges du Parlement de Dombes, imprimé à Trévoux, en 1741.

Arrest de la cour du Parlement, qui juge que l'on doit se servir de la mesure de la tour de Belleville pour lever les servis en grains, du 14 août 1643.

Sentence de la jurisdiction ordinaire de Belleville, qui juge la même chose en faveur des habitants de Tapponas, du 12 mars 1585.

Priviléges du pays de Dombes.

Verbal de l'extrait desdits priviléges et leurs publication et enregistrement au bailliage, du 15 novembre 1559.

Lettres patentes de François 1er, roi de France, seigneur souverain de Dombes, contenant l'institution du Parlement de Dombes, d'un gouverneur, des officiers de justice et de la monnaie de Trévoux, et immunités de toutes tailles, données à Lyon au mois de novembre 1523 (1).

Extrait des registres du Parlement.

Lettres patentes du roi François 1er, contenant la séparation de la Dombes et du Beaujollois, soit pour le gouvernement, soit pour la justice, soit pour les charges. Données à Evreux, au mois d'avril 1543. Enregistrées au Parlement de Dombes le 18 avril 1544, et en l'élection du Beaujollois le 26 mai suivant (2).

Lettres patentes d'Henri II contenant la confirmation des priviléges de Dombes. Données à Fontainebleau au mois de février 1547 (3).

Enthérinement des précédentes lettres de confirmation, en la cour des aydes de Mâcon, du 28 may 1550.

Lettres patentes du roi Henri II, contenant une plus expresse déclaration des priviléges de Dombes, particulièrement de ce qui touche le payement de la subsistance des gens de guerre et assistance des garnisons. Données à Fontainebleau au mois de mars 1549. Par le roy, signées par l'évêque de Bayonne (4).

Enregistrées au Parlement de Dombes le 2 avril suivant.

Lettres patentes du roi Henri II, contenant l'établissement d'un bailliage à Trévoux et plusieurs règlements sur le fait de la justice, données à Paris au mois de may 1558 (5).

Extrait des registres du Parlement de Dombes.

Lettres patentes de François II portant confirmation des priviléges de Dombes, du mois de décembre 1559 (6).

Extrait des registres du Parlement.

Confirmation des priviléges du pays de Dombes par Louis de Bourbon, duc de Montpensier, donnée à Paris le 16 juin 1561.

Confirmation des mêmes priviléges par Monseigneur François, duc de Montpensier, souverain de Dombes, du 29 juin 1583.

---

(1), (2), (3), (4), (5), (6) Id.

Confirmation des privilèges dudit pays de Dombes, par Henri, duc de Montpensier, du mois de juin **1594**.

Arrêt du Conseil de S. A. R. touchant la confirmation des privilèges dudit pays de Dombes, du 5 janvier.

Extrait des registres du Conseil de S. A. R.

Lettres de confirmation des mêmes privilèges, par S. A. R. Gaston, duc d'Orléans, du 7 janvier 1628.

NOTICE

DES

TITRES DE LA DEUXIÈME PARTIE DU VOLUME DES PREUVES

DE

L'HISTOIRE MANUSCRITE DES DOMBES

Par GUICHENON

Concession de Renaud, comte du Forest, et d'Isabeau, dame de Beaujeu, sa femme, aux religieux de l'abbaye de Chassaigne, du mois d'avril 1268.

Edit du duc Jean touchant la justice, guet, garde, dons et contributions, donné à Villefranche le pénultième février 1463 (1).

Edit pour le même fait de Pierre de Bourbon, souverain de Dombes, du 5 mai 1485 (2).

Hommage de Guichard de Beaujeu à l'Église de Lyon, de l'an 1208.

Traité entre Guy, comte de Forest, et Renaud de Forest, archevêque, et le chapitre de Lyon, touchant l'hommage de Chamelet tenu par Humbert, sire de Beaujeu, du mois de juin 1222.

Déclaration de Guy, comte de Forest, pour l'archevêque et l'Église de Lyon, du mois de mars 1222.

Convention entre le sire de Beaujeu et l'Église de Lyon pour l'exercice de la justice de leurs sujets du pays de Dombes de l'an 1319 (3).

Donation de la baronie de Beaujeu, faite par Isabelle, comtesse de Forest, au profit de Louis, son fils, du mois d'octobre 1272. Collationnée au mois d'avril 1281 (4).

---

(1) Nous possédons une copie du texte de cet édit.
(2) Id.
(3) L'original est dans les archives du Rhône, arm. Elias, vol. 14, pièce n° 8.
(4) Nous avons donné dans nos notes, t. I, p. 198, le texte de cette donation d'après l'original, conservé aux archives nationale, P. 1366, cote 1488.

Confirmation, par Marguerite de Beaujeu et Guichard son fils, de la donation faite par Humbert de Beaujeu en faveur de la Chartreuse de Polletin, de vingt sols forts lyonnois dus audit Humbert sur les terres et possessions vendues à ladite maison de Polletins par Guy de Labetie, du mois de janvier 1251.

Charte de Guichard, sire de Beaujeu, pour la même Chartreuse, du mois de mars 1252.

Donation de la baronnie de Beaujeu faite à Louis II, duc de Bourbon, par Edouard, seigneur de Beaujeu, du 23 juin 1400 (1).

Contrat de mariage de Louis, duc de Bourbon, et d'Anne de Forest, du 19 août 1361.

Titre par lequel Estienne, sire de Thoire et de Villars, deuxième du nom, soumet Trévoux et autres places à l'Église de Lyon, du mois de mai 1243 (2).

Charte de Guichard, sire de Beaujeu, en faveur de l'abbaye de Belle-Ville, de l'an 1193.

Traité entre Humbert, sire de Beaujeu, et l'abbaye de Saint-Rambert en Bugey, du mois de juin 1236 (3).

Bulle de Grégoire IX en faveur d'Humbert de Beaujeu, du mois de décembre 1239.

Traité entre Amé de Savoye, seigneur de Bresse, et Edouard, deuxième du nom, sire de Beaujeu, par l'entremise du duc d'Anjou, du 26 juin 1382.

Mariage de Sybille de Beaujeu avec Reinald de Baugé, du mois de janvier 1228.

Lettre du roi Charles VII au prince. Tirée de l'original, qui est aux archives de S. A. R., du 10 may 1460.

Titre du fief et noblesse de la maison et fonds en dépendant appelés de Biard, autrement la Serpolière, donné à Lyon au mois de janvier 1601.

Enregistré au Parlement le dernier jour du même mois.

Franchises de Thoissey par Guichard, seigneur de Beaujeu, de l'an 1310 (4).

Privilèges de Marlieu par Humbert, seigneur de Thoire et de Villars, du mois de juin 1308 (5).

Confirmation des mêmes privilèges par Humbert, seigneur de Thoire et de Villars, du 15 mars 1408 (6).

Confirmation des mêmes privilèges par Pierre, duc de Bourbon, du mois de mars 1489.

---

(1) V. archives nationales, P. 1370, c. 1905.
(2) Texte dans la Bibliotheca Dumbensis, p. 144, d'après un registre des archives de la Côte-d'Or.
(3) V. cette charte aux Arch. nationales, P. 1990. c. 473, et le texte ci-après dans nos notes, t. I.
(4) V. le texte de ces franchises dans la Bibliotheca Dumbensis, p. 77.
(5) Id. Ibid.
(6) Original arch. nationales. p. 1392, c. 635.

Enthérinement des lettres de confirmation ci-dessus par le bailly du Beaujollois, de l'an 1491.

Confirmation des mêmes priviléges par François 1er, du mois de janvier 1535.

Confirmation des mêmes priviléges par Henri II, du mois de septembre 1548.

Vente des seigneuries de Trévolz, Ambérieu et le Chastellard à Louis, duc de Bourbon, par Humbert, seigneur de Thoire et de Villars, du 11 avril 1402 (1).

Traité entre Guichard, archevêque de Lyon, et Humbert, sire de Beaujeu, sans date.

Copie du vidimus du testament de Guichard IV, sire de Beaujeu, du mois de novembre 1263 (2).

Franchises par Renaud, comte de Forest, seigneur de Beaujeu, et Isabelle, son épouse, pour le village et territoire de Lent, du mois d'avril 1269 (3).

Titre par lequel Charles, duc de Bourbon, promet foi et hommage au duc de Savoye, de quelques terres du pays de Dombes, du mois de septembre 1438.

Titre par lequel Henri de Villars, seigneur de Trévolz, archevêque de Lyon, soumet Trévoux à l'Eglise de Lyon, du 15 juillet 1301 (4).

Transaction entre Anne de France, duchesse de Bourbon, et Charles de Bourbon, comte de Montpensier, depuis duc de Bourbon, connestable de France, du 26 février 1504 (5).

Testament de Suzanne, duchesse de Bourbon, du 15 décembre 1519 (6).

Traité entre Amé de Savoye et Edouard de Beaujeu, au sujet de la foi et hommage de quelques terres du pays de Dombes, du dernier may 1383 (7).

Traité de trèves entre les seigneurs de Bresse et de Beaujeu, du 11 juillet 1378.

Ratification desdites trèves par le duc de Bourgogne et le sire de Beaujeu, le 11 octobre 1378 et 25 mars 1379.

Ordonnance du bailli de Mascon pour empescher la guerre entre le comte de Savoye et le sire de Beaujeu, du 26 avril 1380.

Continuation de tresve par l'entremise de Berthon de Marcenai, ambassadeur du roy, entre Amédée, comte de Savoye, et Edouard, sire de Beaujeu, du 12 juin 1380.

---

(1) V. le texte de cette vente dans la Bibliotheca Dumbensis, d'après l'original conservé aux arch. nationales, P. 1390. c. 624.

(2) Nous avons donné le texte de ce testament dans nos notes sur l'*Histoire de Dombes*, de Guichenon, ci-après, t. I.

(3) V. le texte de ces Franchises dans la Bibl. Dumbensis, p. 6.

(4) Id. Ibd., p. 221.

(5) Cette transaction doit se retrouver aux arch. nationales, dans la série P.

(6) Le texte de ce testament doit être publié dans l'*Histoire des ducs de Bourbon et des comtes de Forez, de la Mure*, édité par M. R. de Chantelauze.

(7) V. Arch. nationales, P., c. 1173.

Franchises de Trévoux, concédées par Henri de Villars, archevêque de Lyon, Humbert de Thoire et de Villars, et Humbert de Villars, son fils, de l'an 1300 (1).

Franchises d'Ambeyrieu, concédées par Humbert, seigneur de Thoire et de Villars, du 13 juin 1361.

Déclaration d'Edouard, sire de Beaujeu, seigneur de Dombes, du privilége des gentilshommes, de ne payer aucunes tailles en Dombes. Du 4 juillet 1380. Collationnée sur l'original par deux notaires de Bourg, le 19 mai 1655.

Investiture donnée par le comte Verd à Edouard, sire de Beaujeu, de toutes les terres de Dombes, du 20 février 1377.

Reconnaissance passée par Edouard, sire de Beaujeu, à Aymond, comte de Savoye, du 2 septembre 1306 (2).

Déclaration du roi François 1er en faveur des habitants de Dombes, du mois de novembre 1523, après la révolte de Charles de Bourbon, connestable de France (3).

Vente faite par Guichard, sire de Beaujeu, du château de Saint-Bernard, au doyen et au chapitre de l'Eglise de Lyon. Du mois de may 1264 (4).

Lettres patentes du roy Charles VIII par lesquelles il enjoint au duc de Bourbon de faire exécuter, dans ses terres et seigneuries de Dombes, ses ordonnances touchant la réception des contrats. Du 6 aoust 1494.

Lettres patentes du roy par lesquelles il exempte le Forest, le Beaujollois et ressort dudit Forest des francs-fiefs, nouveaux aquêts et marcs d'argent pour les notaires, avec la confirmation du privilége. Du mois de novembre 1465. — Suivent les actes d'enregistrement et vidimus.

Lettres de Pierre, duc de Bourbon, au bailly du Beaujollois, concernant les devoirs et charges des habitants du pays de Dombes. Du 5 may 1485 (5).

Ordonnance de Jean, duc de Bourbon, seigneur de Beaujeu, pour le même objet. Du pénultième février 1463 (6).

Lettres de Louis XI au Bailly de Beaujollois, portant concession en faveur de Jean, duc de Bourbon, du ressort des comtés de Forest, baronnie et seigneurie du Beaujollois, de Maleval, Roannois, etc., au Parlement de Paris, du mois de novembre 1465.

Ordonnance du bailly et juges de Forest concernant les papiers et registres des amendes desdits pays. Du 13 octobre 1467.

Lettres patentes de Jean, duc de Bourbon, pour l'expulsion des Juifs de la

---

(1) V. le texte de ces Franchises dans la Bibl. Dumb., p. 11.
(2) La date de 1306 est évidemment fautive.
(3) Texte dans le Recueil des droits et priviléges du Parlement de Dombes.
(4) Texte dans la Bibliotheca Dumbensis, p. 158.
(5) Nous possédons une copie de ces lettres.
(6) Id.

ville de Trévoux. Données au mois d'avril 1467, et scellées du scel ordinaire en l'absence du grand.

Lettres d'injonction du même duc de Bourbon aux officiers de ses chambres des comptes et grand Conseil et à ses bailly et juges du Beaujollois, de tenir la main à l'exécution des précédentes lettres concernant l'expulsion des Juifs de Trévoux. Données au château de Moulins, le 22 mars 1467, et scellées du scel particulier en l'absence du grand.

Articles de trèves arrêtés entre le duc de Bourbon et le comte de Savoye, le 9 octobre 1469.

Transaction passée à Orléans entre le roi François II, présent avec plusieurs princes, seigneurs et magistrats assemblés pour la tenue des Etats, et dame de Long-Vil, duchesse de Montpensier, fondée de la procuration de Louis de Bourbon, son époux. Du 27 septembre 1560 (1).

Suit la procuration passée à Paris le 11 octobre 1560.

Compromis entre le bailly de Bresse pour le duc de Savoye et le bailly de Beaujollois pour le duc de Bourbon. Du 27 septembre 1496.

Fragment d'un livre ou chronique manuscrite trouvée au magasin de Belle-Ville du temps des troubles, l'an 1561, concernant les sires de Beaujeu (2).

Tiré de l'extrait fait à Villefranche et signé Ballet.

Annotation sur l'arbre généalogique de l'arbre de Beaujeu.

A la suite de la chronique.

Sauvegarde de Guichard, sire de Beaujeu, pour la Chartreuse d'Arvières, en Valromey. Du..... environ 1200.

Copies vidimées de tous les édits, déclarations et lettres patentes, tant des rois de France que des souverains de Dombes, concernant les priviléges dudit pays de Dombes. Des.... etc.

Reconnaissance d'hommage faite pour les terres du Beaujollois par Antoine, seigneur de Beaujeu, à Amédée, comte de Savoye. Sans datte.

Copies vidimées sur les lettres originales à la réquisition d'Amédée, comte de Savoie, de sept actes d'hommages rendus par les sires de Beaujeu, aux comtes de Savoie, pour les terres de Beaujollois.

Autre copie rendue par Edouard, seigneur de Beaujeu, à Amédée, comte de Savoye. Sans datte.

Autre hommage fait par Edouard, seigneur de Beaujeu, à Amédée, comte de Savoye, de toutes ses terres en deçà de la Sône, et *debiti tredicim millia francorum auri*... Sans datte.

Autre hommage fait, à Paris, par Edouard, seigneur de Beaujeu, à Amédée, comte de Savoye. Sans datte.

---

(1) Texte dans le Recueil des droits et priviléges du Parlement de Dombes.

(2) Nous avons publié le texte de cette chronique dans le n° du mois de mars 1854 de la *Revue du Lyonnais*.

Copie vidimée et collationnée sur le titre original, à la réquisition d'Amédée, comte de Savoye, de l'hommage rendu par les nobles du pays de Dombes aux comtes de Savoye, comme à leurs souverains. Sans datte (1).

Transaction entre Edouard, seigneur de Beaujeu, et Aymon, comte de Savoye. Sans datte.

Fin du volume des preuves de l'Histoire manuscrite de Dombes, par Guichenon.
(Bibl. Nationale, Fontanieu, Portefeuilles, n° 736,737, Provinces, vol. C. D.)

---

(1) 8 septembre 1398. — V. le texte de ce document dans la Bibl. Domb., p. 322.

DESSEIN

DE

L'HISTOIRE DE LA SOUVERAINETÉ DE DOMBES

par Samuel GUICHENON

Ecuyer,
seigneur de Painessuyt, chevalier de l'ordre des Saints Maurice et Lazare,
Historiographe de France, de Savoye et de Dombes. (1)

La principale satisfaction des historiens n'est pas seulement de mériter l'approbation de ceux qui les employent ou qui ont la curiosité de les lire, mais d'avoir travaillé pour leur propre réputation, en ne débitant que des choses véritables et en recherchant avec des soins extraordinaires, tout ce qui peut donner de la lumière ou de l'ornement à leurs ouvrages; parce que sans cela ils s'exposent, et croyant d'avoir fait quelque chose pour les autres, n'ont rien fait du tout pour eux.

En effect, ce n'est pas assés de faire une histoire, il la faut traitter avec toute la dignité et l'exactitude que le sujet le veut. Celle des provinces estant presque tousjours plus vaste et aussi la plus difficile, à cause qu'elle comprend beaucoup de matières dont un historien ne peut pas prendre l'entière connoissance dans son cabinet, cette entreprise demande des voyages sur les lieux et dans les pays du voisinage. Outre cela, il faut avoir des amys et des habi-

---

(1) A Lyon, chez GUILLAUME BARBIER, imprimeur ordinaire du Roy, en la place de Confort, M.DC.LIX, 8 pp. in-4°.

tudes particulières avec tous les curieux, pour en tirer du secours. Car, qui est l'homme si universel qui puisse sçavoir tout ce qui concerne l'histoire d'une province? Et qui est la province qui puisse fournir toutes ces instructions nécessaires pour en composer l'histoire? puisque nous voyons tous les jours que nos voisins, par les guerres que nous avons eües avec eux et par la connexité d'affaires, ont eu bien souvent ou plus de bonheur ou plus de prudence que nous à conserver la mémoire des choses plus anciennes qui nous regardent.

C'est par ces considérations que ceux qui se sont mêlez d'écrire avec succès, en ce siècle, des histoires générales ou particulières de pays et de familles souveraines, en ont publié par avance les projets, afin d'inviter tout le monde à les ayder.

Mais sans chercher des exemples ailleurs, les avantages que j'ay rencontré, d'en avoir ainsi usé pour mes premiers ouvrages, m'ont fait résoudre à publier le *Dessein de l'Histoire de Dombes*, dont Mademoiselle, qui est princesse souveraine, m'a donné l'employ, espérant que cette prévoyance ne me sera pas inutile et que ceux qui ont de la vénération pour cette grande Princesse, l'une des merveilles de ce siècle, ou de l'intérest en cette entreprise, ou de l'inclination à servir les curieux, ne me refuseront pas la communication de tout ce qu'ils auront qui touche cette histoire, puisque je ne suis point plagiaire et que j'ay toujours reconnu ces sortes de faveurs publiquement et avec toute la franchise que le plus critique pouvait souhaiter.

Et afin que personne ne se puisse excuser de l'assistance que je demande, voicy le plan de mon ouvrage :

HISTOIRE DE LA SOUVERAINETÉ DE DOMBES

Livre Ier.

Contenant la situation, description, rivières, singularités, richesses et qualité du pays : quels peuples l'ont autrefois habité et comme il fut soumis aux Authunois, puis aux Romains, Bourguignons, François, Roys d'Arles et de la Bourgogne Transjurane, et de là aux Empereurs d'Allemagne.

Livre II.

Les commencements, le progrès et l'établissement de cette souveraineté, sous les comtes de Lyon, de Mascon et de Chaalon, sires de Beaugé et de Bresse, de Beaujeu, de Thoire et de Villars, comtes et ducs de Savoye, ducs de Bourbon et de Montpensier, depuis l'an 1050 jusqu'à l'an 1660.

Livre III.

Histoire généalogique de l'illustre maison de Beaujeu, de la première et seconde lignée, dès l'an 900 jusqu'à l'an 1400, avec leurs armes, sceaux, alliances, employs et sépultures, ou par occasion je traitteray ce qu'il y a de plus considérable en l'histoire de Beaujollois, et les branches de cette famille, sçavoir des seigneurs de Montpensier et d'Hermant, des seigneurs de Montferrant et du Broc, des seigneurs de Perreux, des seigneurs d'Amplepuys et de Linières, et des seigneurs de Joux-sur-Tarare.

Livre IV.

Eloges généalogiques des ducs de Bourbon et de Montpensier, princes souverains de Dombes, avec leurs actions plus remarquables concernant la souveraineté de Dombes et le pays de Beaujollois, dès l'an 1400 jusqu'à présent.

Livre V.

Institution du Parlement, du bailliage et de la Monnoye de Trévoulx. Liste des principaux officiers du Parlement, des gouverneurs et des baillifs. Priviléges du pays de Dombes.

Livre VI.

Origines des villes, chasteaux, bourgs, fiefs et maisons ecclésiastiques de Dombes. Leurs fondations, titres et antiquités.

Livre VII.

Généalogies des familles nobles originaires ou establies en Dombes, et de celles qui y possèdent des seigneuries ou des fiefs, avec leurs armes, charges et alliances, par ordre alphabétique.

Livre VIII.

Contenant les preuves de l'ouvrage, c'est-à-dire les mariages et les testaments de la maison de Beaujeu et des ducs de Bourbon et de Montpensier, princes de Dombes; leurs traittés avec les comtes et ducs de Savoye et les roys de France, à cause de cette souveraineté. Les fondations de divers monastères et églises de Dombes et de Beaujollois. Infeudations de seigneuries, priviléges et franchises des villes, et autres titres curieux qui servent de fondement à une histoire.

Ceux qui me voudront faire la grâce de m'escrire et de m'envoyer des mémoires et des papiers, le pourront faire à Bourg en Bresse, lieu de ma résidence ordinaire, ou les adresser à Monsieur Barbier, imprimeur ordinaire du roy, en la place de Confort, à Lyon, qui doit imprimer cet ouvrage, et ils travailleront pour la postérité et obligeront infiniment

Leur très-humble et très-obeyssant serviteur.

Le chevalier GUICHENON.

A

SON ALTESSE ROYALE MADEMOISELLE

Mademoiselle,

Cet ouvrage ne devroit être présenté qu'à Votre Altesse Royale, puisqu'il est sien en toutes façons, m'aïant commandé de l'entreprendre et ne traitant que de ce qui lui appartient; ainsi, il ne faut point d'excuse si j'ai pris la liberté de le lui offrir, parce que ce n'est point un présent que je fais, mais une dette que j'acquitte.

Je n'ai pas la témérité, Mademoiselle, de louer ce travail, c'est assez de gloire pour moi que V. A. R. m'ait jugé digne d'y mettre la main, entre tant de fameux historiens qui servent d'ornement à ce royaume. J'ose seulement assurer, Mademoiselle, qu'un autre n'eut pas eu tant de bonheur que moi à rencontrer les matériaux dont il est composé, ni apporter tant de soins à les chercher, ni tant d'ordre à les ranger, ni tant de fidélité à les publier que j'ai fait, n'aïant rien avancé que sur la foi des historiens qui m'ont devancé, ou sur des titres anciens, manuscrits, monuments et autres témoignages irréprochables.

Je me persuade que V. A. R. *aura bien de la joie d'apprendre l'ancien état de cette province, sous la domination de combien d'empereurs et de rois elle a été avant que d'être libre et indépendante, comme elle a commencé, comme elle s'est accrue sous les sires de Beaujeu, ses plus anciens seigneurs, les révolutions et les changements qu'elle a soufferts, et comme enfin elle a recouvré son premier éclat sous les ducs de Bourbon et de Montpensier, vos illustres prédécesseurs.*

La Dombes se doit donc estimer heureuse de ce qu'après tant de marques de la bienveillance et de la protection de Votre Altesse Royale, elle reçoit encore une seconde vie, s'il est vrai, Mademoiselle, comme il n'en faut pas douter, que les historiens font revivre les morts et redonnent l'être aux choses que le temps avoit ensevelies. De sorte que si la souveraineté de Dombes est redevable de sa naissance à la faveur des empereurs, de son rétablissement à la bonté de nos rois et de sa durée à la générosité et à la valeur des princes de la royale maison de Bourbon, l'on peut dire avec sujet qu'elle l'est aussi à V. A. R. *de la pensée qu'elle a eue de lui procurer la publication de ces glorieux avantages.*

Mais ne semble-t-il pas, Mademoiselle, qu'en faisant ce petit éloge à la province de Dombes, je suis obligé d'en faire un à celle qui en est la princesse souveraine, et qu'il est mal séant d'avoir parlé de l'ouvrage et de l'ouvrier et de ne rien dire de V. A. R. *dont l'incomparable génie a animé et l'un et l'autre. Je n'ose pas néantmoins, Mademoiselle, toucher à votre panégyrique, car qui pourroit en trouver d'assés éloquent pour exagérer la grandeur de la naissance de Votre Altesse Royale, l'excellence et la vivacité de son esprit, les avantages de sa personne et tant d'autres éminentes vertus qui vous ont acquis l'estime de l'une des plus accomplies princesses de l'Europe. Il vaut bien mieux, pour ne rien faire qui soit au-dessous d'un si sublime sujet, se tenir dans un silence respectueux et admirer avec toute la terre ce qui ne peut jamais être assés loué ; c'est où je veux finir cette épître, Mademoiselle, et par la protestation inviolable d'être toute ma vie, avec des sentiments particuliers de soummission, de passion et de reconnaissance,*

Mademoiselle

De Votre Altesse Royale

Le très-humble, très-obéissant et très-obligé serviteur

Le chevalier GUICHENON.

PRÉFACE

Quoique le païs de Dombes soit de petite étendue et à peine connu des géographes et des historiens, l'histoire néanmoins en étoit difficile, parce qu'elle n'avoit point été traitée, outre que les auteurs qui ont écrit celle des provinces voisines ou des familles qui ont possédé cette souveraineté, ont si peu considéré la Dombes qu'ils n'en ont pas daigné parler, ou s'ils l'ont fait, ça été avec tant d'indifférence ou d'obscurité, que ceux qui auroient eu la curiosité de s'en informer, n'y auroient pas rencontré leur satisfaction.

En effet, nous n'en trouvons rien dans les histoires de Lyon de Guillaume Paradin et de Claude de Rubis, ni dans celle des archevêques de Lyon, de Jacques Severt, bien qu'il ait eut souvent occasion d'en parler. Les généalogistes des maisons de Beaujeu et de Bourbon n'en disent aussi mot; ni l'*Histoire de la ville et des évêques de Mâcon*, de Fustailler, de Bugnon, du P. de Saint-Julien et de Severt, ni celles de Tournus et de Châlon, du même Saint-Julien et du R. P. Perry; ni les *Annales de Bourgogne* de Guillaume Paradin; ni son livre *De antiquo Burgundiæ statu*; ni les *Mémoires historiques du comté de Bourgogne*, de Louis Gollut, ni les historiens de Savoye et de Dauphiné. M. Duchêne, en ses *Antiquités des villes et châteaux de France*, n'en a touché qu'un mot en passant. Davity et Ranchin, *au Nouveau Théâtre du Monde*, n'ont ébauché cette matière que fort légèrement. J'estime d'en avoir plus dit dans mon *Histoire de Bresse et de Bugey* et dans celle de la *Royale maison de Savoye* que tous ces historiens ensemble. Toutefois, comme je n'ai traitté que les choses qui avoient quelque liaison avec les matières de mon sujet, mon travail en cela ne pouvoit pas beaucoup contribuer à l'histoire du païs de Dombes; ainsi il m'a fallu faire comme ceux qui ont formé le dessein d'un édifice, et qui, n'en ayant que la place, sont engagés d'en chercher les matériaux et de prendre le bâtiment par le pied. J'ai donc été obligé, pour m'acquitter avec honneur de l'emploi que S. A. R. Mademoiselle m'a donné, de rechercher dans le païs même tout ce qui pouvoit ou éclaircir ou illustrer cet ouvrage, aïant à cet effet feuilleté fort exactement tous les titres des villes, châteaux et communautés de Dombes et les registres du Parlement; outre cela, j'ai vu le thrésor des titres du Beaujollois à Villefranche, l'archive du chapitre de Beaujeu et celles des abbaïes de Belleville, de Jougdieu et de Brienne, fondées par les sires de Beaujeu. Et parce qu'à l'ordinaire il nous faut emprunter de nos voisins ce que nous n'avons pas, j'ai visité encore les titres de l'illustre Eglise et chapitre de Lyon, des abbaïes de Cluny, de l'Isle-Barbe et de Chassaigne, de la Chartreuse de Poletins, de l'église de Saint-Vincent de Mâcon, les chambres des comptes de Paris, de Grenoble, de Savoye et de Dijon, l'archive de Montpellier, de Moulins et de Turin, et le thrésor des chartes du roy, d'où j'ai tiré les principales instructions et mémoires qui m'ont aidé à composer cette histoire, de laquelle j'espère que le sujet sera autant agréable par sa nouveauté et par l'ordre que j'y ai tenu, que par les matières que j'y traite. Car il n'est personne, entre ceux qui ont quelque connoissance de l'histoire de France, qui ne sache que la Dombes est une souveraineté, mais aussi personne jusqu'ici n'en a sçu la véritable origine, ni par quels moyens elle est parvenue à ce degré d'élévation. Feu M. Dupuy, conseiller d'Etat et garde de la bibliothèque du roy, dans son pénible et curieux ouvrage intitulé : *Traités touchant les droits du roy très-chrétien sur plusieurs états et seigneuries possédés par divers princes voisins*, en a dit quelques particularités, mais non avec toutes les lumières nécessaires, ainsi que la suite de ce livre le fera voir, où je donne l'état ancien de ce païs, les origines des villes, châteaux, fiefs, maisons ecclésiastiques; quand cette principauté a commencé, de combien de pièces elle a été composée, les révolutions que le païs a souffertes par les divers changements de souverains, les généalogies de la maison de Beaujeu et des deux branches de Bourbon qui ont possédé cette souveraineté, l'institution du Parlement et des officiers du bailliage de Dombes, la liste des gouverneurs et des baillifs, les priviléges de la province et les généalogies des familles nobles qui en sont issuës ou qui y tiennent des seigneuries et des fiefs, avec tout ce qu'ils ont fait de curieux et de remarquable, l'armoirial des maisons nobles et des plus considérables dont il est parlé en cette histoire; et à la fin j'y ai logé les Preuves qui sont le fondement de l'ouvrage, duquel j'attends plus de gloire pour avoir obéi au commandement d'une si grande et si généreuse princesse, que de réputation d'avoir tiré de l'oubli un païs si longtemps négligé.

Mais comme un galant homme doit toujours reconnoître les faveurs qu'il a reçues, je suis obligé de nommer ceux qui ont eu la bonté de m'assister dans cette entreprise, tant pour m'acquitter de ce que je dois à leur générosité, et de ce que j'ai promis en la publication du Projet de cette histoire, que pour inviter les curieux à faire part de leurs recherches à ceux qui travaillent pour la postérité. M. le comte de Marillac, conseiller du roy en ses conseils, doïen de l'illustre Eglise de Lyon, m'a communiqué les titres de son église; feu M. Dinet, doïen de l'Eglise de Mâcon, l'ancien cartulaire de Saint-Vincent de Mâcon; dom Benoît de la Porte, religieux, et M. Brides, seigneur de Mia, grand juge de Cluny, m'ont ouvert l'archive de ce célèbre et fameux monastère; M. Le Laboureur, ancien prévôt de l'Isle-Barbe, m'a prêté le cartulaire de cette abbaïe et celui de Savigni en Lyonnois; le R. P. Ménétrier, de la compagnie de Jésus, M. de la Marre, seigneur de Chevigny, conseiller au Parlement de Dijon, M. Dufresne, seigneur du Cange, trésorier général de France en la généralité de Picardie, M. Perrard, conseiller du roy en ses conseils et doïen de la chambre des comptes de Dijon, M. Lantin, Me en ladite chambre, m'ont donné diverses pièces et mémoires. M. de Vion, seigneur d'Hérouvat, m'a aussi envoyé plusieurs titres de la chambre des comptes de Paris; M. du Bouchet, conseiller et maître d'hôtel ordinaire du roy, quelques pièces concernant les anciens seigneurs de Montpensier et de Montferrand, de la branche de Beaujeu; et M. Rocca, conseiller et archiviste de S. A. R. de Savoye, à Turin, m'a favorisé de divers extraits de titres très-curieux qu'il a tirés de l'archive de Turin, laquelle il a rangée avec tant d'ordre et en a fait un inventaire si exact, que non-seulement on y trouve sans peine tous les titres concernant les états de S. A. R. de Savoye, mais encore ceux des provinces qui leur ont été soumises. Sur les lieux, M. de Chavannes, seigneur de la Rey, conseiller au conseil de S. A. R. Mademoiselle, et en son Parlement de Dombes et M. Cachet, seigneur de la Montluelde, conseiller au conseil de Sadite A. R. et ancien procureur fiscal du bailliage de Dombes, ont pris des soins si extraordinaires, pour m'aider en mes recherches, que je n'ai point de termes assez obligeants pour leur en témoigner mon ressentiment.

En Beaujollois, M. Garnier, très-digne doïen de l'Église collégiale de Beaujeu, m'a fait voir l'ancien cartulaire et les titres de ce chapitre; M. Mignot, lieutenant général, et M. de la Balmondière, procureur du roy au bailliage de Beaujollois, M. Fabry, sieur de la Barre, lieutenant général, et M. Bergeron, sieur de Fontenailles, élu en l'élection de Beaujollois, m'ont procuré, les uns l'entrée au thrésor de Villefranche, et les autres des titres et des instructions avec tant de franchise, que je suis obligé de m'en louer.

HISTOIRE DE DOMBES

HISTOIRE DE DOMBES

LIVRE PREMIER

CONTENANT LA DESCRIPTION GÉNÉRALE ET LES SINGULARITÉS DU PAYS, QUELS PEUPLES L'ONT AUTREFOIS HABITÉ ET QUELS ONT ÉTÉ LES SEIGNEURS JUSQU'A CE QU'IL FUT SOUMIS A L'EMPIRE.

La Dombes est située entre la Saône, la Bresse et le Franc-Lyonnois. Elle a de 7 à 8 lieues de long sur 3 ou 4 de large, et en des endroits moins, parce que la figure en est irrégulière. Elle est divisée en douze châtellenies, qui ont pouvoir d'envoyer des députés aux assemblées générales. Il y en a huit qui sont du domaine du prince, sçavoir : Trévoux, Beauregard, Lent, Le Châtelard, Ambérieu, Villeneuve et Montmerle. Les autres appartiennent à des seigneurs particuliers qui les ont eues des princes de Dombes ou par inféodation, ou par engagement, sçavoir : Chalamont, Saint-Trivier, Ligneux et Baneins, ce qui compose cinquante-deux paroisses ou clochers, et plus de cent maisons ecclésiastiques, seigneuries, fiefs et châteaux, entre lesquels le P. Monnet s'est mépris de loger ceux de Sandrans et de Glareins, qui sont du pays de Bresse et frontières de la Dombes. (Combien y a-t-il de principautés souveraines et de républiques libres en Europe qui n'ont pas une si grande étendue). Quoi qu'il en soit, la souveraineté est une prérogative si illustre et si glorieuse, qu'il n'y a point de petit Etat, pourvu qu'il soit souverain.

Quant aux rivières qui arrosent le pays de Dombes, la Saône est la principale ; sa source est en la montagne de Vosges (1). proche le lieu d'où sort la Meuse. Elle passe à Montureux, Jonvelle, Ray, Rigny, Gray, Auxonne, Saint-Jean-de-Laône, Verdun où elle reçoit le Doubs, Châlon, Tournus, Mâcon, près de Thoissey, Montmerle, Beauregard, Saint-Bernard, Trévoux, Vimy (2), et se perd à Lyon dans le Rhône, auprès d'Ainay. Son ancien nom est *Arar*, qui, en langue celtique, selon Goropius Becanus, signifie *arrêter, retarder*. Aussi Pline (*Hist. nat.* l. 3, cap. 3) appelle cette rivière paresseuse, *segnem Ararim* qui est la même épithète que lui donne Silius Italicus (*de Bell. pun.*).

Quorum serpit Arar per rura pigerrimus unda.

César a remarqué en ses Commentaires (lib. 2. *de Bell. gall.*) que son cours est si lent que l'on a peine à le discerner: *Flumen est Arar*, dit-il, *quòd per fines Æduorum et Sequanorum in Rhodanum influit incredibili lenitate, ita ut oculis in utram partem fluat judicari non possit*. Ce que Vibius Sequester a dit presque en mêmes paroles (lib. 16. *de Fluminib.*) : *Arar Germaniæ fluminis e Vogeso monte miscetur Rhodano, qui ita lenè decurrit, ut vix possit intelligi decursus ejus.* Autant en a été dit par un ancien poète (*Scevoc. in Aposth. gall.*) :

Ararq. dubitans quo suos cursus agat.

Aussi chez un poète moderne (*Perard Bartholin. Austriard.* lib. 5), ce fleuve est nommé *lentus Arar* ; ce qu'il a dit après Claudian :

Lentus Arar Rhodanusque celer et dives Iberus.

---

(1) A Viomenil (Vosges).
(2) Aujourd'hui Neuville-sur-Saône.

Et ailleurs :

  Quos Rhodanus velox, Araris quos tardior ambit.

Un autre le nomme *mitis Arar*.

Mitis Arar Rhodanas molliter intrat aquas. (*Vivant. Fortunat.* lib. 15.)

Ammian Marcellin l'appelle *Sauconam*, Grégoire de Tours, Paradin en ses *Annales de Bourgogne*, le même et Du Rhubis (1) en leur *Histoire de Lyon*, Hauteserre en ses *Recherches de la Gaule aquitanique*, Opmerus en la *Chronologie*, disent qu'elle fut nommée *Sangona, à sanguine,* à cause qu'elle fut teinte du sang de dix-neuf mille martyrs massacrés à Lyon avec saint Irénée, l'an de salut 202. Mais il y a aussi peu d'apparence à cela qu'à ce que Plutarque récite de cette rivière *(lib. de Fluminib.)*, dont il dit que le premier nom étoit *Brigulus*, que fabuleusement il prétend avoir été changé depuis en celui d'*Arar*. Dans les titres de sept à huit cents ans, au lieu de *Saucona* et *Sangona*, il y a partout *Sagona*, d'où est venu le nom de *Saône* ou de *Sône* (2).

Après la Saône il y a Chalaronne, laquelle vient du grand étang de Joyeux en Bresse, dans la paroisse de Montalier ; de là, enflée de l'eau de plusieurs étangs, elle passe au Châtelard, à Châtillon-de-Dombes, Saint-Etienne, Saint-Didier, et à Thoissey, d'où elle va se rendre en Saône. Le nom de cette rivière est fameux par le martyre de saint Didier, évêque de Vienne en Dauphiné, arrivé au mois de juin de l'an 615; car les historiens qui en ont parlé, racontent que ce fut *in territorio Lugdunensi, apud Prisciniacum villam, juxta fluvium Calaronam, ubi natales sancti Desiderii colitur, n° Kalend. jun.* Papire-Masson, l'autheur de l'*Indiculus Florum Lugdunens.*, et Coulon, disent que ce *Prisciniacum* est Brignais en Lyonnois, vis-à-vis de Fesin, le Rhône entre deux, et *Calarona* la rivière de Garon, qui passe à Brignais. Paradin et De

---

(1) De Rubis.

(2) V. sur ces anciens noms l'excellente Monographie de la Saône, par M. Valentin-Smith, Lyon, 1852, in-8° p. 17.

Rhubis ont cru que ce nom de *Calarona* s'entendoit de Caluire, au fauxbourg de Lyon, qui est une pensée ridicule, car il n'y a point de rivière à Caluire. Disons donc avec plus de certitude que tous ces autheurs n'ont écrit, que ce mot *Calarona* ne se peut expliquer que de cette rivière de Chalaronne, laquelle en latin a toujours été appelée *Calarona*, et non pas *Chalarina*, comme le P. Binet l'a improprement nommée, et que *Prisciniacum* est le village de Saint-Didier-de-Chalaronne, près de Thoissey, qui changea de nom à cause du martyre de ce saint évêque, à l'honneur duquel fut bâtie et consacrée l'église de Saint-Didier, laquelle dépend du chapitre de Saint-Nizier de Lyon; ce qui est arrivé à plusieurs autres lieux, dont on peut donner d'infinis exemples, attendu même qu'à Brignais il n'y a point d'église dédiée à ce saint, tant s'en faut, que le vocable de l'église paroissiale est saint Clair. Cette vérité a été reconnue par Jacques Severt, et depuis par Nicolas Chorier, en sa curieuse et laborieuse histoire de Dauphiné.

Monian est une autre petite rivière qui sort de l'étang de Saint-Trivier, passe auprès du château de Mons, dans la paroisse de Bereins, de là va en celle d'Antanains, où elle se jette dans la Chalaronne. Dès qu'elle entre dans la paroisse de Bereins, elle sert de limites à la Dombes et à la Bresse.

Dans la légende de saint Trivier, qui vivait l'an 600, elle est appelée *Monienta* ou *Moneta*, en l'édition de cette légende du R. P. Bullioud, de la compagnie de Jésus, d'où par corruption s'est fait le mot de *Monet*, *Monien*, puis *Monian*.

La Vesle a sa source au grand étang de Chalamont, et passe au-dessous de Lent et au bas du village de Longchamp, où elle entre en Bresse et se va rendre à la Saône au-dessous du Pont-de-Vesle.

Renon n'est proprement qu'un ruisseau qui paroit au sortir de l'étang de Marlieu en Dombes, d'où il entre dans celui de Montrosat et de là va à Saint-Georges, Romans, Neuville-les-Nonnains (1), où il se perd en la rivière de Vesle, auprès de

---

(1.) Aujourd'hui Neuville-les-Dames, ou Neuville-sur-Renon.

l'église (4). Depuis l'église de Saint-Georges il commence d'être en Bresse.

Fromans est aussi un ruisseau qui prend sa naissance entre Ambérieu et Juis, et non pas entre le château de la Grange et Ambérieu, comme a écrit un auteur moderne, qui s'est encore méconté de l'appeler un lac. Il se va rendre en Saône au-dessus de Trévoux.

Le R. P. Binet, en ses *Parallèles géographiques*, semble loger entre les rivière de Dombes l'Azergue, bien qu'elle soit du Lyonnois et qu'elle se jette dans la Saône au-dessous d'Anse. Coulon y met aussi Eschets, qui est un lac de Bresse, dont les eaux vont en Saône et passent par le Franc-Lyonnois.

Le climat de cette province est doux et parfaitement beau, ayant du côté du matin les montagnes de Revermont et du Bugey, et du soir celles du Mâconnois, Beaujollois et Lyonnois, dont l'aspect est très-agréable. Le terroir est des plus gras et des plus fertiles. Ce ne sont que petites collines, que prairies, que vignes, que champs ensemencés, forêts et étangs, qui fournissent en abondance les choses les plus nécessaires à la vie. Il seroit seulement à souhaiter, pour rendre les Dombistes plus riches et plus heureux, qu'ils fussent autant laborieux que le pays est bon, et plus attachés aux commerce qu'aux procès.

Quant aux revenus de cette souveraineté, comme ils consistent au domaine, aux gabelles et en la monnoye, ils ne sont pas certains, parce que le prix des baux à ferme change souvent; ils sont pourtant pour l'ordinaire à cent mille livres par an (2).

Toute la Dombes est du Diocèse de Lyon ; il n'y a qu'un seul archiprêtre qui, en absence de l'Archevêque, a droit de visite

---

(1) Lisez : à Vonnas.
(2) En 1762, ils s'élevaient à 225,000, non compris les bénéfices de la Monnaie de Trévoux, qui cessa de fonctionner à la mort de la duchesse de Montpensier.

dans toutes les paroisses, et la correction sur les curés, qui lui payent les droits sinodaux. Cette dignité d'archiprêtre fut annexée à celle de sacristain de Notre-Dame de Saint-Thomas de Fourvières, par transaction faite entre Pierre de Savoye, archevêque et comte de Lyon, et le chapitre de Fourvières.

Au reste il ne faut pas douter que la Dombes ne fût autrefois partie de la Bresse et que les peuples qui l'habitoient au temps que César vint en Gaule, ne fussent les *Sébusiens*. Car, outre que cette contrée eût été de trop petite étendue pour avoir un peuple ou une nation particulière, César lui-même appelle *Sebusianos* tous ceux qui sont au delà du Rhône, ce qui comprend la Dombes. Outre ce témoignage, celui de Strabon, ancien géographe, met la chose hors de difficulté ; car, parlant de Lyon, il dit que cette ville étoit la capitale des Sébusiens, qu'il place entre le Rhône et le Doux, et que les autres peuples du côté du Rhin en sont séparés d'un côté par le Doux, et de l'autre par la Saône : *præest urbs*, dit-il, *genti Sebusianorum sitæ inter Rhodanum et Dubim fluvios, reliquæ ad Rhenum tendentes, partim a Dubi, partim ab Arare terminantur.*

Plusieurs géographes et historiens ont confondu les Sébusiens avec les Ségusiens et les Sécusiens, quoique ce soient peuples différents, car *Segusiani* proprement, sont ceux du païs de Forest, dont Feurs, *Forum Segusiorum*, est la capitale; et les Sécusiens ceux de Suze en Piémont (1).

---

(1) La critique historique moderne a prouvé qu'il n'y a pas de distinction à établir entre les Sébusiens et les Ségusiens, qui ne formaient qu'un seul et même peuple, dont le vrai nom était Ségusiaves (SEGUSIAVI). (V. Mémoires sur les origines du Lyonnois, et Description du pays des Ségusiaves, par M. Auguste Bernard). Le territoire occupé par les Ségusiaves comprenait le Forez, le Lyonnais, le Beaujolais, une partie du littoral de la rive gauche de la Saône et de la rive droite du Rhône. Suivant Danville (Notice de la Gaule, p. 61), et M. l'abbé Jolibois (Dissertation sur l'histoire ancienne du pays de Dombes), du temps des Celtes, la Dombes était occupée par les Ambarres (AMBARRI). Voyez, sur l'histoire des Ambarres, le remarquable travail de M. Valentin-Smith : Les Insubres des bords de la Saône, Lyon, 1852, in-8°.

En effet, il passe pour constant que les Sébusiens occupoient tout le païs qui est entre le Rhône et la Saône et le Doux; ainsi la Dombes qui y est enclavée, dépendoit des Sébusiens. C'est le sentiment des meilleurs auteurs après lesquels cette vérité ne peut plus être combattue. Je m'étonne donc que le P. Monnet en sa géographie et Samson en sa carte géographique de l'ancienne Gaule, aient logé les Brannoviciens en Dombes, puisque au rapport de César et de tous les anciens géographes, ce sont ceux de la vallée de Maurienne.

Mais comme les peuples, bien souvent par des causes qui nous sont inconnues, ont changé leurs anciens noms, les Sébusiens qui sont entre le Rhône et la rivière d'Ain se nommèrent Bugey et Bugésiens, et ceux d'entre les rivières de Saône, du Doux et d'Ain s'appellèrent Bresse et Bressans, et ensuite il se fit des sous-divisions particulières, car une partie de la Bresse se nomme Revermont, et l'autre la Valbonne; et une partie du Bugey prit le nom de Valromey, et l'autre celui de la Michaille.

Ainsi, tout ce petit païs qui est au long de la Saône, depuis Thoissey et Montmerle, en remontant jusqu'a Châtillon, Saint-Trivier, le Châtelard, Lent et Chalamont, fut appelé Dombes. Même Châtillon qui appartenoit aux sires de Beaujeu, comme dépendances de leur seigneurie de Dombes, est encore aujourd'hui nommé Châtillon-de-Dombes par différence des autres lieux qui ont le même nom, et non pas Châtillon-lez-Dombes, comme l'on dit abusivement.

Et ce qui authorise encore mieux cette particulière dénomination, c'est la vente des terres de Trévoux, d'Ambérieu et du Châtelard, faite à Louis, duc de Bourbon, second du nom, de l'an 1402, par laquelle ces lieux sont ainsi spécifiés, Trévoux, sur Saône; Ambérieu, en Bresse (1), et le Châtelard, en Dombes. Mais il est aussi difficile de rendre raison pourquoi le païs fut appelé Dombes, que de plusieurs étymologies de villes

---

(1) Il y a ici une erreur que nous aurons occasion de relever plus loin.

et de provinces que l'on ne peut pas donner qu'avec beaucoup d'incertitude. Car ce qui rend l'origine de ce mot plus obscure, c'est qu'il n'y a dans toute la Souveraineté ni ville, ni château, ni village qui ayent le nom de Dombes. Il n'est pourtant pas si nouveau qu'on s'est imaginé, puisqu'en la légende de saint Trivier, qui vivoit, ainsi que nous l'avons dit, environ l'an 600, la Dombes est nommée *pagus Dumbensis juxta fluvium Araris* (1). Papire Masson l'appelle sans fondement *Umbensem re-*

---

(1) C'est dans cette légende de saint Trivier que la Dombes est mentionnée pour la première fois. Son nom ne reparaît ensuite qu'au xiii° siècle. — Il est très-difficile de savoir ce qu'il faut entendre par le PAGUS DUMBENSIS de la légende. Etait-ce une ancienne divison civile dont le VICE-COMITATUS LUGDUNENSIS aurait conservé la circonscription territoriale pour la transmettre à l'Archiprêtré de Dombes? Ce serait possible, probable même, si l'on pouvait admettre d'une manière absolue que toutes les circonscriptions ecclésiastique se superposèrent exactement aux anciennes circonscriptions civiles; mais trop d'exceptions viennent combattre cette règle, et notamment encore à propos de la question qui nous occupe.

Châtillon et Bouligneux ne faisaient pas partie de l'archiprêtré, cependant le premier a toujours été dit en Dombes, jusqu'au xvi° siècle. Les titres latins l'appellent CASTILLIO IN DUMBIS, et les titres français, Castillion, Chastillon et Chastéyllion en Dombes. Cette dernière mention se trouve dans la confirmation des règlements établis par Amédée V, relativement à la succession du comté de Savoie, du 5 mars 1324. (V. Recherches sur l'histoire et sur l'ancienne constitution de la monarchie de Savoie, par M. L. Cibrario, trad. par M. A. Boullée, p. 254).

Quant au second, l'empereur Charles IV notifia à son seigneur, en 1365, comme seigneur Dombiste, le vicariat de l'empire qu'il avait donné au comte de Savoie (Bibl, impériale, mss. n° 9873). — En 1398, des « noubles gentilz homes du païs, territoire et baronie appelé Dombeus, » parmi lesquels le seigneur de Bouligneu, reconnurent la suzeraineté d'Amé VIII, comte de Savoie, et se réservèrent certaines prérogatives dont ils avaient droit d'user « selon la générale coutume qui est entre les rivières Doyns et de Saune. » (Arch. nation., P. 1384.)

Puisque Châtillon et Bouligneux, qui étaient en dehors de l'archiprêté faisaient néanmoins partie de l'ancienne Dombes, on ne saurait admettre pour ses limites celles de l'archiprêté, dans le sens de son étendue; à partir du rivage de la Saône. Quelques inductions, cependant, peuvent nous amener à les déterminer d'une manière a peu près exacte. — Au mois de mai

cionem, dont il a été repris avec raison par le P. Bullioud, en ses notes sur cette légende, parce que le vrai nom latin de Dombes c'est *terra Dumbarum* ou *terra de Dumbis*, ainsi nommée, comme quelques-uns ont cru *a Dumis*, à cause que ce païs autrefois étoit la plupart inculte et rempli de bois, de haies et de buissons, *Dumbosa, quasi Dumosa.* D'autres disent et avec un peu plus de vraisemblance que le mot de Dombes est venu de *Dominus* ou de *Dominium*, dont on a fait *Dom*, ancien mot gaulois qui signifie seigneur, et que de *Dom* on a aussi fait *Domb*, par corruption, et de *Domb*, Dombes par excellence, pour marque d'une seigneurie particulière et considérable. Il y en a qui croient que le mot de Dombes vient de *Dominium bassum* domaine bas, parce que la Dombes est presque tout païs de plaine, et que de *Dominium* on en a fait *Dom*, et de *bassum*,

---

1266, Gui Chabeu, damoiseau, seigneur de Saint-Trivier en Dombes (DOMINUS SANCTI-TREVERII IN DUMBIS), engagea toute sa terre à un juif de Belleville, sans indiquer autrement sa situation qu'en disant qu'elle était entre la Saône et la rivière d'Ain (TOTAM TERRAM MEAM, QUAM HABEO INTER SAGONNAM ET AQUAM DE ENZ) (Arch. nation., p. 488, cote 122.) Nous connaissons les possessions des seigneurs de Saint-Trivier à cette époque, nous avons la preuve que ces deux rivières ne sont pas données dans cette charte comme confins de leur terre. Mais que pouvaient-elles alors délimiter, si ce n'est le pays dans lequel la terre engagée était située? N'est-il pas probable, en effet, puisque c'est précisément dans cette même charte que le nom de Dombes reparaît pour une des premières fois depuis la légende de saint Trivier, uniquement pour distinguer une seigneurie d'une autre, que le scribe, au lieu d'appeler d'un nom oublié, ou peu connu au dehors, le pays dans lequel était située la terre de Gui Chabeu, a cru plus convenable de désigner ce pays par ses limites, en disant qu'il était entre la Saône et la rivière d'Ain? Cette probabilité devient une quasi certitude appuyée de la charte précitée de 1398, qui prouve qu'il y avait « une générale coutume entre la Saône et la rivière d'Ain, » et par conséquent que cette dernière rivière avait séparé, à une époque antérieure, deux pays dont les institutions politiques étaient différentes ; ce qui nous conduit à conclure que l'ancien PAGUS DUMBENSIS était circonscrit par le Rhône, la Saône, la Veylé et la rivière d'Ain, comme l'avaient avancé quelques historiens, avec plus de bonheur que de critique.

bas, ainsi *Dombas*, puis Dombes. Comme il y a auprès de Grenoble un village nommé en latin *Domanium*, et en françois Domaine, et que de *Domini villa*, on en a fait Damville. Mais en tout cela il n'y a que de légères conjectures. Je pencherois plutôt à une autre opinion, laquelle néanmoins a quelque rapport avec les précédentes, qui est qu'anciennement la plus grande partie des terres et seigneuries de Dombes, appartenoit ou à l'Eglise de Lyon, ou aux abbés de Cluni ou de l'Isle-Barbe, et comme les évêques, abbés, prieurs et religieux étoient autrefois qualifiés *Doms*, par un plus grand honneur, à cause que ce mot signifie seigneur, et que le pape même dans les oraisons de l'Eglise est appelé *Domnus apostolicus*, ces terres étoient nommées les terres *Doms*, et le païs, le païs des *Doms*, et sur ce que les notaires par ignorance de l'étymologie de ce mot, au lieu de l'écrire *Doms*, y ajoutaient le *b*, et en faisoient *Dombs*, on a par corruption prononcé, au lieu de Doms, Dombes.

Deux considérations me confirment cette conjecture, l'une que les terres que l'Eglise de Lyon et l'abbé de l'Isle-Barbe possèdent encore aujourd'hui à Genay, Vimy et Civrieux, qui sont du Franc-Lyonnois, dans les titres de 3 ou 400 ans, sont dites situées *in Dumbis*, et l'autre que par un traité fait l'an 1319, entre l'Eglise de Lyon et le sire de Beaujeu, seigneur de Dombes, pour l'exercice de la justice sur leurs sujets, leurs terres sont également appelées *de Dumbis*, aussi bien que celles qui de toute ancienneté étoient de Bresse ou du Lyonnois, que celles qui étoient de Dombes. Cette étymologie seroit plus recevable que les autres si le témoignage de la légende de Saint-Trivier, au cas qu'elle ne soit pas moderne, n'y résistoit, laquelle nous montre que le nom de Dombes étoit déjà en usage il y a plus de mille ans (1).

---

(1) Bien des étymologies du mot de Dombes ont encore été proposées depuis Guichenon. La dernière, et une des plus vraisemblables de toutes, est celle donnée par M. l'abbé Jolibois, curé de Trévoux. « Le nom de Dombes, dit-il, suivant mon opinion, est un nom tiré de la langue des Bourguignons,

Les plus anciens seigneurs de Dombes ont été sans contredit les Autunois qui avoient la principale authorité en toute la Gaule, même avant qu'ils eussent recherché l'alliance et l'amitié des Romains. *Omni tempore*, dit César, *totius Galliæ principatum Hedui tenuerunt, prius etiam quam Romanorum amicitiam appetiissent.* Et en un autre endroit, parlant des Autunois, *quorum in Gallia summa est autoritas.* Aussi quand César vint en Gaule, la Dombes, le Lyonnois, le Beaujollois, le Maconnois, la Bresse et le Bugey étoient *pagi Heduorum, clientes Heduorum,* et toutes ces provinces étoient de la Gaule celtique laquelle comprenoit tous les païs qui sont entre les rivières de Seine, de Marne, du Rhône et de la Garonne.

César aïant assujetti les Gaules à l'empire romain, la Dombes y fut aussi soumise, et après la division que l'empereur Auguste fit des Gaules en dix-sept provinces, elle fut des dépendances de la première province lyonnoise, puis sous le commandement du préfet du prétoire des Gaules que l'empereur Constantin-le-Grand établit à Lyon, ce qui dura 460 ans.

Mais les Bourguignons étant entrés dans les Gaules, occupèrent, l'an de salut 435 (1), tous les païs qui sont deçà et delà du Rhône et de la Saône jusqu'à Marseille, et en firent un royaume dont les limites étoient du côté de l'orient, la source du Rhin, les Alpes et le Mont-Cenis, de l'occident, les sources des rivières de Seine et de Loire ; du midy la mer de Marseille ;

---

anciens habitants et maîtres du pays, qui ont laissé dans les noms de certaines localités de nos contrées plusieurs traces de leur séjour. Ce nom signifie mare, marécage, lieu humide, nom que la langue allemande, dérivée ainsi que la langue bourguignonne, du teutonique, nous rappelle dans son mot DUMPFET, qui a la même signification (V. Histoire communale de la Dombes, par M. G. Debombourg, p. 7).

(1) Les Burgondes ou Bourguinons, appelés de la Pannonie par Valentinien, obtinrent d'Honorius, en 414, des établissements entre le Rhin et les Vosges. En 443, une partie de leur nation s'établit en Savoie. Vers 454 ou 456, le reste des Bourguignons se répandit dans la première Lyonnaise, la province des Séquanes, occupa plusieurs cantons de la Viennoise et la première Aquitaine, et donna son nom au pays où il s'était fixé.

et du septentrion le mont de Vauges, d'où sort la rivière de Saône.

Ainsi la Dombes fit partie de ce nouveau royaume, qui ne subsista qu'environ cent ans. Car Godemard, dernier roi de Bourgogne, fut défait en bataille, auprès d'Autun, l'an 532, par Childebert et Clotaire, rois de France, enfans de Clovis premier, et se sauva en Affrique, où il mourut sans postérité.

Ainsi la Dombes passa en la maison de France avec le royaume de Bourgogne et y demeura l'espace de 340 ans, aïant été possédée par les rois de France, par les empereurs d'Allemagne, successeurs du roi Clotaire, tant de la première que de la seconde lignée. Mais le royaume fut partagé entre Louis, roi de Germanie, et Charles-le-Chauve, roi de France, frères, enfans de l'empereur Louis-le-Débonnaire, qui héritèrent de ce royaume par le décès de leurs neveux Louis second, empereur et roi d'Italie, Lothaire second, roi de Lorraine, et Charles, roi de Provence et de Bourgogne, enfans de l'empereur Lothaire, leur frère aîné.

Par ce partage, qui est de l'an 970, fait à Mersen, sur la Meuse (1), Charles-le-Chauve eut les villes et diocèses de Lyon, de Besançon, de Vienne, de Liége, de Toul et de Verdun ; ce

---

(1) Notre historien confond les faits et les dates. C'est par le traité de Verdun, de l'an 843, que les fils de Louis-le-Débonnaire, Lothaire, Charles-le-Chauve et Louis-le-Germanique se partagèrent son empire et en formèrent trois royaumes, savoir : 1° ROYAUME DE FRANCE (Charles), comprenant : les pays situés entre l'Escaut, la Meuse, la Saône, le Rhône, la Méditerranée, l'Ebre et l'Océan; — ROYAUME DE GERMANIE (Louis), comprenant : les pays situés entre le Rhin, la mer du Nord, l'Elbe et les Alpes ; — 3° ROYAUME D'ITALIE (Lothaire), comprenant : l'Italie, moins la Calabre; les pays situés entre le Rhône, la Saône et la Meuse à l'occident, le Rhin et les Alpes à l'orient. La Dombes en faisait donc partie.

Mersen (Marsna), près de Maëstricht, ne fut que le siège de deux conférences entre les fils de Louis-le-Débonnaire. Dans la première, tenue en 817, leur but était de trouver un remède aux calamités sans nombre qui avaient assailli l'empire Franc. Dans la deuxième, tenue en 851, ils jurèrent d'oublier leur ancienne discorde.

qui comprenoit la Dombes, la Bresse, et tout le païs qui est entre les rivières du Rhône et de la Saône. Au premier succéda le roi Louis-le-Bègue, son fils, et à celui-ci, Louis troisième et Carloman, ses enfans, sous lesquels s'éleva le royaume d'Arles, dont la Dombes fut une dépendance. Cela arriva l'an 879, que Boson, gouverneur de Provence et du Dauphiné, fils de Bennus ou de Boüin, surnommé d'Ardenne, s'étant marié avec Germengarde, fille de l'empereur Louis-le-Débonnaire et sœur du roi Charles-le-Chauve, pendant les désordres de France et à la persuasion de sa femme, se fit couronner roi d'Arles et de Provence à Mantaille en Dauphiné, par les archevêques de Lyon, de Vienne, d'Arles, d'Aix, de Besançon et de Tarentaise, et par les évêques de Grenoble, de Valence, de Die, de Gap, de Marseille, de Toulon, de Riez, d'Avignon, d'Orange, de Lausanne et de Maurienne, et par les principaux seigneurs de ces païs, les uns gagnés par ses présents et ses promesses, et les autres intimidés par ses menaces.

Boson se maintint en cette qualité nonobstant les efforts de Louis et de Carloman, rois de France, de sorte que Louis, son fils, lui succéda, et fut couronné roi d'Arles à Valence sur le Rhône, par les archevêques de Lyon, de Vienne, d'Embrun et d'Arles, et par plusieurs évêques et grands seigneurs du royaume, l'an 890. Depuis étant passé en Italie, il se fit couronner empereur à Rome, l'an 896 (1). Mais Hugues, gouverneur de Provence, s'empara de la plus grande partie de ce royaume sous le titre de duc et de marquis, et Louis étant tombé au pouvoir de Béranger, roi d'Italie, son ennemi, il lui fit crever les yeux ce qui lui donna le surnom d'Aveugle.

Cependant il est nécessaire de remarquer que neuf ans après que Boson eut été couronné roi d'Arles, Rodolphe ou Raoul, fils de Conrard, comte, aïant occupé les pays situés entre le mont Jura et les Alpes de Savoye, de Velay et des Grisons, se fit aussi couronner roi de Bourgogne, et aïant été appellé par

---

(1) **Plutôt** 900.

les Italiens, en chassa le roi Béranger et se fit roi d'Italie. Mais les Italiens, ou lassés de sa domination ou aimant la nouveauté, appellèrent Hugues, duc et marquis de Provence, qui lui fit la guerre, ce qui lui réussit si avantageusement, qu'il ôta le royaume d'Italie à Rodolphe, l'an 926 ; et de là Hugues et Lothaire se qualifièrent rois d'Italie, et parce qu'ils étoient aussi rois d'Arles et de Provence, nous voïons, par quelques titres qu'ils ont donné des seigneuries situées en Dombes au monastère de Cluni, l'an 933. Mais Lothaire aïant épousé Adelaïs, fille de Rodolphe, il se fit un traité entre Hugues et Rodolphe, par lequel le titre de roi d'Italie demeura acquis à Hugues et à ses successeurs, et celui de roi d'Arles et de Provence à Rodolphe, l'an 939.

En sorte que Rodolphe second fut par ce moïen roi de la Bourgogne transjurane, d'Arles et de Provence, et eut le païs de Dombes, qui fut membre d'un nouveau royaume que les historiens ont appellé nouveau royaume de Bourgogne, ou royaume de la Gaule lyonnoise, ou royaume d'Arles.

Rodolphe second eut pour fils et pour successeur Conrad, qui épousa Mathilde de France, sœur du roi Lothaire, à laquelle il donna en dot la ville de Lyon et le païs de Lyonnois. Il en eut plusieurs enfans, sçavoir : Rodolphe troisième, roi de Bourgogne et de Provence, Gisèle, mariée à Henri, duc de Bavière, d'où sortit l'empereur Henri second, Berthe, épouse d'Eudes, premier du nom, comte de Champagne, père d'Eudes, second du nom, et Gerberge, alliée avec Hermann, duc d'Allemagne, d'où vint Gisèle, femme de l'empereur Conrad-le-Salique.

Ce Rodolphe troisième mourut l'an 1032, sans enfans, aïant institué son héritier Henri second, empereur, son neveu, et au cas qu'il mourût sans postérité, il adopta Conrad-le-Salique, son autre neveu. Celui-ci vint en Bourgogne l'an 1033, et fut couronné à Saint-Maurice en Chablais. Il chassa Eudes, comte de Champagne, second du nom, son compétiteur, qui se prétendant héritier du roi Rodolphe, son oncle, avoit déjà pris quelques places.

Conrad-le-Salique, empereur, décéda l'an 1039, et Henry III, son fils, fut empereur des Romains, roi de Germanie, de Lorraine, de Lombardie, de Bourgogne et d'Arles, et vint en Bourgogne l'an 1042, où il fut reconnu roi. Mais étant repassé en Allemagne, les comtes, gouverneurs et principaux seigneurs du royaume de Bourgogne et Arles, qui pendant la nonchalence de Rodolphe III, et les guerres survenües après sa mort à cause de sa succession, avoient acquis une extraordinaire authorité sur les peuples, se rendirent à la fin maîtres des meilleures provinces dont le royaume étoit composé, ce qui donna origine à tant de principautés et de seigneuries indépendantes

Et quoique les empereurs Henry IV, Henry V, Lothaire, Conrad, Frédéric second et plusieurs de leurs successeurs aient porté la qualité de roi de Bourgogne et d'Arles, et en aient donné le vicariat aux comtes et ducs de Savoye, aux dauphins de Vienne, aux comtes de Valentinois et à d'autres princes, si est-ce pourtant que leur puissance n'y étoit pas en trop grande considératiou, à cause de leur éloignement. Néanmoins, le païs qui est entre la Saône et le Rhône fut toujours nommé terre d'Empire, et les lois et les coutumes impériales y ont toujours été observées et encore à présent la Dombes est régie par le droit écrit. D'où vient que quand les sires de Beaujeu commencèrent à y avoir des terres, on nomma ce païs la terre de Beaujeu à la part de l'empire. C'est ainsi que l'appelle Guillaume de Jaligny, (*Hist. de Charles VIII*, *p. 84*), disant que la seigneurie du Beaujollois est tant du côté de l'empire que du royaume de France. Aussi est-il certain que la Saône limitoit l'Empire et la France, et les bateliers qui voïagent sur la Saône pratiquent encore aujourd'hui cette ancienne façon de parler, et nomment le Beaujollois le côté du Royaume, et la Dombes le côté de l'Empire. Ce qu'un de nos plus fameux historien (*Thuanus, liv. 2ᵉ. hist.*), a remarqué : *Regnum Arelatense, antequam in potestatem regum nostrorum veniret, sub imperio fuit, cujus rei memoria post sublatam imperii juridictionem aboliri non potuit, nam et hodie in sermone vulgari ulterior Rhòdani ripa imperii, citerior regni indigetatur* (1).

Néanmoins, les rois de France ont toujours prétendu que le royaume de Bourgogne et d'Arles leur appartenoit héréditairement, et que Boson, comte et gouverneur de Provence, avoit usurpé celui d'Arles sur Louis et Carloman, rois de France ; et Rodolphe ou Raoul premier du nom, celui de Bourgogne, delà le mont Jura, sur le roi Charles-le-Simple, frère des rois Louis et Carloman, Boson et Rodolphe n'aïant pu s'ériger en rois, ni s'approprier en souveraineté des provinces qui étoient de la couronne de France, et qui avoient été comprises dans les partages de l'empire d'Allemagne et du royaume de France, faits entre les enfants de l'empereur Louis-le-Débonnaire.

Cependant il est certain qu'après la mort de Rodolphe troisième, roi de Bourgogne et de Provence, et sous les empereurs Conrad-le-Salique et Henry trois, son fils, il y eut plusieurs seigneurs, outre ce que les comtes de Savoye et de Genève y avoient, qui s'emparèrent de tout le païs qui est entre le Rhône et la Saône et qui s'y rendirent avec le temps si absolus et si puissants, qu'ils passoient ou pour souverains ou pour indépendans, ne reconnaissant aucuns supérieurs.

De cette sorte, les sires de Thoire tenoient cette partie du Bugey, qui s'appelloit autrefois le Bailliage de la Montagne, dont Montréal étoit la capitale. Les sires de la Tour-du-Pin, une partie du Bugey, le long du Rhône. Les sires de Coligny y possédoient aussi tout ce qui est depuis Cerdon jusques à Saint-André-de-Briord, que l'on nommoit la marche de Coligny. Outre cela, ils avoient en Bresse la seigneurie de Revermont et la terre du May jusqu'au Pont-d'Ain. Les anciens sires de Villars dont la famille manqua dans la personne d'Agnès de Villars, mariée en la maison de Thoire, tenoient Meyserieu,

---

(1) Cette désignation traditionnelle des rives de la Saône et du Rhône par le côté du Royaume et le côté de l'Empire, est encore employée de nos jours (1859). Rien de plus fréquent que de l'entendre dans la bouche des mariniers.

Saint-Jean-de-Thurigneu, Rancei, Limandas et le Chatelard. Leurs successeurs sires de Thoire et de Villars, y ajoutèrent Trévoux, Ambérieu, Monthieu, Juis, Saint-Olive, Saint-Germain-de-Renon, Bervey, Francheleins, Frencs, Villon, Messimy, Glettins, Chalamont, Portebœuf, Montrosat, Beaumont et la Ville-sur-Marlieu. Les comtes de Mâcon, Beseneins, la garde d'Ambérieu; les abbés de Cluni, Thoissey et Montberthod. Les comtes de Lyon et de Forest, Montaney et Saint-Trivier. Les comtes de Chalon, la seigneurie de Miribel. Les derniers dauphins de Viennois, Meximieux et le Bourg Saint-Christophe. Les seigneurs de Montluel, toute la plaine de Valbonne. Et les sires de Baugé, seigneurs de Bresse, auxquels succédèrent les comtes et les ducs de Savoye, possédoient le reste de Dombes et de Bresse, ce qui se comprendra plus facilement par ce que nous allons dire au livre suivant.

LIVRE SECOND

CONTENANT LA DESCRIPTION TOPOGRAPHIQUE DE CETTE SOUVERAINETÉ.

Après avoir donné la description générale du païs de Dombes, l'ordre des matières m'oblige à en dresser une particulière de toutes les villes, bourgs, seigneuries, fiefs et maisons ecclésiastiques qui le composent, avec leur origine, fondation, titres et antiquités, et par quelles mains elles ont passé jusqu'à présent, avant que de montrer comme s'est formé le corps de cette Souveraineté de tant de pièces détachées ; et pour y parvenir, je m'étois persuadé que cette description topographique se devoit faire, ou par l'ancienneté, ou par la dignité des lieux, ou suivant l'ancienne division des châtellenies. Mais aïant considéré qu'il étoit impossible d'éviter les difficultés qui se présentent en matière de rangs et de préséances, j'ai crû qu'il valoit beaucoup mieux les travailler par ordre alphabétique, comme j'ai fait les généalogies des familles nobles de cette Souveraineté, pour ne donner jalousie à personne, ainsi je commence par :

AMBÉRIEU.

Cette seigneurie est des plus anciennes de Dombes (1), de laquelle et du village de Savigneu, comme d'une dépendance du royaume d'Arles, Hugues et Lothaire, rois d'Italie et d'Arles, en disposèrent en faveur d'Odo, abbé de Cluni, par une charte datée à Pavie, l'an 933, laquelle porte qu'ils faisoient cette donation pour le salut de leurs âmes, de Teubal et de Berthe, leurs père et mère, et que Savigneu et Ambérieu étoient situés dans le comté de Lyon. Cette libéralité fut confirmée au monastère de Cluni, six ans après, par Louis quatrième roi de France (2). Mais les diverses révolutions qui arrivèrent au

---

(1) Suivant M. l'abbé Jolibois (Dissertation sur l'histoire ancienne du pays de Dombes), Ambérieu tirerait son nom des Ambarres. — Le titre XLII de la loi Gombette promulguée en 501 ou 502 (V. Lois des Bourguignons..., traduites par M. J -F.-A. Peyré, p. 72) se termine ainsi : Data Ambariaco in Colloquio sub Die III Non. Septemb. Abieno V. C. Cons. S'agit-il dans cette date de notre Ambérieu, d'Ambérieu en Bugey, ou d'Ambérieu d'Anse? C'est ce qu'il est impossible de décider. — La copie de l'histoire de Dombes de Guichenon, annotée par Aubret que possède la bibliothèque de la ville de Trévoux, porte en marge de l'article d'Ambérieu la note suivante : « Un manuscrit du Code Bourguignon, qui est entre les mains de M. Chifflet, conseiller au parlement de Besançon, et que l'on croit être de la fin du ix siècle, justifie que les lois Bourguignonnes ont été faite par Gondebauld, à Ambérieu, petite ville de la principauté de Dombes, qui faisoit partie du royaume de Bourgogne. Ces mêmes lois, 18 ans après, furent publiées à Lyon une seconde fois, par les ordres de Sigismond, fils du roi Gondebauld »

(2) Le 20 juin 959 (Grand Cartulaire de Cluny, folio 52). Cette charte est imprimée dans la Bibliotheca Cluniacensis, col. 265, mais le nom d'Ambérieu y est dénaturé (Camberiacus au lieu de Ambriacus. — Rodolphe III confirma la possession d'Ambérieu à l'abbaye de Cluny, par deux chartes de l'an 998, dont le texte nous a été conservé par le Grand Cartulaire de cette abbaye, folios 58 et 64, cartulaire que devait publier feu M. Auguste Bernard et qu'attend avec impatience le monde savant.

royaume d'Arles et de Bourgogne furent cause que les religieux de Cluni demeurèrent longtemps dépouillés de la seigneurie d'Ambérieu, laquelle s'étant à la fin trouvée au pouvoir d'Otho-Guillaume, comte de Dijon et de Bourgogne et de Mâcon, il la remit à Odilon, abbé de Cluni, pour le salut des âmes de son père et de sa mère, de Guy et de Renauld, ses fils, et d'Otton, son petit-fils, par charte datée à Lons-le-Saunier, régnant Rodolphe, roi de Bourgogne (1). Ainsi, Ambérieu retourna à Cluni et en sortit par la concession qu'en fit Mayeul, abbé de Cluni, au mois de septembre de l'an 36, du règne de Conrad, roi de Bourgogne, du consentement de ses religieux, à Hugues, sire de Thoire, en Bugey, à Eléonore, son épouse, et à Etienne leur fils (2), et à l'aîné mâle de ses enfants, à la réserve toutefois de l'église dédiée à l'honneur de saint Maurice, des dixmes et d'une terre au village de Savigneu.

Cet Etienne, sire de Thoire, aïant épousé Agnès, dame de Villars et du Châtelard, dernière de cette famille, joignit Ambérieu à ce petit Etat, où ils ne reconnoissoient point d'autres supérieurs que l'empereur, et le laissa aux sires de Thoire et de Villars, ses successeurs, du nombre desquels fut Humbert, sire de Thoire et de Villars, cinquième du nom, qui acquit la garde d'Ambérieu, mouvante du fief d'Henry d'Antigny, chevalier seigneur de Sainte-Croix, par vente que lui en passa Simon de Sainte-Croix, seigneur de Savigny en Revermont, archidiacre de Mâcon, frère dudit Henry, le 4° juin 1308.

Mais Humbert septième et dernier de cette illustre maison,

---

(1) Cartulaire B de Cluny, folio 8, ch. 19, et folio 46, ch. 231. Rien ne prouve cependant d'une manière très-précise qu'il s'agisse dans ces chartes de notre Ambérieu.

(2) Notre historien commet très-certainement ici une erreur. Hugues de Thoire, le plus ancien membre connu de cette famille, est mentionné pour la première fois dans un traité de 1086, et Etienne I de Thoire, que Guichenon lui donne pour fils, était fils d'Humbert II. Etienne épousa Agnès de Villars en 1187.

se voïant sans enfans, vendit Ambérieu et les autres terres qu'il avoit en Bresse, au voisinage de Dombes, à Louis second, duc de Bourbon, donataire universel d'Edouard, dernier sire de Beaujeu et seigneur de Dombes, le second d'août 1402 (1), qui l'unit à la principauté de Dombes.

Jean, second du nom, duc de Bourbon, souverain de Dombes, aïant donné 2,000 florins en dot à Marie de Bourbon, sa fille naturelle, femme de Jacques de Sainte-Colombe, écuyer, seigneur du Til en Beaujollois (*titres du chât. du Til*), le 24e juin 1470, il lui remit la seigneurie d'Ambérieu, tant pour s'acquitter de cette somme que de celle de trois mille livres que Jacques de Sainte-Colombe et Guyot de Sainte-Colombe, son frère, avoient prêtées au duc.

Mais, Pierre, duc de Bourbon, son frère et son héritier, retira Ambérieu par traité fait à Moulins, le 16e de may 1495 (2). Par ce moïen, Ambérieu fut réuni à la souveraineté de Dombes ; mais par la disgrâce de Charles, duc de Bourbon, connétable de France, le roi François premier aïant mis sous sa main toutes ses terres et seigneuries, entre autres la principauté de Dombes, François, cardinal de Tournon, l'un de ses principaux ministres, vendit Ambérieu au nom de Sa Majesté, le 21 juillet 1537, à grâce de rachat, à Thomas de Gadagne, chevalier seigneur de Bothéon, des mains duquel aïant été retiré, Henry de Bourbon, duc de Montpensier, le revendit à Martin et Jean de Couvet, frères, barons de Montriblod, seigneurs de Saint-Olive, par contrat passé à Paris, le 30e de may 1597. Ils ne jouirent pas longtems de cette acquisition, parce que toutes les aliénations du domaine de Dombes furent révoquées et les achepteurs remboursés.

Ambérieu est situé sur le chemin de Châtillon-de-Dombes à Lyon. Il y a une fort belle paroisse et un vieil château. Il y a

---

(1) Le 11 août 1402. (Arch. nation. P. 1390, cote 521.) Ce document est imprimé p. 329 du Recueil de chartes sur la Dombes que publie M. le Conseiller Valentin-Smith sous le titre de Bibliotheca Dumbensis.

(2) Arch. nation. P. 1371, c. 1961. — V. Aussi P. 1390, c. 513.

des anciennes franchises et priviléges accordés aux habitans d'Ambérieu par Humbert, sixième du nom, sire de Thoire et de Villars, datés à Ambérieu le 13ᵉ de juin 1361, en présence d'Humbert, seigneur de Lyarens, chevalier, Pierre d'Arcieu, Jean et Humbert de Corlier, frères, Geoffray de Charne, et Guyot d'Anières, damoiseau, et Jean de Gaspard. A quoi il ajouta quelque chose le mercredy avant la fête de la Nativité de Notre-Seigneur, 1362, présens Pierre de Loyes, Humbert de Lyarens, chevaliers, Guyot d'Anières, damoiseau, et Pierre de Malmont.

Ces franchises furent confirmées par Charles, duc de Bourbonnois et d'Auvergne, comte de Clermont et de Forest, seigneur de Beaujeu et de Dombes, par patentes datées à Villefranche en Beaujollois, au mois d'août 1434, et par Jean, duc de Bourbonnois et d'Auvergne, comte de Clermont, de Forest, de l'Isle-en-Jordain et de Villars, seigneur de Dombes, d'Auvernay et de Rochechouart, pair et chambrier de France, par lettres datées à Moulins au mois d'octobre 1468 (1).

---

(1) Voici l'indication des documents historiques relatifs à Ambérieu qui sont conservés aux Archives nation. à Paris :

9 juin 1456. — Information de laquelle appert la coutume des habitants d'Ambérieu de payer huit bichets annuels, s'ils avoient des étables à bœufs dans la directe de Montberthoud. (P. 1390, cote 517.)

1461. — Lettres contenant la manière de passer reconnaissance par les hommes taillables demeurant en la franchise d'Ambérieu. (P. 1390, cotes 515 et 515 bis, et P. 1391 c. 626.)

19 juin 1466.— Mandement du duc de Bourbon à ses officiers de procéder à cause contre les habitants d'Ambérieu, hors la franchise dudit lieu. (P. 1371, c. 1962.).

22 juillet 1482. — Lettres desquelles il appert que le duc de Bourbon, en faisant mariage entre Jacques de Sainte-Colombe et sa fille naturelle, leur aurait délaissé Ambérieu. (P. 1390, c. 513 bis.)

26 mai 1495. — Transaction par laquelle le duc de Bourbon transporte la haute et moyenne justice de la terre du Thil au seigneur dudit lieu, et reçoit en échange la terre d'Ambérieu. (P. 1371, c. 1961.)

1495. — Ratification par Jacques de Sainte-Colombe de la renonciation

AMAREINS.

Il n'y a point eu de plus anciens seigneurs d'Amareins que ceux de la maison de Sure (1), anciens gentils-hommes bressans, dont le dernier fut Jean de Sure, seigneur d'Amareins, père de Marguerite de Sure, mariée avec Aymard Provans, gentilhomme piémontois, duquel étant veuve, elle acquit, le 4 d'octobre 1376, de Jean, batard de Josserand, seigneur de Franchelins, une portion qu'il avoit en la justice d'Amareins. Depuis, Amé premier, duc de Savoye, par titre du second de may 1429, remit en augmentation de fief à Philibert Andrevet, chevalier, seigneur de Corsant, les droits qu'il avoit sur la seigneurie d'Amareins, tant en vertu de l'acquisition qu'il en avoit faite de Marguerite de Sure, que par droit de caducité et faute de prestation de fief, à la charge toutefois du réachat perpétuel. Ce Philibert Andrevet fit renouveller le terrier d'Amareins, en l'an 1432.

Ensuite de ce traité, Amareins demeura en la maison des Andrevet, seigneurs de Corsant, qui l'ont possédé de père à fils jusqu'à Claude Andrevet, baron de Corsant, dernier de cette illustre famille, qui le vendit à Jean du Rosset, gentilhomme de Dombes, dont la postérité a joui de cette terre environ cent ans. Mais un autre Jean du Rosset, son petit-

---

qu'il fit droit qu'il pretendrait en la seigneurie d'Ambérieu, au profit du duc de Bourbon, qui lui remet en échange la justice haute, moyenne et basse de la seigneurie de Beauregard.

(1) « Monsieur Laboureur, p. 482, dit qu'Alix, veuve de Guiot de Dion, se maria en troisième noce avec Hugues de Franchelins, fils du seigneur d'Amareins, qui, en qualité de mari de cette veuve, fit hommage à l'Église de Lyon, en 1353. Ainsy il faut que la terre d'Amareins appartînt aux seigneurs de Franchelins avant qu'elle fût aux seigneurs de la maison de Sure. » (Note d'Aubret sur l'Histoire de Dombes de Guichenon.)

fils, en passa vente à Claude Butillon, lieutenant-général au bailliage de Dombes, puis maître des requêtes en ce parlement, des héritiers duquel l'a acheptè Jacques Trouilleur, seigneur de la Vaupierre, conseiller et maître des comptes de Dauphiné, aujourd'hui président audit parlement de Dombes. Il y a justice haute, moïenne et basse dans la châtellenie de Montmerle, qui l'a depuis revendu à N... Gueston, seigneur de Chateauvieux (1).

---

(1) « Le petit-fils maternel dudit sieur Gueston étant mort sans enfans, laissa cette terre par testament à Elisabeth-Thérèse-Eléonore du Tiège, sa veuve, laquelle l'a depuis vendue au sieur Fleury Bordeaux, trésorier de France, qui la possède actuellement (1767). » Note du Mss. de Trévoux)

« Le terrier d'Amareins, renouvellé par Fabry, notaire, en 1531 et 32, est renouvellé au profit de Claude du Rousset, escuyer, et de Jacquemette de la Gélière, Cette Jacquemette étoit fille de George de la Gélière et de Louise de la Baume, fille de Guillaume de la Baume, seigneur de Perisse, et de Louise de Genost, qui étoit fille de Jean de Genost, chevalier, seigneur de la Féole et de Seurre. Comme les seigneurs de Seurré étoient seigneurs d'Amareins, cette de Genost auroit peut-être pu apporter la terre d'Amareins à Jacquemette de la Gélière, sa femme, et de Jean du Rousset, leur fils, et Jeanne Naturelle, sa femme, seigneurs de la terre et jurisdiction d'Amareins ; les reconnoissants se soumettent à la jurisdiction du roi, de l'official de Lyon, de Beaujollois et Dombes, et ils disent que c'est à cause de la Poipe d'Amareins.

« En 1497, Philibert, duc de Savoye, inféoda le lieu d'Amareins, sa châtellenie, mandement et jurisdiction, à Guillaume. seigneur de la Gélière, son amé et féal conseiller et chambellan, pour l'acquitter de deux mille écus qu'il lui avoit donnés ; l'acte est du 10e novembre ; il mande à son gouverneur ou son lieutenant, à son conseil, avocat et procureur fiscal, et à ses trésoriers de Bresse, aux présidents et maître de sa chambre des comptes, à ses châtelains de Dombes, médiats et immédiats, de l'en laisser jouir. La chambre des comptes ne voulut pas vérifier cette donnation, comme étant une aliénation du domaine, ainsi qu'il paroit par son ordonnance du 11e du même mois et an, où Guichenon ne parle point de ce don dans son Histoire de Bresse.

« Le cinquième aoust 1529, Charles, duc de Savoye, permit à N.... d'achetter de François et Guy de Burges les biens qu'il demandoit permission d'acquérir.

« Le premier avril 1336, ce Guy de Burges, prenant qualité de seigneur

ARCIEU.

Les sires de Thoire et de Villars, qui ont autrefois tenu en souveraineté une partie de la Dombes, inféodèrent la justice haute, moïenne et basse d'Arcieu à ceux de cette famille, anciens gentils-hommes de Dombes, comme nous l'apprenons par les hommages qui furent rendus à Humbert, sire de Thoire et de Villars, par Pierre, seigneur d'Arcieu, fils d'Humbert d'Arcieu, chevalier, l'an 1322, et par un autre Pierre, seigneur d'Arcieu, l'an 1374.

Après ceux de cette maison, fut seigneur d'Arcieu Claude Berry, l'an 1539, qui le vendit en la même année à Nicolas Dupré, seigneur de Montaney, les enfants duquel, appellés Claude et Nicolas Dupré, seigneurs de Montaney, et Charlotte-Isabeau de Bruno, dame de Miolans, leur mère, en firent aliénation, le 11 novembre 1566, en faveur de Jean de Garadeur, seigneur de l'Ecluse en Beaujollois, qui, le 4 de novembre 1568, en passa vente à Jean de Joly, seigneur de Choin et du Poussey, évêque et comte de Saint-Paul-Trois-Châteaux, qui eut pour son héritier universel François de Joly, son neveu, seigneur de Lyarens, de Choin et du Poussey, auquel succéda en la seigneurie d'Arcieu Balthazard de Joly, seigneur desdits lieux, son fils; et après lui, Pierre de Joly, baron de Langes et de

---

d'Amareins, fit foy et hommage au roy, qui avoit conquis la Bresse, uniquement pour le fief du Soulier, à cause de Beaugé, et pas d'Amareins qu'il reconnoissoit par là n'être pas de Bresse.

« Don de la terre d'Amareins, en 1501, au fils et héritier de Pierre de Bruges, sur les terriers d'Amareins; l'acte du greffe, de 1610, et la transaction de 1620.

« Remarque. — L'on ne voit pas que ce de Bruges aye pu être seigneur d'Amareins entre les du Rousset qui possédoient en 1530. » (Note d'Aubret sur Guichenon.)

Choin, seigneur de Lyarens et du Poussey, baillif de Bresse et lieutenant-général pour S. A. de Savoye au gouvernement de Bugey, qui, le 15 d'avril 1592, vendit Arcieu à Martin de Couvet, baron de Montriblod, la postérité duquel en a joui de père à fils jusques à présent, que cette terre est possédée par Antoine de Couvet, comte de Montriblod, seigneur de Saint-Bernard et de la Fontaine (1). Le château d'Arcieu est en la paroisse de Saint-Jean-de-Thurigneux.

ARGIL.

Eustache Riquet a été le premier seigneur d'Argil (2), qui est un fief au village de Pollieu, à une lieue de Trévoux. Il en portoit la qualité déjà l'an 1540. Après en fut seigneur Jacques de Champier, baron de la Bastie, gouverneur de Dombes, qui le laissa avec le reste de ses biens à Charlotte de Champier, sa fille unique, épouse de George de Villeneuve, baron de Joux, baillif de Beaujollois, le petit-fils duquel, nommé Georges de Villeneuve, écuyer, est aujourd'hui seigneur (3).

---

(1) « Le petit-fils de ce dernier a vendu ce fief avec celui de la Fontaine à Louis Cachet de Montezan, qui les possède actuellement (1767). » (Note du mss. de Trévoux.)

(2) « Noble Anthoine du Bourg prenoit qualité de seigneur d'Argil, le premier juin 1461, dans une reconnoissance qu'il fit, tant en son nom propre qu'au nom de Pierre Rougemont, son frère, au terrier Veissié de Trévoux, folio 125. Ledit Anthoine du Bourg vivoit encore en 1499, qu'il reconnut de nouveau ces mêmes fonds au folio 479. » (Note d'Aubret sur Guichenon.)

(3) « Ce fief a passé depuis à M. M. de Pramiral, et est actuellement, en 1767, possédé par sa fille, épouse de M. de Foudras. » (Note du mss. de Trévoux.)

ARS.

Ars a passé par plusieurs mains; car ceux de la maison d'Ars, anciens gentils-hommes de Dombes, qui en ont été les premiers seigneurs, l'ont possédé depuis l'an 1250 jusques à Agnès d'Ars, dame d'Ars et de Taney en Dombes, et de Sainte-Croix en Bresse, qui fut mariée à Henry, seigneur de Glettins, dit la Guespe, environ l'an 1370, duquel n'aïant point eu d'enfans, les plus proches parents des noms et des armes d'Ars luï succédèrent; car Bernard d'Ars, neveu d'Antoine d'Ars, chanoine et prévôt en l'église, et comte de Lyon, en étoit seigneur en l'an 1460, qui le vendit à Jean Buchet, seigneur de la Colonge, père d'Amé Buchet, écuyer, seigneur de la Colonge et d'Ars, qui n'aïant eu lignée de Claudine de Rogemont, sa femme, fille de Philibert de Rogemont, seigneur de Pierreclos en Mâconnois, et de Philiberte de Busseul, Philiberte de Varey, sa mère, fut son héritière, laquelle, par ce moïen, fut dame d'Ars et de la Colonge.

C'est elle qui fit donation de tous ses biens, le 14 de mars 1519, à Jean de la Porte, écuyer, seigneur de Chavagneu, son neveu, duquel la fille, nommée Pernette de la Porte, femme de François de Grolée, écuyer, seigneur de Passin en Dauphiné, vendit Ars et la Colonge à Georges Chabeu, seigneur de Mereges, et celui-cy revendit Ars à Antoine d'Ars, chanoine de l'Eglise et comte de Lyon, après la mort duquel, Claude Gaste, seigneur de l'Aupebin et de la Raffinière, son cousin et son héritier, fut seigneur d'Ars.

Mais aïant mal ménagé cette succession, Ars fut mis en décret sur son héritier et achepté par Claude Cholier, greffier de Beaujollois (1), puis revendu à Etienne de la Forge, sei-

---

(1) Claude Cholier mourut en 1578, dans la charge importante de procureur général du prince de Dombes en sa Souveraineté. Il descendait de Jean

gneur de Châtillon de Dombes, puis de Chailliouvre et de la Brosse, qui mourut sans enfants et laissa ses biens à Mathurine de la Forge, sa sœur, femme de Claude Du Gour, à cause d'elle, seigneur de Chailliouvre. Après le décès de laquelle Ars demeura, par le partage qui se fit de ses biens, à Louise Du Gour, dame des Garets, l'une de ses filles, aïeule d'Eléonore de Garnier, seigneur des Garets et du Colombier, qui est aujourd'hui seigneur.

Le château d'Ars est bien bâti ; il y a paroisse rière la châtellenie de Villeneuve, et justice haute, moïenne et basse.

LES AYES.

C'est un petit fief en la paroisse de Montcolon, dans la châtellenie de Chalamont, qui étoit possédé, en l'an 1540, par Jean Coindrieu, seigneur de Montcolon, et à présent par des personnes de petite considération qui demeurent à Chalamont.

BARBAREL.

Le château de Barbarel est sur une éminence, dans la paroisse de Saint-Etienne de Chalaronne. Les plus anciens seigneurs de Barbarel sont ceux de la maison du Saix, qui l'ont possédé de père à fils depuis l'an 1400 jusques à la dernière de cette branche, appellée Claudine du Saix, fille de Claude du Saix, écuyer, seigneur de Barbarel, et de Françoise de Laye,

---

Cholier, qui défendit, en 1482, la ville et le château de Villars, appartenant au duc de Savoie. Nous donnerons aussi complète que possible, dans le livre VII de cette histoire, la généalogie de la famille Cholier de Cibeins, qui est actuellement la plus ancienne de la Dombes,

laquelle se mariant, le 13 d'août 1539, avec Pierre de Rodes (*pour la généalogie de Rodes voïez Guichenon, Hist. de Bresse, généalog. de Saix, pag. 361*), écuyer, seigneur du Fay en Dauphiné, lui porta la terre de Barbarel en dot.

Leurs descendans du nom et armes de Rodes en ont toujours joui. Aujourd'hui en est seigneur Jean de Rhodes, écuyer, seigneur de Chales en Dombes.

Il y a justice haute, moïenne et basse, tant sur les hommes et fiefs dépendans du château de Barbarel que dans la paroisse et franchises de Saint-Etienne de Chalaronne, laquelle est indivise entre les seigneurs de Chazelles, de Bezeneins, Baumont, Colonges et Barbarel, avec droit de suite sur leurs hommes, par des anciennes transactions, l'une du 22e de may 1436, et l'autre du 8e d'août 1448, passées entre Jean du Saix, dit Fromentin, seigneur de Bezeneins et de Colonges, et Humbert du Saix, seigneur de Barbarel. Et encore par un autre traité du dernier de juin 1567, entre Jean de Saint-Trivier, écuyer, seigneur de Chazelles, Bezeneins et Colonges, et Pierre de Rodes, écuyer, seigneur de Barbarel, confirmé par arrêt du parlement de Dombes, du 6 de may 1643 (1).

BANAINS.

Quoique le château de Banains soit situé en Bresse, néantmoins puisque la plus grande partie de la paroisse et celle de

---

(1) Jean de Rodes, dernier de cette famille, a eu deux femmes, la première Marie Cachet, d'où est venue N.... de Rodes, mariée à M. de Naturel de Baleure, gentilhomme de Bourgogne, la seconde, demoiselle Thérèse Joly de Choin, d'ou N... de Rodes, alliée avec N... de Vallin, chevalier, seigneur d'Yères, du Rosset, de Barbarel, Saint-Didier, Chales. Les trois derniers lui sont venus par la dame de Rodes, son épouse, dame de Barbarel, Saint-Didier et Chales.

Le seigneur de Vallin a fait ériger Saint-Didier en comté, sous le titre de comté de Vallin, par patentes de 1736. (Notes du mss. de Trévoux.)

Dompierre de Chalaronne, qui compose une partie de cette seigneurie, sont en Dombes, et qu'en y joignant ce qui est aussi en Dombes dépendant de la paroisse de Béreins, on en a fait la douzième châtellenie de la Souveraineté, par lettres patentes de S. A. R. Mademoiselle, datées à Saint-Farjeau, le 13e de janvier 1653, vérifiées au parlement le 28 juillet 1654, je suis obligé d'en parler en cette histoire.

Il y a eu autrefois une très noble et très ancienne famille du nom de Banains, qui possédoit cette terre et qui en avoit ou pris ou donné le nom. Guillaume, seigneur de Banains, chevalier vivant l'an 1300, frère d'Hugues de Banains, chanoine de Lyon, qui testa au mois de may 1294, et mary de Marguerite de Laye, fut père de Guichard de Banains, chevalier vivant l'an 1330, qui laissa trois enfants : Guichard de Banains, second du nom, décédé sans postérité, Marguerite de Banains, femme de Jean de Châtillon de Michaille, chevalier seigneur de Sonnas, en Savoye, de Mussel, du Vache, puis de Gerard, de Ternier, seigneur du Châtelard, décédée le 7 février 1373, et Antoinette de Baneins, mariée à Girard, seigneur de Grandmont en Bugey, fils de Girard, seigneur de Grandmont et d'Isabelle de Gruere, dame de Montferrand, en Bugey.

Par le partage que ces deux sœurs firent de l'hoirie paternelle, Banains arriva à la dame de Sonnas (*Tit. de la chambre des comptes de Savoye*), en payant certaine somme à la dame de Grandmont, sa sœur. Mais Marguerite de Baneins vendit cette seigneurie, le 6 d'octobre 1364, à Girard d'Estrées, chevalier chancelier de Savoye, qui acquit les droits de la dame de Grandmont.

En ce temps là, toute la terre de Banains étoit en Dombes, car, Girard d'Estrées, la même année, en prit investiture d'Antoine, sire de Beaujeu, seigneur de Dombes, à Tournus-sur-Saône, présens Jean de Silly, Guichard de Marzé, Jean de Chales, Jean d'Estrées, et Richard Musard, chevalier.

Cependant, Amé VII, comte de Savoye, prétendant que Banains fût de son fief et mouvant de sa seigneurie de Bresse, en demanda l'hommage qu'Edouard premier du nom, sire de Beaujeu et seigneur de Dombes, lui quitta par traité fait à Chambéry, le dernier de may 1383, par l'entremise de Louis, duc de Bourbon, et d'Anguerrand, sire de Coucy, et en présence d'Hiblet de Chalant, seigneur de Montjouvet et Philippe de l'Espinasse, seigneur de la Clète, chevaliers. Ensuite de quoi Girard d'Estrées en fit hommage au comte de Savoye, le 3e de juin suivant. Et après le décès de ce prince, Bonne de Bourbon, régente de Savoye et tutrice du comte Amé VIII, reçut le même hommage le 22e septembre 1392, en la présence d'Amé de Savoye, prince d'Achaye, et de la Morée, de Nicod, seigneur de Blonnay, de Boniface de Chalant et de Jacques de Champion, chevaliers.

A Girard d'Estrées succéda Louis d'Estrées, son fils, seigneur de Baneins et de Saint-Etienne du Bois, qui fit le même hommage au comte de Savoye Amé VIII, à Bourg-en-Bresse, le 2e de février 1397, présens Odo de Villars, gouverneur de Savoye, Boniface de Chalant, Arnould, seigneur d'Urfé, et Claude de Montmayeur, chevaliers. Et étant mort sans enfans Jean d'Estrées, seigneur de la Féole, hérita de la terre de Baneins, laquelle il vendit à Pierre, seigneur de Genost (*Tit. de la terre de Banains*), qui en fit hommage au duc de Savoye, le 2e de septembre 1417, en présence de Gui et de Pierre de Grolée père et fils, de François de Compeys et de Rodolphe d'Alinges, chevaliers.

Mais cette seigneurie ne demeura pas longtemps entre les mains de Pierre de Genost; Urbain, seigneur de la Chambre, comte de Ceville et vicomte de Maurienne, l'aïant acquise de lui, le 2e de février 1420, celui-ci en fit la foy au duc de Savoye Amé VIII, le pénultième de mars 1424, et la revendit le second de juin 1436, à Jean du Saix, chevalier, seigneur de Rivoire; Aimé du Saix, son fils, seigneur de Rivoire, fut après lui seigneur de Banains, et ne laissa que des filles, entr'autres Huguette du Saix, épouse de Philibert Andrevet, chevalier, seigneur de Corsant, de Marmont et de Montfalcon. Mais par le décès de Claude Andrevet, baron de Corsant et de

Montfalcon, seigneur de Banains, sans enfans, cette seigneurie arriva aux seigneurs de Chandé et de Béost, ses beaux frères, et ensuite à Pierre de Moyria, dit de Feullens, seigneur de Vologna, et à Louise de Monspeys, dame de la Verjonnière, lesquels vendirent Banains, le 23ᵉ d'août 1594, à Pierre de Pigna, écuyer, seigneur de Maillard, à la charge d'acquitter ce qui étoit dû à Minerve de Semur, veuve de Jérôme de la Garde, seigneur de Chassigny, fils d'Adrien de la Garde, seigneur de Chassigny, et de Jeanne Andrevet, et pour lors femme de Jean, seigneur de Chanlecy, laquelle jouissoit de Banains.

Toutefois, Pierre de Pigna, n'ayant point fait cet acquittement, le seigneur de Chanlecy (*voyez ce qu'il en est dit dans l'Hist. de Bresse, part. 2, au chap. de Vassalieu*) céda son droit à Marc de Rye de la Palu, marquis de Varambon, lequel aïant été pris prisonnier de guerre en Artois, par le maréchal de Biron, et mis à quarante mille écus de rançon par le roi Henry IV, Edme de Malain, baron de Lux, et le seigneur de Saint-Angel eurent don de Sa Majesté de dix mille écus à prendre sur cette rançon ; de sorte que le marquis de Varambon, pour les payer, leur remit son action sur Pierre de Pigna, qui ne les aïant pas satisfaits, ils firent vendre Banains, qui fut achepté par Jean de Rochay Guengo, seigneur de la Roche, gentil-homme breton, lieutenant du roy au gouvernement de Mâcon, qui n'aïant point d'enfans et aïant contracté une étroite amitié avec Pierre de Corsant, seigneur de Bereins, ordonna par son testament à Françoise Bernard, sa veuve et héritière, de lui remettre cette terre pour trente-six mille livres seulement, quoiqu'elle valût déjà en ce tems-là trois et quatre fois plus, dont le prix a été augmenté par les agencemens, constructions et embellissemens qu'y a faits le seigneur de Bereins, lequel, par patentes de Sa Majesté, du mois de mars 1644, fit ériger Banains en vicomté (*Hist. de Bresse, Preuves, p. 63*), puis en comté (*Ibid., p. 172 et suiv.*), par autres lettres du mois de juin 1649, avec création de foires et de marchés, vérifiées au parlement de Dijon, chambre des comptes et bureau des trésoriers de France en Bourgogne.

C'est aujourd'hui une des belles maisons et des belles terres de Bresse. Pierre de Corsant l'a vendue, le 14 de janvier 1662, à Hector Andrevet de Langeron, marquis de Maulevrier, son beau-frère (1).

La paroisse de Banains est à Antanens (*Hist. de Bresse, partie 2e, au mot Banains*).

LA BASTIE.

Si j'avois vu les titres de cette maison, ce chapitre ne seroit pas si stérile, mais il n'y a pas moïen de suppléer aux choses de fait.

Guillaume de Franchelins, vivant en l'an 1350, étoit seigneur de la Bastie. Il ne laissa qu'une fille, appelée Louise de Franchelins, dame de la Bastie, mariée à Henry de Juis, chevalier, seigneur de Belvey en Dombes, à qui elle porta la terre de la Bastie en dot. Claudine de Juis, leur arrière-fille, se maria, le 20e de janvier 1447, à Jean du Saix, chevalier, seigneur de Rigna en Bresse et de la Roche en Genevois, qui à cause d'elle fut seigneur de la Bastie.

Janus du Saix, seigneur de la Bastie, et de Bervey en Dombes, et de Cursinge en Savoye, étant mort sans enfans de Marie de Duin, son épouse, leurs héritiers vendirent la seigneurie de la Bastie et celle de Bervey à Jacques de Limosin,

---

(1) Le seigneur de Langeron a vendu Baneins à M. Ravat, ancien prévôt des marchands et lieutenant-général de police de la ville de Lyon, il y a environ vingt-cinq ans. A présent en jouit Bonne Pupil, sa veuve. Banains est amodié 5500 livres.

Nota. — La fille de Bonne Pupil et de M. Ravat ayant épousé M. de la Garde, président aux enquêtes du parlement de Paris, leur fille, N.. de la Garde, épouse du marquis de Polignac, a hérité de cette terre et en jouit actuellement, en 1767. (Notes du mss. de Trévoux.)

seigneur de Montaubert, qui, de Catherine de Tye, sa femme, eut deux filles, dont l'aînée, appelée Magdeleine, eut la terre de la Bastie pour son partage, le 29ᵉ de mars 1540, et par traité du 14ᵉ octobre 1548. Elle se maria avec Claude de Champier, seigneur de la Faverge, baillif, puis gouverneur de Dombes, père de Jacques de Champier, baron de la Bastie, seigneur de Langes, d'Argil, de Monceau et de Corcelles, baillif de Bresse et gouverneur de Dombes, par contrat du 12ᵉ de janvier 1596, passé en la maison de l'archevêché de Rouen.

Il acquit d'Henry de Bourbon, duc de Montpensier, prince de Dombes, la justice, cens, servis, laods et autres droits seigneuriaux qu'il avoit ès-villages de Chanains, Peysieu, Genouilleu, Guerrins et Monceau, dans la châtellenie de Montmerle.

De Françoise de Langes, sa femme, il n'eut qu'une fille, appelée Charlotte de Champier, dame de la Bastie, alliée avec George de Villeneuve, baron de joux sur Tarare, baillif de Beaujollois, d'où est issu Jean de Villeneuve, baron de Joux et de la Bastie, aujourd'hui vivant.

Il y a justice haute, moïenne et basse à la Bastie. La paroisse est à Monceau (1).

BESENEINS.

Il y a eu une noble et ancienne famille en Dombes appelée de Beseneins, de laquelle nous parlerons en son lieu, qui a ou pris ou donné le nom à ce lieu. Elle possédoit cette seigneurie avant l'an 1200, sous l'hommage des comtes de Mâcon, qui avoient plusieurs autres fiefs considérables deçà la Saône.

---

(1) (1767). A présent est seigneur de la Bastie N... de la Tour-Vidaud, conseiller du roy et procureur général au parlement de Grenoble

Des comtes de Mâcon cet hommage passa en la maison d'Antigny ; car Simon de Sainte-Croix, seigneur de Savigny en Revermont, le vendit à Humbert, sire de Thoire et de Villars, V^e du nom, comme procureur d'Henry d'Antigny, chevalier, seigneur de Sainte-Croix, son frère, par titre du 4e de juin 1308. Et l'an 1312, le même sire de Villars en fit donation à Humbert, sire de Beaujeu (1), ... du nom, son beau-frère (2), et par ce moïen Beseneins fut uni à la souveraineté de Dombes. Mais Aymon, comte de Savoye, l'an 1330, pendant la guerre qu'il eut contre le sire de Beaujeu, se saisit du château sur Etienne, seigneur de Beseneins, prétendant qu'il étoit de son fief et des dépendances de la seigneurie de Bresse (3). Cependant Jean, seigneur de Beseneins, fils d'Etienne, en fit hommage à Antoine, sire de Beaujeu, le 14e d'avril 1372.

La postérité d'Etienne de Beseneins aïant aliéné cette seigneurie à Mayeul du Saix, chevalier, ceux de cette famille en jouirent assez longtems jusqu'à Jean du Saix (*Tit. de la*

---

(1) Cet Humbert de Beaujeu était frère de Guichard V de Beaujeu, surnommé LE GRAND. L'hommage donné par Humbert V de Thoire-Villars était dû par Etienne de Chabeu. (Arch. nation. P. 488, cote 154.)

(2) Humbert V de Thoire-Villars avait épousé, au mois de mars 1296, Eleonore de Beaujeu. (Arch. nation., p. 1392, cote 657.)

(3) Il existe aux Archives nationales, à Paris, deux chartes originales concernant Etienne de Beseneins. La première nous apprend que Hugues de Beseneins, père d'Etienne, avait pris en fief d'Humbert de Beaujeu toute la terre qu'il possédait entre Garnerans et St-Etienne-de-Chalaronne, qu'il refusa d'en rendre hommage à Guichard V, frère et héritier d'Humbert (mort à la bataille de Varey, en 1325), et que celui-ci s'empara de toute cette terre qu'il ne restitua à Etienne que quatre ans après (24 juin 1327), en récompense des services qu'il avait rendus et à charge d'hommage. (Archiv. nationales, p. 488, cote 168.) — Par la deuxième, du 19 novembre 1335, Aimon, comte de Savoie, manda à Etienne de Laye, fils d'Hugues de Beseneins, de rendre dorénavant hommage à Humbert de Villars, pour sa maison forte de Beseneins. « QUAM, dit-il, TEMPORE GUERRE FECIMUS OCCUPARI. » (Arch. nation. p. 488, c. 62.)

maison du Saix), surnommé Fromentin, seigneur de Beseneins, petit-fils dudit Mayeul, qui le vendit à Louis de Laye, seigneur de Lurcy en Dombes, lequel, par contrat du 5ᵉ février 1460, en fit donation à Jean du Saix, chevalier, seigneur de Banains, au cas qu'il vînt à mourir sans enfants; présens à cette donation le même Jean du Saix, dit Fromentin, qualifié jadis seigneur de Beseneins, et Humbert de Lucinges, damoiseau.

Mais cette donation n'eut point d'effet, car Fromentin du Saix n'aïant vendu cette terre qu'à grâce de réachat, il la retira du seigneur de Banains, et depuis la donna en dot avec celle de Colonge à Philiberte du Saix, sa fille, épouse de Claude Rosset, seigneur de Portebeuf, qui, le 6ᵉ de mars 1461, remirent Beseneins, à prix d'argent, à Louis, bâtard de Bourbon, comte de Rossillon, amiral de France, qui fut seigneur de Beseneins. Jeanne de France, sa veuve, le vendit, le 13 février 1499, comme tutrice de Charles et d'Anne de Bourbon, leurs enfants, à Guy, seigneur de Châteauvieux (*Tit. de la maison de Châteauvieux*), baillif et gouverneur de Bresse; et celui-ci, peu de temps après, revendit Beseneins et Colonges à Pierre de Saint-Trivier, écuyer, seigneur de Chazelles, auquel, étant mort sans enfants, succéda Jean de Saint-Trivier, seigneur de Chazelles, son neveu, qui transigea pour la justice de cette terre et autres différens avec Pierre de Rodes, écuyer, seigneur de Barbarel, le dernier de juin 1567.

Mais étant mort sans lignée, les enfans de Claudine de Saint-Trivier, sa sœur, se trouvèrent appellés par substitution à la succession du susnommé Pierre de Saint-Trivier, leur oncle, et eurent adjudication des terres de Beseneins, Chazelles et Colonges, par transaction faite l'an 1573, avec Jeanne d'Augeres, veuve de Jean de Saint-Trivier.

Or, il faut remarquer que Claudine de Saint-Trivier avoit eu deux maris, le premier, le seigneur de la Gardette, de la maison de Maize, et le second, le seigneur de Montverant, de la maison de Luyrieux, desquels elle n'eut que deux filles : Jeanne de Maize, qui étoit l'aînée, épousa Claude, seigneur de Rebé, baron d'Amplepuy, et de Thisy ; et Philiberte de Luyrieux, la puinée, fut mariée à Simphorien d'Angeville, gentilhomme savoisien, de laquelle le seigneur de Rebé aïant acquis la part, vendit Beseneins, Chazelles et Colonges, le 16ᵉ de may 1578, à Antoine de Cadenet, seigneur de Villars, la postérité duquel en a joui jusques à Marie de Cadenet, dernière de cette famille, laquelle l'a laissé par testament du 18 décembre 1652, à Jean de la Garde, écuyer, seigneur de Clairon en Mâconnois, son neveu, ainsi que nous dirons plus au long au chapitre de Chazelles (1).

BEAUMONT.

Humbert du Saix, chevalier, seigneur de Barbarel et de Dracé le Panoux, est le plus ancien seigneur de Beaumont qui soit venu à ma connoissance. Il vivoit l'an 1436, et entre autres enfants eut Guillaume du Saix qui, par titre du 8ᵉ juin 1482, eut la terre de Beaumont pour son partage avec le tiers des rentes et des droits seigneuriaux en toute justice.

De Claudine de Verneys, son épouse, fille de Pierre de Verneys, seigneur de Vuris en Beaujollois, il laissa un fils appellé Lionnet du Saix qui, après lui, fut seigneur de Beaumont et de Vuris ; mais n'aïant point d'enfants, il fit son héritière Claudine de Ponceton, sa femme, laquelle fit donation de la terre de Beaumont, le 25ᵉ avril 1571, à Lionnet de Chales, son neveu, qui en fit vente à Daniel Gillet, seigneur de Montezan, sur qui il fut vendu, par décret et délivré à Abraham Valier, seigneur d'Escolle en Mâconnois, conseiller au Parlement de Dombes, au mois de mars 1626 ; et après en avoir joui quelques années, il le vendit à Claude Janin, conseiller et secrétaire du roy, maison et couronne de France, duquel Jean

---

(1) Cette terre fait partie de celle de Chazelles actuellement (1767). Voyez l'art. Chazelles.

de la Garde, seigneur de Clairon, de Chazelles et de Beseneins et de Colonges l'achepta en l'an 1655 et le possède aujourd'hui.

Cette seigneurie est située en la paroisse de Saint-Etienne-de-Chalaronne. Le seigneur de Beaumont fut déclaré coseigneur des franchises de Saint-Etienne-de-Chalaronne avec les seigneurs de Chazelles, de Beseneins, de Colonges et de Barbarel, par arrêt contradictoire du Parlement de Dombes du 6e may 1643 (1).

BEAUREGARD.

Guillaume Paradin, en son *Hist. de Lyon* (lib, 2, ch. 54), nous apprend l'origine du château de Beauregard, qu'il remarque avoir été établi sur une éminence au bord de la rivière de Saône, par Gui, seigneur de Saint-Trivier, ainsi appelé à cause de sa belle situation, dont il fit hommage à Guichard, sire de Beaujeu, seigneur de Dombes, par la permission duquel il avoit entrepris cette construction.

Cependant Jean, troisième du nom, archevêque de Lyon, prétendant que Beauregard fût dans les limites des terres de l'Eglise de Lyon, en demanda la démolition ou l'hommage, ce qui fut le sujet d'une guerre entre l'archevêque de Lyon et le sire de Beaujeu, laquelle fut terminée, après de grandes difficultés, par l'entremise de Guillaume, archevêque de Vienne ; d'Humbert, Dauphin de Viennois, d'Humbert, sire de Thoire et de Villars et de Guichard, seigneur de Marzé, sénéchal de Tholouse, qui portèrent les parties à un traité fait au jardin du Temple de Lyon, au mois de juin 1298 (2), par lequel il fut dit

---

(1) Cette terre fait aussi depuis cette époque partie de celle de Chazelles. Voyez l'art. Chazelles.

(2) Le texte de ce traité est imprimé p. 209-221 de la BIBLIOTHECA DUMBENSIS, d'après le mss. n° 908 de la bibliothèque de Lyon.

que le seigneur de Saint-Trivier reconnoîtroit la moitié du fief de l'archevêque de Lyon, et l'autre de celui du sire de Beaujeu, et qu'à cet effet il y mettroit deux étendards, l'un aux armes de l'archevêque, et l'autre du sire de Beaujeu, qui y demeureroient trois jours, et celui de l'archevêque deux jours de plus pour marque de supériorité.

Mais il faut bien que depuis ce traité l'archevêque eût quitté sa part de cet hommage au sire de Beaujeu, car le même Guichard de Beaujeu aïant été pris prisonnier à la bataille de Varey, quitta entre autres choses, au Dauphin, le fief de la seigneurie et château de Beauregard, par traité de l'an 1327 (1), sur quoi aïant eu depuis difficultés entre le Dauphin et le comte de Savoye, qui prétendoit aussi cet hommage, la décision en fut renvoïée au Pape, par traité de l'an 1334 et du 22e de may.

Cependant, par un autre traité, fait en l'an 1337 (2), Edouard, sire de Beaujeu, remit à Aimon, comte de Savoye, la seigneurie directe et le fief de Beauregard, ce qui fut confirmé par le traité de 1377 ; mais par celui de 1383, le sire de Beaujeu quitta au comte de Savoye le château, bourg et mandement de Beauregard, racheptable pour vingt mille livres, dont toutefois, le comte se départit par le traité fait avec Louis, duc de Bourbon, seigneur de Dombes, l'an 1409 (3), à la charge néantmoins de l'hommage, qui fut enfin quitté au duc de Bourbon par le traité de l'an 1441 (4).

Depuis ce temps là Beauregard demeura uni à la seigneurie de Dombes. Le roi François premier en donna les fruits pendant dix ans *(Tit. du tres. de Beaujol.)* à Albert de Rippe, son valet de chambre, et à Lucrèce Rudolphy, demoiselle de la Dauphine, sa belle-fille, en payement de six mille livres que Sa Majesté leur devoit, par patentes datées à Com-

---

(1) BIBLIOTHECA DUMBENSIS, p. 271-281, d'après le manuscrit n° 908 de la bibliothèque de Lyon.
(2) Guichenon, Hist. de Savoie, preuves p, 162.
(3) Arch. nation., p. 1363, c. 1176 et 1177.
(4) Arch. nation., p. 1360, c. 885. Imprimé Bibl. Dumb., p. 368-375.

piègne, le 26 février 1536. Et depuis Clémence Viole, femme de Jean d'Albize, seigneur d'Yvours, conseiller et secrétaire du roy, en acquit la propriété, au mois de juillet 1552, des commissaires, députés par le roy Henry second à la revente du domaine de Dombes, dont le réachat fut quelques années.

Outre la châtellenie de Beauregard, il y a capitainerie, de laquelle est présentement pourvu Nicolas Bergeron, sieur de Fontenailles, conseiller du roy, élu en l'élection de Beaujollois, par provisions de S. A. R. Mademoiselle, datées à Paris, le 30ᵉ de mars 1659 (1).

---

(1) La dame Veraud, épouse de N... Séve. seigneur de Fléchères, acquit en 17... ladite châtellenie de M. le duc du Maine, par engagement. A présent (en 1767) elle est possédée par Horace de Sève, son fils.

Documents relatifs à Beauregard conservés aux Archives nationales :

Samedi après l'Assomption, 1295. — Codicile de Louis de Beaujeu, par lequel il lègue à Gui, sire de Saint-Trivier-en-Dombes, dix sous de revenus à prendre sur le port neuf établi au-dessous de la maison (du château) de Beauregard, et tout le droit qu'il a dans la Saône, depuis le port de Frans jusqu'à la queue de l'île de Grelonges. (P. 1366, c. 1484.)

11 mars 1331. — Michel le Foulz se reconnaît homme lige du sieur de Beaujeu et promet de répondre en sa juridiction de Beauregard. (P. 1391, c. 617.)

21 février 1395 — Transport de la châtellenie de Beauregard par le sire de Beaujeu à Hugues de Breissent, pour le paiement de ce qu'il lui devait. (P. 1361, c. 911.)

8 juin 1407. — Informations sur les limites des châtellenies de Beauregard et de Villeneuve. (P. 1391, c. 595.)

3 juillet 1407. Le duc de Bourbon reconnaît tenir Beauregard du comte de Savoie. (P. 1389, c. 307.)

20 novembre 1413. — Dons de plusieurs cens à prendre sur la recette de Beauregard. (P. 1366, c. 1493.)

12 avril 1426 et 30 avril 1427. — Sentence arbitrale qui condamne les habitants de Beauregard à payer 20 livres de gages au capitaine du château. (P. 1391, c. 616.)

1493. — Ratification par Jacques de Sainte-Colombe de la renonciation par lui faite du droit qu'il prétendait en la seigneurie d'Ambérieu, au profit du duc de Bourbon, qui lui donne en échange la justice haute, moyenne et basse de la seigneurie de Beauregard. (P. 1390, c. 513.)

BERVEY.

Je fais la même plainte en ce chapitre que l'ai fait cy-dessus en celui de la Bastie, parce que les seigneurs de ces terres n'ont pas été soigneux de rechercher exactement leurs titres pour m'en donner les instructions nécessaires. J'en dirai donc ce que j'ai appris d'ailleurs.

Guillaume, seigneur de Juis, chevalier, est le premier seigneur de Bervey ; car Louis, sire de Beaujeu, seigneur de Dombes, lui en fit inféodation pour reconnoissance de ses services, avec justice moïenne et basse, par lettres du mois de may 1276, sous les sceaux de Guichard le Joly, doyen de Beaujeu, et de Pierre de Mauvoisin, chevalier.

---

7 décembre 1495. — Vente par Benoît Fabri, au duc de Bourbon, d'une terre sise aux Franchises de Beauregard. (P. 1391, c. 618.)

27 juillet 1699. — Privilége accordé par le prince de Dombes à Gaspard Boisson et Comp., d'établir une manufacture de glaces dans le château de Beauregard. (E. 2786.)

Minute du mémoire donné à M. de Chamillard, concernant la manufacture de glaces de Dombes. (K. 1172.)

Moyens pour concilier les intérêts des deux manufactures de glaces de France et de Dombes et d'augmenter leur produit et leurs actions. (K. 1172.)

Arrêt de défense pour les ouvriers de la manufacture de glaces de Dombes. (E. 2784.)

10 mars 1725. — Lettres-patentes du prince de Dombes, portant permission et privilége à Joseph Limosin d'établir dans le château de Beauregard et autres lieux de la Souveraineté des verreries et manufactures de glaces, cristaux, verres blancs et à vitres, bouteilles, porcelaines, fayences, etc. (E. 2785.)

Le mss. n° 5186 (f. latin) de la Bibliothèque nationale, contient le texte de l'hommage rendu, le 19 mars 1301, par Gui de St-Trivier, à l'archevêque de Lyon, pour une dîme à Marlieu, la moitié de la maison forte et bourg de Beauregard.

Il y eut deux enfants, ainsi que nous le dirons en la généalogie de Juis, dont le premier, appelé Philippes de Juis, eut la seigneurie de Bervey pour son partage. Sa postérité en a joui de père à fils l'espace de 150 ans, jusques à Claudine de Juis, dernière de cette branche, laquelle porta Bervey en dot à Jean du Saix, chevalier, seigneur de Rigna en Bresse et de la Roche en Genevois, en l'an 1447.

C'est à eux que Jean, duc de Bourbon, seigneur de Dombes, par patentes datées à Villefranche le 23e de décembre 1463, donna sa haute justice de Bervey. Janus du Saix, leur fils, seigneur de Bervey et de la Bastie, n'aïant eu aucun enfant de Marie de Dyoin, son épouse, leurs héritiers vendirent Bervey à Jacques de Limosin, seigneur de Montaubert, lequel, de Catherine de Trye, sa femme, eut deux filles, dont l'aînée appellée Magdeleine, eut en partage la seigneurie de la Bastie, ainsi que nous l'avons déjà dit; et la puinée, nommée Adrianne de Limosin, se maria avec Jacques Costain, gentilhomme de Dauphiné, duquel descendent les seigneurs de Pusignan et de Bervey.

Cette terre est située en la paroisse de Dompierre de Chalamont (1).

---

(1) M. Aubret ajoute pour Bervey : Le 20e mars 1539, noble Jacques Costain, tant en son nom que pour demoiselle Catherine Trye, dame de la seigneurie de Trye, assise en Beaujollois, au mandement et châtellenie de Chalamont, et seigneurs chacun par moitié de cette terre, en donnèrent leur aveu et dénombrement à Sa Majesté. Ils disent qu'ils tiennent cette terre en jurisdiction haute, moïenne et basse, à la coutume et l'usage du païs de Dombes. Ils disent qu'il est dû une maille d'or qu'ils offrent à cause de leur moulin et qu'ils ne savent pas les autres charges de ce fief, parce qu'il n'y avoit pas longtemps qu'ils avoient acquis cette terre. Ils offrent de servir ou de faire servir le roi selon le rôle des montres, sauf que si leurs auteurs ont vendu quelque portion de ce fief, qu'ils seront déchargés du service à proportion des aliénations, comme de raison.

Le 10e février 1564, le même ou un autre Jacques Costain, petit-fils de celui ci-dessus, donna le dénombrement du même fief à Trévoux, par-devant Me Bardel, lieutenant-général au bailliage de Dombes.

En 1594, le château de Bervey fut pris, et le seigneur qui y étoit fut

BIARD.

Jean de Glettins, issu de l'ancienne maison de Glettins, qui se trouve présent aux franchises de Chalamont, accordées par

---

tué, quoiqu'il fut honnête homme, comme le disent les informations faites en 1598 contre Fœderich de Romans, et d'autres faites en 1600, suivant que je le conjecture, car elles sont sans date. Quelques témoins ouïs en ces informations, qui ont été produites par ce seigneur de Bervey, disent que le complot de tuer ce seigneur fut fait ou du moins qu'on en parla dans un repas que Fœdérich de Romans, greffier du Parlement de Dombes, donnoit à Lent au vicomte de Chamoy et à quelques-uns de ses capitaines.

Il faut apparemment que le seigneur de Bervey fût calviniste, ou qu'il tînt pour Henry IV et pour le prince de Dombes, car le vicomte de Chamoy étoit pour la ligue.

Après que le seigneur de Bervey eût été tué et son château pris, un nommé la Rossière y vint avec sept à huit soldats de la part du vicomte, et quoiqu'il n'y eût aucune guerre déclarée entre la Bresse et la France, ce Rossière s'étant uni à ceux de Bresse, et aïant sept à huit soldats qui se faisoient appeler Tartarins, fit faire toutes sortes de violences et de pilleries dans les châtellenies de Chalamont et Lent, et il se retiroit à Bervey et vendoit ensuite, au château du Saix, à un prêtre qui y étoit, tout le bétail et tous les grains qu'il enlevoit en Dombes.

Ces soldats pilloient les passants et les rançonnoient, ils violoient les femmes et les filles, et faisoient toutes autres sortes de maux.

Quelques témoins des informations disent qu'il avoit si fort dépeuplé le païs de grains et de bestiaux, que ne s'en étant point trouvés à Chalamont, ni d'hommes pour le défendre, il fut pris et brûlé par les Savoyards, en 1594, ainsi que la ville de Lent.

La Rossière leva de plus une compagnie de 60 hommes, et pilla et ruina tout ce qui restoit, ce qui fit qu'on vint pour l'attaquer à Bervey, mais comme il ne pouvoit le deffendre, on mit le feu au château où il ne resta qu'une simple tour.

Dès le mois de novembre 1594, l'on avoit demandé satisfaction au marquis de Treffort sur l'incendie de Bervey, qui promit à M. le connétable de Montmorency d'en faire informer et de faire faire réparation à M. le comte Du Palais, guidon de la compagnie des gens d'armes de M. le colonel. M. Du

Edouard, sire de Beaujeu, second du nom, en l'an 1374, est qualifié seigneur de Biard. Il laissa cette terre à Guichard de Glettins, son fils, auquel succéda Antoine de Glettins, aussi seigneur de Biard, qui n'aïant point d'enfants, donna tous ses biens à Albert de Beaulieu, seigneur dudit lieu en Vivarais, près d'Annonay, son neveu; fils d'Emeraude de Glettins, sa sœur.

Meraud de Beaulieu, leur fils, vendit en l'an 1522 ce qu'il

Palais se prétendit héritier du seigneur qui avoit été tué, cependant il ne paroit pas qu'il s'en plaignisse.

En 1607, Jacques Costain de Pusignan obtint des lettres-patentes.

En 1658, Aimard de Costain de Pusignan, lieutenant-général de la grande fauconnerie, obtint arrêt pour informer de l'incendie de 1594, et il y eut une information conforme à celle ci-dessus. Le marquis Du Palais y est dit père dudit Aimard de Costain.

En 1675, Aimard de Costain, fils de Jacques, marquis de Pusignan, grand-maître de la fauconnerie, donna son dénombrement pour Bervey.

En 1705, Charles-Joseph-Luc de Camus, seigneur comte d'Arginy, héritier de M. Claude de Camus de Costain, son oncle, marquis de Pusignan, brigadier des armées du roy et colonel du régiment de Languedoc, donna son dénombrement pour Bervey.

En 1715, au mois de janvier, M. Guillaume du Saix, seigneur de Virechâtel et d'Arnens, fils de Pierre-Joseph du Saix, baron de Virechâtel, et dame Claudine de Camus d'Arginy, vendirent Bervey à sieur Gaspard Coson, élu de Belley, pour 22,500 livres et 500 livres d'étrennes.

Gaspard Coson a fait héritier et donné Bervey à François-Alexandre de Marron, écuyer, qui en a donné aveu en 1728. Il est capitaine au régiment d'infanterie de Condé et chevalier de Saint-Louis, fils de Cyprien Marron, écuyer; et de Claudine Coson, seconde femme de Cyprien Marron, qui étoit fils de Nicolas Marron, capitaine génois, annobli par Charles Emmanuel de Savoye, par lettres du 14e may 1658, qui le confirme dans son ancienne noblesse et l'annoblit en tant que de besoin et sa postérité, et nommément ledit Cyprien, son fils aîné ; lesdites lettres enregistrées en la Chambre des comptes de Turin, le 12e juillet 1664. Lettres de naturalité accordées par le roi de France audit Cyprien, qui est qualifié noble piémontois, du mois de may 1664, enregistrées en la Chambre des comptes de Dijon, le 13e janvier 1665, maintenant sa veuve et enfants dans leur noblesse, par ordonnance de M. d'Herbigny, intendant à Lyon, du 1er septembre 1701, et par autres de M. de la Briffe, intendant en Bourgogne, du 4e février 1716.

avoit à Biard, à Claude Berger, licencié ès-loix, qui possédoit Biard par indivis avec Lambert Cailliat, citoyen de Lyon, et Antoinette de Murcis, sa femme, en l'an 1539, par acquisition qu'il en avoit fait d'Albert de Beaulieu. Depuis Claude Berger aïant achepté leur part, demeura seul seigneur de Biard et fit bâtir le château en l'état qu'il se voit à présent, et le transmit à ses descendants, dont le dernier a été Benoît Berger, mary de Nicole le Roux, veuve de Jérémie de Billion, écuyer, seigneur de la Prugne, laquelle, après le décès de ce second mary, jouit de la seigneurie de Biard pour ses droits. Mais Guillaume de Billion, seigneur de la Prugne, maréchal des camps et armées du roy, lieutenant pour Sa Majesté au gouvernement d'Hesdin, s'est acquis cette terre, tant par la donation que sa mère lui fit de ses droits, que pour avoir pris ceux des créanciers et de Claudine de Berger, fille dudit Benoît de Berger, femme de Philippe de Jacob, seigneur de la Cottière.

Le château de Biard est sur une colline dans la paroisse de Chalamont (1).

---

(1)-« Par un mémoire ancien écrit sur la couverture d'un petit terrier de Biard, signé et paraphé Rosset, il est dit que cette seigneurie étoit du fief de Beaujeu ; que le château en fut ruiné par le comte de Savoye. prince de Piémont, qui avoit guerre avec le baron de Beaujeu, qui ne voulut pas reconnoître la souveraineté de Savoye, Guichard de Gletteins étant alors capitaine en la châtellenie de Chalamont.

« Le terrier de Biard fut reconnu par Pierre Montluel, notaire royal de Chalamont, en 1567. Il y a quelques reconnoissances en justices. Il nomme le seigneur noble Jean de Biard ; ce ne pouvoit pas être son nom. Ce notaire fait reconnoître aux emphithéotes, qui doivent les laods et ventes audit seigneur, en cas de ventes et aliénations, à raison de trois sols et demi tournois de chaque livre tournoise, ou bien deux gros pour chaque florin Savoye, suivant la coutume dudit lieu. »

(Note d'Aubret sur Guichenon).

LE BOJARD.

L'érection de ce fief est moderne, aïant été faite par Son Altesse Royale Mademoiselle, par patentes du 23 du mois de septembre de l'an 1651, datées de Paris, en faveur de Suzanne Bojard, épouse de Jean Masuier, conseiller et secrétaire du roy, maison et couronne, à la charge de l'hommage et d'une paire d'éperons dorés tous les ans. Il y a fait bâtir une belle maison en forme de château. Il est en la paroisse de Saint-Euphème, sur le grand chemin de Lyon à Mâcon (1).

BREILLE.

François de Pignon, capitaine de Trévoux et de Villeneuve, est le plus ancien seigneur de Breille. C'est un fief situé au village de Savignieu, dans la châtellenie d'Ambérieu. Il eut pour son héritier Nazaire de Massenay, écuyer, seigneur du Lac, gentilhomme charollois, qui n'aïant laissé qu'une fille appellée Jeanne de Massenay du Lac, elle fut dame de la Breille. Elle épousa Guillaume-Philibert d'Angeville, seigneur de Montvéran, vicomte de Lompnes, baillif du Bugey et gouverneur de la ville de Belley, qui a vendu ce fief à Gaspard de Vincent, écuyer, seigneur de Panètes, maître des requêtes au Parlement de Dombes (2).

---

(1) En 1767, il est possédé par le sieur Roch-Augustin Quinson, qui l'a acquis des héritiers du sieur Le Corgne, en 17.....

(2) En 1767, ce fief est possédé par la même maison de Vincent, connue sous le nom De Panette, du nom d'une terre qu'ils possèdent.

LA BOTTE.

Ce fief qui ne consiste qu'en un pigeonnier, un pré et une pièce de terre en la paroisse de Saint-Etienne-de-Chalaronne, a été démembré de la seigneurie de Barbarel. La directe en appartenoit autrefois au seigneur de Chazelles, mais elle fut requise par Philibert du Saix, écuyer, seigneur de Barbarel, par un échange du premier d'avril 1483, fait avec Guillaume de Saint-Trivier, seigneur de Chazelles.

Aujourd'hui est seigneur de la Botte Jacques de Rhodes, écuyer, puisné de la maison de Barbarel (1).

BRIANDAS.

Est dans la paroisse de Chaleins, dans la châtellenie de Villeneuve, qui a eu le nom de ceux de la maison de Briandas, anciens gentilshommes de Beaujollois, qui furent en grande considération auprès du duc de Bourbon. Leur famille subsista environ 150 ans, jusqu'à Adrianne de Briandas, dame de Briandas et de Chaleins en Dombes, et de la Fougère en Bresse, laquelle eut plusieurs maris. Elle vendit Briandas en justice haute, moïenne et basse, à Nicolas de Naturel, écuyer, seigneur de la Plaine et de Dulphey en Mâconnois, qui le revendit à Claude Valeton, échevin de Lyon, le 16ᵉ de novembre 1577. C'est de lui que Jean Leviste l'achepta. Il fut père de Jean Leviste, seigneur de Briandas, lieutenant particulier au bailliage de Trévoux,

---

(1) En 1767, cette terre est possédée par le comte de Valins, petit-fils par sa mère dudit sieur de Rodes.

auquel succéda Jean Leviste, seigneur de Briandas, son fils, conseiller au parlement de Dombes, lequel de Claudine Torel, sa femme, a laissé Gaspard Leviste, écuyer, seigneur de Briandas, à présent vivant, et sous la tutelle de sa mère.

Cette seigneurie ne consiste qu'en une maison et en un domaine, car la rente noble a été aliénée et unie à la baronie de Fléchères (1).

LE BREUIL.

Ce fief est en la paroisse de Monthieu et est l'ancien patrimoine de ceux de la maison de Gaspard, et duquel Claude Gaspard fit hommage, le 7e d'avril 1459, à Jean, duc de Bourbon, prince de Dombes, et Antoine de Gaspard, son fils, à Pierre, duc de Bourbon, aussi prince de Dombes, le pénultième de janvier 1486. Le même hommage fut rendu à Louis de Bourbon, duc de Montpensier, souverain de Dombes, par Philibert de Gaspard, second du nom, le 10e juillet 1564.

Mais Anne de Gaspard, dame du Breuil et du Buisson, aïant épousé François Damas, seigneur de Colombette en Forest, cette seigneurie est arrivée par succession à Claude Damas, chevalier, seigneur d'Arbain et du Buisson, baron de Chevraul et marquis d'Antigny, son fils, qui est aujourd'hui seigneur du Breuil (2).

---

(1) En 1767, cette terre est toujours dans la même maison.
(2) En 1767, M. le marquis de Damas d'Antigny possède ce fief. Il descend en ligne directe de celuy cy dessus.

LE BUISSON.

Je n'ai point rencontré de plus anciens seigneurs du Buisson que ceux de la maison de Gaspard, seigneurs du Breuil, dans la famille desquels ce fief a été l'espace de 200 ans, jusqu'à ce qu'étant faillie en trois filles, l'une appelée Anne de Gaspard, fille de Philibert de Gaspard, second du nom, seigneur du Breuil et du Buisson, et de Claudine de Baronnat, sa seconde femme, eut le Buisson et le Breuil qu'elle porta en dot à François Damas, écuyer, seigneur de Colombette en Forest, père de Claude Damas, chevalier, marquis d'Antigny, baron de Chevraul, seigneur du Breuil et d'Arbain, qui est aujourd'hui seigneur du Buisson.

Ce fief est en la paroisse de Saint-Jean-de-Turigneu, dont les de Gaspard ont fait divers hommages aux princes de Dombes, conjointement avec les seigneurs du Breuil, ès années 1459, 1486 et 1564 (1).

CHARDENOST.

La situation de ce fief est en la paroisse de Dompierre de Chalamont, originairement possédé par les Bonets de Crémieux en Dauphiné. Etienne Bonet, seigneur de Chardenost, en fit l'aliénation à Etienne Martin de Lent, par deux contrats, l'un du 6e et l'autre du 29e décembre 1430 ; et parce que c'étoit un arrière fief du château de Verfey, il se déchargea de cette mouvance féodale par traité fait avec Parceval, seigneur de Verfey, le 6e de septembre 1431.

---

(1) Id. En 1767, M. le marquis de Damas.

Cette famille ensuite a longtemps joui de ce fief, mais Pierre et Etienne Martin en firent vente, le 25 de may 1569, à Claude de Romans, capitaine de Lent. Suzanne de Romans, sa petite fille, et Louis de Bertrier, écuyer, son mary, s'en défirent le 22ᵉ de février 1627, en faveur d'André de Bordes, son fils, et héritier qui est aujourd'hui seigneur de Chardenost.

CHAZELLES.

L'Eglise de Lyon possédoit autrefois plusieurs terres en Dombes, ainsi que nous avons dit au premier livre de cette histoire, entre autres celle de Chazelles, située au pied d'un coteau, dans la parvoisse de Saint-Etienne-de-Chalaronne, sur le grand chemin de Châtillon-de-Dombes à Thoissey.

Guillaume de Thurey, doyen de cette Eglise, l'échangea au nom du chapitre avec Marie du Thil, veuve d'Edouard, sire de Beaujeu, seigneur de Dombes, en qualité de tutrice d'Antoine, sire de Beaujeu, son fils, pour la seigneurie de Montaney en Bresse, par titre du lundi après la révélation de Saint-Etienne de l'an 1353 (1), qui porte que ces deux terres avec leurs mandements étoient en toute justice. Ainsi Chazelles fut uni à la seigneurie de Dombes et en fut démembré par Edouard, sire de Beaujeu, second du nom, qui donna cette terre à Hugues, seigneur de Saint-Trivier en Dombes, son beau-frère, en payement de la dot de Jeanne de Beaujeu, sa femme (2), à

---

(1) Archives nationales, P. 1389, c. 381. — Le 7 août suivant, il fut convenu que si dans vingt ans le château de Miribel appartenait au seigneur de Beaujeu, le chapitre de Lyon serait tenu de lui rendre la terre de Montaney et de reprendre le château de Chazelles. (Ibid., c. 383.)

(2) Le contrat de mariage de Hugues de Saint-Trivier et de Jeanne de Beaujeu existe aux Archives nationales, série P. 1389, c. 171. Il est daté du 31 juillet 1371.

la charge de l'hommage, et depuis ce temps-là cette seigneurie demeura en la maison de Saint-Trivier et fut bien souvent le partage des puisnés, jusques à Pierre de Saint-Trivier, chevalier, seigneur de Chazelles, de Beseneins et de Colonges, qui se voïant sans enfants, institua son héritier universel Jean de Saint-Trivier, seigneur de Javie et de Saint-Germain, son neveu, par testament du 12 avril 1539. Et en cas qu'il mourut sans enfants, il appela à sa succession Claudine de Saint-Trivier, sa nièce, et sœur de Jean et ses enfants. Jean de Saint-Trivier recueillit l'hoirie de son oncle, mais étant mort sans lignée, l'an 1572, Jeanne d'Augères, sa veuve et héritière testamentaire, eut un grand procès au Parlement de Dombes contre les filles de Claude de Saint-Trivier, lesquelles étoient de deux lits ; car en premières noces elle épousa N..... de Maize, seigneur de la Gardette en Beaujollois, d'où vint Jeanne de Maize, mariée à Claude de Rebé, seigneur dudit lieu, baron d'Amplepuis et de Thisy ; et en secondes noces, Claudine de Saint-Trivier se maria avec Jean de Luyrieux, seigneur de Montvéran en Bugey, qui en eut Philiberte de Luyrieux. Enfin par transaction du mois de juin 1573, il fut dit que Jeanne d'Augères auroit les terres de Javie et de Saint-Germain, et les filles de Claudine de Saint-Trivier tous les biens délaissés par Pierre de Saint-Trivier, leur oncle, consistant ès terres de Chazelles, Colonges et Beseneins ; ensuite de quoi Jean de Luyrieux vendit la part de sa fille au seigneur de Rebé, par contrat du 18 de novembre suivant. Mais Philiberte de Luyrieux, après le décès de son père, de l'authorité de Symphorien d'Angeville, seigneur de Vidonat de Bornes et de Dondens, son mary, fit casser cette vente par arrêt du Parlement de Dombes du 16ᵉ d'avril 1586, rendu contradictoirement avec le seigneur de Rebé et avec Humberte du Saix, veuve d'Antoine de Cadenet, seigneur du Villars sous Treffort, qui avoit achepté Chazelles de Claude de Rebé, le 16 may 1578, lequel se voïant garant de cette éviction, traita avec Simphorien d'Angeville et avec Philiberte de Luyrieux, son épouse, de leur adjudication ; et ainsi Chazelles demeura à

Hercule de Cadenet, fils du sus nommé Antoine, qui a joüi longtems de cette terre et l'a laissée, en mourrant sans enfans, à Marie de Cadenet, sa sœur, qui en disposa en faveur de Jean de-la Garde, écuyer, seigneur du Clairon, en Maconnois, son neveu, qui en est à présent seigneur et qui a fait rebâtir presque tout l'ancien château (1).

CHALLIOUVRES.

Neuf différentes familles ont possédé la seigneurie de Challiouvres, sçavoir : Challiouvres, le Merle, la Garde-Guyot, Fornier, Bonsin, Cleberg, la Forge, du Gour et Joly de Choin. Et voici comment la maison de Challiouvres, des plus anciennes de la Souveraineté, laquelle commença de paroitre en l'an 1130, faillit en une fille appelée Anne, héritière de la terre de Challiouvres, mariée le 21 janvier 1383, avec Perceval le Merle, de la maison de Rebé, seigneur de la Franchise en Dombes (2), qui par ce moien fut seigneur de Challiouvres, et après lui Jean le Merle, seigneur de la Franchise, son fils,

---

(1) NOTA. — Cette seigneurie est à présent possédée par Jean-Baptiste Trollier, écuyer, seigneur de Messimieux en Lyonnois, qui l'a acquise de N....... Collabau, écuyer, conseiller à la cour des monnoyes de Lyon, qui l'avoit acquise de N... Joly de Choin, gouverneur de Bourg, lieutenant du roy de Bresse et de Bugey, et baillif de Bresse.
En 1759, ledit Jean-Baptiste Trollier a vendu cette terre aux enfans mineurs de feu Louis-Hector de Cholier, chevalier, comte de Cibeins, seigneur de Bully, du Breuil en Lyonnois, de Layel, Albigny et Montroman, lesquels la possèdent en 1767. (Notes du mss. de Trévoux.)

(2) On conserve aux Archives nationales (série P. 1375, c. 2501) le procès-verbal de la mise en possession par le juge de Beaujollais, d'Anne de Chaillouvres, femme de Perceval-Merle, de la moitié des biens à elle échue par la mort de Guichard de Chaillouvres, son père. Ce procès-verbal est du 10 août 1387.

qui ne laissa qu'une fille nommée Aymaré le Merle, dame de Challiouvres et de la Franchise, femme de Jean de la Garde Guyot, écuyer, seigneur de la Garde, auquel elle porta Challiouvres en dot.

Philippes de la Garde, écuyer, leur fils, seigneur de Challiouvres et de la Franchise, remit Challiouvres, le 12 février 1491, à Guillaume Fornier, son beau-frère, fils de Guillaume Fornier, écuyer, seigneur de Montluel, et d'eux sortit un autre Guillaume Fornier, écuyer, seigneur de Challiouvres, qui, de Laurence de la Porte, sa femme, eut deux fils appelés Antoine et Pierre.

Antoine Fornier, homme d'armes de la compagnie du comte de Chalant, décéda en Italie, auquel succéda Laurence de la Porte, sa mère, remariée à Sébastien de Bresches, écuyer, seigneur dudit lieu, et Pierre Fornier son frère. Mais par traité du 5 février 1527, elle céda tous ses droits audit Pierre Fornier, qui, le 21 de may 1551, vendit la seigneurie de Challiouvres à Pelonne de Bonsin, dame de Champ, près de Lyon, veuve de Jean de Cléberg, seigneur du Châtelard et de Chavagneu en Dombes, surnommé le Bon-Allemand. Mais un peu avant que de mourir, elle fit donation de Challiouvres à Etienne de la Forge, seigneur d'Ars, son fils du premier lit, et comme il mourut sans enfans, Mathurine de la Forge, sa sœur, femme de Claude du Gour, fut son héritière, et par le partage qui se fit de son hoirie, cette terre arriva à Jean du Gour, son fils, mary de Magdeleine de Champier, laquelle étant veuve, acquit le village de Vallins, qui est de la paroisse de Challiouvres, d'Henry de Bourbon, duc de Montpensier, souverain de Dombes, par contrat passé en la maison de l'archevêché de Roüen, le 12 janvier 1596.

Jean du Gour et elle n'eurent qu'une fille appelée Jeanne du Gour, dame de Challiouvres, épouse de Claude François de Joly, baron de Langes, seigneur de Choin et du Poussey, baillif de Bresse et gouverneur de la ville de Bourg, qui par ce moïen fut seigneur et baron de Challiouvres. Jean de Joly, leur fils, se mariant avec Philiberte de Cajot, dame de la

Chassaigne en Bresse, l'an 1634, eut la terre de Challiouvres à titre de constitution. Mais Claude-François de Joly, baron de Challiouvres et seigneur de la Chassaigne, leur fils, étant décédé, Guillaume-Claude de Joly, baron de Langes, baillif de Bresse et gouverneur de Bourg, son oncle, lui succéda ; il est à présent baron de Challiouvres.

Le chateau de Challiouvres est bâti sur un coteau, à côté d'une forest, en une situation très-agréable. Il y a justice haute, moïenne et basse (1).

CHANAINS.

Il est certain que Chanains a été maison de nom et d'armes, dont j'ai peu d'instructions, sinon d'Humbert de Chanains, qui fit hommage au comte de Savoye, l'an 1398, et de Jean, seigneur de Chanains, son fils, qui de Catherine de Rochefort, sa femme, eut entre autres enfans une fille appelée Adrianne de Chanains, femme de Louïs de Nagu, seigneur de Varennes et de Laye, laquelle fit son testament l'an 1480. Après lesquels Philibert de la Teyssonnière, écuyer, seigneur de Villon et de Portebeuf, se trouve avoir porté la qualité de seigneur de Chanains, soit pour avoir pris alliance en cette famille de Chanains, ou par acquisition; il épousa, le 27ᵉ d'octobre 1560, Claudine de la Baulme, fille de Louis de la Baulme, seigneur de Montfalconnet, et de Philiberte de Tanay, d'où vint une seule fille appelée Claudine de la Teyssonnière, dame de Chanains, de Villon et de Portebeuf, laquelle épousa, le 22ᵉ septembre 1560, Louis de la Baulme, comte de Saint-Amour, et de Vincestre, baron de Sandrans et de Montfalconnet, che-

---

(1) En 1767, cette terre appartenait à dame N... de Joly de Choin, épouse de N... Savalette, écuyer, seigneur de Magnanville, garde du trésor royal.

valier de l'Annonciade, duquel elle n'eut qu'une fille nommée Françoise de la Baulme, dame de Chanains et de Portebeuf.

Elle fut mariée deux fois : la première avec Pierre de Nanton, seigneur d'Anières et du Saugey, le premier de janvier 1584, qui à cause d'elle fut seigneur de Chanains, et n'en aïant eu enfans, elle se remaria avec Gabriel de Trestondant, seigneur de Suancours et de Puyseloup, duquel elle eut deux filles, savoir Philiberte de Trestondant et Hélène de Trestondant, femme de François-Hermenfroy de Mandres, seigneur de Montureux-sur-Gray, au nom desquelles il vendit la seigneurie de Chanains, le 25 de septembre 1620, à Jacques de Champier, baron de la Bastie, baillif de Bresse et gouverneur de Dombes, et celui-ci la laissa à Charlotte de Champier, sa fille unique, épouse de Georges de Villeneuve, baron de Joux sur Tarare, baillif de Beaujollois, père de Jacques de Villeneuve, baron de Joux et de la Bastie, qui est aujourd'hui seigneur de Chanains.

Il y a justice haute, moïenne et basse. Le château est ruiné (1).

---

(1) En est aujourd'hui seigneur N... de la Tour-Vidaud, procureur général au Parlement de Grenoble.

Il y a paroisse de la nomination des Dames de Neuville.

Titre relatifs à Chaneins conservés aux Archives nationales :

Juillet 1234. — Lettre d'Étienne de Villars à Hugues de Riotiers, chevalier, par laquelle il lui mande de faire désormais hommage à Humbert, sire de Beaujeu, pour le fief de Chaneins, qu'il lui avoit concédé. (P. 487, c. 359.)

Octobre 1286. — Vente par Étienne de Bullyeu, chevalier, à Guy, seigneur de Saint-Trivier-en-Dombes, du mas de Chalours, sis dans la paroisse de Saint-Cyr-en-Bresse, d'une forêt sise au lieu dit Pinet, dans la paroisse de Chaneins, et de divers droits à Bereins. (P. 488, c. 24.)

Novembre 1303. — Cession faite à Guillaume de Montfaucon par Pierre de Chazelles de sa directe sur des héritages sis à Chaneins. (P. 1389, c. 346.)

Janvier 1309. — Vente par Jean et Berard de Francheleins à Geoffroy de Saint-Amour, de plusieurs cens avec la justice tenus en fief du sire de Beaujeu, en la paroisse de Chaneins. (P. 1391, c. 586.)

Avril 1326. — Délaissement par Geoffroy de Saint-Amour au sire de Beaujeu, de la seigneurie de Chaneins, en échange de cens et rente dont ledit sire lui fait remise, à la charge de payer 20 sols de rente. (P. 1391, c. 594.)

CHALES.

La famille de Chales, originaire de Bresse, et qui y tenoit rang d'ancienne noblesse, s'étant divisée en trois branches, donna occasion à ceux qui étoient les chefs de faire bâtir trois châteaux de leur nom. Le premier étoit auprès de Bourg, qui appartenoit aux aînés de cette maison, qui fut démoli et rebâti par permission de Philibert, duc de Savoye, du 2° octobre 1503, par Jean de Loriol, seigneur de Corgenon, gouverneur de Bresse, au même lieu où le moderne château de Chales se trouve à présent construit.

Le second est en Savoye, en la paroisse de N...., que les seigneurs de Monterminod, du nom et armes de Chales, firent bâtir, et qui est depuis entré par acquisition en la maison des Millet, comtes, puis marquis de Faverges.

Et le troisième est à la porte de Thoissey, qui est celui qui servira de matière au chapitre, que les puisnés des seigneurs de Chales firent bâtir en l'état qu'il se voit aujourd'hui, par la permission des ducs de Bourbon (1), princes de Dombes, auprès desquels ils étoient considérés par leur naissance et par leurs employs.

Par un hommage de Pierre de Chales, fait le 22° de décembre 1422, à Amé, duc de Savoye, il se voit que cette maison s'appelloit autrefois le Châtelard de Breul.

Philibert de Chales, écuyer, seigneur dudit lieu, dernier de cette branche, n'aïant laissé qu'une fille, appelée Nicole de Chales, son héritière universelle, elle fut mariée à Philibert

---

(1) Ou plutôt les sires de Beaujeu, car on trouve aux Archives nationales une charte du 29 décembre 1365, portant donation par Antoine de Beaujeu à Jean de Chales, d'une rente de dix livres à prendre près le château de Chales, sis à Châtelard près Thoissey. (P. 1391, c. 380.)

de Rodes, écuyer, seigneur de Barbarel, leur petit-fils, aujourd'hui vivant, est seigneur de Chales (1).

Il y a justice haute, moïenne et basse.

CHALAMONT.

Quoique par plusieurs titres de l'abbaye de Chassagne nous apprenions qu'il y avoit autrefois en Dombes une très-noble et très-ancienne famille du nom de Chalamont, déjà dès l'an 1110 (2), et que les puisnés furent longtemps après seigneurs de Meximieu en la Valbonne et de Montaney en Bresse, néanmoins je n'ai pu découvrir par quelle voie Chalamont entra dans la maison de Beaujeu, si c'est ou par mariage ou par acquisition ou par droit de fief, je puis seulement assurer que le dernier de cette maison étoit Alard de Chalamont, chevalier, décédé l'an 1220, qui aïant fait quelques libéralités avec Guillaume et Etienne de Chalamont, ses frères (3), aux religieux de Chassagne, Humbert V du nom, sire de Beaujeu, les confirma l'an 1222, en qualité de seigneur de Chalamont; et Guichard VII du nom, sire de Beaujeu et de Dombes, voulant aggrandir Chalamont et en faire une ville, donna de

---

(1) A présent, 1767, N... de Vallin, à cause de la dame de Rodes, son épouse, ainsi que de Barbarel.

(2) Plusieurs membres de la famille de Chalamont sont mentionnés, dans une notice de l'an 1097, comme bienfaiteurs de l'obéance de Montberthoud. (Aubret, mém. mss. f° 276.)

(3) Il y a de la confusion dans ce que l'auteur dit ici des MM. de Chalamont. Il fait Alard, Guillaume et Étienne frères, et cet Alard décédé en 1220, tandis que Guillaume étoit fils d'Étienne, et que ce Guillaume mourut en 1368.

Vid. Hist. de Bresse, preuves, 111. Il est fait mention d'un Thibaud de Chalamont, chanoine et comte de Lyon.

(Notes du manuscrit de Trévoux.)

grands priviléges, en 1268, à ceux qui viendroient habiter, ce que Renauld, comte de Forest, son beau-frère, et Isabelle de Beaujeu, comtesse de Forest et dame de Beaujeu et de Dombes, sa sœur, approuvèrent. Mais il faut bien que le château de Chalamont eut été 'aliéné au profit des archevêques de Lyon, puisque j'ai trouvé dans les archives de Saint-Jean, de Lyon, un traité du mois de décembre 1308 (1), entre Pierre de Savoye, archevêque de Lyon, et Guichard VIII du nom, seigneur de Beaujeu et de Dombes, par lequel l'archevêque, pour récompense de plusieurs droits que le sire de Beaujeu prenoit dans la ville de Lyon et sur les rivières du Rhône et de la Saône, lui délaissa entre autres choses le château de Chalamont.

Cette terre fut aussi donnée par Guichard VIII du nom, sire de Beaujeu, au Dauphin de Viennois, pour sûreté de la rançon qu'il devoit payer pour avoir été prisonnier à la bataille de Varey, l'an 1325, dont la remise se devoit faire à Richard de Rossillon, seigneur d'Anjou, au nom duquel Reymond de Rostain, chevalier, en prit possession le jour de Pâques 1326.

Quoi qu'il en soit, tous les sires de Beaujeu, seigneurs de Dombes, ratifièrent ces priviléges jusques à Edouard, sire de Beaujeu, second du nom, qui les augmenta par patentes, datées sous la halle de Chalamont, le 6ᵉ février 1374, présents Hugues de Glettins, bailli*f* de la terre de Beaujeu ; Gui, seigneur de Saint-Trivier ; Girard de Sainte-Colombe ; Girard de Chintré, chevalier ; Jean de Glettins, seigneur de Biard ; Perceval de Martigna, Hugues et Perceval le Merle. Ceux de Chalamont en ont eu diverses confirmations, sçavoir de Louis, duc de Bourbonnois, comte de Forest, baron de Beaujeu, seigneur de Dombes, de Combraille et de Château-Chignon, pair et chambrier de France, par lettres datées, à Montbrison, le 18ᵉ d'octobre 1400 ; de Charles, duc de Bourbonnois et d'Auvergne, comte de Clermont et de Forest, sire de Beaujeu et

---

(1) Archives nationales, P. 1388, c. 23 ; et P. 1367, c. 1528 bis.

seigneur de Dombes, pair et chambrier de France, à Villefranche en Beaujollois, au mois de février 1463, le bâtard de Bourbon, le marquis de Canillac, les baillifs, juges et procureurs du Beaujollois présents ; et de Pierre, duc de Bourbonnois et d'Auvergne, comte de Clermont, de Forest, de la Marche et de Gien, vicomte de Carlat et de Murat, seigneur de Beaujollois, de Château-Chignon et de Bourbon-Lancy, pair et chambrier de France, à Paris, au mois de mars 1491, les seigneurs de Chabannes et des Bordes présents.

Charles, duc de Bourbon, seigneur de Dombes, connétable de France, s'étant retiré auprès de l'empereur Charles V, vendit la seigneurie de Chalamont en toute justice, haute, moïenne et basse, à la réserve de la Souveraineté et du ressort, à Laurent de Gorrevod, comte de Pont-de-Vaux, grand-maître d'Espagne et maréchal de Bourgogne (*tit. du château de Marnay en Comté*), par contrat passé à Tolède le 5ᵉ de février 1525.

Néantmoins le roy François premier aïant mis toute la principauté de Dombes sous sa main, après le départ du connétable de Bourbon, jouissoit de Chalamont comme fit autrefois Louise de Savoye, mère du Roy, duchesse d'Angoulême (*tit. du trés. du Beaujol.*), après que Sa Majesté lui eut remis la Dombes, l'an 1527.

Mais par le traité de paix de Cambray, de 1529, y aïant un article exprès que le comte de Pont-de-Vaux rentreroit dans la terre de Chalamont, Claudine de Rivoire, sa veuve et héritière, en accorda le réachat perpétuel à Louise de Savoye, le 29ᵉ de janvier de la même année ; et depuis, François premier, par lettres du 11 du mois d'août 1538, permit à Jean de Gorrevod, comte de Pont-de-Vaux, et à Claudine de Semur, son épouse, d'en prendre la réelle possession.

Leurs successeurs en ont toujours joui jusqu'à Philippe-Eugène de Gorrevod, duc de Pont-de-Vaux, prince du Saint-Empire, aujourd'hui vivant, qui est seigneur de Chalamont. Et quoique cette terre eut ses seigneurs particuliers de la maison de Gorrevod, les habitants néantmoins n'ont pas laissé de demander confirmation de leurs dits priviléges et franchises à Louis de Bourbon, duc de Montpensier, pair de France, souverain de Dombes, prince de la Roche-sur-Yon, dauphin d'Auvergne, comte de Castres et de Mortain, vicomte d'Augé et de Bresse, baron de Beaujollois et Roche en Régnier, seigneur de Champigny, Argrets, Cluys, Aiquerandes et le Châtelet, par ses patentes datées, à Champigny, au mois d'octobre 1567 ; ce que Gaston, fils de France, frère unique du roy, duc d'Orléans et de Chartres, comte de Blois, tuteur de Mademoiselle, souveraine de Dombes, ratifia par lettres datées, à Paris, le dernier jour de décembre 1627.

La ville de Chalamont est située au pied d'un coteau sur lequel il y avoit autrefois un château, qui fut démoli par le marquis de Treffort, pendant les guerres de la Ligue.

Le P. Monnet, en sa géographie, et le P. Binet, en ses parallèles géographiques, ont mal à propos logé cette ville en Bresse, parce que de toute ancienneté elle a toujours été du païs de Dombes.

Outre l'église paroissiale qui est dédiée à Notre-Dame, sur les masures du château, et dont le patronage appartient à l'abbé d'Ambournay en Bugey, est une chapelle dédiée à saint Roch. Il y a un prieuré sous le vocable de Saint Martin aussi dépendant de la nomination dudit abbé.

L'église est située hors la ville. Elle dépendoit autrefois du monastère de Cluni, mais Hismio, troisième abbé d'Ambournay, environ l'an 1130, l'eut par échange de Pierre le Vénérable, abbé de Cluni (*Biblioth. cluniac.*), pour ce que l'abbé d'Ambournay prenoit en la paroisse de Prins en Bresse, ce qui donna origine à ce prieuré, duquel je n'ai sçu découvrir de prieurs que ceux-ci :

Jacques de Bachod, 1564.

Benoit de Montgrillet, religieux d'Ambournay, 1640.

Jean-François de Pradel Auterin, conseiller-clerc au Parlement de Dombes.

François de Pradel Auterin, frère du précédent et son résignataire, aussi conseiller audit Parlement, 1661 (1).

---

(1) Documents relatifs à Chalamont conservés aux Archives nationales :

Novembre 1239. — Transaction entre le seigneur de Beaujeu et le prieur de Neuville au sujet de la taille que ledit seigneur voulait lever sur le mas de Dalmondet, sis en la châtellenie de Chalamont. (P. 1368, c. 1614.)

15 des calendes de mai 1255. — G..., archidiacre de Lyon, reconnaît tenir en fief de Guichard de Beaujeu la dîme de Tramoye, tout ce qu'il a dans la paroisse de Chalamont, la garde du prieuré de Molon, etc. (P. 1366, c. 1504.)

31 octobre 1261. — Vente par Pierre et Guillaume de Roussillon à la dame d'Anthon, de la moitié du mas de Cymandre, sis dans le mandement de Chalamont. (P. 1391, c. 515.)

Décembre 1261. — Ratification par Humbert de Roussillon de la vente ci-dessus, faite par Pierre et Guillaume, ses frères. (P. 1391, c. 546.)

Janvier 1264. — Vente par Omar de Roussillon, chevalier, à Jacquette d'Anthon, moyennant 66 livres, de partie du mas de Cymandre et de tout ce qu'il tenait du sieur d'Anthon dans le château, la ville et le mandement de Chalamont. (P. 487, c. 34.)

Décembre 1274. — Promesse par le comte de Forez, seigneur de Beaujeu, de payer à Étienne Prote, de Chalamont, la somme de 80 livres. (P. 1388, c. 90.)

Mai 1277. — Cession par Louis de Beaujeu, à Guillaume de Juis, de la justice dans sa terre située à Dompierre, Châtenay, Saint-Nizier-le-Désert, Chalamont, Saint-Martin-de-Chalamont et Ronzuel, avec le droit de juger jusqu'à la mutilation ou amputation des membres. (Archives de la Côte-d'Or, cartons de Dombes, case 1re, cote 1re.)

Août 1277. — Vente par Hugonin Ruppe à Aymar d'Anton de tout le droit qu'il avait en la paroisse de Saint-Martin-de-Chalamont et en celle de Saint-Mamet. (P. 1391, c. 537.)

Septembre 1280. — Transport au seigneur de Beaujeu de divers droits à Lent et à Chalamont. (P. 1391, c. 531.)

23 décembre 1308. — Hommage rendu par Guichard V de Beaujeu à l'archevêque de Lyon, pour Meximieux, Chalamont et le donjon de Montmerle. (1367, c. 1528 bis.)

3 avril 1314. — Accord entre l'abbé de Cluny et le seigneur de Beaujeu pour la juridiction de la terre de Saint-Pierre, près le château de Chalamont. L'abbé de Cluny pourra juger jusqu'à 60 sols, et le seigneur de Beaujeu conservera le ressort, l'appel et la souveraineté. (P. 1391, c. 532 et 535.) Imprimé p. 262 de la BIBL. DUMBENSIS.

CHAVAGNIEU.

Cette terre est de la paroisse de Saint-Pierre-de-Genollieu. Elle a eu pour premiers seigneurs ceux de la maison de Vaux,

---

Juin 1316. — Lettre faisant mention de la franchise de Chalamont. (P. 1368, c. 1614.)

1333. — Sauvegarde accordée par Édouard de Beaujeu, moyennant deux livres de cire, à Perronin Cynart, de Chalamont. (P. 1391, c. 538.)

Mai 1348. — Traités entre le dauphin de Viennois et le seigneur de Beaujeu, touchant Miribel, Chalamont, Beauregard, etc. (P. 1388, c. 54 et seq.)

21 mai 1355. — Échange entre le sieur de Beaujeu et le commandeur des Feuillées de divers cens à Chalamont. (P. 1391, c. 534.)

24 août 1388. — Remise du château de Chalamont et de 800 livres de terre au seigneur de Beaujeu, par Louis de Saucerre, qui reçoit en échange la terre de Chancelet et 800 livres. (P. 1390, c. 457 et 459.)

8 juillet 1398. — Bail à ferme du péage de Chalamont pour six ans, moyennant 62 florins. (P. 1391, c. 543.)

13 septembre 1398. — Transaction entre le comte de Savoie et le seigneur de Beaujeu, touchant la prise des villes de Lent, Montmerle, Thoissey et Chalamont. (P. 1363, c. 1113; et 1389, c. 523.)

8 juin 1399. — Aveu rendu par Jacques Thomasset aux abbé et couvent de Chassaigne, pour plusieurs héritages sis près de Chalamont, etc. (P. 1391, c. 553 bis.)

Sans date, mais de la fin du xive siècle. — Coutumes et usages du marché et péage de Chalamont. (P. 1384.) Imprimé p. 326 de la Bibl. Dumb.

8 février 1402. — Consultation touchant l'hommage réclamé par le comte de Savoie, des villes de Montmerle, Thoissey, Chalamont, etc. (P. 1367, c. 1525 bis.)

20 avril 1407. — Vente par Jean Guillaume au duc de Bourbon de tout le droit qu'il avait sur des terres et étangs sis à Chalamont et à Lent. (P. 1391, c. 551.)

16 juin 1407. — Vente par Thomasset et Gauthier au seigneur de l'Espinasse, moyennant 800 florins d'or, de l'étang des Odonces, sis en la châtellenie de Chalamont. (P. 13...)

17 juin 1407. — Vente par Gauthier à Philippe de Lespinasse d'une maison sise vis-à-vis la Halle de Chalamont. (P. 1391, c. 554.)

17 août 1407. — Vente par Jacques Thomasset et Gauthier Verdon, à Phi-

près de Lyon, dont le plus ancien a été Miles de Vaux, chevalier, seigneur de Chavagnieu, en l'an 1300 (*tit. de la Charité de Lyon*). Ses descendants prirent le nom de Chavagnieu et quittèrent celui de Vaux, suivant l'abus du siècle.

Le dernier d'eux fut Louis, seigneur de Chavagnieu, qui fit hommage de cette seigneurie à Humbert, sire de Thoire et de Villars, l'an 1374 (*titres de la chambre des comptes de Savoye*).

Après son décès, elle passa, ou par alliance ou par acquisition, en la maison de Vichys, seigneurs de Champrond, puis en celles de la Porte, anciens gentilshommes de Dombes, qui l'ont possédée plus de deux cents ans.

Jean et Antoine de la Porte frères, vivans en 1530, la partagèrent, et d'une terre en firent deux, l'une appelée le Grand Chavagnieu, et l'autre le Petit Chavagnieu.

Antoine de la Porte, second du nom, et Pernette de la Porte, dame de Passin en Dauphiné, sa sœur, enfants et héritiers du sus-nommé Jean de la Porte et de Charlotte Belletruche, l'aliénèrent par divers traités au profit de Françoise de Belletruche, leur tante, veuve de Claude de Semur, seigneur de Fremont et de Savanier, et Antoine de Semur, chevalier, seigneur

---

libert de Lespinasse, de plusieurs héritages sis à Chalamont. (P. 1391, c. 553.)

24 mai 1409. — Le duc de Bourbon s'engage à rendre hommage au comte de Savoye pour Beauregard, Villeneuve, Montmerle, Lent, Thoissey et Chalamont. (P. 1363, c. 1176.)

28 mai 1409. — Ratification de l'engagement ci-dessus. (P. 1363, c. 1177.)

Sans date. — Plaintes des officiers du sire de Villars contre ceux du sire de Beaujeu, qui avaient fait des entreprises en la châtellenie de Chalamont. (P. 1368, c. 1617.)

25 juillet 1441. — Accord fait entre Louis de Savoie et Philippe de Bourbon, par lequel le comte de Clermont doit faire hommage au duc de Savoie des villes de Lent, Thoissey, Chalamont, Villeneuve, etc., et par lequel le duc de Savoie renonce à la souveraineté et ressort sur tous les fiefs, terres et seigneuries qui sont provenues à la maison de Bourbon des sires de Beaujeu et des sires de Villars, etc. (P. 1360, c. 885.)

desdits lieux, leur fils, qui en fit vente le 23 juillet 1546, à Jean de Cleberg, seigneur de Champ, du Châtellard et de Villeneuve, surnommé le bon Allemand, dont la postérité a joui de Chavagnieu jusqu'à Suzanne de Cleberg, mariée à Jean de Sajot, écuyer, seigneur de Chambon, gentilhomme ordinaire de la chambre du Roy, laquelle eut Chavagnieu pour son partage.

Depuis, ce Jean de Sajot, par contrat du 17e de novembre de l'an 1617, achepta le Petit Chavagnieu de Jacques de Nagu, baron de Lurcy en Dombes, en qualité de mari d'Hélène de la Porte, et au nom d'Andrianne de la Porte, dame de Clairon, sa belle-sœur, fille et héritière de Jacques de la Porte, écuyer, seigneur dudit Chavagnieu, fils du susnommé Antoine de la Porte, premier du nom; et ainsi aïant réuni ces deux portions et n'aïant enfants, il en disposa par testament au profit de Jacques Moyron, baron de Saint-Trivier, célèbre avocat, puis lieutenant-général en la sénéchaussée et siége présidial de Lyon, avec lequel il avoit eu de grands procès; et ledit Moyron, par testament du 12e d'octobre 1651, fit ses héritiers universels les pauvres de l'Aumône générale de la ville de Lyon, qui sont aujourd'hui seigneurs du petit et du grand Chavagnieu, dont ils ont obtenu lettres d'amortissement de S. A. R. Mademoiselle, en date du dernier de janvier 1658, vérifiées au Parlement de Dombes le 13e de février suivant.

COLONGES.

Cette terre a eu plusieurs maîtres, et tous personnes de qualité. Le plus ancien que j'ai rencontré est Guillaume de Franchelins, chevalier et seigneur de Colonges, qui en fit hommage au comte de Savóye, Amé V, en l'an 1308. Il ne laissa qu'une fille appelée Marguerite de Franchelins, dame de Colonges. Elle épousa Amé de Macet, seigneur de Chanay, duquel entre autres enfants elle eut Marie de Macet, épouse de

Mayeul du Saix, seigneur de Besenens, à qui elle porta Colonges en dot. Leur postérité posséda longtemps Colonges, jusqu'à Jean du Saix, surnommé Fromentin, chevalier, seigneur de Besenens et de Colonges, dernier de cette branche, qui le laissa à Philiberte du Saix, sa fille unique, mariée à Claude de Rosset, seigneur de Portebœuf, qui, le 6ᵉ de mars 1461, vendit Colonges à Jeanne de Bournan, mère de Louis, bâtard de Bourbon, comte de Rossillon, amiral de France, qui étoit déjà seigneur de Besenens.

Jeanne de France, sa veuve, en qualité de tutrice de Charles et d'Anne de Bourbon, leurs enfants, en passa vente depuis à Guy, seigneur de Châteauvieux, baillif et gouverneur de Bresse, le 13 de février 1499, duquel Pierre de Saint-Trivier, seigneur de Chazelles, quelques années après, étant décédé sans enfants, son neveu lui succéda et transigea, le dernier jour de juin 1567, avec Pierre de Rodes, écuyer, seigneur de Barbarel, pour la suite de leurs hommes et jurisdiciables dans la paroisse de Saint-Etienne-de-Chalaronne où Colonges est situé; mais étant mort sans postérité, cette terre passa par les mains des seigneurs de Rebé, d'Angeville, et de Cadenet, et depuis est tombée en celles de Jean de la Garde, seigneur de Clairon, par les mêmes moïens que nous avons touché cydevant au chapitre de Besenens et de Chazelles, qu'il n'est pas nécessaire de répéter.

LA COLONGE.

Il y a longtemps que cette terre porte le titre de baronnie ; elle est en la châtellenie de Thoissey. Le château est assez bien bâti ; il appartenoit anciennement aux Buchets, gentilshommes de Dombes, qui étoient aussi seigneurs d'Ars.

Philiberte de Varey, dame de la Colonge et d'Ars, veuve de Jean Buchet, écuyer, seigneur desdits lieux, donna la seigneurie de la Colonge, le 14 de mars 1519, à Jean de la Porte, écuyer, seigneur de Châteauvieux, son neveu, qui entre autres enfants laissa une fille appelée Pernette de la Porte, épouse de François de Grolée, seigneur de Passin en Dauphiné, avec lequel elle vendit la seigneurie de la Colonge à Georges de Chabeu, seigneur de Merèges, l'an 1539, sur les héritiers duquel cette terre aïant été mise en décret, elle fut achetée par Hugues du Montet, secrétaire de la cour du Parlement de Dombes, qui la transmit à Philibert-François du Montet, son petit-fils, décédé depuis peu baron de la Colonge (1).

Il y a justice haute, moïenne et basse.

CURTELET.

Tout ce que j'ai pu apprendre de ce fief n'est autre chose sinon qu'il est en la paroisse de la Chapelle, en la châtellenie du Châtellard, et que Georges de Chabeu, seigneur de la Colonge, d'Ars et de Merèges, lieutenant général au gouvernement de Dombes, en étoit seigneur et en portoit la qualité en 1534.

Entre autres enfants, il eut une fille appelée Elie de Chabeu, mariée à Antoine du Louvat, écuyer, seigneur de Champolon en Bugey.

Philibert du Louvat, leur fils, dans le décret général des biens de son aïeul, eut adjudication du fief de Curtelet, par arrêt du Parlement de Dombes du 4e mars 1609, comme héritier d'Elie de Chabeu, sa mère, et le laissa à ses descendants du nom et armes du Louvat, du nombre desquels est N... du Louvat de Champolon, écuyer, seigneur de la Combe et de la Cour, aujourd'hui vivant, qui est seigneur de Curtelet.

---

(1) Elle a depuis successivement passé à N... d'Aubarède, à N... Brossard, qui l'a donnée à l'Hôtel-Dieu de Lyon, lequel l'a vendue en may 1767, à N... Sabot, seigneur du Pizay, président à la cour des monnoies de Lyon.

LA COTTIÈRE.

Ceux de la maison de Saint-Trivier, qui a été la plus illustre de la Souveraineté de Dombes, ont été les premiers seigneurs de la Cottière, laquelle autrefois n'était qu'une grange en roture. Mais Pierre, duc de Bourbon, la rendit allodiale (*tit. du trés. de Beaujol.*), par titre du 22ᵉ de may 1481, et Jean de Saint-Trivier, chevalier, seigneur de Chazelles et de Besenens, la vendit le 21ᵉ d'avril 1558, en cette qualité et sans fief ni arrière-fief, à Antoine de Jacob, capitaine du Châtellard en Dombes, qui la transmit à sa postérité (1).

CHATELLARD.

Cette seigneurie appartenoit anciennement aux archevêques (*Severt. in arch. Lugd. sub. Raym.*, 11, 5) de Lyon. Renaud de Forest, archevêque de Lyon, second du nom, la remit en fief à Humbert, sire de Thoire en Bugey, second du nom, environ l'an 1200, à la charge de l'hommage, lequel Etienne, premier du nom, sire de Thoire et de Villars, son fils, vendit à ce même archevêque le 8ᵉ de mars 1228.

L'acte porte que le sire de Villars fit l'hommage debout (*tit. de l'Eglise de Lyon*), à la façon des gentilshommes. Henri de Villars et Philippes de Turcy reçurent encore cet hommage, l'un l'an 1299 (2), et l'autre le 10ᵉ d'octobre 1390 (*tit. du trés.*

---

(1) Aujourd'hui, 1767, est seigneur de la Cottière Philippe de Jacob, écuyer.

(2) 31 décembre. — Archives nationales. P. 1392, c. 643. — Imprimé p. 207 de la BIBL. DUMB.

de Beaujol.), en présence de Guichard de l'Espinasse, doyen ; de Simon Andelot et de Guillaume de Gorrevod, chanoines de l'Eglise et comtes de Lyon.

Isabelle d'Harcourt, veuve d'Humbert V du nom et le dernier sire de Thoire et de Villars, eut cette terre avec plusieurs autres de Dombes, de Lyonnois et de Dauphiné pour son douaire, qui lui avoit été réservée par la vente que son mary fit à Louis, duc de Bourbon, des terres qu'il avoit en Dombes, le second d'août 1402 (1).

Mais après le décès d'Isabelle de Harcourt, arrivé l'an 1443, cette terre fut unie à la principauté de Dombes, sans en avoir été démembrée que par l'engagement qui s'en fit à Louis, bâtard de Bourbon, l'an 1473 (2), mais qui ne subsista pas longtemps.

Le Roy François premier, après la disgrâce du connétable de Bourbon, aïant mis la Dombes sous sa main, donna (*tit. du trés. de Beaujol.*), l'an 1538, cinquante livres de rentes à prendre sur les revenus de la seigneurie et mandement du Châtellard, à Thodes Manes, capitaine des chevaux-légers, et y aïant eu des députés pour la revente du domaine de Dombes, en l'an 1543, le Châtellard fut vendu au mois de décembre 1543 (*tit. de la Charité de Lyon*), à Jean de Cleberg, seigneur de Champ, surnommé le bon Allemand ; mais cette vente ne subsista pas longtemps, car son argent lui fut rendu.

Il y avoit autrefois un beau château audit Châtellard, ce qui se reconnoit aux mazures. Il fut démoli et le bourg ruiné par le marquis de Treffort, gouverneur de Bresse pour S. A. de Savoye, l'an 1595, pendant la guerre que le duc de Savoye avoit avec la France.

---

(1) 11 août 1402. — Archives nationales. P. 1390, c. 521.

(2) C'est le 24 mars 1461, et non 1473, que Jean II, duc de Bourbon, donna à son frère naturel la seigneurie du Châtelard en échange de la baronnie de Roussillon. (Archives nationales. P. 1362, c. 1003 ; et P. 1391, c. 623.)

Henry de Bourbon, prince souverain de Dombes, duc de Montpensier, en considération des désolations que cette guerre avoit causées en toute la châtellenie du Châtellard, affranchit de main morte tous les héritages possédés par ses sujets et les déchargea de tous arrérages de cens, rentes, laods et mi-laods, par arrêt de son conseil du 8ᵉ de mars 1600 (1), afin de leur donner moïen de se remettre. Depuis le prince, par ses patentes du mois de janvier 1601, étendit l'affranchissement de la main-morte à tous les forains pour les héritages qu'ils avoient dans l'étendue de cette châtellenie, à la charge d'y résider.

Il se fait tous les ans une aumône générale au Châtellard pour toutes sortes de pauvres. Elle est de 12 ânées de bled seigle et de six tonneaux de vin, de 400 de poissons et de six bichets de fèves, outre quatre bichets de froment pour la dépense de ceux qui en font la distribution. Elle a été fondée par Isabelle de Harcout, dame de Thoire et de Villars sus-nommée, en son testament fait au château de Rossillon en Dauphiné, le 20ᵉ de novembre 1441 (2), par lequel elle fit son héritier universel Charles, duc de Bourbon et d'Auvergne et les siens ; ce qui est cause que dans tous les baux à ferme du domaine de Dombes, les fermiers ont toujours été chargés de faire faire cette aumône. On donne à chaque pauvre un quartier de pain, une chopine de vin, un morceau de poisson et une écuellée de fèves (3).

---

(1) Archives nationales. P. 2781.
(2) Archives nationales. P. 1362, c. 1130 ; et P. 1366, c. 1491.
(3) Documents relatifs au Châtelard conservés aux Archives nationales :

7 juin 1303. — Vente par le sire de Thoire-Villars, au chapitre de Saint-Just de Lyon, au prix de 1000 florins d'or, de plusieurs cens et rentes assis au Châtelard. (P. 1392, c. 651.)

28 mars 1355. — Hommage envers l'Église de Lyon par Humbert de Thoire-Villars, pour les châteaux de Beauvoir et du Châtelard. (P. 1389, c. 308.)

25 novembre 1383. — Engagement du château du Châtelard par Humbert de Thoire-Villars, à sieur de Montferrand, moyennant 600 florins. (P. 1391, c. 627.)

16 janvier 1391. — Jouissance par moitié de certains droits au Châtelard,

LE DEAU.

Deau est dans la paroisse de Saint-Sidier, sur le grand chemin de Thoissey à Lyon, en une situation très-agréable. Le château est d'ancienne structure et fort logeable.

---

accordée par le sire de Thoire-Villars à Jean de Montrosat. (P. 1391, c. 624.)

8 novembre 1394. — Donation par Humbert VII de Thoire-Villars à Isabelle d'Harcourt, son épouse, du Châtelard, pour en jouir sa vie durant. (P. 1389, c. 209.)

16 février 1395. — Donation par Humbert VII de Thoire-Villars, à Ysabelle d'Harcourt, son épouse, du revenu de la terre du Châtelard, et du château du Bois (d'Oingt). (P. 1392, c. 632.)

24 avril .... — Vente par Humbert VII de Thoire-Villars, à Jean Joly, moyennant 200 florins d'or et 100 sols viennois affectés à la dotation de la chapelle qu'il avait fondée en l'église de Poncins, de plusieurs cens et rentes sur un certain nombre d'habitans du Châtelard. (P. 1392, c. 630.)

20 décembre 1403. — Transport par Jean, fils de Pierre de Montferrand, à Lyonnet de Francheleins, de tous les droits qu'il pouvait prétendre contre le sire de Thoire-Villars, à raison de l'engagement du Châtelard qu'il avait fait à son père moyennant 600 florins. (P. 1391, c. 627 bis.)

4 juillet 1404. — Approbation par Humbert VII de Thoire-Villars et Isabelle d'Harcourt, sa femme, du transport ci-dessus. (P. 1391, c. 627 ter.)

17 mars 1424. — Caution donnée par Isabelle d'Harcourt, usufruitière du Châtelard, au duc de Bourbon, propriétaire dudit lieu. (P. 1392, c. 634.)

Sans date. — Actes que doit observer Isabelle d'Harcourt, veuve du sire de Thoire-Villars, à raison de la jouissance du Châtelard, sa vie durant. (P. 1392, 634 bis.)

26 septembre 1427. — Vente par Georges de Francheleins à Jean de Yffreville de tous ses droits sur la châtellenie du Châtelard. (P. 1391, c. 628.)

12 mai 1433. — Réméré perpétuel accordé à Jean de Yffreville au seigneur de Francheleins, pour rentrer en possession de ses droits sur la châtellenie du Châtelard qu'il lui avait vendus. (P. 1391, c. 628 bis.)

24 septembre 1435. — Fondation d'une messe tous les vendredis en l'église de Beaumont, près du Châtelard, par Isabelle d'Harcourt, moyennant 6 florins et 6 sous de rente assignés sur l'étang de Coyrart. (P. 1389, c. 199.)

5 juillet 1441. — Ratification par Charles, duc de Bourbon, souverain de

André Baudet, seigneur de la Grange-Baudet, maître des comptes en Beaujollois pour le duc de Bourbon, est, si je ne me

---

Dombes, de l'acquisition faite par Jean de Yffreville de la châtellenie du Châtelard, sous la réserve de pouvoir la réunir à son domaine. (P. 1391, c. 628 ter.)

25 juillet 1441. — Accord entre Louis de Savoie et le duc de Bourbon, par lequel il est convenu que le comte de Clermont, fils dudit duc, doit faire hommage des villes de Lent, Chalamont, Châtelard, etc. (P. 1360, c 885.)

6 mars 1442. — Commission d'un receveur à la terre de Châtelard, par le seigneur de Yffreville. (P. 1392, c. 629.)

25 août 1442. — Humbert Fontaine se reconnaît débiteur d'Isabelle d'Harcourt à raison du revenu de la terre du Châtelard par lui perçu. (P. 1392, c. 630.)

12 novembre 1451. — Transaction entre le duc de Bourbon et Jean Canin, de laquelle il appert qu'un tiers de l'étang de Baran, sis en la terre du Châtelard, appartient au duc, et les deux autres tiers au seigneur de Montrozat. (P. 1392, c. 631.)

5 janvier 1454. — Lettres de Charles, duc de Bourbon, par lesquelles il ordonne que les gages du capitaine de son château fort du Châtelard soient portés à 30 livres payées moitié par lui, moitié par les manans dudit Châtelard. — Avant le capitaine n'avait pas de gages fixes. (P. 1367, c. 1517.)

5 janvier 1454. — Provisions de l'office de capitaine du Châtelard en faveur d'André de la Liere, écuyer (IBID.)

6 janvier 1454. — Ordre par Jean Girot, trésorier général du duc de Bourbon, au receveur du Châtelard, de payer à André de la Liere, capitaine dudit lieu, la somme de 15 livres tournois, pour moitié de ses gages. (P. 1367, c. 1517 bis.)

7 mars 1454. — Lettres des bailli et juge de Beaujollais au capitaine châtelain du Châtelard, lui ordonnant d'imposer la moitié de ses gages sur les habitants dudit lieu. (P. 1367, c. 1517 ter.)

4 mai 1462. — Procès-verbal de la mise en possession de Louis, bâtard de Bourbon, de la terre, place et seigneurie du Châtelard.

16 décembre 1469. — Lettres par lesquelles il appert la forme de passer reconnaissance par les hommes taillables de Marlieu, quand ils viennent demeurer en la châtellenie du Châtelard. (P. 1391, c. 626.)

12 juillet 1487. — Déclaration faite par le comte de Villars de la valeur et revenu de la terre du Châtelard. (P. 1361, c. 1476.)

26 octobre 1487. — Transport par le duc de Bourbon, souverain de Dom-

trompe, le premier seigneur du Deau (1). Il en portoit la qualité l'an 1476. Il eut pour fils et successeur Philibert Baudet, écuyer, seigneur du Deau, qui épousa Françoise Maréchal, fille unique et héritière de Jacques Maréchal, chevalier, seigneur du Parc et de Senosan, en Maconnois, et de Laurence-Françoise de Luyrieux, et n'en aïant point eu d'enfants, il institua son héritier universel Jacques Maréchal, son beau-frère, par testament du 26 novembre 1518, après le décès duquel Françoise Maréchal, sa veuve, se remaria à Jean Mite de Miolans, chevalier, seigneur de Chevrière, à qui elle porta entre autres biens la seigneurie de Deau en dot, environ l'an 1530, mais aïant été mise en décret sur lui, Charles d'Oncieux, écuyer, seigneur de Montiernoz, de Saint-Aubin et de Mentonay, s'en rendit achepteur, et par le partage de son hoirie, Hiéronime d'Oncieux, sa fille, épouse de Jean, seigneur de Salornay en Mâconnois, eut la terre du Deau, de laquelle elle disposa en faveur de Charles de Bécerel, chanoine de l'Eglise et comte de Lyon, son neveu, qui est à présent doyen de cet illustre corps et seigneur du Deau (2).

---

bes, à Antoine de Levis, de la terre de Saint-Marcelin, en échange de celle du Châtelard. (P. 1359, c. 762.)

21 mars 1491. — Vente par le seigneur de Montrosat à Philibert Godain, de plusieurs droits au Châtelard. (P. 1391, c. 625.)

11 octobre 1521. — Transport fait par rachat à la duchesse de Bourbon de la terre du Châtelard. (P. 1364, c. 1373.)

(1) En 1408. Hugonin, prévôt de Montmerle, était seigneur du Deau. — En 1448, Catherine de Cornésiac, damoiselle, dame du Deau et femme du noble Anthoine Mareschal, damoiseau, seigneur de Revonna, au terrier des asservissements de Thoissey, cotté au n° II, et appelée veuve Guillaume Baudet, damoiseau. (Notes d'Aubret sur Guichenon.)

(2) A présent, 1767, est seigneur de Deau, N... Michel, ex-consul de la ville de Lyon.

LA FONTAINE.

Je n'ai des instructions de ce fief que depuis six vingt ans, quoique peut-être il soit plus ancien. Il est en la paroisse d'Ambérieu. Pierre de Libellin en étoit seigneur l'an 1539. C'est de lui ou de ses héritiers que Jean de Joly, évêque de Saint-Paul-Trois-Châteaux, seigneur d'Arcieu et du Poussey, l'achepta environ l'an 1570, et le laissa par testament à François de Joly, son neveu, ancien seigneur du Choin et de Lyarins. Pierre de Joly, seigneur des mêmes lieux, baron de Langes et baillif de Bresse et de Bugey, son fils, en fit vente avec la seigneurie d'Arcieu, le 15 avril 1592, à Martin de Couvet, baron de Montriblod, les successeurs duquel, de père à fils, en ont joui jusques à Antoine de Couvet, comte de Montriblod, aujourd'hui vivant, qui est seigneur de la Fontaine.

FONTANELLE.

Voici encore un autre fief dans la paroisse d'Ambérieu, duquel ont été successivement seigneurs Ainard et Jean de l'Hôpital père et fils, dès l'an 1460 (1). Après en fut seigneur Guichard de Cuchermois, en l'an 1530, qui le vendit en l'an 1539 à André de Joussand. A présent il est possédé par les Tholomets. On l'appelloit autrefois la maison Bouquet.

---

(1) On prétend que ce fief vient de Jean de Fontañost, damoiseau, qui vivait en 1309 et qui fut présent avec Hugonnet de Bezan, qui peut avoir donné son nom à l'étang de Bezan, à la convention de M. d'Albon avec les citoyens de Lyon, pour ses maisons qui sont sur le Pont de Lyon.
(Note dans le miss. Girié.)

FRANCHELINS.

Cette terre, qui est des plus considérables de la Souveraineté, a été au pouvoir de ceux de la famille de Franchelins qui en ont pris ou donné le nom, l'espace d'environ 300 ans, et qui ont fait bâtir le château en une très-belle assiette, dans la châtellenie de Montmerle. Et après eux, ceux de la maison de Glettins, qui prirent le nom et les armes de Franchelins, dont le dernier fut Philippes, seigneur de Franchelins, lequel après avoir démenbré cette seigneurie par diverses aliénations en faveur de Guillaume de Ponceton, seigneur de Laye et de Fontaine, qui épousa depuis Claudine de Franchelins, sa sœur, promit par leur contrat de mariage de l'an 1505, que s'il avoit des enfants, il la leur donneroit, à la charge qu'il porteroit le nom et les armes de Franchelins, ce qu'étant arrivé, par testament du 26° de novembre 1506, il confirma cette donation au profit de Philibert de Ponceton, leur fils aîné, la postérité duquel en a joui de père en père à fils, jusques à Claude de Ponceton Varax, second du nom, seigneur de Romans et du Bouchoux, aujourd'hui vivant, qui est seigneur de Franchelins.

Il y a justice haute, moïenne et basse, et paroisse.

LA FRANCHISE.

Les premiers seigneurs de la Franchise ont été ceux du nom et armes de la Franchise, anciens gentilshommes de Dombes ; car Hugonin de la Franchise, qui fit bâtir la maison, prétendant d'avoir justice haute, moïenne et basse sur ses hommes et sur son fief (*tit. du château de la Franchise*), y fut troublé par les officiers de Guichard, sire de Beaujeu VIII du nom, et par traité fait entre eux, au mois de may 1313, la moïenne et basse lui demeura sur sa maison et sur toutes les dépendances.

Jeanne, dame de la Franchise, sa petite-fille, épousant Philibert le Merle, écuyer, seigneur de Rebé, lui porta la seigneurie de la Franchise en dot. Elle eut de ce mariage entre autres enfants un fils appellé Perceval le Merle, qu'elle institua son héritier, par testament du 19e de janvier 1392. Celui-ci d'Anne de Challiouvres, sa femme, ne laissa qu'un fils appellé Jean le Merle, écuyer, seigneur de la Franchise, de Challiouvres et de Rebé, père d'Aimare le Merle, dame desdits lieux, alliée par mariage avec Jean de la Garde, gentilhomme Bressan, qui par ce moïen fut seigneur de la Franchise et de Challiouvres.

Philippe de la Garde, écuyer, seigneur desdits lieux, leur fils, testa le 29e d'août 1496, et n'eut de Louise d'Escrivieux, de la maison d'Escrivieux de Bugey, son épouse, qu'un fils nommé François de la Garde, écuyer, seigneur de la Franchise et de Challiouvres, qui se voïant sans enfants, vendit tous biens, entre autres la seigneurie de la Franchise, à Jacques de Montbernon, le pénultième d'avril 1507, de qui Guillaume de Ponceton, seigneur de Franchelins, de Fontaine et de Laye, l'achepta depuis et donna cette seigneurie en partage à Pontus de Ponceton, son fils aîné, aïeul d'Alexandre de Ponceton, écuyer, seigneur de la Franchise, à présent vivant, duquel et de la postérité nous parlerons plus amplement au livre VII de cette Histoire.

Le château de la Franchise est dans la paroisse de Dompierre de Chalamont.

FOURQUEVAUX.

Isabeau de Harcourt, épouse d'Humbert, dernier du nom, sire de Thoire et de Villars, a donné origine à cette seigneurie, située au village de Corcelles, hameau des paroisses de Trévoux et de Saint-Didier-de-Formans.

Du commencement elle y fit bâtir un château dont il ne reste que des mazures, elle y ajeança puis un moulin et des prairies que le sire de Villars, son mari, l'an 1415, affranchit de directe et de toutes charges, et y ajouta les verneys, biefs, cours d'eau, écluses, abbreuvages, gageries et champeries, avec pouvoir de barrer la rivière de Formans au-dessus et au-dessous du moulin de Tanay.

Après son décès, Isabeau de Harcourt y ajouta un pré appelé Pré Madame, que Guillaume, seigneur de Glareins, par titre du 20e d'avril 1441, déchargea de directe et de justice.

Mais étant décédée peu après, Charles, duc de Bourbon, seigneur de Dombes, son neveu et son héritier, par patentes du 10e de juin 1443, inféoda cette seigneurie de Fourquevaux, composée de toutes les pièces dont nous venons de parler, à Simon de Rovedis, de Pavie (1), son physicien et médecin, pour reconnoissance des services qu'il lui avoit rendus, et à la sus-nommée Isabeau d'Harcourt, sa tante, ce que Jean, duc de Bourbon, seigneur de Dombes, confirma le 4e de juin 1473.

A ce Simon de Rovedis succéda François de Rovedis, chevalier, seigneur de Fourquevaux, qui d'Anne Mulatte, sa femme, ne laissa que deux filles, l'une nommée Anne de Rovedis, femme de Philibert Babon du Bois Sainte-Marie en Mâconnois, et l'autre Marguerite de Rovedis, mariée à Guillaume Gilliquin, avocat au bailliage de Beaujollois, desquelles Claude Cholier, greffier de ce bailliage, acquit Fourquevaux, sçavoir la part d'Anne de Rovedis, par échange avec la seigneurie de la Colonge, près du Bois-Sainte-Marie, et celle de Marguerite de Rovedis, à prix d'argent; et mariant Aimé Cholier, son fils, depuis président en l'élection de Beaujollois, avec Cathe-

---

(1) Simon de Roverdi était Lombard. Il fut naturalisé Français par le roi Charles VII, au mois d'avril 1416. (Archives nationales, carton J, n° 168, pièce n° 5.) — Il exerça les fonctions de capitaine-châtelain de Trévoux de 1456 à 1478, époque de sa mort.

rine de Ponceton, le 28ᵉ de juin 1551, il leur donna cette seigneurie.

Ses héritiers la vendirent, le 4ᵉ de décembre 1591, à Mathieu Galliot, depuis trésorier général de France à Lyon, qui eut investiture d'Henry de Bourbon, duc de Montpensier, prince de Dombes, le 18ᵉ de mars 1593 ; et depuis en passa vente à Gaspard Jacquet, seigneur de Fétan, secrétaire du roy, le 16ᵉ de janvier 1616 ; et celui-ci s'en défit et de la seigneurie de Fétan, en faveur d'André Bouilloud, conseiller de S. A. R. et maître des requêtes en son Parlement de Dombes, le 27 janvier 1644. Mais après son décès, tous ses biens aïant été mis en décret, Fourquevaux fut adjugé, en l'an 1659, à César Beraud, conseiller du Roy, receveur général et payeur des rentes de l'hôtel de ville de Lyon (1).

FLECHÈRES.

La famille des Palatins de laquelle sont sortis les seigneurs de Dio et les comtes de Montperoux et de la Roche, au duché de Bourgogne, ainsi que nous dirons en nos généalogies, possédoit déjà la seigneurie de Fléchères en l'an 1250, ce qui me persuade qu'ils en ont été les premiers seigneurs, sous l'hommage toutefois de l'Église de Lyon (2).

---

(1) Le moulin de Fourquevaux s'appelait anciennement moulin Bataillard, puis moulin Blanc. Il ne prit ce nom de Fourquevaux que vers l'an 1500.

(2) Les Palatins aliénèrent, vers la fin du XIIIᵉ siècle, le château ou maison forte de Fléchères, qu'ils recouvrèrent ensuite. Ce fait est constaté par l'hommage rendu à l'Eglise de Lyon, le vendredi avant la nativité de saint Jean-Baptiste 1298, par Guichard de Marzeu, qui dit avoir acquis cette maison forte du fils de Guillaume Palatin. « ... recognovit se tenere in feudum..... domum fortem de Flacheres, infra fossata, quam idem dominus Guichardus aquisivit a dicto Palain, domicello, filio quondam domini Guillelmi Palatini. (Bibliothèque nationale, mss. intitulé : Titres du Lyonnois et Beaujollois. S. G. F. nº 1141, folio 176 rº.)

Elle passa de père à fils jusques à Jean, palatin de Dio, seigneur de Fléchères, de Dio et de Saint-Olive, vivant l'an 1550, qui entre autres enfants eut une fille appelée Marie, mariée à Claude, baron de Montaigny en Lyonnois, à laquelle Fléchères fut constituée en dot; mais il en fit depuis vente à Benoît le Roy, conseiller et receveur général des finances du Lyonnois, et celui-ci à Symphorien Thélusson, bourgeois de Lyon, par contrat du dernier d'avril 1561.

Mais il faut bien que cette vente n'eût point d'effet, car le même Benoît le Roy n'aïant laissé qu'un fils d'Anne de Gaspard, sa femme, appellé Louis le Roy, il fut après lui seigneur de Fléchères, et mourant sans enfants il fit héritier Louis de Gaspard, son cousin, fils de Louis de Gaspard, seigneur de Pravains, commissaire ordinaire des guerres, maître des eaux et forêts de Beaujollois et de Dombes, qui fit hommage de cette terre au duc de Montpensier, prince de Dombes, l'an 1563, au nom de son fils.

Depuis, Flèchères aïant été mis en décret sur ce Louis de Gaspard, fut délivré le 27ᵉ de septembre 1606, à Jean de Sève (*tit du trés. de Beaujol.*), écuyer, seigneur de Fromentes et de Vilette, conseiller du Roy en ses conseils, ancien président, trésorier général de France en la généralité de Lyon, qui pour agrandir, agencer et limiter cette terre, fit un échange avec Marie de Bourbon, duchesse de Montpensier, souveraine de Dombes, au mois de février 1620, par lequel, de l'avis du duc et de la duchesse de Guise, ses tuteurs, et de son conseil ordinaire, et après que Pierre Austrin, président, et Alexandre Bouilloud, conseiller au Parlement de Dombes, eurent été sur les lieux par délégation de Son Altesse, on lui remit en toute justice l'église de la paroisse de Fareins et l'église du prieuré de Grelonges, et quarante-trois feux dans les limites des grands chemins du long de la rivière de Saône, de Montmerle à Beauregard, de Montmerle à l'église de Fareins, de Mâcon à Lyon, de Châtillon à Villefranche et à Beauregard, de Fournieu à Fareins et de Chaleins à Flèchères ; et en récompense il laissa à Son Altesse trente feux qu'il avoit ès paroisse de Chaleins, de Jassans et de Thossieu, et la justice qu'il avoit à Fléchères sur plusieurs fonds situés ès paroisses d'Agnereins, Chantin, Villeneuve, Misérieu, Thossieu, Frans, Jassans et Beauregard, à la charge que la justice des grands chemins servant de limites à la seigneurie de Fléchères appartiendroit à Son Altesse, de payer par forme de mieux value, la rente annuelle, perpétuelle, foncière et féodale de trente livres et un autour à chaque mutation de vassal. Ce qui fut vérifié et enregistré au Parlement, le 15ᵉ de may suivant; et Jean de Sève est celui qui jetta les fondemens du château de Fléchères, qui est bâti à la moderne et sans contredit la plus belle maison de la Souveraineté.

Par son testament de l'onzième juin 1622, il fit son héritier Mathieu de Sève, son parent, seigneur de Saint-André-du-Coing et de Limonais, conseiller du roy et trésorier général de France en la généralité de Lyonnois, qui par ce moïen fut seigneur de Fléchères, et l'a laissé à son fils qui est Pierre de Sève, seigneur et baron de Fléchères, de Limonais et de Saint-André-du-Coing, conseiller du roy en la sénéchaussée et siége présidial de Lyon. Il y a paroisse à Fléchères.

FÉTAN.

Cette maison qui est proche de la ville de Trévoux, fut annoblie et érigée en fief en faveur d'Antoine Jacquet, maître des postes à Lyon, par patentes d'Henry de Bourbon, duc de Montpensier, prince de Dombes, du mois de juillet 1601, à la réserve de l'hommage et d'une paire d'éperons dorés à chaque mutation de vassal.

Le 10ᵉ de novembre suivant, il en fit hommage au Prince, à la personne du lieutenant général au bailliage de Dombes. Gaspard Jacquet, conseiller et secrétaire du roy, fils du susnommé, en obtint la confirmation de Marie de Bourbon, duchesse de Montpensier, princesse de Dombes, au mois de juillet 1603 et vendit depuis Fétan, le 27ᵉ de janvier 1644, à André Bouilloud, conseiller de Son Altesse Royalle et maitre des requêtes en son Parlement de Dombes, sur les héritiers duquel cette terre seigneurie aïant été mise en décret, la délivrance en fut faite à César Beraud, conseiller du roy, receveur général et payeur des rentes de l'hôtel de ville de Lyon, qui est à présent seigneur de Fétan (1).

GLETTINS.

Quoiqu'il n'y ait point de justice à Glettins, c'est néantmoins l'un des plus anciens fiefs de la Souveraineté. Il est situé en la châtellenie de Beauregard, en la paroisse de Jassans. Ceux du nom et armes de Glettins l'ont possédé de père à fils, depuis l'an 1250, et en devoient l'hommage au sire de Thoire et de Villars.

Antoinette, dame de Glettins, dernière de cette illustre famille, porta partie de cette seigneurie en dot au sieur de la Varenne-Rappetout, gentilhomme Lyonnois, son mary, et N... de Glettins, sa sœur, au sieur de Montmelas, en Beaujollois. Cependant les enfants et héritiers dudit sieur de Varenne possèdent aujourd'hui Glettins,

---

(1) Fétan était une ancienne maison en roture acquise, le 30 août 1585, par Antoine Jacquet, de noble Jean Thevenost, seigneur de Tavernost, lieutenant général au bailliage de Dombes, qui l'avait acquise lui-même du sieur de la Raffinière, de Gaspard et Benoît Dufour, de Jean Beluisson et des frères Bodillet.

GARNERANS.

Si les titres de cette famille m'avoient été communiqués, comme j'en ai fait instance, le chapitre ne seroit pas si stérile.

Garnerans a été maison de nom et d'armes, laquelle commença déjà de paroître environ l'an 1120, auquel temps vivoient Hugues et Guy de Garnerans, père et fils. Il se trouve encore un Perraud, seigneur de Garnerans, qui vendit, l'an 1288, à Amé le Grand, comte de Savoye, la part qu'il avoit ès villages de Bey et de Cormoranche.

Cette famille faillit en la personne d'Isabelle de Garnerans, fille de Jean, seigneur de Garnerans, laquelle porta cette terre en dot à Jean, seigneur de Franchelins (1); leurs successeurs du nom de Franchelins et ceux de Glettins, après eux, qui prirent les armes et nom de Franchelins, ont été seigneurs de Garnerans. Mais Marguerite de la Guiche (2), seconde femme de Meraud, seigneur de Franchelins et de Glettins, emporta cette seigneurie pour sa dot et la laissa dans la maison de la Guiche, dans la branche de Sivignon, et par ce moïen Henry François de la Guiche, comte de Sivignon, est aujourd'hui seigneur de Garnerans. Le château est en la paroisse de Bey.

GRAVAINS.

Il est dans la paroisse d'Agnereins et a eu divers maîtres. Le plus ancien a été Jean de Chabeu, puîné de l'illustre maison

---

(1) De qui elle était veuve en 1349 (mss. Girié).
(2) Veuve de noble Guillaume Brunard ou Bonnard. (Id.)

de Saint-Trivier, vivant l'an 1350, des héritiers duquel cette seigneurie passa à Jean de Jaroles, écuyer, seigneur de la Grange et de Bully, ou par alliance, ou par acquisition.

A ce Jean de Jaroles, seigneur de Gravains, succéda Jean de Jaroles, seigneur de Gravains, de la Grange et de Bully, son fils, et Catherine de Jaroles, sa fille, épouse de Guillaume de la Chassagne, écuyer, seigneur de la Molière, avec lequel Antoine, seigneur de Saint-Trivier, eut procès pour la terre de Gravains et s'en départit par traité du 28ᵉ juillet 1431.

Les successeurs du seigneur de la Molière vendirent Gravains à Jean de Godon, chevalier, seigneur de Colonges en Dombes, conseiller au grand conseil du roy, maître des requêtes de Louise de Savoïe, mère de François premier, et premier président au Parlement de Dombes. Il eut permission de Sa Majesté, par patentes datées à Fontainebleau, au mois de may 1537, de faire ajouter un troisième pillier aux fourches patibulaires érigées en la terre de Gravains, en laquelle il y avoit de toute ancienneté, justice haute, moïenne et basse. Il eut un fils et une fille, sçavoir : Claude Godon, écuyer, seigneur de Gravains et de Villon, mort sans enfans ; et Anne de Godon, laquelle aïant recueilli la succession de son père et de son frère, fut dame de Gravains, de Villon et de Villeneuve en Dombes. Elle épousa Philibert de Naturel, écuyer, seigneur de Gravains, de la Plaine et de Dulphey en Maconnois, fils de Mathieu de Naturel, écuyer, seigneur de Corcelle, et de Jacqueline de Germanet, dame de la Plaine. D'où entre autres enfants sortirent, Claude de Naturel, écuyer, seigneur de Gravains, de Villon et de Villeneuve, et Nicolas de Naturel, seigneur de la Plaine, qui vendirent Gravains à David de Cleberg, baron de Saint-Trivier, en l'an 1564, à faculté de réachat, et l'aïant retiré, le revendirent à Claude Valleton, échevin de Lyon. Celui-ci ne laissa qu'une fille nommée Jeanne, mariée en premières noces au sieur Passard, père de Marie Passard, femme de Louis Austrin, et en secondes noces à Guillaume de Sabran, écuyer, seigneur dudit lieu de Gravains et du Villon, père de Melchior de Sabran, écuyer, seigneur dudit lieu de Gravains et du Villon, qui a été ambassadeur de France à Mantoue, en Allemagne et en Angleterre, et de Jeanne de Sabran, abbesse de Sainte-Claire, de Bourg en Bresse, sur lesquels de Sabran, père et fils, les seigneuries de Gravains et de Villon aïant été mises en décret, l'adjudication en fut faite le dernier de may 1606, au sus-nommé Louis Austrin, qui par ce moïen fut seigneur de Gravains et de Villon. Il a eu pour fils Louis Austrin, seigneur desdits lieux, conseiller au Parlement de Dombes, lequel de son mariage avec Marguerite de Bullioud, fille du seigneur de Celettes, n'a eu qu'une fille appelée Marguerite Austrin, dame de Gravains et de Villon et de la Motte-Adès, aujourd'hui veuve de Claude-Charles d'Apchon.

HAUTECHANAL

Est un petit fief en la paroisse de Chaleins, consistant en un moulin avec son pourpris et un pré qui a été démembré de la seigneurie de Tavernost, possédé premièrement par Guillaume de Chatenay, qui le vendit à Jean de Gaspard, seigneur du Sou, lieutenant général au bailliage de Beaujollois, lequel on fit hommage à Louis de Bourbon, duc de Montpensier, souverain de Dombes, au mois de janvier 1568; et celui-ci le vendit à Louis Piajard, bourgeois de Villefranche, qui en aïant joui quelques années, s'en défit en faveur de Marc Aubret, châtelain de Villeneuve, pour son Altesse Mademoiselle, qui l'a laissé à Louis Aubret, son fils, lieutenant particulier et adjoint aux enquêtes du bailliage de Dombes, qui est aujourd'hui seigneur d'Hautechanal.

JUYS.

La famille de Juys qui étoit des plus anciennes et des plus illustres du païs de Dombes, a donné le nom à ce château et l'a fait bâtir. Il est en la chatellénie d'Ambérieu.

Guillaume, seigneur de Juys, chevalier, qui le possédoit comme simple fief, eut la haute justice sur les hommes qui en dépendoient avec la mutilation des membres, à la réserve toutefois du dernier supplice, par concession de Louis, sire de Beaujeu (*Tit. du tres. de Beaujol.*), seigneur de Dombes, en date du mois de may 1276 (1).

Jean, seigneur de Juys, fils de ce Guillaume, ne laissa qu'une fille appellée Eléonore, dame de Juys, laquelle porta cette terre en dot à Hugues de la Palu, chevalier, seigneur de Bouligneux, son mary, l'an 1337. De la maison de la Palu, cette seigneurie passa en celle de Grolée, car Jean de Grolée, chevalier, seigneur de Neyrieu en Bugey, et de Montrevel en Viennois, baillif de Macon, en fit hommage le 21ᵉ février 1373, à Humbert, sire de Thoire et de Villars, VII du nom (*Tit. de*

---

(1) Dans cette concession faite par Louis de Beaujeu, il ne s'agissait pas de Juis, mais de la terre possédée par Guillaume de Juis dans les paroisses de Dompierre, de Chatenay, de St-Nizier-le-Désert, de Chalamont, de Saint-Martin-de-Chalamont et de Ronzuel : « Concedimus irrevocabiliter quod dominus Guillelmus de Jueis, miles, et suis, de cetero et imperpetuum habeant juridictionem, videlicet mutilacionem et abcicionem membrorum malefactorum et omnem penam sanguinis, et mixtum imperium, et omnem aliam juridictionem, et omnem dominium in terra sua, quam ipse miles habet in parochiis de Dampero, de Chateney, Sancti Niceccii in Deserto, de Chalamont, et Sancti Martini de Chalamont, et de Ronzuel, extra banna de Chalamont, excepto solo ultime mortis supplicio, etc. » (Archives de la Côte-d'Or, carton de Dombes, case 1ʳᵉ, cote 1ʳᵉ. — Arch. nation. série P. 1391, cote 544. — Bibl. Dumb. p. 172.)

la Chamb. des comptes de Savoye), ensemble de tout ce qu'il possédoit en fief dans les paroisses de Monthieu, Saint-Olive, Saint-Jean de Turignieux et de Villon, dépendances du château de Juys.

Après lui furent seigneurs de Juys Guillaume, Humbert et Antoine de Grolée, seigneurs de Neyrieu et de Bressieu. Cet Antoine de Grolée le vendit, le 21ᵉ d'avril 1452, à Amé, seigneur de l'Aubépin, à faculté de rachepter, pour payer la dot d'Antoinette de Grolée, sa sœur, femme d'Amé, seigneur de l'Aubépin, au comté de Bourgogne. Mais celui-ci ne garda pas longtems cette terre, l'aiant vendue (1) à Jean, duc de Bourbon, qui par contrat passé à Paris, le 29ᵉ d'octobre 1465 (2), en passa vente à Jean, fils aîné du roy de Jérusalem et de Sicile, duc de Calabre et de Lorraine, pour huit mille écus d'or, en acquittement de partie de la dot de Marie de Bourbon, duchesse de Calabre, sa fille, à la réserve de la foy et hommage. Et le duc de Calabre, par titre aussi daté à Paris, le 5° de novembre suivant, revendit Juys à Aymard de Grolée, chevalier, seigneur de Bressieu, à qui succéda Antoine de Grolée, chevalier, seigneur de Neyrieu et de Bressieu; c'est de lui que l'achepta Pierre de Balsac, chevalier, seigneur dudit lieu, de Dunes et de Clermont.

Après lui furent seigneurs de Juys : Guillaume de Balsac, sonfils, l'an 1541. et Robert de Balsac, baron d'Entragues, conseiller et chambellan du Roy, et sénéchal d'Auvergne et de Guienne. Mais par le mariage de Jeanne de Balsac avec Claude, seigneur d'Urfé, bailli et gouverneur de Forest *(P. de Saint-Julien, en ses Antiq. de Mâcon)*, Juys entra dans la maison d'Urfé et en sortit par échange pour la seigneurie de Sainte-Agathe, passé avec un gentilhomme de la maison de Mars.

---

(1) Le 24 mai 1459. (Arch. nation. P. 1389, c. 350.)

(2) Arch. nation. p. 1374, c. 2296. — Voyez aussi la charte du 25 avril 1176. (Ibid. P. 1361, c. 909.)

Antoine de Mars, baron de Juys, n'aiant enfants de Chrétienne de Champier, sa femme, la fit son héritière, et elle Jean de Champier, son neveu, fils d'Antoine de Champier, seigneur de la Faverge, par testament du 22ᵉ d'octobre 1622, qui fut par ce moien baron de Juis et, outre ce, baillif de Beaujollois ; et Philippe-Charles de Champier, son fils, aussi baillif de Beaujollois, fut après lui baron de Juis et de Chigy, qui le vendit le 7ᵉ d'avril de l'an 1660, à Nicolas Deschamps, écuyer, seigneur de Curtille, conseiller et maître des requêtes de S. A. R. de Savoye, qui est à présent baron de Juys. L'église paroissiale est dans le château.

LIGNIEU.

Le château, qui est un des plus anciens de la principauté, étoit du patrimoine des sires de Villars, qui possédoient autrefois partie de la Bresse, du Franc-Lyonnois et de Dombes.

Adalard de Villars, chevalier, seigneur de Lignieu, qui l'avoit eu pour son partage, le laissa à Ulric de Villars, son fils, et celui-ci le vendit à Etienne, second du nom, sire de Villars, son cousin, qui, meû de piété, en fit donation, l'an 1186, à Girin(1), abbé de l'Isle-Barbe, près de Lyon, avec tout ce qu'il avoit à Vimy, Genay, Bussiges, Saint-Jean-de-Thurignieux, Rancey, Limandas, Mysérieu, Toussieu et Birieu (2), à condition que l'abbé et ses religieux le recevroient en leur chapitre et le traiteroient comme religieux de la maison. Et quoique les choses données fussent de franc-alleu, il promit d'en faire hommage à l'abbé et y obligea ses successeurs par un titre qui

---

(1) Lisez Guichard. — V. Le Laboureur, Masures de l'Isle-Barbe, p. 123.

(2) Lisez Reyrieux. Le P. Le Laboureur, par suite d'une mauvaise lecture ou d'une erreur ancienne de copiste, a aussi imprimé, p. 124 de ses Masures, BIRIACO au lieu de REYRIACO.

est sous les sceaux de Jean, archevêque de Lyon, légat apostolique et du chapitre de Lyon. Il est dit que le sire de Villars en jura l'observation sur le grand autel de l'église de l'Ile-Barbe, et qu'il donna pour caution de sa parole le même Ulric de Villars, Fouques de Brun, Azon de Frens, Ogers de Challiouvres, Hugues de Rochetaillée, Guichard et Hilaire du Tremblay; Etienne de Châtillon, Pierre de Vassalieu (3), Berlion de Mont-d'Or, Hugues et Rolland des Essarts, Guichard de Varennes, Humbert d'Auzun, Bermond de Montelier, Pierre de la Palu, Guillaume de Chassenay et Aimond de Neyrieu, chevaliers, qui s'obligèrent tous d'aller en otage à l'Isle-Barbe, à la prière de l'abbé, en cas que le sire de Villars ne voulût pas entretenir cette donation, à laquelle sont nommés présents André de Forchel, grand prieur de l'Isle-Barbe, Odo de Sandran, Guichard de Morencey, Bernard de Villars, Berlion de Vienne, Hugues de la Baulme, Achard de Toucieu, Hugues de Colonges, Bernard de Montagny, Dalmas de Châtillon, Gauceran de Saint-Bonnet, Antelme de Loras, Durand de Montarchier, Hugues d'Arroles, Pierre d'Ars, et Guigues de Rochebaron, chevaliers.

Etienne, premier du nom, sire de Thoire, qui épousa Agnès de Villars, fille unique d'Etienne, second du nom, sire de Villars, voulut troubler l'abbé de l'Isle-Barbe en la jouissance du château de Lignieu et des autres biens compris en cette donation, mais ce différend fut assoupi par traité du 3e d'avril 1226 (4), duquel furent entremetteurs Gui de Baugé, seigneur de Miribel ; Guillaume de la Palud, archidiacre de Vienne ; Gui de Frens, chevalier, et Pierre de Sarron, sacristain de Saint-Paul de Lyon. Ce traité porte que le sire de Thoire et Villars confirme la donation d'Etienne, sire de Villars, son prédécesseur, et qu'il prend en fief de l'abbé de l'Isle-Barbe plusieurs héritages, en présence de Gui de la Palud, de Gui de

---

(1) Versailleux.
(2) Apud Le Laboureur, l. c. p. 133.

Frens, de R... du Saix, d'Etienne du Tremblay et d'Etienne de Messimy, chevaliers. Mais aiant contrevenu quelques années après, à ces deux traités, il retourna à l'Isle-Barbe avec Humbert, seigneur de Montluel, où il demanda pardon à l'abbé, et, pour assurance qu'à l'avenir il ne donneroit plus d'inquiétude à l'abbé touchant ces choses, Berlion et Aimon de Vassalieu, Ulric de Chantemerle, Guichard de Juys, Hugues de Saint-Germain, Etienne du Tremblay, Gui de Montelier, Etienne de Genay et Guichard de Lyarens (1), se déclarèrent ses cautions avec promesse d'aller en ôtage à l'Isle-Barbe à la première semonce de l'abbé, en cas d'inobservation. Depuis ce tems la le château de Lignieu avec ses dépendances est demeuré au pouvoir de l'abbé et du chapitre de l'Isle-Barbe. La paroisse est à Rancé. C'est aujourd'hui l'onzième châtellenie de Dombes, aiant été démembrée de celle d'Ambérieu, dont elle dépendoit autrefois (2).

LENT.

Quelque soin que j'aie pris de m'informer de l'ancienneté de cette ville, et comme elle est entrée en la maison de Beaujeu, je n'en ai rien pu apprendre (1); le plus ancien titre que j'en

---

(1) Glareins.

(2) Titres relatifs à Lignieu conservés aux archives nationales :

4 novembre 1316. — Appointement au sujet de la juridiction du prieuré de Lignieu, passé entre le sire de Beaujeu et les religieux de l'Isle-Barbe. (P. 1390, cote 516 et seq.)

16 septembre 1406. — Lettres desquelles il appert que l'abbé de l'Isle-Barbe doit tenir un religieux pour faire le service divin au prieuré de Lignieu. (P. 1388, cote 38.)

(1) Au IXe siècle Lent existait déjà. Par un précepte de l'an 855, l'empereur Lothaire en ordonna la restitution à l'Église de Lyon, qui en avait été

ai rencontré n'étant que de 400 ans, qui est la donation qu'Isabelle, dame de Beaujeu et de Dombes, comtesse de Forest, fit, l'an 1272 (1), de la baronnie de Beaujeu et de la seigneurie de Dombes, à Louis de Forest son fils (*Tit. du tres. de Beauj.*), par laquelle elle se réserve entre autres choses l'usufruit du château de Lent.

Depuis, Regnaud, comte de Forest, son mari, et elle, comme seigneurs de Dombes, accordèrent de notables franchises et priviléges aux habitants de Lent, par lettres du mois d'avril 1269 (2), confirmées par Guichard de Beaujeu, par patentes du mois de juillet 1302, qui leur furent confirmées par Louis, duc de Bourbon, comte de Forest, baron de Beaujeu, seigneur de Dombes, pair et chambrier de France, par lettres datées à Montbrison, le 17e d'octobre 1400, présents les seigneurs de Nory, Robert de Chastres, chevalier; Jean Leviste, chevalier en loix; Denis de Beaumont, baillif de Forest; Guillaume de Caritel, Pierre Vervin, licenciés ès-loix; Mathieu Guyonnet, chantre de Montbrison; Etienne d'Entragues, chevalier.

Charles, duc de Bourbon et d'Auvergne, comte de Clermont et de Forest, baron de Beaujeu et seigneur de Dombes, pair et Chambrier de France, étant à Villefranche au mois d'avril 1434, les confirma aussi, et après lui Pierre de Bourbon, comte de Clermont et de la Marche, baron de Beaujeu et seigneur de Dombes, par patentes données à Bourges, au mois d'octobre 1485.

---

dépouillée. (Ménestrier, Hist. de Lyon, pr. p. 35.) Lent est encore mentionné dans un dénombrement de 984. (Ibid. p. III.)

De même que notre historien, nous n'avons pu découvrir de quelle manière Lent entra dans la maison de Beaujeu. Tout ce que nous savons, c'est que, au mois de février 1244, Jocelin de Morestel vendit à Humbert de Beaujeu tout ce qu'il avait ou pouvait avoir de droit dans cette ville et ses dépendances : « Quicquid juris habebat vel habere poterat quoquomodo in villa de Lent et ejus appenditiis. » (Arch. nation. P. 1391, cote 560. — Bibl. Dumbensis, p. 146.)

(1) Au mois d'octobre. (Arch. nation. P. 1366, cote 1488.)
(2) Arch. nation. P. 1391, cote 561. — Bibl. Dumb., p. 6.

Fœderich de Romans, seigneur de Monts, de Chardenost et de Rebé en Dombes, a joui quelque tems de cette seigneurie, par engagement, et avant lui André de Bignins, écuyer, seigneur dudit lieu, au païs de Vaud, de Saint-Denis et de Sainte-Julie en Bugey.

C'est la quatrième châtellenie de la Souveraineté. L'église est sous le vocable de saint Germain et du patronage des chanoines de l'Eglise, comtes de Lyon (1).

---

(1) Documents relatifs à Lent conservés aux archives nationales :

Avril 1269. — Concession en accroissement de fief par Raymond de Forez, seigneur de Beaujeu, de Cristin Rastel et de sa manse, en faveur de Raymond de Mont-d'Or, chevalier, qui reconnaît tenir en fief de lui tout ce qu'il possédait dans la paroisse de Lent. (P. 1391; cote 564. — Imp. Bibl. Dumb., p. 168.)

27 novembre 1276. — Engagement par Jean Billons, vicaire de Lent, de faire retourner, après sa mort, aux usages de Lent, la maison qu'il possède dans cette ville et qui avait été affranchie par Isabelle de Beaujeu. (P. 1391, c. 572. — Imp. Bibl. Dumb., p. 174.)

Mars 1280. — Diverses lettres par lesquelles la dame de Beaujeu donne des dédommagements à plusieurs particuliers, à raison des constructions qu'elle avait fait faire sur leurs fonds. (P. 1391, c. 567 et seq.)

Avril 1280. — Vente par Pierre de Poilly, à la dame de Beaujeu, de son verger et d'autres biens sis près de Lent. (Ibid. c. 566.)

Septembre 1280. — Transport à Louis de Beaujeu de droits à Lent et à Chalamont. (P. 1391, c. 531.)

Juin 1284. — Sentence qui prononce que la haute justice sur la maison de Cristin Rastel appartient à Isabelle, comtesse de Forez, dame de Beaujeu, le fonds réservé à Pierre de Mont-d'Or, fils de Raymond. (P. 1391, c. 564.)

Mars 1285. — Vente par Jean de Selva à la dame de Beaujeu de tous les droits qu'il avait à Lent et au mas de Grand-Champ. (P. 1367, c. 1530).

1285. — Arbitrage par Girard de la Palud, chevalier, sur les différents mus entre le comte d'Albon, dauphin de Viennois, et Isabelle de Forez, dame de Beaujeu, sur ce que les gens du dauphin avaient enlevé les bestiaux des habitants de Lent, sujets de la dame de Beaujeu. (P. 1366, c. 1489.)

25 décembre 1313. — Déclaration de laquelle il appert que Philippe de Monthou a droit de champart, ban, clameur et saisine en ses terres sises en la paroisse de Lent. (P. 1391, c. 573.)

1318. — Composition entre le sire de Beaujeu et Etienne de Suerzon,

LABERGEMENT.

Quoique par la dernière limitation de la Souveraineté de Dombes, de l'an 1612, il n'y ait qu'une partie du château et

---

au sujet de la succession d'Etienne Ruffy, de Lent. (P. 1291, c. 563)

Jour de la fête de Saint-Laurent 1344. — Quittance par Jean de Fontenailles de la somme de 100 florins, tant pour le prix d'une maison sise à Lent, qu'il a vendue au sire de Beaujeu, que pour l'hommage qu'il lui a fait. (P. 1391, c. 565.)

1374. — Confirmation des priviléges et franchises de Lent par Edouard de Beaujeu. (P. 1391, c. 561 bis.)

20 juin 1402. — Vente par Sébastien Roset et André Juliard, d'un bois sis au mas de Berne, dans le mandement de Lent. (P. 1391, c. 575.)

20 avril 1407. — Vente par Jean Guillaume à Louis, duc de Bourbon, de tous ses droits sur plusieurs terres et étangs de Chalamont et de Lent. (P. 1391, c. 551.)

3 juillet 1407. — Le duc de Bourbon reconnaît tenir en fief du comte de Savoie, Villeneuve, Beauregard, Montmerle, Lent et Thoissey. (P. 1389, c. 307. — Imp. Bibl. Dumb., p. 339.)

24 mai 1409. — Le duc de Bourbon s'engage à rendre hommage au comte de Savoie, pour Beauregard, Villeneuve, Montmerle, Lent, Thoissey et Chalamont, (P. 1363, c. 1176.)

28 mai 1409. — Ratification de l'engagement ci-dessus. (P. 1363, c. 1177.)

25 juillet 1441. — Accord entre Louis de Savoie et Philippe de Bourbon, par lequel le comte de Clermont doit faire hommage au duc de Savoie des villes de Lent, Thoissey, Chalamont, etc. (P. 1360, c. 885.)

15 avril 1453. — Bail à perpétuité de deux moulins près la ville de Lent, appartenant jadis au sire de Beaujeu. (P. 1376, c. 2619.)

7 septembre 1513. — Constitution de procureur par Blondet, Martin, Trompel et Goyen, afin de prendre à cens les moulins de Lent. (P. 1391, c. 575.)

1517. — Lettres concernant les moulins de Lent. (P. 1391, c. 574 bis et seq.)

8 mars 1600 et 14 février 1601. — Affranchissement de mainmorte en faveur des habitants de Lent et du Chatelard. (Carton E, 2784.)

11 août 1702. — Privilége accordé par le souverain de Dombes à Nicolas

de Labergement qui en soit mouvante, néantmoins tout le château étoit autrefois du fief du sire de Beaujeu, comme seigneur de Dombes. Les premiers seigneurs furent de la famille de Chabeu, qui tenoit le premier rang entre les féodataires de Dombes. Il y a encore une tour qui s'appelle de Chabeu, en mémoire d'eux.

Cette branche des seigneurs de Labergement faillit en Agnès de Chabeu, dame de Labergement, laquelle porta cette terre en dot à Odet de Navilly, chevalier, seigneur dudit lieu, son mari, d'où vint Hugonin de Navilly, marié avec Alix de Rafolle, dame d'Ormey, qui tous vendirent Labergement à Galois de la Baulme, chevalier, seigneur de Valufin; le pénultième de novembre 1368, du consentement d'Antoine, sire de Beaujeu et seigneur de Dombes. (*Tit. du tres. de Beauj*).

Jean de la Baulme, chevalier, seigneur de Montrevel, en fit hommage, le 25 de juillet 1402, à Louis, duc de Bourbon, prince de Dombes, et aïant fait ériger la baronnie de Montrevel en comté, cette terre y fut unie, laquelle, depuis ce tems-là, est toujours demeurée en la maison des comtes de Montrevel (1).

Guillaume, Claude et Marc de la Baulme en ont rendu hommage aux ducs de Bourbon, comme princes de Dombes, ès années 1486, 1488 et 1522.

Carré d'établir une manufacture de gros verres à Lent. (Carton E, 2786.)

27 juin 1708. — Privilège accordé à Etienne-François Riboud du Broux, de continuer à Lent la fabrication du gros verre, en remplacement de Nicolas Carré, décédé. (Carton E. 2786.)

(1) On trouve à la Bibliothèque nationale, collection du Puy, mss. 755, folio 95, l'analyse d'une pièce importante sur l'Abergement, aujourd'hui égarée ou détruite; cette analyse est ainsi conçue.: « Août 1441. — Charles, duc de Bourbon, donne à M. Jean de Seyssel, seigneur de Barjac et de la Rochette, chevalier, mareschal de Savoie, gendre de Jacques de la Baume, seigneur de l'Abergement, le château dudit Abergement et ses dépendances, situé en la baronie de Beaujolais, païs de l'Empire ; ledit chastel advenu audit duc par la confiscation à cause de rébellion dudit de la Baume. »

Il y a justice haute, moïenne et basse. La paroisse est à Clémencia en Bresse (1).

LURCY.

J'ai eu peu d'instructions de cette seigneurie, bien que je les aie demandées à ceux qui me les pouvoient donner, sur qui en doit demeurer la confusion.

Hugues de Chalamont (*Bibliotheca Sebus. centur. 2, cap.* 43), chevalier, seigneur dudit lieu, possédoit quelque chose au village de Lurcy, dont il fit donation à l'Eglise de Clùni, l'an 1149. Après cela je n'ai rien trouvé de Lurcy, si non que Josserand de Loye en étoit seigneur en l'an 1380, et Louis de Laye, son petit-fils, seigneur de Besenens, en l'an 1460 ; et Pierre de Vuarti, chevalier, seigneur dudit lieu, grand maître des eaux et forests de France, en l'an 1540, auquel succéda Pierre de Saint-Romain, seigneur de Lurcy, qui de Catherine de Talaru, son épouse, eut, entre autres enfants, Françoise de Saint-Romain, dame de Lurcy, mariée à Hugues de Nagu, seigneur de Varennes et de Laye, dont la postérité a joui de cette seigneurie sous le titre de baronnie, jusques à Joseph-Alexandre de Nagu, aujourd'hui marquis de Varennes, qui est baron de Lurcy. Il y a justice haute, moïenne et basse et paroisse. Le château est à demi ruiné (2).

---

(2) Nota. Guichenon, dans son Histoire de Bresse, parle de cette terre de Labergement. Voyez Hist. de Bresse, partie 2, au mot Labergement.

(1) Documents relatifs à Lurcy ;

13 mars 1312. — Hommage par Philippe de Laye, de son château de Lurcy, en faveur de Pierre de Savoie, archevêque de Lyon et de l'église métropolitaine de cette ville. (Bibl. nationale, fond latin, mss. 5186, f° 16, — Bibl. de Lyon, mss. n° 908. — Imp. Bibl. Dumb., p. 250.)

5 avril 1448. — Lettres desquelles il appert que le duc de Bourbon est maintenu dans la possession d'une pie d'eau en Saône, dépendant de la seigneurie de Lurcy. (Archives nationales, P. 1388, c. 91.)

LONGRIS.

Ce fief est en la paroisse et châtellenie de Lent et n'a point eu de plus anciens seigneurs que ceux de la maison d'Ars, qui étoient des plus considérables gentils-hommes du païs de Dombes.

Antoine d'Ars, second du nom, seigneur d'Ars, chanoine en l'Eglise et comte de Lyon, le laissa par testament, avec le surplus de ses biens, à Claude Gaste, seigneur de l'Aubépin, au Royaume, son parent, qui, le 22e de février 1544, tant en son nom que de Lionnette de Forteresse, sa mère, veuve de Philibert Gaste, écuyer, seigneur de l'Aubépin, et de Jean et de Philibert Gaste, ses frères, en passa vente à Antoine de Soria, seigneur de Bouvens et de Tourterel, conseiller et médecin du roy, gentil-homme portugais. Ce que Lionnette de Forteresse ratifia, le 18e de mars suivant, et aussi le susnommé Jean de Gaste, chevalier (1), le 19e d'août 1545.

Cet Antoine de Soria n'eut que deux enfants : Philibert de Soria, écuyer, seigneur de Bouvens, de Torterel, des Blanchères et de Longris, décédé sans alliance, et Françoise de Soria, épouse de Pierre Bachet, seigneur de Meizériat, de Valuisant et de Lyonnières, lieutenant général au bailliage de Bresse, sous Henri second, puis juge mage, laquelle fut héritière de son frère ; et son hoirie aïant été partagée entre ses enfants, Longris arriva au lot de Marguerite Bachet, femme d'Antoine Faure, écuyer, seigneur des Blanchères. et a passé à Etienne Faure, écuyer, seigneur, son fils, qui est à présent seigneur de Longris.

---

(1) Homme d'armes de la compagnie du seigneur de Boutière. (Mss Girié.)

MAILLARD.

Est un fief sans maison qui ne consiste qu'en une rente noble, laquelle s'exige dans la châtellenie de Lent. Le premier seigneur fut Aimé de Malivers, écuyer, vivant l'an 1540, des mains duquel ou de ses héritiers il sortit pour passer en celles de Pigna, seigneur de la Botte et de la Palu, gentil-homme de Bresse, qui l'ont possédé longtems. A présent il appartient à Claudine Cocon, fille de Claude Cocon, avocat au présidial de Bourg, qui l'avoit achepté de N...

MONTBERTHOD.

C'est la maison ecclésiastique la plus ancienne de la Souveraineté ; elle dépend du monastère de Cluni. La fondation en est ignorée. Nous apprenons seulement par une ancienne notice de Cluni, en date du 5 des ides de septembre de l'an 1097, indiction V, sous le règne du roy Philippe et du temps d'Hugues abbé de Cluni, que ce n'étoit autrefois qu'une obédience appelée de Saint-Pierre, où les abbés de Cluni avoient un doyen, dont le plus ancien fut un nommé Geoffroy.

Les principaux bienfaiteurs de cette maison furent Berard de Riottiers, Arthaud de Chalamont, Etienne de Chalamont, Etienne l'Enchaîné, Auger de Genay, Odon d'Albigny, Etienne de Chacelay, Ponce de la Forest, Guillaume l'Enchaîné, Augers de Frens, Berard et Humfroy de Sandrans, Payen de Juys, Berard de Saint-Trivier, Jean de Portebœuf, Guichard de Rossières, Pierre de Tanay, Guy du Saix, Durand de Sandrans, Etienne de Chassignols et autres dénommés par le titre, qui tous donnèrent divers héritages situés en Dombes à ce doyen Geoffroy.

Achard, seigneur de Montmerle en Dombes, lui bailla le village de Luzi, le maix et le moulin de Coël, le maix et le moulin de Versé, du consentement de Fulcrence, sa mère et de sa fille Gerberge. La charte de cette libéralité, qui est sans date (1), porte que ce seigneur de Montmerle alloit faire le voiage de Jérusalem et que le doyen de Montberthod lui donna pour reconnoissance deux mille sols, trois mules et un mulet. Ainsi de tant de pièces se forma le corps de ce bénéfice.

Mais cette maison aiant été ruinée par les guerres, et les abbés de Cluni ne la pouvant ni rétablir, ni la conserver, l'abbé Guillaume, au mois de janvier 1211, la remit sous de certaines conditions à Rainard, archidiacre de Lyon, pendant sa vie, qui promit d'y tenir deux religieux pour faire le service et de réparer les bâtimens et de rachepter les biens aliénés.

Guillaume, comte Vienne et de Mâcon, par ses lettres du mois de janvier 1224, déclara le village de Montberthod franc et jura d'en garder la franchise (2).

Jean de Dreux, dit le brave, son successeur, comte de Mâcon, (*Bibliotheca Sebus. cent.* 1, 47), et Alix, comtesse de Mâcon, son épouse, déclarèrent, par titre du mois de janvier 1237, qu'ils n'avoient jamais eu droit de procuration, de giste et d'exaction, et que, s'ils l'avoient, ils le quittoient à l'abbé et à l'Église de Cluni.

Au mois de juin 1240, Luce, veuve d'Humbert du Faÿ, chevalier, donna à cette maison tout le droit qu'elle avoit au maix

---

(1) Cette charte est datée du 2 des ides d'avril 1096. L'original existe à la Bibliothèque nationale sous le numéro 125 des chartes originales de Cluny.

(2) Voici le texte de ces lettres ; « Willermus, comes Viennæ, et Masticonensis, omnibus præsentibus et futuris præsentem cartam inspecturis, salutem. Notum sit vobis quod ego Willermus, comes Viennæ et Matisconis, dedico libertatem in villa de Montbertot, intus barras quæ est in villa franca, quam juravi tenendam. Et ne istud factum tradetur oblivioni in posterum, præsentem cartulam sigilli mei munimine roboravi. Actum anno domini MCCXXI, mense januarii. » (Bibl. nation., mss. Bouhier, n° 18 bis, p. 700.)

du Faix, sous le sceau de Jean, abbé de Belleville. Et comme entre autres bien dépendans de Montberthod il y avoit plusieurs fiefs, même dans la paroisse de Saint-Nizier le Désert, dans la jouissance desquels les officiers de la seigneurie de Chalamont troubloient les religieux de Cluni, il y eut traité, (*Tit. de Cluni*), au mois d'août 1314 (1), entre Guichard, sire de Beaujeu, comme seigneur de Chalamont, et Henri, abbé de Cluni, par lequel le doyen de Montberthod fut maintenu en la justice basse sur les hommes et fiefs en la terre de Saint-Pierre, rière la paroisse de Saint-Nizier le Désert, et que la moienne et haute appartiendroient au seigneur de Chalamont. Le traité fut scellé des sceaux des officiaux de Lyon et de Mâcon, de Milon de Vaux, de Jean de Saint-Trivier, de Guichard de Marzé, de Louis, seigneur de Franchelins, de Jean d'Ars, chevalier, et de Simon de Glettins, damoiseau. Ce que Louis, duc de Bourbon, seigneur de Dombes, ratifia depuis à Villefranche, le 5 de juin 1402.

Amé, comte de Savoye, comme seigneur de Beauregard sur Saône, mit ce doyenné sous sa sauvegarde et particulière protection, moiennant deux francs d'or de rente, payables au château de Beauregard, par lettres de l'an 1389.

Quelquefois Montberthod a porté le titre de prieuré, car j'ai vu par titres que Pierre de Vassalieu en étoit prieur l'an 1149 (2), et Georges de Tarlet, doyen de Chaveyriat, en l'an 1378 (3).

---

(1) Arch. nation. P. 1391, c. 532 et 533. — Bibl. Dumb, p. 262 et 265.

(2) Bibl. Sebusiana, cent. II, ch. XLIII. — Bibl. nation., mss. Bouhier, n° 18 bis, p. 388.

(3) Monberthoud n'était qu'un simple doyenné bien longtemps avant cette dernière date. Une enquête faite dans la deuxième moitié du xii° siècle et qui se trouve à la fin du cartulaire B. de Cluny, est intitulée : DECANIA DE MONTE BERTOLDI, et, dans une charte de 1242, Pierre de Birisuel est appelé DECANUM DE MONBERTOUT. — Une charte de 1260 donne à Hugues de Vaux les titres de « Precentor Lugdunensis, quondam procurator et administrator generalis domus Montis Berthoudi ad monasterium Cluniacensem immediate spectantis. » (Arch. nation. P. 1391, c. 539.)

Mais à présent il ne porte que le titre de doyenné. Il est en la paroisse de Savigneu (1).

MONCOLON.

Est mis au dénombrement des fiefs de Dombes qui n'ont point de justice. Jean de Coindrieu, seigneur des Ayes, vivant l'an 1540, se qualifiait seigneur de Moncolon, mais après lui je ne sçais par quelles mains a passé Moncolon, si non qu'il a été vendu par décret, il y a environ deux ans, sur les héritiers d'un nommé Boucher, et achepté par Pierre Penet, lieutenant général au bailliage de Dombes, qui est à présent seigneur de Moncolon. C'est une maison basse dans la châtellenie de Chalamont et paroisse de Moncolon.

---

(1) Documents relatifs à Montberthoud conservés à la Bibl. nationale :

1100-1140. — Notes des ventes et des acquisitions faites pour le service de sa maison, par le prieur de Montberthoud. (Chartes et diplômes, vol. 40, p. 138.)

Août 1242. — Vente par Jean, fils de Michel Donet, à Guichard de Birisuel, doyen de Montberthoud, de tout le droit qu'il avait dans la prévôté du Monteiller, laquelle prévôté appartenait à la maison de Montberthoud. (Mss. Bouhier, n° 18 bis, p. 700-703.)

Documents conservés aux Archives nationales :

Juin 1248. — Engagement par Humbert de Beaujeu, de prendre sous sa sauvegarde différents mas situés dans les paroisses de Saint-Nizier et de Saint-Paul-de-Varax, appartenant au doyenné de Montberthoud. (P. 1391, cote 540. — Bibl. Dumb., p. 150.)

Décembre 1260. — Lettres d'Yves, abbé de Cluny, constatant l'accord intervenu entre lui et le sire de Beaujeu, à raison de la garde de plusieurs mas appartenant à la maison de Montberthoud. (P. 1391, cote 539. — Bibl. Dumb., p. 155.)

9 juin 1456. — Information de laquelle appert la coutume des habitants d'Ambérieux de payer huit bichets annuellement, s'ils ont des étables à bœufs dans la directe de Montberthoud. (P. 1390, cote 517.)

MONTEZAN.

A été démembré de la seigneurie de Pioneins. Il est en la paroisse d'Illiat, dans la châtellenie de Thoissey ; il y a justice haute, moienne et basse. Il n'a point eu de plus anciens seigneurs que ceux de l'ancienne famille de Chabeu, dont la branche étant faillie en une fille appelée Jeanne de Chabeu, dame de Montezan, elle épousa Daniel Gillet, seigneur de Beaumont, maître des eaux et forest, élû en l'élection de Beaujollois. Claude Gillet, leur fils, a été longtems seigneur de Montezan. Mais cette seigneurie à la fin a été vendue sur lui par décret, en l'an 1659, et adjugée à Charles Guillon, écuyer, seigneur de la Chaux, gentilhomme Lyonnois, qui la remit à Claude Cachet, conseiller au parlement de Dombes, au commencement de l'an 1660, qui est à présent seigneur de Montezan.

MONTFAVREY.

C'est un ancien prieuré de l'ordre de Saint-Benoît, dépendant autrefois de l'abbaye d'Ambournay et à présent de l'archevêque de Lyon, qui en a la nomination. La maison, l'église, et les principaux revenus sont dans la châtellenie de Chalamont ; l'église est sous le vocable de saint Denis, dans la paroisse de Saint-Nizier le Désert. La fondation en est ignorée aussi bien que le tems de sa construction (1).

---

(1) Le prieuré de Montfavrey dépendait très-anciennement de l'abbaye de la Chaise-Dieu. Il fut confirmé à cette abbaye, en 1116, par Gauceran, archevêque de Lyon, et les chanoines de l'église métropolitaine « Lauda-

Guichard, sire de Beaujeu, VIII du nom, et Humbert, sire de Thoire et de Villars, (*V. l'Hist. de Bresse, généal. des sires de Thoire, p.* 225), V du nom, eurent difficulté pour la seigneurie directe de la prieuré, laquelle par traité, (*Tit. de la Chamb. des comptes de Savoye*), fait entre eux, le samedy d'après la fête de Sainte-Croix, au mois de septembre 1308, demeura au sire de Beaujeu, à la charge toutefois que ni lui, ni ses successeurs n'y pourroient faire bâtir une forteresse. Outre cela le sire de Beaujeu eut encore le péage du gué de Chardenost et celui de Deffins, à condition que les habitants de la terre de Villars en seroient exemps à l'avenir.

Les prieurs Montfavrey que j'ai pu rencontrer, sont ceux-cy :

Etienne de Ferlay, frère de Gui de Ferlay, seigneur de

---

verunt et donaverunt præfati abhati (Stephano) et monachis Cazæ Dei præsentibus et futuris supradictas ecclesias et omnes alias de quibus, eo die, in Lugdunensi pago, investiti erant, id est : ecclesiam de Sapiniaco..... ecclesiam de Baiseu, ecclesiam de Polleu, ecclesiam Sancti Laurentii apud Masticonem, ecclesiam Sancti Nicii apud monten Fabrosum, capellam ejusdem loci, capellam de Calomonte, etc. (C. Estiennot, Fragmenta Historiæ Aquitanicæ, mss. t. V, folio 35)

Claude Estiennot, l'une des gloires inédites de l'ordre si célèbre des Bénédictins, pense que ce prieuré eut pour fondateurs, ou du moins pour principaux bienfaiteurs les seigneurs de Chalamont et de Villars, qui le soumirent dans la suite à l'abbaye d'Ambronay. Estiennot écrivait sur les établissements religieux de nos pays en 1678. A cette époque, le prieuré de Montfavrey était en ruines : « Modo destructa est prioratus conventualis domus, cujus videntur etiam nunc rudera. (Antiquitates in diocesis Lugdunensi et Bellicensi, caput XXII, p. 94, mss.)

La chronique manuscrite de l'abbaye de Chassagne rapporte qu'Héraclius de Montboissier, archevêque de Lyon, qui se trouvait, en 1158, au monastère de Montfavrey, y confirma, en présence du prieur Bernard et de ses moines, les donations faites antérieurement à l'abbaye de Saint-Sulpice, par Etienne II de Villars : « Hoc confirmavit dominus Humbertus (Heraclius), Lugdunensis archiepiscopus, anno MCLVIII, cum esset in monasterio Montis Fabritii, coram domino Petro, abbate Sancti Sulpicii, Guillelmo de Tanayo, Petro de Palude, Gautherio de Hospitali, Pontio de Turno, et Berardo, priore Montis Fabricii, Berardo, patre ejus, Johanne de Fonte, et aliis montis Fabricii monachis. »

Satonay, étoit prieur de Montfavrey, l'an 1271, par titre de la Chartreuse de Poletins.

Antoine de Glareins ou de Lyarens, prieur de Grandson, au païs de Vaux, 1451.

Nicolas Diesbach, d'une noble et ancienne famille de Berne, 1539.

Maurice de Fenouil, chanoine et obéancier de Saint-Just de Lyon, conseiller clerc au parlement de Dombes, 1602.

N..... Nandin.

N..... Durand, aujourd'hui prieur (1).

MESSIMY.

Il y a une terre de ce nom en Bresse qui s'appelle Meximieu en la Valbonne, mais ce ne fut jamais nom de famille, comme celui-cy qui a eu ses premiers seigneurs du nom de Meximieu ou de Messimy, féodataires des sires de Thoire et de Villars, de qui ils avoient eu cette seigneurie par concession.

Il s'en trouve un hommage (*Tit. de la Chamb. des compt. de Savoye*), de l'an 1291, fait à Humbert IV, sire de Thoire et de Villars, par Etienne et Hugonin de Messimy, frères, seigneurs dudit lieu.

Mais soit par mariage ou par acquisition, cette seigneurie passa en la maison de Laye en Beaujollois, car Miles de Laye, chevalier, vivant en l'an 1340, en étoit seigneur, et la laissa à ses descendants qui en ont joui de père à fils jusques à Jacques de Laye, chevalier, seigneur de Messimy et d'Arboin, baillif de

---

(1) Nous ne pouvons ajouter à cette liste que deux noms : Guillaume, vivant en 1116 (Estiennot, Fragmenta Hist. Aq. l. c.), et Berard, mentionné dans l'extrait ci-dessus de la chronique de l'abbaye de Chassagne.

A la fin du xvii⁰ siècle le prieuré de Montfavrey fut uni au collége de Thoissey.

Beaujollois, qui se voiant sans enfants, adopta Charles de la Porte, écuyer, son neveu, fils d'Antoine de la Porte écuyer, seigneur de Chavagnieu en Dombes, et de Marie de Laye, sa sœur, par testament en 1556, à la charge de porter le nom et les armes de Laye.

A celui-ci succéda en la seigneurie de Messimy Claude de Laye, dit de la Porte, son fils et héritier, qui ne laissa que deux filles, dont l'aînée appelée Claudine eut la seigneurie de Messimy pour son partage. Elle épousa le seigneur de Vertrieu en Dauphiné, de l'illustre maison de la Poype, et d'eux est issu François de la Poype, seigneur de Vertrieu, baron de Cornod, Montdidier et Montfalcon en Bresse, qui vendit Messimy par contrat du 12 d'août 1652, à Jacques Pillehote, seigneur de la Pape, conseiller et garde des sceaux en la sénéchaussée et siége présidial de Lyon, et maître des requêtes au parlement de Dombes, qui est aujourd'hui seigneur de Messimy.

MIONS.

Ce fief est au village de Monthieu, dans la chatellenie d'Amberieu, et appartenoit anciennement aux Gaspard, anciens gentilshommes de Dombes. Il sortit de leur maison par le moien de Philiberte de Gaspard, dame de Mions, laquelle épousa Claude de Granget, capitaine de la ville de Montluel, environ l'an 1539, dont les successeurs ont possédé Mions de père à fils jusques à René Baltazard de Granget, écuyer, seigneur de Champremont et de Mions. La veuve duquel appelée Marianne Bernard, se remaria au sieur de Montbellet, père de Claude-Martin de Montbellet, capitaine de la ville de Trévoux, auquel ont succédé Claude et Michel de Montbellet, ses enfants. Claude est vivant et est le seigneur de Mions, avec messire André Piajard, avocat au bailliage de Dombes, qui a épousé la fille de Claude Baudran, lieutenant particulier audit bailliage, héritier de Michel de Montbellet.

MONTBERNON

Est au nombre des fiefs de Dombes qui n'ont point de justice. Il n'y a qu'un domaine. Sa situation est en la châtellenie de Chalamont, proche de Moncolon. L'origine m'en est inconnue de même que le nom de ceux qui l'ont possédé, aïant seulement vu (1) qu'en l'an 1564, Jeanne Gormond, veuve de Jean Minet, tutrice de Benoîte Minet, leur fille, étoit dame de Montbernon.

MONTIGON [2]

Le cartulaire de l'abbaye de Chassagne en Bresse nous apprend qu'Etienne, second du nom, sire de Villars, de Loyes, du Châtelard et de Rochetaillé, aiant fondé ce monastère, y donna de grands biens, entre autres le maix et le fief de Montigon, en la paroisse de Dompierre de Chalamont, en l'an 1175 (3), en présence de Guichard, archevêque de Lyon, de

---

(1) « Au terrier de Chalamont, en l'an 1351, Isabelle de Gletteins, Guillaume et Henry, ses fils, reconnurent être hommes liges de Monsieur de Beaujeu, et luy devoir deux deniers de servis et une poule, sur leur mas et tènement (de Montbernon.) » (Mss. Girié.)

(2) Mont-Hugon.

(3) La chronique de l'abbaye de Chassagne mentionne cette donation sous la date de 1171 : « Stephanus, dominus de Villars, dedit pasqua in memoribus suis et liberum transitum per terras suas, anno vero MCLXXI, dedit alodum de Montugonio cum omni justitia in parrochia de Domno Petro et de Calomonte. »

Cette chronique parle encore de Mont-Hugon, sous les dates de 1230 et 1387 : « Postquam Thomas fuit abbas, et, anno MCCXXX, pepigit cum Bernone, abbate Ambroniacensi, pro decima grangiæ de Monte Hugonis. » — ..... « Antonius de Rupe (abbas Cassaniæ), qui, anno MCCCLXXXVII, immunes fecit a taillia multos homines abbatiæ apud Montem Hugonis. »

Geoffray, abbé dudit monastère, de Guy de la Chassagne, chevalier, et de Guichard de Frens. Depuis laquelle donation Humbert, sire de Thoire et de Villars et Humbert de Villars, son fils, l'an 1368 (*Tit. de l'abbaye de Chassagne*) accordant à l'abbé et aux religieux le pouvoir d'y bâtir une maison forte avec des tours et des fossés, avec justice haute, moïenne et basse sur les hommes et fief, sauf le dernier supplice. Et comme ils furent troublés en la jouissance de la justice, par Henry de Juys, seigneur de Bervey, ils y furent maintenus par ordonnance du conseil du sire de Thoire et de Villars, de l'an 1395.

Humbert VII et dernier du nom, sire de Thoire et de Villars, par ses lettres de l'an 1405, approuva cette ancienne concession et y ajouta le dernier supplice, la mutilation des membres, les chemins publics, l'érection des fourches patibulaires, en toutes lesquelles prérogatives, l'abbé et les religieux de Chassagne ont été encore maintenus par arrêt du Parlement de Dombes du 3ᵉ de juin 1643, contradictoirement rendu avec le procureur général de S. A. R.

MONTIEU.

Le village et la paroisse de Montieu sont des anciennes dépendances de la châtellenie d'Ambérieu, qui par conséquent appartenoit originairement aux sires de Thoire et de Villars, car en la donation qu'Humbert IV du nom, sire de Thoire et de Villars, fit au mois de juillet 1291, à Humbert de Villars, son fils, de diverses terres de Bresse, Dombes et Bugey, Montieu s'y trouve compris. Mais les sires de Villars en devoient l'hommage au sire de Beaujeu, comme seigneur de Dombes (1). (*Tit. de la chamb. des comptes de Savoye.*)

---

(1) Non pas comme SEIGNEUR DE DOMBES, car ce titre était inconnu au

Il fut donné, l'an 1314, à Jean de Villars, chanoine et chamarier en l'Eglise et comte de Lyon, pour son partage; Guillaume de Sure étoit son châtelain; mais après son décès, cette terre fit retour à Humbert, sire de Thoire et de Villars, VIe du nom, son neveu, qui en fit hommage à Humbert, dauphin de Viennois (*Tit. de la chamb. des comptes de Dauphiné*), le 21e de février 1334 (1), ensuite de la concession que Guichard, sire de Beaujeu, en avoit faite au Dauphin le 24e de novembre 1327 (2).

Depuis ce tems-là, Montieu demeura toujours au pouvoir des sires de Thoire et de Villars, et ne sortit de cette illustre famille que par la vente que Humbert, VIIe et dernier du nom, fit de ses terres de Dombes, le 2e d'août 1402 (3), à Louis, second du nom, duc de Bourbon. Ainsi, Montieu fut uni à la principauté de Dombes et en fut démembré avec la justice haute, moïenne et basse et toute la paroisse, par Henry de Bourbon, duc de Montpensier, prince de Dombes, en faveur de Philibert de Gaspard, écuyer, seigneur du Breuil et du Buisson en Dombes, par contrat du 5e de mars 1595.

Mais Marie de Bourbon, duchesse de Montpensier, princesse de Dombes, retira cette seigneurie d'Anne de Gaspard, dame du Breuil, sa fille et héritière, en la remboursant du prix de l'aliénation, le 10e de décembre 1618.

Le château est démoli, il y a longtemps; la paroisse est sous le vocable de N... (4).

L'abbesse de Saint-Pierre de Lyon y possède une rente en justice par concession de N... (5).

XIIIe siècle, mais, probablement en vertu de l'engagement d'hommage contracté, au mois de novembre 1227, par Etienne I de Thoire-Villars, envers Humbert V, de Beaujeu. (Hist. de Bresse, p. 217.)

(1) Bibliothèque de Lyon, mss. n° 908. — (Bibl. Dumb., p. 297.)
(2) Ibid. — Bibl. Dumb , p. 271.
(3) 11 août 1402: (Arch. nation. P. 190, c. 521.)
(4) Saint-Pierre.
(5) V. ma *Topographie de l'Ain*, v° Monthieux. — Documents relatifs à Monthieux conservés aux Archives nationales :

MOGNENEINS.

Entre plusieurs familles illustres de la Souveraineté de Dombes, il y a celle de Mogneneins, de laquelle néanmoins

---

Mars 1253. — Transaction entre Guichard de Beaujeu et Béatrix de Faucigny, dame de Thoire-Villars, relativement à l'hommage des châteaux de Loyes, du Montellier, de Versailleux, du bourg de Villars, etc. (P. 1374, cote 2457. — Bibl. Dumb., p. 152.)

Août 1271. — Hommage rendu par Humbert de Thoire-Villars, à Isabelle, comtesse de Forez et dame de Beaujeu, pour le bourg de Villars, les châteaux de Loyes, Monthieu, etc. (P. 1374, c. 2459. — Bibl. Dumb., c. 169.)

10 août 1388. — Transaction entre Isabelle d'Harcourt, dame de Thoire-Villars, et Clerval de Glareins, par laquelle il est décidé que ledit Clerval aura le tiers des étangs des Brovonnes et de Coyrard, établis par Isabelle dans les paroisses de la Pérouse, Monthieu et Saint-Marcel, à la charge de participer pour un tiers dans les frais de construction des chaussées. (P. 1392, c. 639 et seq.)

13 septembre 1391. — Agnès de Pélagaulx confesse avoir reçu satisfaction d'Isabelle d'Harcourt, pour ses terres enclavées dans les étangs des Brovonnes et Coyrard. (P. 1392, c. 645.)

4 septembre 1398. — Vente par le sieur de Neyrieu à Isabelle d'Harcourt, au prix de 120 francs d'or, de 60 sols viennois de cens et rente assignés sur le manoir de Myngots, sis dans l'étang de Coyrard, et tenu par le sieur de Paramalo. (P. 1392, c. 646.)

24 mai 1410. — Vente par le prieur de Notre-Dame de la Platière, a Isabelle d'Harcourt, au prix de 15 florins d'or, d'un pré sis près l'étang des Brovonnes. (P. 1392, c. 649.)

28 mai 1432. — Dédommagement de 2000 fr. accordé par Isabelle d'Harcourt, à N. Tartarin, pour son pré qu'elle avait compris dans l'étang des Brovonnes. (P. 1392, c. 659.)

9 décembre 1437. — Donation réciproque par Claude et Humbert de Glareins, frères, de leurs droits successifs en la succession de leur père, au cas qu'ils décédassent sans enfant, afin de conserver dans la famille les possessions qu'il avait dans l'étang des Brovonnes. (P. 1392, c. 663.)

5 décembre 1458. — Transport par Humbert de Glareins, à ses enfants, du tiers de l'étang des Brovonnes. (P. 1392, c. 664.)

nous n'avons d'autres instructions que de Rose de Mogneneins, femme de Guichard de Verneis, chevalier, seigneur d'Argigny en Beaujollois, laquelle est inhumée aux Cordeliers de Villefranche; dans le cloître, comme enseigne son épitaphe qui marque son décès sous l'an 1347.

Les barons de Montigny, en Lyonnois, ont été longtemps après seigneurs de Mogneneins, mais je ne sais par quel moyen. Claude, baron de Montigny, en fit vente, en 1564, à David de Cléberg, baron de Saint-Trivier et seigneur de Chavagnieu.

Son fils s'en défit, le 7ᵉ de janvier 1594, et des rentes de Montigny, de la Bessé, de Saint-Lager et de Tavernost en toute justice, haute, moïenne et basse, en faveur de Claude Trellon, avocat en la sénéchaussée et siége présidial de Lyon, depuis conseiller au Parlement de Dombes, les successeurs duquel ont été après lui seigneurs de Mogneneins, jusqu'à Marie Trellon, dame de Mogneneins, épouse du seigneur de Chamarande, de la maison d'Ornaison, premier valet de chambre du roy, aujourd'hui vivant (1).

De cette seigneurie dépend un hameau appelé Flurieu, qui compose une partie de la paroisse de Mogneneins.

---

7 janvier 1463. — Vente par les héritiers de Glareins, au duc de Bourbon, du tiers de l'étang des Brovonnes. (P. 1370, c. 1912.)

17 février 1463. — Vente par Humbert et Louis de Glareins, au duc de Bourbon, du tiers de l'étang de Coyrard, moyennant 1200 écus d'or, et la faculté de racheter le tiers par eux vendu de l'étang des Brovonnes. (P. 1392, c. 661.)

22 décembre 1497. — Lettres d'échange et appointement entre le duc de Bourbon et les chanoines de la chapelle de Bourbon, à raison des étangs des Brovonnes et Combes, sur lesquels était assignée une fondation pieuse. (P. 1360, c. 869.)

(1) A présent en est seigneur N... de la Tour-Vidaud, procureur général au Parlement de Grenoble.

Cette terre est venue, ainsi que celles de la Bastie et Chanains, de la dame de Chamarande, à ce qu'on dit.

MARLIEU.

C'est un bourg situé sur le bord d'un grand étang, entre Saint-Paul de Varax et Villars, sur le grand chemin de Bourg à Lyon, qui a toujours été des dépendances de la seigneurie du Châtelard.

Humbert, sire de Thoire et de Villars, V du nom, donna plusieurs franchises et priviléges aux habitants de Marlieu, par ses patentes datées, au Châtelard, au mois de juin 1308 (1), semblables à celles de Trévoux ; Humbert, sire de Thoire et de Villars, VI du nom, les confirma par lettres datées au château de Rossillon en Dauphiné, le 15e de mars 1408, en présence d'Henry, seigneur de Varax, chevalier, son cousin, et de Jean de Bron, dit Isnard, baillif de Riverie.

Pierre, duc de Bourbon, seigneur de Dombes, leur en accorda aussi la confirmation, à Villefranche, au mois de mars 1480, et, depuis, le roy François premier, par patentes données à Lyon, au mois de janvier 1535, par lesquelles il prend le titre de seigneur de Dombes.

Henry second en fit de même à Lyon, au mois de septembre 1548.

Il y a paroisse, l'église est sous le vocable de saint Pierre aux Liens (2).

---

(1) Archives nationales, P. 1392, c. 635. — Imp. Bib. Dumb., p. 71.

(2) Documents relatif à Marlieux conservés aux Archives nationales :

21 avril 1430. — Vente par Georges de Francheleins, à Guichard de la Roche, de la dîme des paroisses du Plantay, Marlieux, La Chapelle et Saint-Germain. (P. 1389, c. 185.)

11 mai 1432. — Vente par Guichard de la Roche, à Isabelle d'Harcourt, dame de Villars, au prix de 100 francs d'or, des dîmes de Saint-Germain et Marlieux. (P. 1389, c. 186 et seq.)

16 décembre 1469. — Lettres desquelles il appert la forme de passer re-

MERAGES.

De toute ancienneté la seigneurie de Merages a été de la maison de Chabeu, du moins un puîné de cette illustre famille l'eut en son partage, en l'an 1400, et l'a transmise à ses successeurs du nom et armes de Chabeu, dont le dernier fut Philibert de Chabeu, baron de la Colonges, seigneur de Pionneins et de Merages, vivant en l'an 1564, sur les héritiers duquel tous les biens aïant été mis en décret, Merages fut achepté par Hugues du Montet, secrétaire de la cour du Parlement de Dombes, qui l'a laissé à N.... du Montet, qui est aujourd'hui seigneur de Merages.

Ce fief est situé dans la châtellenie de Thoissey. Il n'y a point de justice.

Depuis j'ai trouvé titre du mois de mars 1304, par lequel Guigonet de Meyserieu, dit de Merages, damoiseau du diocèse de Lyon, reconnut sa poype, forest, jardin et rentes de Merages qui étoient de pur et franc-aleu, en fief lige de Geoffroy, prieur de Saint-Etienne de Mâcon, à cause de son obéancerie de Meyserieu, pour 20 livres viennoises.

---

connaissance par les hommes taillables de Marlieux, quand ils viennent demeurer en la châtellenie du Châtelard. (P. 1391, c. 626. — Imp. Bibl. Dumb., p. 380.)

28 septembre 1487. — Procès-verbal de l'état des réparations faites à l'étang de Marlieux. Ce procès-verbal a été dressé par le sieur de Saint-Romain, maître des eaux et forêts de Beaujolais et Dombes. (P. 1384.)

MONTMERLE.

Il y a eu autrefois en Dombes une noble famille appelée des Enchaînés, qui possédoit plusieurs fiefs et seigneuries considérables en Dombes, en Bresse et en Mâconnois, entre autres la seigneurie de Montmerle, laquelle étoit de franc-aleu. Mais Robert l'Enchaîné, chevalier, étant sur le point de faire le voyage d'Outremer, à la croisade conclue au concile de Clermont en Auvergne, l'an 1120 (1), pour reconnoitre les assistances signalées qu'il avoit reçues de Guichard, sire de Beaujeu, seigneur de Dombes, IV du nom, lui donna son château de Montmerle et tout ce qu'il possédoit en la châtellenie de Montmerle, à Châtillon de Dombes et au château de Châtillon, du consentement de sa femme qui vouloit aller avec lui, et à même tems le sire de Beaujeu remit tout cela à titre de fief à Guillaume et à Bertrand l'Enchaîné, chevaliers, et à Bernard, leur autre frère, enfans dudit Robert, à la charge de l'hommage. Et le lendemain, Robert et sa femme partirent pour aller en la Terre sainte. Présens à cette convention de la part du sire de Beaujeu, Etienne de Marchand, Durand d'Estour, Etienne de Francheleins et Ponce de Monbonod ; et de celle de Robert l'Enchaîné, Hugues et Gui de Garnerans, père et fils, Hugues de Meserieu, Guichard et Arthaud de Meserieu, frères.

De cette même famille des Enchaînés étoit Achard, seigneur de Montmerle, vaillant chevalier qui mourut en un combat contre les Turcs en la Palestine (*Hist. Eccles.*, *lib. 9, p. 753 et 754*), au rapport d'Orderic Vitalis, moine de Saint-Euroul

---

(1) Notre historien veut dire que c'est en 1120 que Robert l'Enchaîné donna son château de Montmerle. Tout le monde sait que la première croisade fut prêchée en 1095.

en Normandie, où il se signala avec Raimond Pelet et Guillaume de Sabran, chef des troupes chrétiennes (1).

---

(1) Les historiens de la première croisade mentionnent tous Achard de Montmerla parmi les nobles français qui se signèrent de la croix rouge et marchèrent à la conquête de la Terre-Sainte. Ce que ces historiens nous apprennent de lui se réduit à bien peu de chose. Nous savons seulement qu'il partit, au mois de septembre 1096, avec Hugues-le-Grand, comte de Vermandois, frère du roi de France, le duc de Normandie et les comtes de Flandres, de Blois et de Boulogne ; qu'il se rangea ensuite sous la bannière d'Adhémar de Monteil, évêque du Puy et légat du pape, en compagnie de Raimond Pelet, de Gérard de Roussillon, de Gilbert de Treva ou de Trévoux, de Robert d'Anse et d'Olivier de Joux ; qu'après la mort d'Adhémar, arrivée le 1er août 1098, il se mit aux ordres du comte de Toulouse, et qu'il mourut glorieusement, au mois de juin 1099, quelques jours après le premier assaut donné à Jérusalem, dans une reconnaissance poussée du côté de Jaffa, à l'effet de mettre en communication des vaisseaux génois chargés d'approvisionnements et le camp des Croisés, qui se trouvait alors en proie à une grande disette.

Robert-le-Moine rapporte ainsi l'affaire dans laquelle Achard de Montmerle perdit la vie :

« Les chefs ayant tenu conseil, choisirent des chevaliers pour aller aux navires.... Ainsi, au point du jour, sortirent du camp cent chevaliers de l'armée du comte Saint-Gilles, entre autres Raymond Pelet ;... avec lui venaient Achard de Montmerle et Guillaume Sabran. Ils marchèrent vers le port tout prêts au combat. En route, ils détachèrent trente d'entre eux pour reconnaître les petits chemins et découvrir si les ennemis s'approchaient. Ces trente, après avoir avancé quelque peu, aperçurent de loin soixante et dix Turcs et Arabes. Quoique en petit nombre, ils n'hésitèrent pas à les attaquer. Ils envoyèrent à la mort éternelle ceux qui avaient soutenu leur premier choc. Ils avaient cru, après cette première attaque, pouvoir se retirer ; mais entourés par la foule des ennemis, ils ne purent accomplir leur dessein. Là périt Achard, éminent et vaillant homme de guerre, et avec lui des gens de pied. Avant que le combat commençât, un messager avait couru sur un cheval rapide annoncer à Raymond Pelet que les Arabes et les Turcs avaient attaqué les nôtres ; ce qu'ayant ouï Raymond, il partit sans délai, donnant des talons dans le ventre de son cheval ; cependant il n'arriva pas assez tôt, Achard était déjà mort ; mais avant d'expirer, il avait fait payer sa vie de beaucoup de sang, et sa mort de la mort de plusieurs. » (Collection Guizot, p. 432.)

C'est là tout ce que nous saurions de cet intrépide chevalier de la foi, si

Ce fut peut-être par son décès ou de quelqu'un de ses descendants que la seigneurie de Montmerle arriva par droit de

---

quelques rares documents échappés à l'action oblitérante de huit siècles bientôt écoulés, ne venaient nous révéler quelques actes de sa vie privée et des renseignements sur sa famille.

Le plus important de ces documents est un contrat de nantissement passé par Achard, le 12 avril 1096, et portant donation, en cas de mort, en faveur des religieux de Cluny, représentés par Geoffray, prieur de Montberthoud, et Gérard de Chaveyriat, des biens sis à Lurcy, lui provenant de l'héritage paternel, et d'autres possessions, en garantie de deux mille sous, monnaie lyonnaise, et de quatre mules, à lui remis par ces moines afin de lui fournir les moyens de se joindre à l'expédition qui allait se diriger sur Jérusalem. (Bibl. nation., chartes originales de Cluny, n° 125.)

Dans ce document, Achard nous apprend lui-même qu'il était fils de Guichard de Montmerle, qu'il avait une sœur appelée Girberge, mariée à Bernard de Chayché, chevalier. « Ego Acardus, miles de castro quod vocant Montem Merulum, filius autem Wicardi, qui et ipse dictus est de Monte Merulo...... Jam dictus Acardus, miles, et donationem fecit et conventionem firmavit, et cum eo Bernardus, miles de Chaycheo, et uxor ejus Girberga, que erat soror Acardi, et hoc idem filios suos laudituros fore promiserunt. »

Une notice des acquisitions faites antérieurement à 1096, au nom de l'abbaye de Cluny, par dom Geoffray, prieur de Montberthoud, nous fait connaître le nom de deux frères d'Achard. Le premier se nommait Aimon. Achard donna un pré à Lurcy pour le repos de son âme. Le second, nommé Roland, s'était fait moine. Achard confirma la donation qu'il avait faite de toute la terre de Saint-Paul et des deux églises du château de Riotiers.

Une charte de l'an 1149 nous révèle le nom de sa mère. Elle s'appelait Fulcarde. Par cette charte, Hugues de Chalamont confirme à l'abbaye de Cluny différentes possessions, entre autres celles que lui avaient données Achard de Montmerle, Girberge, sa sœur, et leur mère : « Ceteraque beneficia, dit le texte; que Aicardus de Montemerulo et Girberga, soror ejus, et Fulcardis, mater eorum, pro salute animarum suarum eidem ecclesie Cluniacensi contulerant. » (Bibl. nation., mss. Bouhier, n. 18 bis, p. 388.)

Une autre charte du cartulaire de Romans, publiée par M. Giraud (*Essai historique sur l'abbaye de Saint-Barnard*, première partie, t. II, p. 117), nous apprend que Guichard de Montmerle et Fulcarde ou Fulcrène étaient déjà mariés le 19 avril 1066, époque à laquelle ils donnèrent à Saint-Barnard de Romans la moitié de l'église de Saint-Didier de Vendonisse. Est-ce à cause

fief aux sires de Beaujeu, seigneurs de Dombes, qui ont fait bâtir le château et en ont fait une des douze châtellenies de Dombes.

Henry de Bourbon, duc de Montpensier, prince de Dombes, y fonda un monastère de Minimes, de l'ordre de Saint-François de Paule, sur les ruines de l'ancien château, et leur donna quatre cents livres de rente pour l'entretien d'un prédicateur en la Souveraineté, par patentes datées à.... le 3 août de l'an 1605; auquel monastère a été uni le prieuré de Saint-Trivier, ainsi que nous dirons ci-dessous.

Cette fondation fut confirmée par Gaston, fils de France, frère unique du roy, duc d'Orléans, usufruitier de la Souveraineté de Dombes, par patentes du 13e juillet 1639, vérifiées au Parlement de Dombes le 7e mars 1640.

Au bas du château de Montmerle, il y a une petite chapelle fort ancienne dépendante autrefois du prieuré de Sales en Beaujollois, où est une image miraculeuse de la Vierge (1).

Et dans l'église des R. P. Minimes, en une chapelle qui est à main droite en entrant, est le sépulchre de marbre blanc de Jacques de Champier, baron de la Bastie, et de Françoise de Langes, son épouse, avec cet épitaphe :

« Ci gît haut et puissant seigneur messire Jacques de Champier, chevalier de l'ordre du roy, gentilhomme ordinaire de la

---

de son âge ou à raison d'un caprice de la nature qu'il avait reçu le surnom d'ACHARD AUX BLANCS CHEVEUX (candidus capite), que lui donne Albert d'Aix? (Gesta Dei per Francos, ed. de 1611, p. 285.)

Maintenant, Guichard était-il fils ou parent de ce vicomte nommé Gui, qui, suivant la charte 566 du cartulaire B de Cluny, donna à cette abbaye le château de Montmerle et ses dépendances qui lui appartenaient « jure hereditario, » et ce vicomte ne faisait-il qu'un avec ce jeune noble du nom de Wigo, surnommé Capels, du nom de famille de son père (quidam nobilis juvenis nomine Wigo. a patris cognomine trahens agnomen Capels), que quelques historiens regardent comme un membre de la maison de Beaujeu au x° siècle, et qui, suivant la charte 321 du même cartulaire, donna une condamine située devant le port du château de Montmerle.

(1) V. Mazade d'Aveize, la Bresse, sa culture et ses étangs, t. I, p. 232.

chambre à la clef dorée, sous Henry trois et Henry quatre, capitaine de soixante hommes d'armes, gouverneur de la ville et château de Châtillon de Dombes et baillif de Bresse, et sous Louis le Juste, conseiller en ses privés conseils d'Etat, et sous hauts et puissants princes Louis, François et Henry de Bourbon, ducs de Montpensier, gouverneur et lieutenant général de la Souveraineté de Dombes, baron de la Bastie, seigneur d'Argile, Canis, Portebœuf, Danmartin, Langes, etc., lequel décéda le 13ᵉ d'octobre 1625. Et puissante dame de Langes, son épouse, laquelle décéda le 3ᵉ d'octobre 1607.

« La présente chapelle édifiée et dotée par eux et le tombeau érigé à l'honneur de Dieu et mémoire des gissants, par puissant seigneur messire George de Villeneuve, baron de Joux, leur gendre, et puissante dame Charlotte de Champier, son épouse, fille unique des défunts. Priez Dieu pour eux. »

Dans cette même église est la chapelle de Nanton, sur la porte de laquelle sont les armes de Nanton, qui est de sinople à la croix d'or, avec ce distique :

Arma docent quis sit, crucem amans et mortis honorem
Est leo rixosis, angelus estque bonis

Et au dedans de la chapelle, il y a cette inscription :

Messire Jean de Nanton, chevalier de l'ordre du roy, gentilhomme ordinaire de la chambre, aide de camp de ses armées, seigneur de Marzé en Beaujollois, de Chintré et de Saint-Amour en Mâconnois, conseigneur de la terre et prévôté de Saint-Romain audit pays avec le seigneur Cardinal de la Rochefoucault, a bâti et fondé cette chapelle, le 19ᵉ de septembre 1623 (1). »

---

(1) Documents relatifs à Montmerle conservés aux Archives nationales :

Janvier 1280. — Vente par Aymon Palatin à Louis de Beaujeu, du château d'Aloignet et de la garde du monastère de la Bruyère, et échange entre les mêmes de la villa et du péage d'Ouroux, contre ce que le sire de

MONTGOIN.

Léotald, second du nom, comte de Mâcon, du consentement de Berthe, sa troisième femme, et d'Alberic, leur fils, pour le salut des âmes d'Alberic, comte de Mâcon, son père, d'Escolane, comtesse de Mâcon, sa mère, et d'Hermengarde, sa dé-

---

Beaujeu possède à Montmerle. (P. 1390, c. 470. — Imp. Bibl. Dumb., p. 184.)

Février 1283. — Cession par Louis de Beaujeu à Isabelle, comtesse de Forez, sa mère, de la jouissance de la seigneurie de Montmerle, sa vie durant, en considération du paiement de 80 livres viennoises qu'elle avait fait à Gui de Saint-Trivier, pour le rachat de cette terre. (P. 1391, c. 590. — Bibl. Dumb., p. 193.)

Mars 1283. — Vente par Gui de Saint-Trivier à Louis de Beaujeu de la seigneurie de Montmerle. (P. 1391, c. 591.)

10 août 1307. — Guichard de Beaujeu cède à Humbert, son père, les châteaux de Montmerle, Montanay et Saint-Christophe; Humbert, en retour, lui cède Amplepuis et Claveysole. (P. 1590, c. 428. — Bibl. Dumb., p. 243.)

10 décembre 1308. — Transaction entre Guichard V de Beaujeu et l'archevêque de Lyon, par laquelle le sieur de Beaujeu reconnaît tenir de l'archevêque le donjon de Montmerle. (P. 1388, c. 23. — Bibl. Dum., p. 245). — Arch. du Rhône, Cham, vol. 49, n° 4.

23 décembre 1308. — Hommage rendu par Guichard V de Beaujeu, à l'archevêque de Lyon, pour Meximieux et Chalamont, et pour le donjon de Montmerle. (P. 1367, c. 1528 bis. — Arch. du Rhône, Cham, vol. 49, n° 3. — Bibl. Dumb., p. 259.)

Mai 1348. — Traité entre le dauphin de Viennois et le sire de Beaujeu, relatif à Miribel, Chalamont, Montmerle, etc. (P. 1388, c. 51 et seq.)

24 février 1381. — Le comte de Savoie entend que le sire de Villars jouisse du droit de sceau à Thoissey, Montmerle et Beauregard, comme avant la prise par lui faite desdits lieux. (P. 1392, c. 761.)

13 septembre 1398. — Transaction entre le comte de Savoie et le sire de Beaujeu, sur la prise de Lent, Montmerle, Thoissey, etc. (P. 1363, c. 1113.)

funte femme, donna à Naimbod, évêque de Mâcon, le village de Montgoin, appelé en latin *Mons Gudini*, par chartes du mercredy onze des calendes d'octobre, l'an 6 du règne du roy Lothaire (1), qui tombe sous l'an 959 (2), ensuite de laquelle donation, l'église de Saint-Vincent de Mâcon en jouit longtems paisiblement jusqu'à l'an 1120, que Guichard, seigneur d'Anton et Gui l'Enchaîné, seigneurs du voisinage très-puissants, y troublèrent le chapitre de Mâcon, dont Bérard, leur évêque, s'en plaignit au pape Calixte, lequel, par son bref daté à Vienne en Dauphiné, le 3e des ides de février, commit Humbald, archevêque de Lyon, pour leur enjoindre de cesser

---

16 août 1400. — Provision de l'office de capitaine-châtelain de Montmerle en faveur de Damais de la Porte. (P. 1365, cote 1408.)

9 octobre 1400. — Confirmation des provisions ci-dessus par Louis, duc de Bourbon. (Ibid., c. 1408.)

8 février 1402. — Consultation touchant l'hommage prétendu par le comte de Savoie, sur Chalamont, Montmerle, etc. (P. 1367, c. 1525 bis.)

21 mai 1406. — Lettres de Louis, duc de Bourbon, à ses gens des comptes de Villefranche, leur enjoignant de laisser jouir Damais de la Porte de tous les droits attachés à son office de châtelain de Montmerle. (Ibid., c. 1408.)

— Autres lettres du même duc par lesquelles, en récompense des services que lui a rendus Damais de la Porte, il lui donne la chassipolerie de Montmerle, en augmentation de ses gages de capitaine-châtelain qui ne montaient qu'à 20 livres par an. (Ibid. c. 1408.)

3 juillet 1407. — Louis de Bourbon reconnaît tenir en fief de son neveu, le comte de Savoie, les châteaux et les villes de Thoissey, Lent, Montmerle et Beauregard. (P. 1389, c. 307.)

2 février 1408. — Consultation touchant l'hommage du donjon de Montmerle, etc. (P. 1367, c. 1525.)

24 mai 1409. — Le duc de Bourbon s'engage à rendre hommage au comte de Savoie pour Beauregard, Montmerle, etc. (P. 1363, c. 1176.)

28 mai 1409. — Ratification de l'engagement ci-dessus. (P. 1363, c. 1177.)

12 avril 1415. — Lettres d'Anne, dauphine, duchesse de Bourbon, ordonnant à Damais de la Porte de remettre au seigneur de Fougerolles, la garnison du château de Montmerle. (Ibid., c. 1408.)

(1) Lisez Louis d'Outremer,

(2) Lisez 942. (Aubret, Mémoires sur la Dombes.)

leurs vexations (1), à quoi ils obéirent à la fin ; car le seigneur d'Anton, par titre de l'an 1147 (2), en présence de l'abbé d'Ainay, d'Hugues de Chazey, d'Hugues Palatin et d'Etienne de Besenens, quitta à l'église de Mâcon tout ce qu'il prenoit et exigeoit justement ou injustement à Montgoin, dont il donna pour caution Durand de Sandrans, Guichard de Franchelins, Leotald de Challiouvres, Guichard le Sauvage, Etienne le Blanc, Otger de Clemencia, Pierre d'Estours, Bernard de Saint-Trivier et Durand de Moisia, chevaliers, qui en cas d'inobservance promirent d'aller en ôtage à Mâcon. A cet exemple, Gui l'Enchaîné, Hugues et Gui l'Enchaîné, ses enfants, firent le même déguerpissement à Ponce, évêque de Mâcon, l'an 1152 (3), sous les cautions de Rainald, sire de Beaugé, d'Hugues de Chavanes, d'Hugues de Châtillon, de Gauthier de Bevières et d'Hugues de Meyseria, en la présence de l'évêque de Mâcon, d'Hugues, chantre de cette église, de Geoffray de Molies, d'Humbert de Brancion, de Geoffray de Berry, de Ponce de Chavanes et de Blandin de Beaugé. Ainsi le chapitre de Mâcon demeura en la paisible possession du village de Montgoin, qui l'affecta depuis au chantre de cette église, qui en jouit encore à présent.

Il y eut de grands différends pour le ressort de ce village entre les ducs de Bourbon et de Bourgogne, ès années 1449 et 1468, mais il fut enfin adjugé au duc de Bourbon. (*Mémoires Mss. de M. Perard.*)

LA MONTLUÈDE.

L'érection de ce fief est récente. Elle a été faite par S. A. R. Mademoiselle, en faveur de Benoît Cachet, conseiller en son

---

(1) Severt, in Matisc. p. 127.

(2) Severt. in Lugdun, p. 243. — Chorier, Hist. du Dauphiné, t. 2, liv. 2, p. 51.

(3) Severt. p. 158.

conseil et procureur vétéran en la Souveraineté, par patentes datées à Paris, au mois de juin 1661, pour reconnoissance des services rendus par lui-même à Son Altesse Royalle et à madame la duchesse d'Orléans, sa mère.

La maison qui porte ce nom est hors la porte de Trévoux et consiste en pré, jardin, vergier, colombier, terres, vignes et bois continus, entre quatre grands chemins de la directe et confins du château de Trévoux, dont elle a été affranchie et honorée du titre de fief et de seigneurie, sous la réserve de l'hommage et de la redevance fieffée de quatre livres dix-neuf sols (1).

MONTROZAT.

Par l'hommage que Jean, seigneur de Monrozat, rendit à Humbert, sire de Thoire et de Villars, VII du nom, l'an 1374 (*Tit. de la Chamb. des comptes de Savoye*), de son château de Monrozat, on apprend qu'il lui avoit été inféodé peu de temps auparavant, à la charge de la supériorité et du ressort.

Les descendants de Jean de Monrozat ont possédé ce fief, de père à fils, jusques à Antoine de Montrozat, écuyer, seigneur dudit lieu, qui ne laissa qu'une fille appelée Françoise de Monrozat, épouse de René de Lucinge, chevalier, seigneur des

---

(1) Le 23 mai 1700, les chanoines du chapitre de Trévoux abandonnèrent, moyennant une rente annuelle de 25 livres, à messire Benoit Cachet de Montezan, comte de Garnerans, premier président au Parlement de Dombes, « tous les droits de disme à eux appartenant dans le clos dudit seigneur, appelé La Montluède, ce que jouxte à la rue du Bois, tendante dudit Trévoux à Saint-Didier, de soir ; à autre chemin tendant dudit Trévoux audit Saint-Didier, appelé rue Médecin ou de Chantegrillet, de matin, au grand chemin tendant dudit Trévoux à Reyrieux, par le dessus de vent ; et au chemin tendant au château de cette ville, ou de la Croix Marinier aux plaines de bize. » (Arch. de la Mairie de Trévoux, terrier Frachet et Guichard, p. 380.)

Alimes, conseiller et premier maître d'hôtel de S. A. R. de Savoye, et son ambassadeur ordinaire en France, qui par ce moïen fut seigneur de Monrozat, et après lui Emmanuel de Lucinge, écuyer, seigneur des Alimes, son fils, père de Françoise de Lucinge, dame de Monrozat, mariée à Pierre-Aimé de Montfort, écuyer, seigneur dudit lieu en Chablais, et de Mionnas, baron de Creste en Genevois, qui est aujourd'hui seigneur de Monrozat.

La maison de Monrozat est dans la châtellenie et justice du Châtelard et en la paroisse de Saint-Georges-de-Renon.

LA MOTTE-ADÈS.

Guyot de la Motte-Adès, damoiseau, vivant en l'an 1375, est le plus ancien seigneur de ce fief, duquel je n'ai pas sçu la postérité. Après lui le furent les Déchaux, *Discalceati* en latin, seigneurs de Girieu en Bresse, anciens gentils-hommes (1). Isabelle Deschaux, dernière de cette famille, en portoit la qualité, en 1473. Après elle, le fief fut entre les mains d'Antoine et Philibert Bordin et d'Andriette, veuve de Jean Fèvre, en l'an 1539. Depuis il passa aux Albignieux, bourgeois de Lyon, et d'eux à Claude la Plasse, notaire et procureur au bailliage de Trévoux, de qui Marguerite Bullioud, dame de Gravains et de Villon, l'achepta environ l'an 1640.

---

(1) La Motte-Adès appartenait aux Déchaux ou Déchaussés plus d'un siècle avant 1375. Béatrix, veuve d'Hugues-le-Déchaussé, tutrice de ses enfants, afin de se ménager la protection de Louis de Beaujeu, l'avait prise de lui à foi et hommage, moyennant 70 livres viennoises. En 1275, Hugues de Marzé, son fils, reconnut avoir reçu un à-compte de 40 livres sur les 70. Au mois de juin 1277, Béatrix donna une quittance générale au sire de Beaujeu, qui reçut, l'année suivante, à cause de cette terre, l'hommage lige de Philippe, autre fils d'Hugues-le-Déchaussé et de Marguerite. (Arch. nation. P. 488, cotes 46, 47 et 48.)

Ce fief, qui est dans la paroisse d'Agnereins, appartient aujourd'hui à Marguerite Austrein, sa fille, dame de Gravains et de Villon, veuve du comte de Ponsins, de la maison d'Apchon.

PIONNEINS.

Je n'ai point trouvé de plus anciens seigneurs de Pionneins que Jean de Chabeu, chevalier, seigneur de Merages et de Ville-Sollier, qui vivoit en l'an 1400, soit qu'il eut eu cette seigneurie en partage, soit par inféodation du prince ou autrement; sa postérité en a joui de père à fils, jusques à Jacques de Chabeu, seigneur de la Colonge, de Merages et de Pionneins, dernier de cette branche, sur qui et Françoise de Chabeu, sa sœur, épouse d'Etienne de Rebé, seigneur de la Gardette, elle fut vendue par décret, l'an 1603, et adjugée à Humbert Campet, maître des eaux et forests de Dombes et de Beaujollois, après lequel ont été seigneurs de Pionneins Michel Campet, son fils, et Claude Campet, son petit-fils, tous deux aussi maîtres des eaux et forests de Dombes et de Beaujollois.

Pionneins est en la paroisse d'Illia (1), dans la châtellenie de Thoissey. Il y a justice haute, moïende et basse.

LA PLACE.

La situation de ce fief est dans la paroisse de Jassans, dans la châtellenie de Beauregard. Les Tresettes, anciens gentils-

---

(1) Nota. Je pense qu'Illiat est une paroisse de Dombes; ainsi, pour pour rendre l'histoire complète au mot Illiat, il faut renvoyer le lecteur à l'Histoire de Bresse, où Guichenon parle d'Illiat. Je pense qu'il l'aura omis, parce que auparavant ce village fit partie du comté de Montrevel, étant annexé à la seigneurie de Labergement. (Note d'Aubret sur Guichenon.)

hommes de Beaujollois, en ont été les premiers seigneurs, car Marie du Tartre, veuve du seigneur de Tresettes, étoit dame de la Place, et en fit hommage, l'an 1564, à Louis de Bourbon, premier duc de Montpensier, souverain de Dombes. Après elle, ceux de la maison de la Porte en furent seigneurs, de l'un desquels Claude du Sauzey, conseiller du roy, élu en l'élection de Beaujollois, l'acquit ; mais aïant été mis en décret sur lui, Jean Terrat, conseiller et trésorier général de la maison de feu monseigneur le duc d'Orléans, s'en rendit achepteur.

Le fief consiste à présent en une maison, en des prés, en des terres et en des vignes; car la rente noble est aliénée depuis longtemps au seigneur de Fléchères, qui l'a unie à la baronnie de Fléchères.

PORTEBŒUF.

Il y a eu autrefois une très-ancienne famille du nom de Portebœuf, de laquelle étoit Jean de Portebœuf, bienfaiteur du doyenné de Montberthod, en l'an 1097 (1), Etienne de Portebœuf, bailly de Bugey, pour le comte de Savoye, en l'an 1293, et les seigneurs de la Poype (2) de Corlaison en Bresse, qui tous furent seigneurs de Portebœuf.

Après eux, cette seigneurie passa en la maison du Rousset, seigneur de Chanains, environ l'an 1440 ; puis en sortit, en l'an 1529, par vente qui en fut passée à Dalmace de Germanet, qui depuis l'aliéna en faveur de Philibert de la Teyssonnière, seigneur de Chanains et de Villon. Celui-ci ne laissa qu'une fille appelée Claudine de la Teyssonnière, dame de Chanains,

---

(1) Il donna à Montberthoud un curtil et ses dépendances sis à Chanteins. (V. Aubret, Mém. miss, pour servir à l'hist. de Dombes.

(2) « Cormos et de » (mss. Girié).

de Villon et de Portebœuf, mariée à Louis de la Baulme, comte de Saint-Amour au comté de Bourgogne, qui, par ce moien, fut seigneur de Portebœuf. Il n'eut de ce mariage qu'une fille nommée Françoise de la Baulme, dame de Portebœuf et de Chanains, épouse en secondes nôces de Gabriel de Trestondant, seigneur de Suancourt et de Puisseloup, gentilhomme du comté de Bourgogne, père de deux filles, au nom desquelles il vendit cette seigneurie à Jacques de Champier, baron de la Bastie, qui la transmit avec ses autres biens à Charlotte de Champier, sa fille unique, épouse de George de Villeneuve, baron de Joux, père de Jacques de Villeneuve, baron de Joux et de la Bastie, qui aliéna partie de Portebœuf à Pierre de Corsant, comte de Bereins et de Banains, et le reste au sieur Boyat, de Thoissey, qui le revendit à Claude Janin, secrétaire du Roy, seigneur de Beaumont en Dombes, duquel Jean de la Garde, seigneur du Clairon, en a fait l'acquisition et est aujourd'hui seigneur de Portebœuf.

LA POYPE DE MEZIRIEUX.

J'ai peu de choses à dire de cette seigneurie, parce que les titres de l'église collégialle de Saint-Pierre de Mâcon (*tit. de Saint-Pierre de Mâcon*) dont elle dépend de toute ancienneté, furent brûlés par les religionnaires pendant les troubles du Royaume. Elle est située en la paroisse de Saint-Didier, près de Thoissey, et consiste en une rente noble portant laods et vente, en quelques héritages, et en une maison de laquelle il ne reste que des masures.

Par traité du mois de juillet 1313, entre Guichard, sire de Beaujeu, et Geoffroy, prieur de Saint-Pierre de Mâcon, touchant les différens que le monastère avoit avec les officiers de la seigneurie de Thoissey, à cause de leurs hommes et biens de Mezirieu et de Fleurie (1), il fut dit que le sire de Beaujeu et ses successeurs, seigneurs de Thoissey, auroient la souveraineté et le ressort dans toute l'obédiancerie de Mezirieu et ses appartenances, et que la justice haute, moienne et basse demeureroit au prieur, à la réserve que s'il se commettoit quelque crime qui méritât mort naturelle ou civile, ou mutilation de membres, les officiers du prieur seroient tenus de remettre le condamné nud aux officiers de Thoissey, pour être par eux procédé à l'exécution de la sentence.

LE ROQUET.

Louis du Croset, conseiller et trésorier général de la maison de Louis de Bourbon, premier duc de Montpensier et souverain de Dombes, a donné origine à ce fief par concession qu'il en eut de ce Prince, à qui il en fit hommage l'an 1561.

Il est à une portée de mousquet de Trévoux. Ses héritiers le vendirent à Balthasard de Villars, premier président au Parlement de Dombes, et à Claudine de Lange, son épouse, qui en ont joui de longues années.

Claire de Villars, leur fille, le porta en dot à Artus de Loras, seigneur de Chamagnieu et de Montplaisant, son mary, et le seigneur de Chamagnieu, leur fils, l'a vendu, il y a environ trois ans, à noble André Voisin, citoyen de Lyon, qui est aujourd'hui seigneur du Roquet.

SAINT-OLIVE.

Puisque la baronnie de Saint-Olive est dans la châtellenie d'Ambérieu, il ne faut pas douter que les sires de Thoire et de

---

(1) Arch. nation P. 1391, c. 576.

Villars, autrefois seigneurs d'Ambérieu, ne l'aient inféodée aux Palatins, seigneurs de Dio et de Fléchères. Car au registre des hommages qui ont été rendus en divers tems aux sires de Thoire et de Villars *(tit. des Arch. de Turin)*, il y en a plusieurs de cette terre qui étoit tenue à foi et hommage d'eux, en toute justice, haute, moienne et basse, sur leurs hommes et fiefs, non-seulement en la paroisse de Saint-Olive, mais encore en celle de Montagnieu, Ambérieu, Agnereins, Saint-Trivier, Villeneuve et Saint-Jean de Turigneu en Dombes, Boulignieu, la Perouse et Romans en Bresse, avec un droit de passage sur la Saône aux ports de Frens, de Montmerle et de Beauregard.

Le plus ancien de ces hommages, est du Palatin de Dio, l'an 1314 et 1329, suivi de celui d'Alix de Dio, sa fille, femme de Guichard, seigneur de Marzé.

Depuis Antoine de Dio, seigneur de Saint-Olive et de Fléchères, fit le même hommage *(tit. des Arch. de Turin)*, en l'an 1412, à Amé VIII, comte, puis premier duc de Savoye.

Le dernier de cette illustre famille des Palatins de Dio, qui a possédé Saint-Olive sous le titre de baronnie, fut Jacques Palatin, chevalier, seigneur de Dio et de Fléchères, qui en passa vente à Claude Raisonnier, en l'an 1552, sur les héritiers duquel cette seigneurie fut vendue par décret et adjugée, l'an 1561, à Antoine de Bron, seigneur de la Liegue, gentilhomme ordinaire de la maison du Roy, qui la vendit, à grâce de reachat, à Justinien Panse, citoyen de Lyon, et celui-ci à Octavien-Aimé de Saint-Jullien, seigneur de Vigille, qui, le 5e de juillet 1594, la revendit au même seigneur de la Liegue, de qui le même jour l'achepta Martin de Couvet, baron de Montriblod, les successeurs duquel l'ont possédé jusques à Michel de Couvet, baron de Saint-Olive, capitaine au régiment de Lyonnois, à présent vivant.

Le château de Saint-Olive est à côté du grand chemin de Saint-Trivier à Lyon, près d'Ambérieu.

LA SERPOLLIÈRE.

Quoiqu'il soit parlé de ce fief au roôle des hommages rendus aux souverains de Dombes en l'an 1564, néantmoins, il y en a eu une nouvelle érection, faite à Lyon par patentes du mois de janvier de l'an 1601, en faveur d'Alexandre Cholier, procureur général au Parlement de Dombes, à la charge de l'hommage et d'une paire d'éperons dorés (ce qui fut vérifié au Parlement de Dombes, le dernier dudit mois de janvier, par Henry de Bourbon, duc de Montpensier, prince de Dombes), qui laissa ce fief à sa fille mariée à Jacques Goujon, écuyer, célèbre avocat au présidial de Lyon, après le décès duquel sa veuve le vendit à Pierre Murgier, châtelain de Villeneuve. A présent en est seigneur Balthasard Murgier, son fils, étudiant en droit.

La situation de ce fief, qui consiste en un domaine autrefois appelé de Biard, est en la paroisse de Savignieu.

TASNEY.

Ce fief est en la paroisse de Saint-Didier-de-Formans, à demi-lieue de Trévoux. Ceux de la famille d'Ars en ont été les premiers seigneurs (1), déjà en l'an 1370 ; et Agnès d'Ars,

---

(1) On trouve, en Dombes, au XIVe et au commencement du XVe siècle, une famille appelée de Tanay.
Le 27 mai 1357, Maliod de Tanay fit hommage au comte de Savoie de tous les biens qu'il tenoit de lui, sans les spécifier (Aubret, *Mémoires*).
Le 12 octobre 1402, Jean de Tanay rendit l'hommage au duc de Bourbon pour sa maison forte de la Falconnière, au mandement de Pont-de-Veyle (Arch. nation. P. 1360, c. 874). Rien n'indique si cette famille de Tanay tirait son nom de Tanay, près Trévoux, ou même si elle l'a jamais possédé.

dame dudit lieu de Taney et de Sainte-Croix, le porta en dot à Henry, seigneur de Glettins, dit la Guespe, son mari.

Après les Gletteins, furent seigneurs de Taney, François Varinier, vivant l'an 1539 (1), Jacques et François Varinier, doyen et chanoine de Trévoux en 1555 et 1564, des héritiers desquels Guillaume Langlois, écuyer, conseiller au Parlement de Dombes et lieutenant criminel assesseur en la sénéchaussée et siége présidial de Lyon, l'achepta, et, après son décès, cette seigneurie aïant été mise en décret, Jean de Châtillon, chanoine et chamarier en l'église de Saint-Paul de Lyon, archidiacre de l'Isle-Barbe et prieur de l'hôpital sous Rochefort en Forest, s'en rendit achepteur et l'a laissée par succession à Aimé de Châtillon, écuyer, seigneur de Monterbex et de Polignieu, gentilhomme du païs de Forest, qui est aujourd'hui seigneur de Taney.

TAVERNOST.

Guillaume Paradin, en son *Histoire de Lyon* (*Lib. 2, chap. 16*), dit que Lambert, archevêque de Lyon, vivant l'an 668, étoit de la maison de Tavernost, en quoi il s'est fort mépris. Car, outre qu'il n'y a jamais eu de famille du nom de Tavernost, ni en Dombes, ni en Bresse, et qu'en ce siècle-là il n'y avoit point de surnom, il est certain que ce prélat étoit de Terouenne, et Paradin aiant trouvé en des titres qu'il étoit *ex territorio Tarvanensi ortus (Gall. christ. in Arch. Lugd.)*, il a traduit *Tarvanensi* en Tavernost, qui est une grande bévue.

---

(1) Dès 1310, au moins, la seigneurie de Tanay appartenait à François Varinier, car, le 8 août de cette année, il en fit hommage au duc de Bourbon (Arch. nation. P. 1360, c. 874). Il l'avait acquise de Jean de Corant, écuyer, seigneur de Tanay, vivant en 1491. (Ibid. P. 1361, cote 921.)

Au surplus, Tavernost est un beau château bâti sur une éminence en la paroisse de Cessains. Il y a justice haute, moienne et basse.

Philibert de Franchelins en étoit seigneur en l'an 1378, ainsi que nous l'apprenons d'un hommage qu'il en fit au comte de Savoye. (*tit. des Arch. de Turin*).

Après lui, cette seigneurie passa en la maison des Buffarts, anciens gentilshommes de Dombes, ou par alliance ou par acquisition. Car Jean de Buffart, mari de Jeannette de Verfey, fille d'Hugonin, seigneur de Verfey en l'an 1400, étoit seigneur de Tavernost. Sa postérité en a joui plus d'un siècle de père en fils. Enfin Jean Thevenon, lieutenant-général au bailliage de Dombes, l'acquit en l'an 1565, et ce fut sur ses héritiers que cette terre aiant été mise en decret, Etienne de Monspey, écuyer, seigneur de Luysandre, gentilhomme bressan, s'en rendit achepteur et y fit de grands ajeancemens. Il a eu plusieurs enfans, entre autres Etienne-Louis de Monspey, écuyer, seigneur de Mont, qui eut Tavernost par succession. Jeanne de Sion de Villiers, sa veuve, en qualité de mère et tutrice de leurs enfants, en jouit à présent.

L'ancienne tradition porte, et un autheur moderne l'a crû, qu'autrefois il y avoit un monastère de filles au village de Cessains, dont il est parlé dans la légende de Saint-Trivier, appelé *Auxilia*, d'où les religieuses furent depuis transférées à Neuville en Bresse (1) ; mais je n'en ai point vu d'autres preuves.

THOISSEY.

Cette ville est des plus anciennes de la Souveraineté. Elle dépendoit du comté de Lyon et en fut démembrée par

---

(1) C'est le sentiment du P. Bullioud. Aubret croit, et avec plus de raison, que ce monastère était à Peyzieu, et qu'il y précéda l'ancienne chapelle du Temple. (Mém. pour servir à l'hist. de Dombes.)

Louis, IV du nom, surnommé d'Outre-Mer, roi de France et de Bourgogne, qui la donna à l'église de Cluni, à la prière d'Hugues, duc de Bourgogne, et de Léotald, comte de Mâcon, prince de son Royaume. La patente de ce don est datée à Chevreuse, le premier de juillet l'an XI de son règne qu'il recouvra la France, qui est l'an 939 (1).

Cependant, Ademard, vicomte de Lyon, aiant voulu troubler les religieux en la jouissance de cette terre, il s'en départit en présence d'Hugues, sire de Beaugé, marquis de Bresse, de Léotald, comte de Mâcon, et d'autres personnages qualifiés, par titre du 5 des kalendes d'avril, l'an 7e du règne de Conrad, roi de Bourgogne, qui tombe sous l'an de salut 945 (2). Ainsi, Thoyssey demeura sans contredit, au monastère de Cluni, jusqu'à ce qu'Etienne de Berzé, abbé de Cluni, par convention de l'onze des kalendes de may 1233 (3), associa Humbert, sire de Beaujeu, seigneur de Dombes, V du nom, à la moitié de la ville et de la seigneurie, tant en ce qui dépendoit du monastère de Cluni, qu'en ce qui étoit des dépendances du doyenné d'Arpagé en Beaujollois ; en telle sorte que tous les revenus et la justice même fussent communs entre eux, à la réserve seulement des dixmes et de la chapelle qui s'y bâtissoit, où le sire de Beaujeu n'avoit rien ; qu'il y auroit deux baillifs à Thoyssey, l'un de la part de l'abbé et l'autre du sire de Beaujeu, et que si l'un ou l'autre d'eux, ou de leurs successeurs, y faisoit bâtir un château, ou une maison, elle seroit pareillement commune. Il fut encore réservé que le sire de Beaujeu, ni ses successeurs,

---

(1) Erreur. Louis d'Outremer fut couronné en 936 ; la 11e année de son règne correspond donc à 974. — Cette charte est rapportée par la *Bibliotheca Cluniacensis*, col. 276, et Dom Bouquet, t. IX, p. 593.

(2) Plutôt 944. — Thoissey fut confirmé à l'abbaye de Cluny par le pape Agapit, au mois de mars 949 (Bibl. Clun., cote 273), par le pape Grégoire V, vers 977 (Cartulaire C. de Cluny, folio 24), et par le roi Rodolphe, en 998 (Ibid. folios 58 et 64).

(3) Arch. nation. P 1391, cote 532. — Bibl. Domb., p. 134. — V. aussi Bibl. nation. mss. Bouhier, n. 18 bis, p. 36.

ne pourroient échanger, donner ou inféoder cette portion de seigneurie, sous quelques prétextes que ce soit.

Depuis, Hugues, abbé de Cluni, pour faire cesser les difficultés qui naissoient entre les officiers de Beaujeu et de Cluni, quitta au même Humbert, sire de Beaujeu, la moitié de Thoissey, et en prit récompense en divers héritages qui furent unis au doyenné d'Arpagé, sur lesquels le sire de Beaujeu retint le droit de garde et la justice en cas d'adultère, de larcin, d'homicide ou d'effusion de sang, promettant de maintenir et protéger le doyen d'Arpagé en la jouissance de ces biens. Et, en cas de contravention, il se soumit à l'évêque de Mâcon pour être par lui excommunié, et ses terres du diocèse de Mâcon mises en interdit. Ce titre est du mois de juillet 1239 (1), et, dès ce temps-là, Thoissey demeura incorporé à la seigneurie de Dombes.

Guichard, sire de Beaujeu et seigneur de Dombes, VIII du nom, surnommé le Grand, qui l'avoit fait clore de murailles, désirant de la rendre bien peuplée, accorda plusieurs franchises et priviléges aux habitants, par lettres datées à Thoissey le mercredi après la fête saints Philippe et Jacques, au mois de mars 1310 (2), qui sont presque de même teneur que ceux de Chalamont, de Lent et de Villefranche.

Après l'extinction de l'illustre maison de Beaujeu, que la Dombes passa à la maison de Bourbon, Louis, duc de Bourbon, second du nom, comte de Forest, baron de Beaujeu et seigneur de Dombes, pair et chambrier de France, confirma ces priviléges par patentes datées à Montbrison, le lundy 18 d'octobre 1400, présens le seigneur de Norry, Robert de Chaslus, Jean Leviste, chevalier en loix, Guillaume Garisel, Pierre Vernin, licencié ès-loix, Denis de Beaumont, baillif de Forest, Mathieu Guyonnet et Etienne d'Entragues, ses conseillers.

Longtemps après la disgrâce du connétable de Bourbon,

---

(1) Arch. nation. P. 1391, cote 381. — Bibl. Domb., 141. — Bibl. nation. mss. Boahier, n. 18 bis, p. 759.

(2) Arch. nation. P. 1391, cote 578. — Bibl. Domb. p. 77.

que la Dombes fut mise sous la main du Roy et unie à la couronne, le Roy Henry second y envoia des commissaires pour la recherche de son domaine, et ce fut en ce temps-là que Thoissey fut vendu, l'an 1551, à Antoine de Gondy, seigneur du Peron, puis rachepté et revendu à Magdeleine Bonajuti, demoiselle italienne, dame d'atour de la reine Catherine de Médicis, laquelle en jouissoit l'an 1558.

Cette ville est dans une situation très-agréable, proche la rivière de Saône. Il n'y a qu'une chapelle de Sainte-Marie-Magdeleine, qui est de la fondation de Marie de Bourbon, princesse de Dombes et duchesse de Montpensier.

Charles-Emmanuel de Savoye, duc de Nemours pendant la ligue, fit fortifier cette place et y mit pour gouverneur le vicomte de Chamois, qui n'en sortit qu'avec bonne récompense.

Le R. P. Bullioud, de la Compagnie de Jésus, s'est trompé d'avancer que Thoissey s'appeloit anciennement *Priciniacum*, car, *Priciniacum* est le beau village de Saint-Didier sur la Chalaronne, près de Thoissey, ainsi que nous avons cy-devant remarqué, qui est l'ancienne paroisse de Thoissey (1).

---

(1) NOTA. — On trouve dans l'Histoire de Bresse, première partie, page 74, que sur des difficultés qui survenaient entre les officiers de Thoissey et ceux de Pont-de-Veyle, il fut convenu par le duc de Bourbon et le comte Amé VII de Savoie, que l'on règlerait les limites des deux juridictions. A cet effet, le duc députa Rolet ou Robert de Trezelles, chevalier, Damas de la Porte, écuyer, et Peronin de Rosset, maître des comptes en Beaujollois, et le comte Jean de Feillens, chevalier de l'ordre de Saint-Jean-de-Jérusalem, commandeur de l'Aumusse, et Guillaume de Genay, écuyer, qui, le premier jour de juin 1410, limitèrent lesdites seigneuries par le ruisseau d'Avanon et par un fossé de huit pieds, commençant à la rivière de Saône et finissant au lieu appelé la Grosse-Planche, qui est encore aujourd'hui la limite de la Bresse de ce côté. (Note d'Aubret sur Guichenon.)

Documents relatifs à Thoissey conservés aux Archives nationales.

Mai 1236. — Echange entre Humbert de Beaujeu et Ulric de Breilenz, de tous les droits que ce dernier avait à Thoissey, contre le mas des Rues, situé à Arnas (P. 1391, cote 585. Bibl. Dumbensis, p. 136).

Juin 1313. — Transaction entre le sire de Beaujeu et le prieur de

TRÉVOUX.

Nous avons dit assez souvent que les anciens sires de Villars possédoient indépendamment plusieurs terres en Bresse,

---

Saint-Pierre de Mâcon sur la juridiction des terres de Fleurieu et Misérieu, dépendant de la seigneurie de Thoissey (P. 1391, cote 576).

15 mars 1318. — Vente par Etienne de Blavens au sire de Beaujeu, des rentes, cens, etc., qu'il a droit de prendre à Thoissey et sur d'autres terres (P. 1391, cote 584).

18 mai 1331. — Testament de Guichard de Beaujeu, par lequel il ordonne à son héritier d'établir un prêtre dans la chapelle Sainte-Marie-Magdeleine de Thoissey, lequel prêtre devra dire trois messes par semaine pour le repos de son âme (Carton E. 2789. — Bibl. Dumb., p. 283).

17 novembre 1331. — Ratification du testament de Guichard de Beaujeu (P. 1367, cote 1523 bis).

1334. — Lettres relatives à la possession de la seigneurie de Thoissey, dont Jeanne de Châteauvillain, dame de Beaujeu, devait jouir sa vie durant (P. 1391, cote 577, et p. 1389, cote 237).

Vendredi après la Purification 1335. — Lettres concernant les différens élevés entre le sire de Beaujeu et Jeanne de Châteauvillain, sa mère, relativement à la jouissance de Thoissey (P. 1391, cote 577 bis, ter et seq.).

22 février 1351. — Donation par Edouard de Beaujeu à Marie du Thil, sa mère, de la jouissance de la châtellenie de Thoissey. (P. 1389, cote 141.)

18 avril 1373. — Vente par le sire de Beaujeu, moyennant 300 fr., de la chacipolerie de Thoissey, à Fromentin du Saix, qui reconnaît tenir de lui, en fief, sa terre de Colonge. (P. 1391, cote 583.)

13 septembre 1398. — Transaction entre le comte de Savoie et le sire de Beaujeu, relativement à la prise des villes de Lent, Montmerle, Thoissey, etc. (P. 1363, cote 1173.)

8 février 1402. — Consultation touchant l'hommage prétendu par le comte de Savoie des villes de Chalamont, Montmerle, Thoissey, etc. (P. 1367, cote 1525 bis.)

8 février 1406. — Information de laquelle il appert que les habitants de certains villages voisins de Thoissey sont tenus de faire guet et garde dans cette ville, et de contribuer aux réparations de ses murs. (P. 1391, cote 579.)

3 juillet 1407. — Louis de Bourbon reconnaît tenir en fief, de son neveu,

en Lyonnois et en Dombes, dont Trévoux n'étoit pas le moins considérable à cause de son assiette qui est sur le bord de la Saône.

---

le comte de Savoie, la ville de Thoissey. (P. 1389, cote 3078. — Bibl. Dumb., p. 339.)

24 mai 1409. — Engagement par le duc de Bourbon de rendre hommage au comte de Savoie pour Beauregard, Villeneuve, Thoissey, etc. (P. 1363, cote 1176.)

28 mai 1409. — Ratification de l'engagement ci-dessus. (P. 1363, cote 1177.)

25 juillet 1441. — Accord entre Louis de Savoie et Philippe de Bourbon, par lequel le comte de Clermont doit faire hommage au duc de Savoie des villes de Lent, Thoissey, Chalamont, etc. (P. 1360, cote 885. — Bibl. Dumb., p. 368.)

2 février 1364. — Procès-verbal d'imposition sur les habitants de Thoissey, pour les frais de la confirmation des privilèges de la ville. (E. 2789.)

2 juin 1605. — Procès-verbal du voyage à Villefranche de M. Langlois, conseiller au Parlement de Dombes, pour réclamer les terriers de Thoissey. (E. 2789.)

27 décembre 1616. — Plaintes des habitants de Thoissey contre leur curé. (E. 2789.)

4 mai 1621. — Fondation de 50 livres de rente, par Marie de Bourbon, souveraine de Dombes, pour l'établissement d'un maître d'école à Thoissey. (E. 2789.)

Sans date. — Mémoire concernant le droit de leyde qui se lève à Thoissey. (E. 2789.)

Sans date. — Etat dans lequel est à présent la chapelle Sainte-Marie-Magdeleine. (K. 1172.)

4 mai 1672. — Hommage rendu à Anne-Marie-Louise d'Orléans, duchesse de Montpensier, souveraine de Dombes, par Jacques du Rousset, écuyer, seigneur d'Urfé, pour la maison noble qu'il possédait à Thoissey. (K. 1172.)

30 mai 1673. — Etat des charges municipales de Thoissey. (E. 2789.)

Sans date. — Mss. intitulé : Etablissement du collège de Thoissey et de ce qui s'y est passé depuis, avec pièces justificatives. (E. 2789.)

1691. — Lettre de la duchesse de Montpensier au pape pour lui demander de fonder une Université à Thoissey. — Autres documents sur le même sujet. (E. 2789.)

23 décembre 1695. — Description du feu de joie fait à Thoissey, par le principal et les agrégés du collège à l'occasion de la naissance du prince de Dombes. (E. 2789.)

1701. — Projet de lettres patentes pour l'établissement d'un hôpital à Thoissey. (E. 2789.)

Dans les titres latins il est appelé *Trivultium* (1), et en françois Trévoux.

Pendant que les sires de Villars en étoient seigneurs, il n'y avoit qu'un village et un château dont il ne reste qu'une grosse tour (2). Ils n'y reconnaissoient point de supérieur, à la réserve du péage qui étoit mouvant de l'Empire ; mais l'hommage en fut donné par Henry VI, roi des Romains, à Humbert, sire de Thoire en Bugey, second du nom, par titre de l'an 1188 *(Hist. de Bresse, aux preuves, pag. 248)*, où sont nommés présens Henry, évêque de Basle ; Othon, duc de Bourgogne, frère du Roy ; Conrad, comte et Palatin du Rhin ; Hugues, duc de Dijon, et Hugues, comte de Linenges.

Depuis, cette illustre famille des premiers sires de Villars étant faillie en la personne d'Agnès, dame de Villars, du Châtelard, d'Ambérieu, de Monthieu et de Trévoux, elle porta Trévoux en dot à Etienne, sire de Thoire, qui eut confirmation du péage de Trévoux de l'Empereur Frédéric Barberousse, par patentes datées à Crémone, au mois d'octobre 1238, en présence de Jean, archevêque d'Arles, de Guillaume de Savoye,

---

(1) Ce n'est pas dans les titres latins, mais seulement dans les auteurs, dont le plus ancien est Ughelli, que Trévoux est appelé TRIVULTIUM. On ne trouve, du reste, le nom de cette ville latinisé qu'à partir du xv⁰ siècle.

De 1010 à 1400 environ, Trévoux est le plus communément appelé TREVOS. Dans cette période de trois siècles j'ai rencontré les variantes d'orthographe et d'appellation qui suivent : TREVOZ, TREVOX, TREVOST, TREVOSTZ, TREVOLX, TREVOLS, TREVOLZ, TREVOULX, TREVOUS, TREVOUZ, TREVOUX. Depuis le xv⁰ siècle, outre bon nombre de celles qui précèdent, six variantes ont encore été constatées : TREVO, TREVOL, TRÈVES, TREVOULT, TREVOULZ, TREVOUT, et enfin TRÉVOUX (avec un accent). En latin, dans les titres, Trévoux est appelé TREVOSUM, TRIVOLUM, TREVOLIUM, TREVORCIUM, TRIVORCIUM, TREVORCUM, TREVORTIUM, TREVORSIUM, TREVOSIUM, TREVOLCIUM. TREVOLTIUM, TREVOCIUM, TREVOCUM ; et dans les auteurs, depuis le xvi⁰ siècle : TRIVULTIUM, TRIVORTIUM, TRIVOLTIUM, TRIVOLIUM, TRIVIOLUM, TRIVIUM, et même TREBULA.

(2) Notre auteur se trompe évidemment, puisqu'il en reste encore aujourd'hui trois et la base d'une quatrième.

évèque de Valence, de Jacques, évêque de Verceil, des marquis de Pallavicini et de Malespine, et du comte de Lomello.

A Etienne, premier du nom, sire de Thoire et de Villars, succéda Etienne second, son fils, qui, en considération de plusieurs faveurs et assistances qu'il avoit reçues de l'église de Lyon, soumit au chapitre, en la personne d'Armand de Collonges, doyen tout ce qu'il avoit ès-paroisse de Saint-Didier, près de Riottiers, de Saint-Bernard, de Reyrieu, de Genay, de Vimy, de Cozon et de Trévoux, excepté le péage, le 3 de mai 1243 (1).

Mais il faut par nécessité que ce traité n'eut point d'effet, parce que Henry de Villars, archevêque et comte de Lyon, fils d'Etienne, second du nom, sire de Thoire et de Villars, aïant eu les seigneuries de Trévoux et de Bollignieux pour son partage, et voulant du village de Trévoux en faire une ville, donna ses patentes, l'an 1300 (2), assisté d'Humbert, sire de Thoire et de Villars, IV du nom, son neveu, et d'Humbert de Villars, son fils, déclara Trévoux ville franche et libre dans les limites y désignées, et donna des franchises, priviléges et immunités à tous ceux qui viendroient y habiter, dont lui et les deux Humbert de Villars jurèrent l'observation sous leur sceau, et d'Etienne de Vassalieu (3), d'Hugues, seigneur du Plantay, de Bernard de Vassalieu et de Louis de Loyes, chevaliers, sans qu'il y soit parlé du chapitre ni de l'Eglise de Lyon. Mais ce même Henry de Villars, ou par piété ou pour exécuter ce que son père avoit promis, par titres datés à Agna-

---

(1) Le texte de la charte ne fait pas connaître le jour du mois de mai où elle fut rédigée ; il porte simplement MENSE MAII. (Archives de la Côte-d'Or, vol. intitulé : Documenta parte procuratoris regis producta, folio XL. — Bibl. Dumbensis, p. 144.)

(2) Archives de la Côte-d'Or, carton de Dombes, intitulé « Priviléges ». — Bibl. Dumb., p. 11.

(3) Versailleux.

gnes (1), le 15ᵉ de juillet 1301, laissa à ses successeurs, archevêques de Lyon, le fief de son château de Trévoux, et chargea ses héritiers, les sires de Thoire et de Villars, de leur en faire hommage, ce qui fit naître un grand différent entre Louis de Villars, archevêque et comte de Lyon, et Humbert, V du nom, sire de Thoire et de Villars, son neveu. Celui-là demandant l'hommage de Trévoux, et celui-ci le refusant et soutenant que Henry de Villars, archevêque de Lyon, n'avoit pu l'aliéner sans permission. Enfin, par traité du jour de Saint-Laurent, de l'an 1304 (2), dont furent entremetteurs Thibaud de Vassalieu, archidiacre de Lyon, et Guichard, seigneur d'Ars, le sire de Thoire et de Villars promit de prendre en fief de l'Eglise et du chapitre de Lyon, le château, bourg et mandement de Trévoux, excepté le péage.

On ne voit pas néanmoins que cet hommage ait été rendu, quoique promis; au contraire, les successeurs d'Humbert V, sire de Thoire et de Villars, confirmèrent les franchises des habitants de Trévoux, sans le consentement de l'archevêque de Lyon, sçavoir, Humbert VI, son fils, par patentes datées à Trévoux le 3ᵉ de novembre 1349 (*tit. de l'Hôtel-de-Ville de Trévoux*), en présence de Jean de Villars, seigneur de Montelier, son frère, de Pierre de Gigny et de Louis de Saint-Jullien, chevaliers, et Humbert, VII et dernier du nom, sire de Thoire et de Villars, par lettres datées au Châtelard le 20 de janvier 1372, présens Louis le Blanc de Bussy, et Henry, seigneur du Plantay.

Ce même Humbert VII, faisant hommage à Philippes de Thurey, archevêque de Lyon, le 10ᵉ d'octobre 1390, de la seigneurie du Châtelard en Dombes, ne le voulut pas faire pour

---

(1) Archives de la Côte-d'Or, vol. intitulé : Documenta pro parte procuratoris regis producia. — Bibliothèque de Lyon, mss. in-4, n. 908. — Bibl. Dumb., p. 224.

(2) Archives nation. P. 1368, cote 1514. — Archives du Rhône, armoire Enoch., vol. 22, n. 1. — Bibl. Dumb., p. 234.

Trévoux, promettant seulement de s'y soumettre au cas que l'archevêque montrât qu'il fût de son fief.

Dix ans après, Edouard, sire de Beaujeu, seigneur souverain de Dombes, aiant donné tous ses biens à Louis, second du nom, duc de Bourbon (1), ce Prince, pour se mettre au large, rechercha avec tant de soin le susnommé Humbert VII, et dernier du nom, sire de Thoire et de Villars, qu'il le disposa à vendre Trévoux, Ambérieu et le Châtelard, le 11ᵉ d'août 1402 (2), comme il a été dit cy-devant. Ainsi Trévoux, avec son mandement, fut uni à la Dombes et eut confirmation de ses franchises et de ses priviléges de Charles, duc de Bourbon, connétable de France, prince de Dombes, par lettres datées à Château-Briand, au mois de mai 1532.

Le Roy François premier, après la disgrâce du connétable, y établit le siége de la justice et du bailliage de Dombes (3), ainsi qu'il a déjà été remarqué cy-dessus, et rendit cette ville capitale de la Souveraineté et en aliéna le domaine et le péage à Guillaume et Jean Henry et à Jean de Paphy (4), qui fut depuis rachetté.

Henry second, étant à Saint-Germain-en-Laye au mois de décembre 1558, confirma aux habitants de Trévoux leurs franchises où est remarquable que Sa Majesté prend la qualité de seigneur de Dombes (5).

---

(1) Arch. nation. P. 1366, cote 1483, et P. 1371, cote 1956 bis.

(2) Ibid. P. 1390, cote 521. — Bibl. Dumb., p. 329.

(3) François Iᵉʳ créa, au mois de novembre 1523, le Parlement de Dombes, qui siégea à Lyon par emprunt de territoire. (V. Recueil des droits et priviléges du Parlement de Dombes, Trévoux, 1741, in-4. — Mémorial de Dombes, par M. d'Assier de Valenches, p. 291.) — Le bailliage ne fut établi à Trévoux qu'au mois de mai 1558, par Henri II. (Recueil des priviléges du Parlement de Dombes.)

(4) Lisez Passy. Ce n'est pas François Iᵉʳ, mais bien Henri II, qui vendit Trévoux, le 15 juillet 1552, à ces Henri et Passy, qui appartenaient à une riche famille du Forez. (Arch. nation., 3ᵉ volume des Ordonnances de Henri II. R. 8607, folio 70. — Bibl. Dumb., p. 458.)

(5) Recueil des droits et priviléges du Parlement de Dombes.

Depuis, cette principauté étant rentrée en la maison de Bourbon par la transaction de 1560 (1), les ducs de Montpensier leur ont accordé semblable confirmation ; sçavoir, Louis de Bourbon, duc de Montpensier, à Beaujeu, au mois de juillet 1564, Louis de Bourbon, aussi duc de Montpensier, à Champigny, le dernier d'octobre 1576, François de Bourbon, prince de Dombes, à Champigny, le 29ᵉ de juin 1583, et Henry de Bourbon, duc de Montpensier, prince de Dombes, au mois de juin 1584.

Il y avoit autrefois des Juifs à Trévoux, ce qui a donné lieu au sobriquet que l'on donne encore à présent à cette ville, car on dit les Juifs de Trévoux ; cependant ils sont exemts de cette injure, et jamais sobriquet ne fut plus mal appliqué ; parce que les ducs de Bourbon, qui souffroient les Juifs en ce païs-là, ne pouvoient se résoudre à les chasser à cause du tribut qu'ils en retiroient ; les habitants, par une générosité extraordinaire, offrirent à Jean, duc de Bourbon, la même somme et de la reconnoître en ses terriers, et, par ce moien, ils obtinrent de lui de les expulser, par lettres datées à Plouviers au mois d'août 1467. Paradin dit (*Hist. de Lyon, t. 2, chapitre 78*) que Marie de Bourbon, duchesse de Bourbon, les avoit déjà chassé l'an 1429.

Il y a encore un autre proverbe de Trévoux, qui est celui de *l'esme*, dont l'explication est assez curieuse. Les uns disent que les bourgeois de Trévoux étant naturellement fins et accords, on renvoie à Trévoux ceux qui n'on point d'esprit pour y prendre de *l'esme*, qui, en langue vulgaire du païs signifie esprit. D'autres croient que ce mot d'esme vient du latin estimation, dont on se sert en Dombes et à Lyon, particulièrement à la boucherie ou quand on achète la chair sans peser, l'on dit que l'on achète à l'esme, d'où est venu le proverbe : *Tu n'as point d'esme*, pour ceux qui se trompent en cette sorte d'achat.

---

(1) Mémorial de Dombes, par M. d'Assier de Valenches, p, 297.

La fabrique de liards de Trévoux a donné occasion au proverbe de l'*esme* de Trévoux. Car les ducs de Montpensier du nom Louis y faisoient mettre la première lettre de leur nom qui est L, et, de l'autre, un M qui signifioit Montpensier, tellement ces liards étoient marqués à L. et M., comme on a fait depuis un G, pour signifier Gaston ; cette lettre a fait naître l'équivoque entre M et *esme*. Ainsi on disoit : *Il n'avait point d'esme, qu'il aille à Trevoux et il en trouvera*, et de ce proverbe est venu celui d'*aller quérir de l'esme à Trévoux*.

La plus ancienne église de Trévoux est la collégiale, sous le vocable de Saint-Simphorien. Ce n'étoit autrefois qu'une société de prêtres. Le pape Adrien VI, au mois de janvier 1523, y créa douze chanoines, un doyen, un chantre et un sacristain, et unit à ce chapitre les églises de Saint-Paul de Riotiers, de Saint-George et de Sainte-Euphémie. Mais étant décédé avant que les bulles fussent expédiées, Clément VII, son successeur, confirma cette érection par bulles datées à Rome au mois de décembre suivant, du consentement de Louise de Savoye, mère du Roy, duchesse d'Angoumois, d'Anjou, de Bourbonnois, de Nemours et de Chatelleraud, comtesse du Maine, de Clermont et de Forest, princesse de Dombes et dame de Beaujolois, par lettre datées, à Saint-Germain-en-Laye, du 16e de février de la même année (1).

Le dimanche qui suit la fête de saint Simphorien, qui est le 22e d'août, est un jour de grande réjouissance à Trévoux, car le chapitre, les officiers du bailliage, les consuls et principaux habitants, vont en bateau, en procession, la jeunesse de la ville, armée, jusqu'au milieu de la Saône, à un roc appelé le rocher de Saint-Simphorien, où l'on plante un grand arbre dans un trou de ce roc, auquel on attache un petit saule ; là un chanoine dit l'Évangile, lequel fini il se fait une grande décharge de mousqueterie, le saule est mis en pièces, le grand arbre

---

(1) Tous les titres de l'érection du chapitre de Trévoux ont été imprimés dans cette ville, en 1718, in-4.

abattu, et la procession s'en revient au même ordre qu'elle étoit allée (1).

On ne donne point d'autre origine de cette cérémonie, sinon que du temps que les sires de Thoire et de Villars étoient seigneurs de Trévoux, ils prétendoient que la moitié de la Saône leur appartenoit à l'endroit de Trévoux, et qu'à cause de cela on alloit faire cette procession avec les officiers de justice pour marque de jurisdiction.

Les autres églises de Trévoux sont modernes ; celle de Sainte-Ursule et des pénitens blancs sont bâties il y a environ 25 ans. Les religieux du tiers ordre n'y sont que depuis 12 ans (2).

François Sansoin, en la généalogie de la maison de Trivulce, raconte qu'Antonio Telesius de Cosance, au royaume de Naples, en l'oraison funèbre de Jean-Jacques Trivulce, prononcée l'an 1578, dit que cette famille des Trivulce étoit issue de Bourgogne, d'un château appelé Trivulsio, du tems de l'empereur Dioclétien, ce qui ne peut s'entendre que de Trévoux, qui est situé dans l'ancien royaume de Bourgogne ; mais cela est fabuleux, car jamais Trévols ne fut nom de famille, quoique, dans le cérémonial de France, le cardinal Trivulce est improprement appelé le cardinal de Trévoux (3). Le même Sansoin a cru que le nom de *Trévols*, *Trevulcium* venoit de *tresicultus* ou de *tresulcus*, d'autres de *tresultus* ou de *treviri*, mais cela n'est qu'une foible conjecture (4).

---

(1) V. Histoire de la ville et du canton de Trévoux, par M. l'abbé Jolibois.

(2) Les Ursulines ont été établies à Trévoux par patentes de Gaston d'Orléans, du 1ᵉʳ février 1640. Les Pénitents-Blancs y ont été introduits par le cardinal de Tencin, archevêque de Lyon, et les PP. du Tiers-ordre, par Anne-Marie-Louise d'Orléans, le 14 octobre 1653. — Le couvent des Carmélites ne fut fondé qu'en 1662, et l'Hôpital en 1686.

(3) V. à ce sujet, dans les Mémoires pour les Sciences et les Beaux-Arts, août 1703, p. 1494, une très-curieuse dissertation du P. Ménestrier.

(4) Documents relatifs à Trévoux conservés aux Archives nationales :

9 janvier 1304. — Vente du bois de Dellos, faite par Pierre de Frans à

SAINT-TRIVIER.

Entre autres terres que les anciens comtes de Lyon et de Forest avoient en Dombes et en Bresse, ils possédoient Saint-

---

Louis de Villars, archevêque de Lyon, pour l'usage du château de Trévoux. (P. 1390, cote 528. — Bibl. Dumb., p. 228.)

Mai 1304. — Vente par Humbert de Thoire-Villars à Hugues d'Arcieu, au prix de 109 livres viennoises, de la chacipolerie de Trévoux et de Reyrieux. (P. 1390, cote 103. — Bibl. Dumb., p. 232.)

22 avril 1326. — Arbitrage fait dans l'église de Saint-Romain d'Anse, par lequel le sieur de Thoire-Villars est condamné pour dégâts faits par les habitants de Trévoux et de Misérieux, au préjudice de certains bourgeois de Villefranche. (P. 1394, cote 606. — Bibl. Dumb., p. 268.)

31 mars 1350. — Vente par Henri de Villars, archevêque de Lyon, à Humbert de Thoire-Villars, de tous les revenus et les services qu'il avait dans les paroisses de Trévoux, Reyrieux et Rancé. (P. 1389, cote 324. — Bibl. Dumb., p. 299.)

4 avril 1350. — Cession par Humbert de Thoire-Villars, aux frères Corlier de Rougemont, des chacipoleries et foresteries de Dardeiche, Saint-André, Montribloud, Corzieu, Reyrieux et Trévoux. (P. 1390, cote 506.)

18 août 1401. — Engagement par le sire de Thoire-Villars à Etienne de Bussy, de l'office de châtelain de Trévoux. (P. 1375, cote 2477.)

8 septembre 1402. — Quittance par Humbert de Thoire-Villars, à Louis de Bourbon, de 2,600 livres d'or, à valoir sur le prix de la vente de Trévoux, d'Ambérieux et du Chatelard. (P. 1392, cote 652.)

10 septembre 1402. — Constitution de procureur, par le sire de Thoire-Villars, pour recevoir des deniers à compte sur le prix de la vente de Trévoux, etc. (P. 1390, c. 523.)

31 octobre 1402. — Quittance du sire de Thoire-Villars d'un à-compte sur le prix de la vente ci-dessus. (P. 1391, c. 525. V. aussi P. 1390, c. 519.)

30 octobre 1403. — Autre quittance pour parfait payement. (P. 1391, c. 526.)

31 mai 1404. — Exemption du droit de sceau, à raison de la vente de Trévoux, du Châtelard et Ambérieux, accordée par le roi de France à Louis de Bourbon. (P. 1388, cote 19. — Bibl. Dumb., p. 334.)

12 février 1407. — Concession par Humbert de Thoire-Villars, en faveur

Trivier comme une dépendance du comté de Lyon. Mais comme ils le donnèrent en fief aux sires de Beaujeu par des concessions,

---

de Pierre Merle, bourgeois de Trévoux, 1° d'une loge devant sa maison; 2° d'une prise d'eau dans un pré appelé la Terrace. (P. 1360, c. 882. — Bibl. Dumb., p. 335.)

30 juin 1407. — Dalmas de la Porte reconnaît que les 500 francs à raison desquels Humbert de Thoire-Villars lui a délivré l'office de châtelain de Trévoux, ont été comptés par le duc de Bourbon, pour lequel il promet garder ledit château. (P. 1390, cote 511. — Bibl. Dumb., p. 336.)

14 octobre 1419. — Hommage par Antoine d'Arcieu, à Humbert de Thoyre-Villars, du droit de chacipolerie de Trévoux, du ban d'animaux et de quelques rentes et servis. (P. 1390, cote 504. — Bibl. Dumb., p. 340.)

15 juin 1431. — Accord par lequel le duc de Savoie s'engage à payer au duc de Bourbon la somme de dix mille écus d'or pour les dégâts faits à la prise de Trévoux, par François de la Palud, seigneur de Varambon. (P. 1360, c. 881. — Bibl. Dumb., p. 343.)

24 juin 1431. — Ratification par le duc de Savoie de l'accord ci-dessus. (P. 1360, c. 883.)

— Idem par Marie de Berri, souveraine de Dombes. (P. 1363, c. 1175.)

3 mai 1433. — Accord par lequel il est convenu que ceux qui ont coopéré à la prise de Trévoux seront obligés de payer au duc de Bourbon 10,000 écus d'or. (P. 1360. c. 881.)

5 juin 1433. — Id. (P. 1363, c. 1174.)

143... — Demandes formées à l'assemblée de Vimy, par les ambassadeurs du duc de Savoie. — Monnaie de Trévoux. (P. 1463, c. 1178.)

14 juin 1438. — Information prouvant qu'en 1300, Henri de Villars, archevêque de Lyon et seigneur de Trévoux, faisait battre monnaie dans cette dernière ville, à son nom et à ses armes. (P. 1390, cote 502. — Bibl. Dumb., p. 351.)

25 juillet 1441. — Accord entre les ducs de Bourbon et de Savoie, par lequel ce dernier reconnaît qu'il n'a aucun droit sur Trévoux. (P. 1360, c. 885. — Bibl. Dumb., p. 368.)

16 mai 1441. — Nomination de Benoit Jordan à la chapelle de la Monnaie de Trévoux, en remplacement de Pierre Poncet, décédé. (P. 1360, c, 873. — Bibl. Dumb., p. 375.)

14 février 1445. — Nomination de François Bertrand à la chapelle de la Monnaie de Trévoux. (Ibid. c. 873 bis. — Bibl. Dumb., p. 376.)

Dernier février 1445 — Procès-verbal de l'installation dudit François Bertrand. (Ibid. c. 373 ter. — Bibl. Dumb., p. 377.)

25 avril 1457. — Jean, duc de Bourbon, confirme François Bertrand

l'une d'Eustache, comte de Forest, à Guichard, sire de Beaujeu, laquelle se trouve sans datte au cartulaire de l'église collégiale de Beaujeu, faite à Marcieux en présence de Bertrand

---

dans son office de chapelain de la monnaie de Trévoux. (Ibid. c. 873 quater. — Bibl. Dumb., p. 378.)

6 avril 1459. — Hommage rendu au duc de Bourbon, par Lyonart de Saint-Saphorin, tant en son nom que comme mari de N. de Rougemont, dit Corlier, d'une maison à Trévoux, d'un droit de chasse, d'un colombier, du péage des Juifs, et de la dîme de Trévoux. (P. 486, c. 100.)

1er juin 1459. — Philibert d'Arcieu reconnaît tenir du duc de Bourbon la chacipolerie de Trévoux et de Reyrieux. (P. 487. c. 31.)

13 janvier 1483. — Vente par Gervais de Beaumont, au duc de Bourbon, de la moitié d'une maison sise à Trévoux, pour y établir l'atelier de la Monnaie. (P. 1390, c. 510.)

29 juin 1483. — Permission accordée par le duc de Bourbon, à François Bertrand, de dire la messe au grand autel de l'église de Trévoux, attendu que la chapelle de la Monnaie est tombée en ruine. (P. 1360, c. 875.)

29 juin 1483. — Mémoires concernant la fabrication de la monnaie à Trévoux. (P. 1390, cote 497 bis.)

1er juillet 1484. — Vente par Guillaume Genteret au duc de Bourbon, de la moitié de la maison où était établie la Monnaie de Trévoux. (P, 1390, cote 509.)

5 septembre 1488. — Etat de la fabrication de la monnaie de Trévoux, depuis le 8 août 1485 jusqu'au mois d'août 1487. (P. 1390, cote 497. — Bibl. Dumb., p. 382.)

10 décembre 1491. — Déclaration, par Jean de Courant, de plusieurs terres qu'il tient à bail emphytéotique au territoire de Trévoux. (P. 1361, cote 924.)

17 juin 1500. — Don de 800 livres par la duchesse de Montpensier, à l'église de Saint-Symphorien de Trévoux. (P. 1360, cote 892.)

3 septembre 1510. — Aveu rendu par noble François Varinier, seigneur de Tanay-les-Trévolz, pour le port de Trévoux et le petit péage des bateaux. (P. 487, cote 3.)

10 août 1514. — Cession par le duc de Bourbon, à Philippe du Crozet, de plusieurs cens et rentes joignant sa terre du Roquet, près Trévoux. (P. 1390. cote 512.)

15 mars 1582. — Ordonnance de Louis de Bourbon, concernant la théologale de l'église de Trévoux. (K. 1172.)

28 décembre 1603. — Privilége accordé par Henri de Bourbon, à

de Chauderon, de Guy de Chamosset et d'Aymard de Montfaud, témoins de la part du comte de Forest, et de Robert de Cha-

---

Claude Morillon, pour établir une imprimerie en Dombes. (K. 1172.)

13 mars 1618. — Procès-verbal de visite des métiers de futaine, travaillant à Trévoux. (K. 1172.)

23 janvier 1665. — Privilége accordé à César Beraud, seigneur de Fétan et de Fourquevaux, pour établir des manufactures de bas de soie dans ces deux fiefs. (E. 2786.)

25 septembre 1666. — Arrêt du conseil souverain de Dombes, concernant les réparations à faire aux murailles de la ville de Trévoux. (V. 5612.)

29 novembre 1670. — Arrêt du conseil souverain de Dombes, sur la proposition faite par Jean Molin, d'établir une imprimerie à Trévoux. (V. 5612.)

12 mai 1671. — Privilége accordé à Jean Molin pour établir une imprimerie à Trévoux. (K. 1172.)

Sans date. — Mémoire de Jean Molin touchant l'impression de l'Histoire de Dombes, composée par Pierre Louvet, historiographe de France. (Ibid.)

20 février 1697. — Privilége accordé à Pierre le Rouge pour rétablir l'imprimerie de Trévoux. (E. 2788.)

1698. — Privilége accordé à Jean Bourgon, d'établir à Trévoux des manufactures pour teindre la soie. (E. 2786.)

Sans date. — Déclaration générale des consuls de la ville de Trévoux. (K. 1172.)

26 juin 1699. — Privilége accordé à Jean Boudot pour rétablir l'imprimerie de Trévoux. (E. 2785.)

11 septembre 1702. — Quittance de 235 livres au duc du Maine, par Bernardin Carra, pour prix d'un jardin sur l'emplacement duquel on construisit le palais du Parlement à Trévoux. (K. 1172.)

1703. — Privilége accordé à Pierre Gabriel, de Lyon, d'établir à Trévoux des manufactures de savon. (E. 2786.)

3 juin 1707. — Privilége accordé à Etienne Ganeau, pour continuer l'imprimerie de Trévoux. (E. 2785.)

1724. — Mémoire concernant l'imprimerie établie à Trévoux, par ordre de S. A. S. le duc du Maine. (E. 2785.)

3 avril 1734. — Déclaration du souverain de Dombes, en forme de règlement, pour les fonctions du châtelain de Trévoux. (E. 2785.)

30 août 1762. — Relation de ce qui s'est passé à Trévoux à l'occasion de l'enregistrement des lettres patentes du roi contenant ratification de l'échange de la Principauté de Dombes. (K. 1172.)

Juillet 1774. — Arrêt du conseil d'Etat, qui permet à Jacques Nobert,

tillon, d'Imbert de Chatillon et de Bertrand de Marcieux, témoins pour le sire de Beaujeu, et l'autre par Guy d'Albon, comte de Forest, à Guichard, sire de Beaujeu, IV du nom, en l'an 1118, qui à l'instant lui en fit hommage, ainsi que nous remarquerons plus particulièrement en la généalogie de la maison de Beaujeu.

Mais Guichard de Beaujeu ne garda pas longtems cette terre, laquelle il inféoda à Dalmace de Beaujeu, son oncle, qui, à cause de cela, prit le nom et le titre de seigneur de Saint-Trivier, dont le fils, appelé Dalmace comme lui, fut seigneur de Saint-Trivier et n'eut qu'une fille, dame de Saint-Trivier, laquelle se maria avec Guy de Chaben, chevalier, qui à cause d'elle, fut seigneur de Saint-Trivier (1), ainsi qu'il sera dit en un autre endroit de cet ouvrage.

Guichard, sire de Beaujeu et seigneur de Dombes, VII du nom, du 5ᵉ de septembre 1253, lui quitta l'hommage qu'il lui devoit à cause de la seigneurie de Saint-Trivier. C'est conformément à ce qu'il avoit été convenu autrefois avec Dalmace, seigneur de Saint-Trivier, pour le récompenser des services qu'il lui avoit rendus, et à Humbert, V du nom, sire de Beau-

---

dit Aubin, de construire un lavoir dans la grande fontaine située au milieu de la ville de Trévoux. (E. 2784.)

30 août 1780. — Avis du comité d'administration du domaine de la couronne et arrêt du conseil d'Etat sur les concessions à faire des ruines des tours, remparts et fossés de la ville de Trévoux. (Q. 2 et 3.)

Nota. — Cette liste est très-incomplète en ce qui concerne la monnaie, l'imprimerie et l'administration municipale, depuis le xvıᵉ siècle. Tous les autres documents relatifs à Trévoux sont conservés dans les cartons des séries E, K, M, Q et R.

(1) « Il est vray que Dalmais ou Dalmace fut de la maison de Beaujeu. La fille de Dalmais ne fut pas mariée à Gui de Chabues (au lieu de Chabeu), mais à Guillaume Chabeu ; en voicy la preuve : Guillaume Chabeu était seigneur de Saint-Trivier dès l'an 1255. Ce fut luy qui accorda les priviléges très-amples aux habitants de Saint-Trivier et de la châtellenie (Archives de la Charité de Lyon, art. 3, n° 72), dans cette même année, qui furent ensuite confirmés par Gui de Chabeu, fils de Guillaume, en 1265. Or, Guillaume

jeu, son père. Ce traité est sous les sceaux de Jean, abbé de Belleville, et de Guichard, sire de Beaujeu.

Depuis ce temps, la terre de Saint-Trivier demeura dans cette famille, de père en fils, jusques à Catherine, dame de Saint-Trivier et de Branges, dernière de la maison, mariée à Philibert de Lugny, seigneur de Ruffey, d'Allery et d'Estoilles (1), d'où vient Anne de Lugny, dame de Saint-Trivier et desdits lieux, épouse de Philibert de la Chambre, seigneur de Montfort, de Tramelay et de Verdun sur Saône (2), laquelle vendit Saint-Trivier, le 19ᵉ de septembre 1554, à Péronne de Bonsin, dame de Chaillouvres et de Champ, veuve de Jean de Cleberg, seigneur de Chavagnieu, surnommé le Bon Allemand (3), comme tutrice de David de Cleberg, leur fils, qui

---

étant seigneur de Saint-Trivier avant Gui, son fils, c'est donc à Guillaume que la fille de Dalmais apporta Saint-Trivier.

« C'est en faveur de Guillaume Chabeu, et non de Gui Chabeu, que Guichard de Beaujeu se désista de la foy et hommage qui luy étaient dus par Dalmais de Saint-Trivier. Cet acte est aux Archives de la Charité, scellé de deux sceaux qui sont perdus, dont l'un étoit dudit Guichard et l'autre de l'abbé de Belleville ; sa date est en septembre 1255. C'est le plus ancien titre que l'on conserve de la baronie.

« On souhaiteroit fort de sçavoir quelles étoient les armes de Saint-Trivier. On pense que c'étoit trois bufles, ou triolets, ce qui paroît assez convenable à la situation du terrain marécageux des environs de la ville. Ces armes paroissent sur la cheminée de la salle de Chavagneux.

« Guichenon dit que les armes de Saint-Trivier sont d'azur à la bande de gueules ; c'est effectivement celle que portoit M. Moyroud. » (Notes de M. Bertein dans le mss. Girié, p. 139.)

(1) « Le contrat de mariage de Catherine de Saint-Trivier est en date du 11 octobre 1513 (Arch. de la Charité, art. 6, n° 1). Elle étoit fille d'haut et puissant seigneur Claude de Saint-Trivier, baron dudit lieu, et de Branges, et de dame Pierrette de Ferrière. » (Ibid.)

(2) « Le contrat de mariage d'Anne de Lugny, fille de Philibert de Lugny, avec Charles (sic) de la Chambre... est en date du 10 aoust 1540. » (Ibid. p. 140.)

(3) Plus connu sous le nom de l'Homme de la Roche.

après avoir joui de longues années de cette terre, la laissa à Claude et à Louis-Claude de Cleberg, ses enfants, et ce dernier ayant survécu à son frère aîné, fit vente de cette seigneurie à Marie de Cleberg, sa sœur, le 20ᵉ de mars 1601. Elle épousa Claude Théodore de Châlon, écuyer; seigneur de Molacis, qui aliéna Saint-Trivier à Jacques Moyrou, fameux avocat, et depuis lieutenant général en la sénéchaussée et siège présidial de Lyon, par vente volontaire du 22ᵉ de septembre 1625, convertie depuis en vente judiciaire par arrêt du Parlement de Dombes du 1ᵉʳ octobre 1625.

C'est lui qui, par un exemple de piété fort singulier, disposa de cette terre et de celle de Chavagnieu en Dombes, en faveur des pauvres de l'Aumône général de Lyon, par testament du 12 octobre 1651, qui en ont eu l'amortissement de S. A. R. Mademoiselle, par patentes du dernier janvier 1658, vérifiées au Parlement de Dombes le 13ᵉ de février suivant.

Saint-Trivier porte titre de baronnie il y a plus de 200 ans. Il y a juge d'ordinaire et d'appel. Il est situé sur le grand chemin de Châtillon de Dombes à Lyon. La terre est fort seigneuriale et consiste en de beaux revenus, grands droits et plusieurs feudataires et un bourg fermé de murailles.

Les seigneurs de Saint-Trivier ont donné plusieurs beaux priviléges et franchises à leurs sujets dont les plus anciens sont Guillaume de Chabeu, seigneur de Saint-Trivier, en date du 28 du mois de septembre, la veille de saint Michel, 1253, confirmés par Guy de Saint-Trivier, son fils, au mois d'avril 1265; puis par Jean de Saint-Trivier, au mois de janvier 1300; par Guillaume, seigneur de Saint-Trivier, l'an 1391; par Antoine, seigneur de Saint-Trivier et de Branges, le 29 d'août 1448, et finalement par Péronne de Bonsin, dame de Champ, d'Ars et de Lent en Dombes, tutrice de David de Cleberg, son fils, baron de Saint-Trivier, seigneur de Chavagnieu et de Mognenens, le 8ᵉ de janvier 1560.

Le château est ruiné. Dans l'enclos duquel est un fort ancien prieuré de l'ordre de Saint-Benoît, dépendant de l'abbaye de la Chaise-Dieu (1). Les seigneurs de Saint-Trivier ont prétendu en être les fondateurs, mais je n'en ai vû aucunes preuves.

Saint Trivier, dont la légende a été publiée par le R. P. de

---

(1) Saint-Trivier fut donné à l'abbaye de la Chaise-Dieu, par Hugues, archevêque de Lyon, peu de temps avant sa mort, arrivée en 1106 Le pape Pascal II confirma ce don par une bulle datée de cette même année. En 1116, après bien des controverses, l'archevêque de Lyon et son chapitre confirmèrent aussi l'abbaye de la Chaise-Dieu dans la possession du prieuré de Saint-Trivier et de quelques autres églises de Dombes et de Forez. Voici le texte de ce document inédit, important et inconnu à tous nos historiens locaux :

« Operæ pretium est elementis perenni memoriæ tradere diffinitionem quæ facta est inter canonicos Majoris Ecclesiæ et Stephanum, Cazæ Dei abbatem, de ecclesia Sancti Treverii et de ecclesia Chalanni, et de ecclesia de Campis, et de ecclesia Mornandi, et de capellanis Montis Brusionis, et de ecclesiis Modonii, de quibus non modica inter eos controversia versabatur. Hujus gratia diffinitionis prædictus abbas cum quibusdam prioribus suis. Ademaro videlicet Sancti Treverii priore, et Vuicardo de Polliaco, et Vuillelmo de Monte Fabroso, et Letaldo Sapiniacensi, Vuillelmo de Brozadolo, et Pontio de Sancto Germano, et Petro de Rota, venit in Lugdunense capitulum sub presentia domini G., Lugdunensis archipræsulis, et L. Vivariensis episcopi ; ibi, auditis utriusque partis alegationibus, cum judice ex præcepto curiæ ad componendum judicium in partem secessisent, abbas Cazæ Dei, et si per omnia sibi justiciam sufficere posse credebat, causam cum dominis et amicis suis judicio contendere metuens, ut hæc eis amicabili inter eos concordia terminaretur humiliter supplicavit, postulavit. Id cum utrisque partibus omnibus placuisset, communi consilio disposuerunt ut monachi Cazæ Dei, singulis annis, supradictos canonicos, dominica qua invocabit « Me cantabitur », pro supradictis ecclesiis solemniter in refectorio procurent. Prefata controversia tali terminatione sopita, tam prænominatus archipræsul quam Majoris Ecclesiæ Lugdunensis, cuncti tamen præsentes aderant canonici, omni deceptione remota, laudaverunt et donaverunt præfato abbati et monachis Cazæ Dei præsentibus et futuris supradictas ecclesias et omnes alias de quibus, ea die, in Lugdunensi pago, investiti erant, id est ecclesiam de Sapiniaco, ecclesiam de Ebolena, ecclesiam de Campis, ecclesiam de Buxeto, ecclesiam de Cruntiliaco, ecclesiam Sancti Medardi, ecclesiam Sancti Dionisii, ecclesiam de Avaiseo, ecclesiam de Hospitali, ecclesiam Sancti Laurentii, capellam de Roca Forte,

Bullioud et par le R. P. Bollandus, tous deux de la Compagnie de Jésus, et qui vivoit l'an de salut 550, mourut en ce lieu là, appelé en ce tems-là *Utinga*. Il y bâtit une cellule et un oratoire, et, après son décès, Secondinus, archevêque de Lyon, y consacra un autel sous le nom de ce saint personnage, environ l'an 608 ; ce qui fit changer de nom au lieu qui, à cause de cela, fut nommé depuis Saint-Trivier, du nom de ce saint.

Voici les noms des prieurs que j'ai pu recouvrer, jusqu'à l'union faite de ce prieuré au couvent des RR. PP. Minimes de Montmerle en Dombes.

Jean, 1258 ;

Mathieu de la Bruière, 1349 ;

Jean Terrail, de la maison du chevalier Bayard, 1430.

Jean de Bagié, religieux de l'Isle-Barbe, 1433 et 1452.

Antoine de la Batisse, 1467.

Antoine d'Albon, abbé de Terouenne, 1480 ;

Pierre de Meyse, 1560.

Louis-Claude de Cleberg, baron de Saint-Trivier et seigneur de Chavagnieu, dernier prieur, résigna, le 14e d'octobre 1602, aux PP. Minimes, qui en obtinrent union à leur ordre au mois de février 1606., puis au couvent des Minimes

---

ecclesiam Sancti Desiderii, ecclesiam de Cormelio, ecclesiam de Baiseu, ecclesiam de Polleu, ecclesiam Sancti Laurentii apud Matisconem, ecclesiam Sancti Nicecii apud Montem Fabrosum et capellam ejusdem loci, capellam de Calamonte, ecclesiam de Samnia, ecclesiam de Trevols, ecclesiam de Marengiis, capellam Sancti Andreæ, ecclesiam de Sicenes, nulla eorum de quibus, ut prædiximus, investiti erant prorsus excepta. S. domini G., Lugdunensis archipræsulis. S. domini L., Vivariensis episcopi. S. G., decani. S. L., archidiaconi. S. L., camerarii. S. G., capellani. S. Roberti, cantoris. S. Arnoldi, doctoris. S. Ugonis de Bello Joco. S. Ilylionis de Revirata. S. Pontii, magistri. S. Vurandi, pænitentialis. S. G., Sancti Regnoberti abbatis. S. L., Atanacensis abbatis. S. G., Insulæ Barbaræ abbatis. Hi omnes supradictam transactionem laudaverunt cum ceteris canonicis, quos enumerare ponderosum esset. Datum Lugduni, septimo idus Januarii, luna octava; præsidente L., Papa Romæ. (C. Estiennot, Fragmenta Historiæ Aquitanicæ, mss. t. v., folio 35.)

de Montmerle en Dombes, par bulle du pape Urbain VIII, de l'an 1640 (1).

VILLENEUVE.

C'est une des douze châtellenies de la Souveraieeté. Avant qu'elle ait été en la maison des sires de Beaujeu, celle de Vienne la possédoit, car Amé-le-Grand, comte de Savoyé (*Tit. des Arch. de Turin*) l'inféoda en toute justice, le 24 de mars 1300, Philibert de Vienne, seigneur de Sainte-Croix. De là, ceux de la famille de Buys, anciens gentilshommes de Dombes, en furent seigneurs; car Marguerite de Frolois, veuve de Guillaume de Buys, seigneur de Senecia et de Villeneuve, en l'an 1329, se qualifioit dame de Villeneuve et de Senecia, et tutrice de Guillaume de Buys, son fils.

Leurs héritiers vendirent cette terre à Guillaume, seigneur de Saint-Trivier en Dombes, qui en l'an 1380, portoit le titre

---

(1) Titres relatifs à Saint-Trivier conservés aux archives nationales :

1228. — Traité entre le comte de Forez et Humbert de Beaujeu, par lequel ce dernier reconnaît devoir au comte l'hommage de Saint-Trivier. (P. 1388. — Imprimé dans l'Histoire du Forez, par Aug. Bernard, t. 1, preuves, p. 11.)

Mai 1266. — Engagement par Gui Chabeu, damoiseau, seigneur de Saint-Trivier en Dombes, de laisser à Amédée de Belleville, juif, la jouissance de toute sa terre, située entre la Saône et la rivière d'Ain, jusqu'à ce que ledit Gui lui ait intégralement payé la somme de 600 livres. (P. 488, cote 122.)

Octobre 1286. — Vente par Etienne de Bullajeu, chevalier, à Gui, seigneur de Saint-Trivier, de différentes possessions, aux mêmes conditions que celles portées dans l'échange des biens que ledit Etienne possédait dans la franchise et ville de Saint-Trivier. (P. 488, cote 124.)

22 avril 1414. — Testament de Jeanne de Beaujeu, dame de Sandrans, veuve de Hugonin de Saint-Trivier, par lequel elle ordonne qu'elle soit enterrée dans la chapelle de la Sainte-Vierge et de Saint-Antoine, qu'elle avait fondée en l'église de Saint-Trivier. (P. 1389, c. 157.)

de seigneur de Villeneuve. Mais depuis ce tems-là il faut bien que cette seigneurie ait été unie à celle de Dombes, ou par acquisition ou par quelque autre moïen, puisque dans les derniers traités faits par Edouard, sire de Beaujeu, seigneur de Dombes, et les ducs de Bourbon avec les comtes et ducs de Savoye, pour l'hommage de la seigneurie de Dombes, Villeneuve se trouve toujours compris comme une dépendance de Dombes.

En effet, le roi François premier, après la disgrâce du connétable de Bourbon, aïant mis la Dombes sous sa main, le roi Henry second députa Mathieu Athiaud, conseiller au Parlement de Dombes, et François Rousselet, seigneur de la Part-Dieu et de Jonnage, pour la revente du domaine de Dombes, lesquels, au mois de décembre 1543, vendirent Villeneuve à Jean de Cleberg, seigneur de Chavagnieu et de Champ, surnommé le Bon Allemand, des mains de qui cette seigneurie sortit pour passer à celles de Claude de Godon, seigneur de Gravains et de Villon. Anne de Godon, sa fille, porta cette terre à Philibert de Naturel, écuyer, seigneur de la Plaine et du Dulphey en Mâconnois, son mari ; et d'eux est sorti, entre autres enfants, Claude de Naturel, écuyer, seigneur de Gravains, de Villon et de Villeneuve, duquel j'estime que cette terre fut reacheptée par les ducs de Montpensier, ensuite d'un article de la transaction de 1560, par laquelle il étoit dit que toutes les terres et fiefs démembrés de la seigneurie de Dombes par les rois de France y seroient réunis et les achepteurs remboursés (1).

---

(1) Titres relatifs à Villeneuve conservés aux Archives nationales :

3 mai 1300. — Donation par Marguerite, veuve de Guichard d'Oingt, à Louis d'Oingt, son fils, de tout ce qu'elle possède dans les paroisses de Confrançon, Saint-Cyr, Villeneuve et Savigneux. (P. 1355, cote 83.)

19 septembre 1305. — Hommage lige rendu à Humbert de Thoire-Villars, par Louis d'Oingt, pour ce qu'il possède à Villeneuve. (P. 1360, cote 856. — Bibl. Dumb., p. 242.)

Jeudi après la Conception de la Sainte-Vierge 1327. — Vente par Marguerite de Froloy, veuve de Guillaume de Sencé, agissant au nom de son fils,

VILLESOLLIER.

Ce fief est en la paroisse de Saint-Etienne-de-Chalaronne, duquel étoit seigneur, en l'an 1400, Jean de Chabeu, seigneur

à Guichard de Beaujeu, de la maison forte de Villeuneuve, et ses appartenances sises sur les paroisses de Villeneuve, Saint-Marcel, Monthieu et Saint-André-de-Corcy. (P. 1391, cote 597.)

Décembre 1329. — Divers particuliers des paroisses de Mizérieux, Chalins et Aiguerins, se mettent sous la protection de Guichard de Beaujeu, à cause de son château de Villeneuve. (P. 1391, c. 615.)

Jeudi après la fête de saint Luc 1333. — Donation par Édouard de Beaujeu à Etienne de Charning, de plusieurs rentes et usages à Villeneuve. (P. 1390, cote 481.)

20 août 1376. — Vente par Antoine de Beaujeu à Renaud d'Andelot, à grâce de réméré pendant deux ans, de la châtellenie de Villeneuve. (P. 1391, c. 598 et 614.)

2 des nones de juin 1402. — Constitution de procureur, par Renaud d'Andelot, pour aliéner ses terres. (P. 1391, cote 602)

9 juillet 1404. — Information de laquelle il appert que le duc de Bourbon avait envoyé de l'argent à Renaud d'Andelot, pour le rachat de la terre de Villeneuve. (P. 1391, cote 612.)

1406. — Inventaire des lettres trouvées à Villeneuve, quand le château fut pris par le sire de Beaujeu. (P. 1391, cote 610.)

3 juillet 1407. — Louis de Bourbon reconnaît tenir en fief, de son neveu le comte de Savoie, le mandement de Villeneuve. (P. 1389, cote 307.)

1407. — Information de laquelle il appert que le duc de Bourbon a racheté la terre de Villeneuve de Renaud d'Andelot. (P. 1391, cote 612 bis.)

8 juin 1407. — Informations concernant les limites des châtellenies de Beauregard et Villeneuve, et de laquelle il appert que la grange de Vriandas est en cette dernière châtellenie. (P. 1391, c. 595.)

12 octobre 1407. — Vente par Renaud d'Andelot, au duc de Bourbon, de la châtellenie de Villeneuve. (P. 1391, cote 596)

24 mai 1409. — Le duc de Bourbon s'engage à rendre hommage au

de Pionnens et de Merages, puîné de l'illustre famille des seigneurs de Saint-Trivier en Dombes. Depuis il passa en la maison de la Teyssonnière, sans que j'aie appris par quel moïen. Car Philibert de la Teyssonnière, écuyer, seigneur de Chanains, de Villon et de Portebœuf, vivant en l'an 1550, étoit aussi seigneur de Villesollier. Il épousa Claudine de la Baulme, fille de Louis de la Baulme, seigneur de Montfalconnet, et de Philiberte de Teney, et n'en eut qu'une fille appelée Claudine de la Teyssonnière, dame de Villesollier, de Chanains, de Villon et de Portebœuf, laquelle eut pour mary Louis de la Baulme, comte de Saint-Amour et de Vincestre; en l'an 1560, qui fut son héritier et en cette qualité seigneur de Villesollier. Après lui le furent Emmanuel-Philibert de la Baulme, chevalier, comte de Saint-Amour, son fils, et Jacques-Nicolas de la Baulme, aussi comte de Saint-Amour, son petit-fils, qui en passa vente, l'an 1649, à Pierre de Corsant, comte de Bereins et de Banains, qui le revendit à Jean de la Garde, seigneur du Clairon et de Chazelles, lequel est aujourd'hui seigneur de Villesollier (1).

VILLE-SUR-MARLIEU.

Un registre d'hommages que j'ai vu à la chambre des comptes de Paris, nous apprend que Jean de Joyeu, surnommé

---

comte de Savoie, pour Beauregard, Villeneuve, etc. (P. 1363, cote 1176.)

28 mai 1409. — Ratification de l'engagement ci-dessus. (P. 1363, cote 1177.)

25 juillet 1441. — Accord entre Louis de Savoie et Philippe de Bourbon, par lequel le comte de Clermont doit faire hommage au duc de Savoie des villes de Lent, Villeneuve, etc. (P. 1360, c. 885.)

(1) A présent Villesollier appartient à N... Trollier, seigneur de Messimieux en Lyonnois et de Chazelles en Dombes, acquis de N... Colabau, qui pareillement l'avoit acquis de N... Joly de Choing, baillif de Bresse, lieutenant du roi en Bresse et Bugey et gouverneur de Bourg.

Rétis, étoit seigneur de la Ville, en l'an 1380, et qu'il ne laissa qu'une fille, son héritière, appelée Marguerite, laquelle porta cette seigneurie en dot à Lionnet de Franchelins, son mari, qui en fit hommage, à Trévoux, au sire de Thoire et de Villars, le 4ᵉ de juillet 1404 (1), en qualité de seigneur du Chatellard. Ce qu'après lui fit aussi George de Franchelins, son fils, seigneur de La Ville, au château de Trévoux, le 26ᵉ d'août 1420, de l'authorité d'Antoine le Merle, chevalier, son curateur, en présence de Jean de Grolée et Pierre de Farnay, damoiseaux.

Après le décès du sire de Villars, Isabelle d'Harcourt, sa veuve, dame du Châtellard, reçut le même hommage de George de Franchelins, le 3ᵉ de septembre 1426, et Charles, duc de Bourbon, seigneur de Dombes, de Philibert de Laye, seigneur de La Ville, en 1434. Ce qui me persuade que ce fief étoit passé en la maison de Laye en Beaujollois, ou par alliance, ou par acquisition. Il y demeura jusqu'à Louis de Laye, seigneur de La Ville, vivant en l'an 1516, duquel, ou de ses héritiers, Louis des Hugonnières l'acquit, qui l'a laissé à ses successeurs du même nom, du nombre desquels Claude des Hugonnières, écuyer, seigneur de La Ville, aujourd'hui vivant.

Ce fief est appelé la Ville-sur-Marlieu, parce qu'il est au-dessus du village et dans la paroisse de Marlieu.

VILLON.

Bien qu'il y ait eu une noble famille autrefois, en Dombes, du surnom de Villon, je n'en ai néantmoins rencontré aucunes instructions, sinon d'un hommage que fit Guy, sei-

---

(1) On conserve aux Archives nationales un hommage fait le 22 décembre 1402, par N. de Francheleins à Isabelle d'Harcourt, moyennant 500 florins, pour la Ville-près-Marlieux. (P. 1392, cote 633 et 633 bis.)

gneur de Villon, en l'an 1291, à Humbert, sire de Thoire et de Villars, IV du nom (1).

Deux siècles après, Guillaume de Lyarens portoit la qualité de seigneur de Villon, l'an 1490, sans que j'aie pu découvrir par quelle voie il avoit eu cette terre, laquelle, ou par mariage ou par vente, passa depuis en la maison de la Teyssonnière ; car Jeanne de la Teyssonnière, veuve de Pierre de Saint-Trivier, chevalier, seigneur de Chazelles, en l'an 1539, se qualifioit dame de Villon. Et Philibert de la Teyssonnière, écuyer, seigneur de Chaneins et de Portebœuf, étoit aussi seigneur de Villon, qui, de Claudine de la Baulme, sa femme, fille du seigneur de Montfalconnet en Bresse, ne laissa qu'une fille appelée de la Teyssonnière, épouse de Louis de la Baulme, comte de Saint-Amour, à qui elle porta les seigneuries de Villon, Villeneuve, Chanains et Portebœuf en dot, ainsi qu'il a été touché ci-dessus, et qui vendit Villon à Jean de Godon, chevalier, seigneur de Gravains et Colonges, premier président au Parlement de Dombes.

Anne de Godon, sa fille, dame de Villon et de Gravains, fut mariée à Philibert de Naturel, écuyer, seigneur de la Plaine et du Dulphey en Màconnois, qui, par ce moïen, fut seigneur de Villon, que Claude de Naturel, seigneur de Gravains, aliéna en faveur de Claude Valeton, échevin de Lyon, père d'une fille unique appelée Jeanne Valeton, dame de Villon et de Gravains, mariée en secondes noces à Guillaume de Sabrans, écuyer, sur lequel et sur Melchior de Sabrans, son fils, employé par le Roy en diverses ambassades, Villon fut vendu par décret, avec Gravains, en l'an 1606, et adjugé à Louis Austrein, qui, entre autres enfants, a eu Louis Austrein, seigneur de Villon et de Gravains, conseiller au Parlement de Dombes, père de Marguerite Austrein, dame desdits lieux,

---

(1) On trouve un Gui de Villon, chevalier, mentionné dans une charte de 1274. (Archives nationales, P. 488, cote 56), et un Etienne de Villon, damoiseau, dans une charte de 1295. (Ibid. P. 1389, cote 157.

veuve à présent de Claude d'Apchon, comte de Poncin, comme nous avons dit ci-devant, au chapitre de Gravains.

Le château de Villon est en la paroisse d'Agnerens, et en toute justice, haute, moïenne et basse (1).

VILLETTE.

Je n'ay rien pu apprendre touchant ce fief, sinon qu'il appartenoit, en 1554, à noble demoiselle Marguerite Provinciale, bourgeoise de Lyon, sans que j'aie sceu de qui elle l'avoit eu. Villette est près de Beauregard, sur le grand chemin de Lyon à Mâcon.

Il y a peut-être encore quelques autres fiefs en Dombes, dont je n'ay fait aucune mention, pour n'en avoir aucune connoissance; la faute en doit être imputée aux propriétaires qui n'ont pas voulu prendre la peine de m'en informer.

---

(1) Nota. — Guichenon, dans son Histoire de Dombes, ne dit rien de Montceau; il dépend de la terre de la Bastie. (Note d'Aubret sur Guichenon.)

LIVRE TROISIÈME

CONTENANT LA GÉNÉALOGIE DES SIRES DE BEAUJEU, SEIGNEURS DE DOMBES, DE LA PREMIÈRE ET SECONDE LIGNÉE.

Claude Paradin, doyen de l'église collégiale de Beaujeu, est le plus ancien autheur qui ait écrit de la famille de Beaujeu, en ses *Alliances généalogiques des Rois et des Princes de la Gaule*, imprimées l'an 1561. Mais la généalogie qu'il nous en a donnée est fort stérile et peu fidèle.

Après lui, feu M. Duchêne, personnage qui mérite d'être appelé le prince des historiens françois, en publia une beaucoup plus exacte en son *Histoire des Rois, Ducs et Comtes de Bourgogne et d'Arles*, de l'édition de l'an 1619.

Depuis Jacques Severt, théologal de l'Eglise de Lyon, en sa Chronologie latine des archevêques de Lyon, entreprit la même chose, et, quoique par les avantages qu'il eut de voir les titres de l'Eglise de Lyon, des monastères et des églises du Beaujollois et du Mâconnois, il lui fut aisé de relever les manquements de ceux qui l'avoient devancé dans ce dessein; il a toutefois traité une si noble matière avec la même confusion et la même obscurité qui se rencontrent en ses autres ouvrages, de sorte que personne ne peut lire celui-là avec satisfaction.

M. de la Praye, célèbre avocat au bailliage de Beaujollois, avoit entrepris l'*Histoire du pays de Beaujollois*, mais je ne puis faire de jugement de son ouvrage, parce que le manuscrit qui m'avoit été envoié de Lyon par M. le président de Fléchères se perdit malheureusement en chemin.

Outre ces historiens, il y a le fragment d'une chronique, trouvé l'an 1561, en l'abbaye de Belleville, en Beaujollois (1), composée par un autheur anonyme, mais non pas contemporain, ainsi qu'il se reconnoît au langage et au style, laquelle a vraisemblablement servi de modèle aux autres et à un arbre généalogique de la maison de Beaujeu, duquel on voit plusieurs copies, dressé par Claude Le Brun de la Rochette, jurisconsulte du Beaujollois, qui n'a point été imprimé, où il y a de notables erreurs et équivoques. Et comme, en matière de généalogie, le temps découvre toujours quelque chose de nouveau, David Blondel, sçavant en l'histoire, sur les mémoires de feu M. Duchêne, qui lui avoient été communiqués par M. Duchêne, historiographe de France, son fils, mit au jour une généalogie de la maison de Beaujeu plus ample que les précédentes, à laquelle j'ai fait des additions considérables dans la table que j'en ai mise au livre V de mon *Histoire généalogique de la royale Maison de Savoye*, tellement qu'après cela il sembleroit superflu de traiter ce même sujet; je crois néantmoins que mon travail ne sera pas inutile, et que je ferai voir que tout ce qui a été publié jusques à présent des sires de Beaujeu est au-dessous de tout ce qui s'en pouvoit dire pour la gloire de cette famille, laquelle, sans contredit, étoit des plus illustres du Royaume, non-seulement par la

---

(1) Ce fragment de chronique, conservé maintenant à la Bibliothèque nationale, mss. n. 10403, a été imprimé, en 1854, dans la Revue du Lyonnais, nouvelle série. t. VIII, p. 278.

considération de sa grandeur et l'ancienneté de son origine, par les grands personnages qu'elle a produits et par les belles terres qu'elle a possédées, mais encore par les alliances qu'elle a prises ou données à des maisons souveraines, et par les signalés monuments qu'elle nous a laissés de sa piété.

Il y a deux opinions touchant son origine : l'une qu'elle descend des comtes de Flandres, et l'autre des comtes de Lyon et de Forest ; car je ne mets pas en ligne de compte celle de Louis Barbier de Cuseau, en la généalogie de la maison de Vienne, qui fait descendre les sires de Beaujeu d'un Hugues, comte de Beaujeu, prétendu fils de Renald, comte de Bourgogne, qui est une personne fabuleuse.

Ceux qui soutiennent la première opinion (*Severt, in Archiep. Lugd.*) allèguent la conformité des armes et du cry de guerre, mais ils se trompent, car outre que les historiens de Flandres n'en font aucune mention, quoique la chose fût digne d'observation, l'ancienne armoirie des comtes de Flandres étoit le giron, et le premier d'entre eux qui quitta les girons pour prendre d'or au lion de sable fut Philippe, comte de Flandres, fils de Thierry, comte d'Elsas, mort l'an 1191, et inhumé à Clairvaux. Cependant, longtemps auparavant, les sires de Beaujeu portoient un même lion. Et quant au cry de guerre des sires de Beaujeu, que les anciens hérauts assurent être *Flandres*, il n'a été pratiqué par eux que depuis l'alliance qu'ils prirent avec Sibille de Hainaut, fille de Baudoin, comte de Hainaut, et de Marguerite de Flandres.

Les garants de la seconde opinion sont Guillaume Paradin, doyen de Cuiseaux (*Hist. de Lyon*), Claude Paradin (*All. généal.*), son neveu, Claude de Rubis (*Hist. de Lyon*), et Jacques Severt (*in Archiesp. Lugd. et in Episcop. Mat.*), qui ont avancé que les sires de Beaujeu sont issus d'Umfred, fils d'un comte de Lyon et de Forest, son frère, inhumés en l'église de Saint-Irénée de Lyon, se fondant sur l'authorité de leur sépulture et de leur épitaphe, dont toutefois il ne reste à présent aucun vestige. Cet épitaphe est tel :

Hic jacet Artaudus, comes Lugdunensis et comes Forensis,

et dominus Bellijoci, et Umfredus frater ejus, et mater eorum, qui obiit anno nongentesimo nono.

Mais j'ai bien de la peine à me ranger à cette opinion, puisque cet épitaphe ne dit pas que cet Umfred, frère d'Arthaud, comte de Lyon, fut seigneur de Beaujeu ; au contraire il porte que ce même Arthaud, comte de Lyon et de Forest, étoit aussi seigneur de Beaujeu, ce qui est fabuleux ; car un siècle avant cet Arthaud, comte de Lyon, il y avoit un seigneur de Beaujeu, considération qui me persuade que cet épitaphe a été ajouté longtems après cette sépulture.

En effet, il est rapporté diversement par les auteurs qui en ont écrit; car Paradin (*Hist. de Lyon*) suppose qu'il étoit tel que nous venons de le donner ; Severt (*in Arch. Lugd.*) le mit en cette sorte :

Hic jacet Artaudus comes Lugdunensis et Forensis et dominus Belli Joci, anno 993.

Une ancienne généalogie manuscrite des comtes de Lyon et de Forest, que j'ai rencontrée dans les archives de l'illustre chapitre de Saint-Jean de Lyon, porte qu'il étoit ainsi :

Hic jacet Artaudus comes Lugdunensis ac Forensis, dominus Bellijoci, anno 999.

Et qu'un peu plus bas :

Hic jacet Artaldus filius et mater ejus (1).

---

(1) La chronique trouvée à Belleville rapporte cette inscription en ces termes : HIC REQUIESCUNT DNS ARTHALDUS COMES LUGD. ET FORENSIS DNS STEPHANUS COMES FRATER EJUS ET AMPHREDUS BELLIJOCI DNS ET PATER ET FRATER EORUM OBIIT DICTUS ARTHALDUS ANNO DNI NONGEN^{mo} NONAGESIMO TERTIO. — Belleforest donne la même lecture, sinon qu'Etienne n'y a pas la qualité de COMES.

Le mss. n. 9876, an f., de la Bibliothèque nationale, intitulé : « Antiquités de Lyon, » qui a pour auteur je crois, Pierre Sala, rapporte aussi l'inscription : « Hic jacet Artaudus, etc., » et ajoute que « ledit comte voulut que en son anniversere les petitz clerjons dudit sainct Irénée beussent de l'Ipocras, affin qu'ils chantassent plus pieusement et qu'ils désirassent tousjours l'aprochement dudit anniversaire, et, pour ce, donna à ladite église la rente de Sainct-Garmyer.

Cette diversité rend la chose suspecte de soi. D'ailleurs il y a une manifeste contradiction en la date du décès de cet Arthaud, comte de Lyon, en ce que Paradin dit qu'il arriva l'an 999, et Severt l'an 993. Outre cela, il est certain, qu'avant l'an 1000, on ne voit presque point d'épitaphe sur les sépultures des plus grands princes; et, s'il s'en trouve, il n'y a pas tant de qualité, à cause que ceux qui étoient comtes ou marquis se contentoient de se désigner simplement par leurs noms propres et par celui de leur dignité, et non par leurs surnoms, ni les noms de leurs terres dont l'usage n'est venu que longtems après.

Et ce qui me confirme encore mieux dans la croiance que cet épitaphe est supposé, ces mêmes historiens assurent que sur la sépulture étoient les armes de Beaujeu, sçavoir, le lion avec le lambel à 5 pendans. Cependant, en ce siècle-là, les armoiries étoient entièrement inconnues ; joint que si le contenu en l'épitaphe étoit véritable, ces armoiries eussent été celles d'un comte de Lyon, et non du sire de Beaujeu.

Enfin, ces auteurs ne s'accordent point de la forme de cet épitaphe, ni du tems qu'il fut ôté ; car Paradin raconte que l'épitaphe étoit peint en la voûte (1) de l'église de Saint-Irénée, avec les deux écussons de Forest et de Beaujollois, que le sieur de Riverie fit effacer en faisant blanchir l'église, dont le connétable de Bourbon, passant à Lyon, témoigna être marry, parce que cet épitaphe parloit d'un seigneur de Beaujollois. Severt, au contraire, écrit que cet épitaphe étoit gravé sur la sépulture, et qu'il fut ruiné par les religionnaires, l'an 1562, quand ils démolirent l'église de Saint-Irénée.

---

(1) Paradin ne dit pas que cette épitaphe était peinte « en la voûte de l'église de Saint-Irénée ». Voici ses expressions : « Et à ce propos il souloit avoir en l'église Sainct Iregny une chapelle treillée en fer, à main gauche, soubs la voûte de laquelle y avoit deux sépultures, sur lesquelles estoit escrit ce qui s'ensuit : Hic jacet Artaudus, etc. Cest épitaphe n'estoit pas gravé, ains seulement peinct, et y estoient deux escussons des armoiries de Forestz et Beaujolois. » (L. II, chap. xxv, p. 112.)

Il y a encore une autre contradiction remarquable en toute cette narration, en ce que l'on présuppose qu'il y avoit deux sépultures, et toutefois il n'y avoit qu'un épitaphe. Donc, ma conjecture est que ces sépultures étoient de deux comtes de Lyon et de Forest, et que, pour en conserver la mémoire, on y fit mettre cet épitaphe et les armes de Beaujeu, et qu'ils avoient mêmes armes.

Quoi qu'il en soit, je ne veux pas combattre cette origine des sires de Beaujeu, elle leur est trop glorieuse, et il y a trop de raisons qui l'appuient ; car, outre la tradition ancienne et le témoignage de tous ces historiens, le voisinage des terres et les grands droits qu'ils avoient dans la ville de Lyon semblent le devoir persuader, avec la conformité des armes, personne ne pouvant douter que l'ancienne armoirie des comtes de Forest et de Lyon, ne fût le lion avec le lambel, que les comtes de Lyon et de Forest, issus d'un puisné des comtes d'Albon, quittèrent pour prendre le dauphin.

Mais, si cela est ainsi, nos sires de Beaujeu ne doivent pas reconnoitre Umfred, frère d'Arthaud, second du nom, comte de Lyon et de Forest, pour leur tige, parce que le tems y résiste, et faudroit par nécessité que Beraud ou Berald premier, sire de Beaujeu, par qui commence notre généalogie, qui avoit une sœur appellée Tiburge, fût frère de Gérard, comte de Lyon et de Forest, et tous trois enfants d'Arthaud, premier du nom, qui vivoit l'an 900.

C'est donc le sentiment auquel nous nous arrêterons, en attendant que le tems nous en puisse apprendre davantage, après avoir remarqué que les armes de Beaujeu sont d'or au lion de sable, armé de gueules, au lambel de 5 pendans de même, dont les vers suivants furent faits en langage du païs :

Un lion ney de roge harpa
En champ d'or, la coüa reverpa,
Un lambé roge sur la joa,
Y sont les armes de Bejoa,

qui sont les anciennes armes des comtes de Lyon et de Forest, dont le lambel peut avoir été une soubrisure retenue par les puisnés, même après le droit d'ainesse dévolu en leur branche, comme ceux de la maison de Lusignan et de Bar retinrent les leurs, quoiqu'ils fussent devenus chefs du nom et des armes.

Quelques-uns ont cru que ce lambel étoit une brisure des seigneurs de Montpensier, mais les sceaux des sires de Beaujeu que j'ai vus, où est le lambel sur le lion, s'opposent à cette opinion (1).

BERAUD.

Beraud, sire de Beaujeu, lequel est la souche de cette illustre famille (*Paradin, Duchêne*), et qui, par les titres qui se trouvent de lui, vivoit déjà en l'an 930 et 940, et étoit sire de Beaujeu, bien loin seulement qu'il ait vécu, l'an 1030, comme plusieurs ont assuré. Il fonda l'église de Beaujeu et mourut avant l'an 967, et laissa cinq enfants de Vandalmode, son épouse, dont la famille est ignorée, sçavoir (2).

---

(1) Les armes *d'or, au lion de sable chargé d'un lambel à cinq pendants de gueules*, ne sont autres que les armes brisées des anciens comtes de Flandres. C'est ce qui résulte d'un sceau d'Humbert V, fils de Guichard IV de Beaujeu et de Sibille de Hainaut, lequel sceau est parti des armes pures de Flandres, c'est-à-dire du lion sans lambel, et des armes anciennes de Beaujeu, dont l'écu était bretessé. (V. *Hist. des ducs de Bourbon et des comtes de Forez*, éditée par M. de Chantelauze, t. 3, planche de la page 44 des pièces suppl.)

(2) Pour toute la filiation des sires de Beaujeu, voyez la généalogie que j'ai dressée de leur illustre famille, d'après des documents inédits, dans l'*Histoire des ducs de Bourbon et des comtes de Forez*, éditée par M. de Chantelauze, t. 3.

GUICHARD I.

Guichard, premier du nom, sire de Beaujeu, appellé *Vir illustris* par un titre de l'Église de Mâcon de l'an 968, où Adon, évêque de Mâcon, lui remit l'usage de quelques héritages. Par titre, à Riottiers, l'an 33 du règne de Conrad, roi de Bourgogne (1), qui tomba sous l'an 970 (2), il donna à Mayeul, abbé de Cluni, l'église, la paroisse et les dixmes de Saint-George de Rogneins en Beaujollois, situés au comté de Lyon, pour le salut des âmes de Beraud, son père, de Vandalmode, sa mère, du consentement d'Almodis, ou de Raimodis, son épouse, laquelle se remaria avec un chevalier nommé Ansède, avec qui elle vivoit l'an 977.

Du mariage de Guichard, sire de Beaujeu, et d'Almodis ou Raimodis, sa femme, sortit une fille appellée Viceline de Baujeu, vivante l'an 977.

Une charte de l'abbaye de Cluni, qui contient une donation d'Almodis ou de Raimodis, sa mère, à l'église de Cluni, d'une pièce de terre appellée *Casoja*, que Liébaut, évêque de Mâcon, possédoit auparavant, fait mention de cette Viceline, de Guichard, son père, et d'Ansède, second mary d'Almodis (3).

Étienne de Beaujeu, mentionné en la donation de Guichard, son frère, de l'an 970 (4).

---

(1) Lisez « l'an 33 du règne du roi Lothaire II. — Cette charte est dans le cartulaire A. de Cluni, folio 170, charte 32.

(2) Lisez 985.

(3) Le texte de la charte n'est pas aussi explicite que Guichenon. Le nom de Beaujeu ne s'y trouve pas Notre auteur cependant peut avoir raison. (Cart. B. de Cluny, folio 80, charte 464.)

(4) Rien ne prouve, dans le document allégué, que cet Etienne, et Guy que Guichenon donne pour 5ᵉ fils à Beraud, soient de la maison de Beaujeu.

Humbert, sire de Beaujeu, premier du nom, qui continua la lignée.

Umfred de Beaujeu, qui, par titre de l'an 977, donna au monastère de Cluni (*tit. de Cluni*) l'église de Saint-Ennemond, au diocèse de Lyon, en présence d'Humbert, sire de Beaujeu, son frère.

Guy de Beaujeu, nommé avec ses frères, en un titre de l'an 973. (*tit. de Cluni.*)

HUMBERT I.

Humbert, premier du nom, sire de Beaujeu, succéda en la seigneurie de Beaujeu à son frère ainé, décédé sans enfants mâles, ou à Viceline de Beaujeu, sa nièce (1).

L'an 977, il confirma la fondation de l'église de Beaujeu (*tit. du chât. de Beaujeu*) faite par Beraud, son père. Son alliance fut avec une dame nommée Elmède ou Emelde, avec laquelle il donna, sous le règne d'Hugues Capet, à l'église de Cluni, un maix de franc aleu, appellé *Morgon*, situé en Mâconnois, sous les sceaux de Beraud et de Léotard de Beaujeu, leurs enfants (2). Ils eurent encore d'autres enfants dont voici les noms :

Hugues de Beaujeu, qui, par titre, sans datte, ratifia, avec

---

(1) Il est même plus probable, puisque la Notice de la fondation du Chapitre de Beaujeu rapporte qu'Humbert fit le voyage de Rome avec son père et sa mère, qu'il était l'aîné des enfants de Beraud et qu'il lui succéda directement.

(2) Cart. A de Cluni, folio 54, charte 277. — Les cartulaires de Cluni contiennent plusieurs autres chartes qui peuvent convenir à cet Humbert ; une, surtout, très-importante en ce qu'elle lui donne son nom de Beaujeu. Cette Charte porte pour titre : « Sanctus Maiolus, abbas, Umberto de Bello Joco commandavit has obedientias : Algoium, Pola, Scociolas et Arpagiacum. (Cart. A, folio 177, charte 75.)

Guichard et Etienne de Beaujeu, ses frères, toutes les donations que Beraud et Vandalmode, seigneurs de Beaujeu, et Humbert, seigneur de Beaujeu, leur père, avoient faites à la chapelle de leur oratoire.

GUICHARD, sire de Beaujeu, second du nom, qui suit ;
LÉOTARD de Beaujeu.
ÉTIENNE de Beaujeu.
BERAUD de Beaujeu.
ÉLISABETH de Beaujeu.
VANDALMODE de Beaujeu.

GUICHARD II.

Guichard, sire de Beaujeu, second du nom, duquel il est fait mention dans un titre de l'église de Saint-Vincent de Mâcon, sous le règne d'Henry Ier, ainsi qu'il sera dit ci-après, qui nous apprend qu'il vivoit environ l'an 1000. Il eut deux enfants:

GUICHARD, troisième du nom, sire de Beaujeu, duquel il sera plus amplement parlé.

GAUTHIER de Beaujeu, évêque de Mâcon (*Severt, in Episcop. Matis.*), élu en l'an 1031, et qui vécut jusques en l'an 1063. Il est parlé souvent de lui aux titres de l'église de Mâcon (*Gall. christ.*), concernant les différens des sires de Beaujeu et des seigneurs de Brancion avec cette église. Il souscrivit le testament d'Hugues, archevêque de Besançon, de l'an 1048, assista à la consécration du grand autel de Saint-Etienne de Besançon, et se fit religieux à Cluni sur la fin de ses jours.

Ceux-là se sont mépris, qui l'ont fait fils de Beraud, sire de Beaujeu, parce que le temps n'y convient pas (1).

---

(1) Gauthier, évêque de Mâcon, n'était pas plus fils de Beraud que de Guichard de Beaujeu. Il n'appartenait même pas à leur famille. Son père s'appelait Varulphe et sa mère Tetza. (V: cartul. de Cluni, A, folio 40, cote 9 ; folio 29, cote 119, et folio 38, cote 177.)

GUICHARD III.

Guichard, troisième du nom, sire de Beaujeu, par qui feu M. Duchesne a commencé la généalogie de cette illustre famille, tout ce qui est au-dessus lui aiant été inconnu.

La lettre que le pape Benoît XIII (*Hist. franc. script.*, *tom. 4*) écrivit aux prélats et principaux seigneurs de Bourgogne, pour la protection du monastère de Cluni, vers l'an 1024, sous le règne du roi Robert, qui étoit alors à Rome, fait mention de lui.

Au cartulaire de l'église de Saint-Vincent de Mâcon, il y a une charte de l'an 1031, par laquelle, du consentement de Ricoaire, sa femme, et de leurs enfants, il quitta les droits que Guichard de Beaujeu, son père, et leurs prédécesseurs, avoient exigés sur les sujets de cette église qui s'étoient retirés à Beaujeu ou qui s'étoient mis sous leur protection, à la réserve seulement de certaines redevances, en la présence d'Etienne, sire de Villars, d'Hugues et d'Aimin de Marchamp, frères.

L'an 1050, sous les sceaux de sa femme, d'Humbert, de Guichard et de Dalmace, ses enfants, de Gausmar de Pizeys et de Roland de Montagny, il donna à la même église de Mâcon un maix appellé de Bruyères, situé au comté de Mâcon.

Il est nommé présent avec les évêques d'Autun et de Chalon, Guichard, seigneur de Bourbon, et Geoffroy, seigneur de Cenves, en une charte de Thibaud, comte de Châlon, pour le prieuré de Saint-Marcel.

Arthaud le Blanc, vicomte de Mâcon, lui donna la moitié du château et de la châtellenie de Riottiers, à cette condition que celui d'entre eux qui voudroit vendre sa part seroit tenu d'en donner avis à l'autre pour l'acheter ou pour la prendre à titre d'engagement, autrement que chacun garderoit sa moitié. Ceux qui furent présents à ce traité furent, de la part du vicomte de Mâcon, Etienne, sire de Villars, Boniface de Miribel, beau-frère du vicomte, Girard d'Aillant et Rodolphe de Mercuret; et de celle de Guichard, sire de Beaujeu, Robert l'Enchaîné, Etienne de Marchamp, Berard de Verneys et Humbert d'Andilly (1).

Son alliance fut avec Ricoaire de Salornay (2) (*Cl. Paradin, Duchesne, Severt*), fille du seigneur de Salornay, ancienne famille du Mâconnois, avec laquelle il fit diverses donations à Cluni, sous saint Hugues, abbé (*tit. de Cluni*), entre autres de l'église de Ville-Vitry, au diocèse d'Autun, du consentement de son mari et de leurs dits enfants (3). Les enfants suivants vinrent de ce mariage :

HUMBERT, second du nom, sire de Beaujeu.

GUICHARD de Beaujeu, nommé aux deux chartes de Saint-Vincent de Mâcon des années 1031 et 1050, avec ses frères Humbert et Dalmace.

DALMACE de Beaujeu, chevalier, seigneur de Saint-Trivier en Dombes, père d'un autre Dalmace, seigneur de Saint-Trivier, qui, en l'an 1151, fut présent à l'engagement qu'Etienne, sire de Villars, second du nom, fit à l'Eglise de Lyon (*tit. de l'Eglise de Lyon*) (4) de la seigneurie, château et péage de Rochetaillée. Il ne laissa qu'une fille mariée à Guy de Chabeu, chevalier, dont la postérité prit le nom et les armes de Saint-Trivier, ainsi qu'il sera dit au livre VI de cette histoire.

HUGUES de Beaujeu, duquel parle un titre de l'abbaye de Savigny en Lyonnois, et de ses frères, en l'an 1080.

N...... de Beaujeu, mariée à Liébaut, seigneur de Digoine en Charollais.

---

(1) Cette donation se rapporte à Guichard IV. (V. Aubret, t. 1, p. 277.)
(2) Il n'est pas certain que Ricoaire fut de la famille de Salornay. Aucun document ne l'établit. (V. Aubret, Mémoires, t. 1, p. 232.)
(3) Cartulaire B, folio 172, cote 125, et folio 272, cote 731.
(4) Le Laboureur, Masures de l'Isle-Barbe, p. 84.

HUMBERT II.

Ce fut à la prière d'Humbert, sire de Beaujeu, second du nom, que l'église de Beaujeu (*tit. de l'Eglise de Lyon*) fut consacrée, au mois de décembre 1076 (1), par Hugues, évêque de Dye, légat apostolique, Gebuin, archevêque de Lyon, et Landry, évêque de Mâcon, à l'honneur de la sainte Vierge, ce que Paradin, (*Hist. de Lyon, liv. 2, chap. 33*), attribue mal à propos à Beraud, sire de Beaujeu, et à sa femme Vandalmode, qui vivoient un siècle plus haut. Ils peuvent bien en avoir été les fondateurs. C'est sur la porte de cette église où se voit en marbre blanc la représentation d'un ancien sacrifice des Romains, appelé *solitaurilia*.

Il se trouve nommé avec Landry, évêque de Mâcon, à la donation que Gaspard d'Arpagé et Geoffroy de Mailly firent à l'église de Saint-Vincent de Mâcon, de la moitié de l'église de Lentigny, environ l'an 1078.

Ce seigneur, assisté de Ricoaire de Salornay, sa mère, de Dalmace et d'Hugues de Beaujeu, ses frères, donna, l'an 1080 (2), à Dalmace, abbé de Savigny en Lyonnois, la moitié de l'église de Saint-Pierre de Montmelas, et reçut de lui en récompense 500 sols monnoye de Poitou et 400 sols d'autre monnoye. La charte est souscrite par plusieurs gentilshommes, entre autres par Guichard de Marzé, Berard d'Yoin, Itier de Bulleu, Hugues de Tanay et autres, et est datée de l'an xx du règne de Philippe, roi de France.

L'an 1090, il quitta à l'église de Saint-Vincent de Mâcon, du consentement de sa femme, l'église de Mardoure, avec la chapelle de Saint-Vincent en l'église de Notre-Dame d'Argrylli. Il souscrivit une chartre du roy Philippes en l'abbaye

---

(1) Plutôt 1078. (Aubret, Mém. t. 1er, p. 253.)

(2) Lisez 1064. — Cartulaire de Savigny, publié par M. Aug. Bernard, chap. 754.

de Mausac, par laquelle Sa Majesté soumet cette église au monastère de Cluni (*Bibliot. Cluniac, p. 533 et 534*), à la prière de Robert, comte d'Auvergue, l'an 1095, et le xxxviie du règne de ce roy. Présens Hugues, archevêque de Lyon, légat apostolique; Ademar, évêque du Puy ; Eudes, duc de Bourgogne ; Robert, comte d'Auvergne, et Guillaume, son fils.

Claude Paradin (*Allian. généalog.*) et Severt (*Arch. lugd.*) donnent deux femmes à Humbert de Beaujeu, l'une appelée Hemelde, et l'autre Auxilie ou Alix de Savoye. En quoi ils se sont notablement mépris, car Hemelde fut femme d'Humbert, premier du nom, et Auxilie de Savoye d'Humbert troisième. Celle-ci se nommoit Vandalmode de Châlon, mentionnée en divers titres de Cluni des années 1090 et 1095, sous l'abbé Hugues. Elle était fille d'Hugues de Châlon et nièce de Guillaume, comte de Châlon, qui, par la lettre de son mariage, qui est sans date, promit de lui laisser en dot les biens de son père et de la faire son héritière, au cas qu'il n'eut point d'enfants.

Humbert de Beaujeu eut de ce mariage :

GUICHARD, sire de Beaujeu, quatrième du nom ;

JOSSERANDE de Beaujeu ;

ÉLISABETH de Beaujeu ;

VANDALMODE de Beaujeu, mariée au seigneur de Briord en Bugey. C'est elle qui fonda, l'an 1112, une aumône au prieuré d'Inimont en Bugey, laquelle se distribue encore à présent. D'eux est descendue la famille des seigneurs de Briord, des plus anciennes et des plus illustres du Bugey ;

HUGUES de Beaujeu, chanoine en l'Eglise de Lyon et de Beaujeu, abbé de Saint-Just, qualifié en l'ancien obituaire de Saint-Vincent de Mâcon, personnage très-excellent, prudent et dévôt ; il mourut au mois de juin 1127. Claude Paradin s'est trompé de l'avoir fait sire de Beaujeu et d'avancer qu'il avoit été marié.

GUICHARD de Beaujeu, archevêque de Lyon (1).

---

(1) « Nous n'avons trouvé aucune preuve que cet archevêque fût de la maison de nos princes. S'il en eût été, il n'aurait pu être que le fils que

HUMBERT de Beaujeu, chevalier, seigneur de Perreux, décédé sans postérité.

GUICHARD IV.

Sire de Beaujeu.

Arnoulph, seigneur d'Urfé, surnommé Raybe, le latin dit *Rabies*, fils de dame Constance; lui donna son château d'Urfé, qui étoit de franc-alleu, et Guichard de Beaujeu, selon ce qui se pratiquoit en ce siècle, le lui remit à l'instant en fief et en reçut l'hommage de lui; ce qui se fit au château de Perreux. en présence d'Étienne de Marchamp, de Durand d'Estours, d'Humbert de la Douse, et de Bernard de Verneys, témoins choisis de la part du sire de Beaujeu et d'Hugues et d'Humbert de Verneys, son frère, de Durand de Changy et de Girard de Pastorel.

Guillaume, comte de Châlon, lui donna en fief le château de la Bussière pour le tenir de la même manière que le possédoient les Déchaussés. La lettre de cette concession est datée à Marsey. Présents pour le comte de Châlon : Bernard Gros, Liebaud de Digoine, Bernard de Longmont, Gauthier de Moyriat et Robert de Bussi; et pour le sire de Beaujeu : Etienne d'Andilly, Barthelemi de Sigy, Eudes de Marchand, Arthaud de la Bussière, Guillaume l'Enchaîné et Ponce de Montbonod.

Par titre de l'an 1117, qui est aux archives de l'église Saint-Vincent de Mâcon, il engagea avec Hugues de Beaujeu, abbé de Saint-Just, son frère, aux chanoines de cette église, tout ce qu'il avoit au village d'Avena, près de Beaujeu, et en

---

Paradin donne à Hugues de Beaujeu, qu'il appelle Guichard. Mais rien ne nous apprend qu'il fût fils d'Hugues de Beaujeu ni d'aucun seigneur de cette maison. » (Aubret, t. 1ᵉʳ, p. 269.)

cas d'inobservation de ce traité, David de Margion, Bernard de Verneys et Etienne de Marchamp promirent d'aller en otage au château de Beaujeu.

Guillaume, comte de Mâcon, surnommé l'Allemand, pour reconnoissance des services que Guichard de Beaujeu lui avoit rendus, et pour s'acquitter de 500 sols de rente qu'il lui devoit, lui remit le château de Cenves en Mâconnois, avec toutes ses dépendances, au même état que le tenoit Arthaud de Mailly, qui en étoit châtelain. Présens à cette concession, qui fut faite à Salins, Ulrich de la Poype, Léopold de Lons, Hugues de Ville-Gualbert, Humbert de Montmorel, Humbert de Salins et Guichard d'Anton, nommés de la part du comte de Mâcon ; et de celle du sire de Beaujeu : Robert l'Enchaîné et Guillaume, son fils, Girin de Verneys et Humbert d'Andilly.

Le cartulaire de l'église de Beaujeu, où est cette charte sans date, porte qu'après le décès du comte Guillaume, Raynold, comte de Mâcon, son héritier, confirma au comte de Beaujeu cette concession, à Mâcon, au cloître de Saint-Vincent, en recevant de lui l'hommage du château de Cenves, en présence d'Adelard de la Sale, d'Oger de Veyle et d'Humbert de Montmorel, témoins du comte ; et de Guichard du Piseys, de Bernard de Besornay, de Robert l'Enchaîné, de Guillaume, son fils, et d'Humbert d'Andilly, témoins du sire de Beaujeu. Et le comte Raynald aiant donné le comté de Mâcon à Guillaume, son fils, Guichard, sire de Beaujeu, reprit en fief de lui la même seigneurie de Cenves, au château de Vinzelles, présens les surnommés Adelard de la Sale, Robert et Guillaume l'Enchaîné, Etienne de Marchamp et Humbert d'Andilly.

Une vision qu'il eut de six vieillards qui labouroient la terre, un joug au col, en un lieu appelé Thumaïs, près de Villefranche, conduits par Bernard, abbé de Tiron, en Normandie, qui tenoit la charrue, lui inspira de faire bâtir un prieuré en ce même lieu, et de prier l'abbé de Tiron lui envoyer six de ses religieux pour les y loger, auxquels il fit donation du lieu et de tous les droits de justice et autres qu'il y avoit, avec déclaration qu'il leur amortissoit tous les fonds qui leur seroient donnés ou qu'ils acquerroient ; ce que Guichard de Beaujeu alla confirmer à Tiron, à l'abbé Bernard, suivi d'Humbert, de Guichard, de Gontier, d'Alix et de Marie de Beaujeu, ses enfans, au mois de juillet 1118, en présence de Rondan de Marzé, de Gontier de Marzé, de Pierre de Villefranche, de Guy de Courtiomble, de Girard de Presle, d'Yves de Courville, de Geoffroy de Beauvoir, d'Ancelin de Masilles, d'Humbert de Malespine, de Rofroy de la Vieuville, de Guillaume de Chantemerle, de Payen de Massieu, de Sulpice de Varennes, d'Etienne de Marchamp, de Durand d'Estolz, de Berard de Poise, d'Hugues de Chamues, d'Amblard de Beauregard et d'Humbert de la Vauguion.

Longtems après, ce prieuré fut érigé en abbaye, sous Guillaume troisième, abbé de Tiron, ce qu'on apprend d'une bulle du pape Lucius III, la première de son pontificat, addressée à l'abbé de Joux-Dieu, de l'an 1182.

Etant à Lyon il fit hommage à Guy d'Albon, comte de Forest, de ce qu'il tenoit de lui en fief, et prit en accroissement le bourg de Saint-Trivier (1), ce que le comte de Forest avoit au château de Perreux, qu'il avoit précédemment donné à Humbert de Beaujeu, frère de Guichard, au château et en la châtellenie de Chamelet ; présents, de la part du comte de Forest : Gaudemard Durel, Berlion de Moirent, Aynard, son frère, et Hilduin d'Ogerolles ; et de celle du sire de Beaujeu : Hugues, son frère, abbé de Saint-Just, Etienne de Marchamp, Hugues de Ronchevol, Berard de Verneys, Varnier de Roanne et Durand de Rochéfort.

Il fonda, l'an 1129, l'église paroissiale de Saint-Nicolas de Beaujeu (*Severtin, arch. lugd.*).

La chartreuse des Portes, en Bugey, le reconnoit pour un de ses principaux bienfaiteurs par une charte de l'an 1130, (*tit. de Porte*).

---

(1) Le bourg de Saint-Trivier avait déjà été inféodé à Guichard de Beaujeu par Eustache, comte de Forez.

Il eut différent avec l'archevêque de Lyon, dont le pape Innocent II prit connoissance, et, en qualité d'arbitre, ordonna par bulle datée à Saint-Michel de la Cluse, le 3ᵉ des nones d'avril 1132, adressée aux évêques d'Autun, de Vivier et de Grenoble et à l'abbé de Savigny, que les châteaux de Lissieu et de l'Illié seroient démolis.

Pierre le Vénérable, abbé de Cluni, a écrit qu'il avoit été l'un des plus vaillants et magnanimes de son siècle, et qui, en puissance et en réputation, avoit surpassé tous ses prédécesseurs, et qu'aiant été longtems malade, sans espérance de guérison, il se fit religieux au monastère de Cluni, où il acheva pieusement le reste de ses jours (1).

L'obituaire de l'église de Beaujeu l'appelle Prince très-fameux.

Il prit alliance avec Luciane de Rochefort de Montlhéry, fille de Guy de Montlhéry, comte de Rochefort en Yveline, seigneur de Gournay-sur-Marne et de Crécy, surnommé le Rouge, sénéchal de France, et d'Elisabeth de Crécy, comtesse douairière de Corbeil.

Cette Luciane de Rochefort avoit été accordée en mariage à à Louis le Gros, fils de Philippe premier, roy de France, mais parce qu'ils étoient proches parents, les promesses furent cassées par le pape Pascal II, au concile de Troyes. Cette alliance est une preuve glorieuse du rang que Guichard de Beaujeu tenoit dans le royaume. Il eut cinq enfants de ce mariage :

Humbert, sire de Beaujeu, troisième du nom.

Guichard de Beaujeu, mentionné au titre de fondation de l'abbaye de Joux-Dieu.

Martin de Beaujeu.

Baudouin de Beaujeu.

---

(3) Bibliotheca Cluniacensis, col. 1290. — Peu de temps avant sa mort, arrivée le 23 septembre 1137, il composa, étant à Cluni, des vers français découverts depuis peu, et qui nous restent comme l'un des plus curieux monuments de notre langue au xiiᵉ siècle. (V. Lamure, éd. de Chantelauze, t. 3.)

SIBILLE de Beaujeu, épouse de Guy d'Albon, premier du nom, comte de Lyon et de Forest. Elle est fondatrice du prieuré de Beaulieu en Forest, ainsi qu'a remarqué M. de la Mure, sacristain et chanoine de Montbrison, au livre qu'il a fait imprimer de la Fondation et des Antiquités de ce monastère (1).

GONTIER de Beaujeu, chanoine de Beaujeu. Il est encore parlé de lui, d'Alix et de Marie de Beaujeu, ses sœurs, en la fondation de l'abbaye de Joux-Dieu.

ALIX de Beaujeu.

MARIE de Beaujeu.

HUMBERT III.

Sire de Beaujeu.

Humbert III, sire de Beaujeu, seigneur de Château-Neuf en Valromey, de Virieu le Grand et de Cordon en Bugey, eut l'honneur de recevoir le pape Innocent II, au château de Beaujeu. L'an 1151, il donna aux religieux du prieuré de Saint-Julien de la Roche, appellé aujourd'hui la Grange Dubois, pour le salut de son âme et de ses prédécesseurs, l'usage pour le bétail de leur maison dans ses forêts. Présens, Etienne de Marchamp, Pierre de Varennes, Girard de Verneys, Humbert d'Andilly, Arnould de Fougeres et Bernard des Cours.

Un titre qui est au cartulaire du chapitre de Beaujeu, nous apprend que Guy, comte de Forest, qui avoit servi le roy Louis le Jeune au voiage de Notre-Dame du Puy, d'où sa Majesté ramena prisonnier Ponce, vicomte de Polignac, et Heracle de Polignac, son fils, ne voulant pas se prévaloir du don que le

---

(1) Hist. eccles. p. 300.

roy lui avoit fait de l'abbaye de Savigny en Lionnois, la rendit à Humbert de Beaujeu, son oncle, parce qu'elle lui appartenoit et à ses prédécesseurs de toute ancienneté. Ce titre est daté en l'église de Sainte-Marie-Magdeleine hors la ville de Montbrison, en présence de Guy de Garlande, de Guy de Bouteillier, et de Guy de Chevreuse, cousin d'Humbert de Beaujeu, tous de la maison du roy, de l'abbé et du prieur de Savigny et de Bertrand de Tarare. Les autres témoins de la suite du comte de Forest, sont : Guichard d'Yoin, Ponce de Rochebaron et Ponce d'Albigny ; et ceux du sire de Beaujeu : Ardoin de la Sale, Adelard, son cousin, Hugues de Vinzelles, Mayeul et Guillaume de Vinzelles (1).

Pierre le Vénérable, abbé de Cluni (*lib, 1, miracul., cap., 27*), raconte de lui qu'aiant été effraié d'une vision qui l'avertissoit de ne point accompagner à la guerre le comte de Savoye, parce qu'il y mourroit, il résolut, pour détourner le péril dont il étoit menacé, d'aller en Jérusalem, (*Parad. hist. de Lyon, liv., 3, p. 406*), par l'avis de Guichard, seigneur de Marzé, son principal conseiller ; où étant arrivé, il prit l'ordre et l'habit de Templier pour combattre les infidèles. Mais sa femme, à laquelle il avoit laissé la conduite de son pays, ne pouvant résister aux entreprises de leurs ennemis, s'en plaignit à Heraclius, archevêque de Lyon, et à Pierre le Vénérable, (*lib. 6, épist. 29, Severt in arch. Lugd., in epist Matis*), qui en écrivirent au pape Eugène III, lui représentant que la présence d'Humbert étoit plus nécessaire pour le bien des églises de son voisinage que son séjour en la Palestine. Sur quoi Sa Sainteté le dispensa de son vœu et l'obligea de retourner en Beaujolois, à condition qu'il feroit bâtir une église collégiale dans une de ses terres.

Ainsi, Humbert étant de retour, se trouva, l'an 1153, en une assemblée tenue à Saint-Vincent de Mâcon, entre Odon, cardinal et légat du Saint-Siège, Héracle, archevêque de Lyon, les évêques d'Autun et de Mâcon, Guillaume, comte de Bour-

---

(1) Pérard, Recueil sur la Bourgogne, p. 586.

gogne et de Mâcon, Guillaume, comte de Châlon et les seigneurs de Brancion et de Berzé, pour les affaires du monastère de Cluni, (*Cronic. cluniac. in vita Pet. Venerab.*) Il contribua beaucoup à la fondation de la chartreuse d'Arvières en Valromey (*Hist. de Bresse et de Bugey*).

Pour exécuter le commandement que le pape Eugène III lui avoit fait en le dispensant du vœu de la religion des Templiers, il fonda l'abbaye de Belleville en Beaujolois, dont voici les progrès. Au commencement il n'y avoit qu'une petite chapelle dédiée à la bienheureuse Vierge pour la commodité des habitans, dépendante du chapitre de Lyon. Humbert y logea six chanoines de Saint-Irénée de Lyon, de l'ordre de Saint-Augustin, au mois de novembre 1159, du consentement d'Heraclius, archevêque, et des chanoines de l'Église de Lyon, qui leur quittèrent le droit de patronage et autres qu'ils avoient sur cette chapelle, dans la ville et au port de Belleville, moyennant quatre marcs d'argent que l'Église de Belleville promit payer à celle de Lyon, tous les ans. Ensuite de cela le sire de Beaujeu fit aggrandir l'église et la dota, et Ponce de Villars, évêque de Mâcon, par permission d'Heraclius, archevêque de Lyon, la consacra au mois de septembre de l'année suivante. Humbert fit ensuite bâtir des maisons pour des chanoines, donna de beaux ornemens et y établit un azile pour servir de retraite à toutes sortes de criminels et de débiteurs.

Quatre ans après, il prit une plus haute pensée, ce fut de faire ériger en abbaye ce qui n'étoit qu'un simple prieuré. A cet effet, il alla au chapitre de Lyon, où l'archevêque, du consentement de son église et du prieur de Saint-Irénée, la mit en abbaye, à condition qu'elle dépendroit à l'avenir de Saint-Irénée et que les abbés n'en pourroient être élus que par la licence du prieur de Saint-Irénée. Etienne, évêque de Mâcon, la bénit solennellement le jour de la fête de sainte Magdeleine, 1164. Étienne, prieur de Saint-Irénée, en fut le premier abbé, au mois d'août suivant. Humbert, ayant perdu son fils Guichard, alla à Belleville faire prier Dieu pour lui et donna à ce nouveau monastère les moulins de Belleville, les maix de

Fontanelles et de Pomier, le clos de Brouilly et autres héritages.

Quelques tems après, Humbert s'étant rencontré au chapitre de Belleville avec Guichard, archevêque de Lyon, et Anselme, évêque de Belay, prieur de Portes, fit jurer à Humbert de Beaujeu, son fils, de maintenir les religieux de Belleville dans la jouissance des biens qu'il leur avoit donnés, auxquels il ajouta les fours de Belleville, les profits du marché, et tout ce qu'il avoit au Carrige, en faveur de l'élection de Pierre de Pomier, second abbé de Belleville, après le décès duquel fut choisi Landry, chanoine de Mâcon, qui porta Humbert de Beaujeu à faire bâtir à Belleville une plus grande église, de laquelle les fondemens furent jettés au mois de juillet 1168. Mais l'abbé Landry étant décédé, Ponce, qui lui succéda, la fit achever aux dépens d'Humbert, qui, par le conseil de Guichard, archevêque de Lyon, d'Etienne, évêque de Mâcon, et d'Etienne, abbé de Cluni, y envoia l'argent qu'il avoit laissé en dépôt à Portes. La dédicace de cette nouvelle église se fit au mois d'août de l'an 1179, en faveur de laquelle Humbert promit à l'abbé et à ses religieux de les laisser jouir de tout ce qu'ils acquerroient de mouvant de son fief. Paradin nomme l'archevêque de Lyon, qui fit cette dédicace, Gilbert, quoiqu'il s'appelle Guichard, avec lequel y assista Etienne, évêque de Mâcon. Severt y ajoute un autre prélat, sçavoir Josse, évêque d'Acre, dont toutefois la charte de la fondation ne parle point.

Mais, quittant cette longue disgression, laquelle ne sera peut-être ennuieuse au lecteur, reprenons la suite des actions plus considérables de notre Humbert de Beaujeu, qui ne lui sera pas moins glorieuse. Il se trouva présent à une exemption de péage et de leyde, accordée [par Guichard, comte de Mâcon, aux religieux de l'abbaye de Chassagne en Bresse, avec Etienne de Villars, Pierre de la Palu, Colard de la Sole, Ebrard de Chabanes et Fouques le Brun, chevaliers.

Parmi les lettres écrites au roy Louis-le-Jeune, par les papes, rois, princes et grands seigneurs, il s'en voit une d'Etienne, abbé de Cluni, par laquelle il prie Sa Majesté de venir en Bourgogne pour arrêter les ravages et les pilleries des Barbançons, et pour donner ordre au rétablissement de Dreux, archevêque de Lyon, dont le pape avoit cassé l'élection, où est remarquable que l'abbé de Cluni, pour donner quelque espérance au roy du succès de son voiage, l'assure que le comte de Forest et le sire de Beaujeu tiendroient le parti de Sa Majesté.

Il est vrai que le roy eut tant de confiance en lui, que par son conseil il pacifia certains différens qui étoient entre Liebaud, abbé de Tournus et les habitants de Tournus, l'an 1171.

Girard, comte de Mâcon, ayant eu guerre avec Raynald, sire de Baugé et de Bresse, Humbert de Beaujeu fut dans les intérêts du comte, et prit prisonnier, en un combat, Ulrich, fils aîné du sire de Baugé, pour la délivrance duquel le père en écrivit au roy Louis-le-Jeune, qui s'y employa inutilement ; nous en avons rapporté les lettres en notre Histoire de Bresse (1).

Il y a une grande apparence que cette guerre fut terminée au voiage que le roy fit à Vezelay en Bourgogne, où il appaisa tous les différens que Girard, comte de Mâcon et Humbert de Beaujeu avoient avec Sa Majesté, l'évêque et l'église de Mâcon, par traité de l'an 1172, qui contient cette particularité que le sire de Beaujeu et Josserand, seigneur de Brancion, promirent au roy de le servir contre le comte de Mâcon, s'il contrevenoit au traité.

L'archevêque de Lyon s'étant plaint au roy qu'Humbert de Beaujeu refusoit de le reconnoître, il en écrivit à Sa Majesté et l'assuroit qu'il en useroit si bien avec ce prélat qu'il seroit obligé de s'en tenir satisfait : et sur la fin de sa lettre il prie le roy de ne point souffrir que les langues des flatteurs lui rendent de mauvais offices auprès de Sa Majesté. Il fut un de ceux contre qui Philippe second, roy de France, se mit en

---

(1) Première partie, p. 50 et 51. — V. aussi Menestrier, Hist. de Lyon, pr. p. 44. — Cachet de Garnerans, p. 40 et 41.

campagne avec une puissante armée, l'an 1180, parce qu'il faisoit la guerre aux ecclésiastiques de Bourgogne avec les plus grands seigneurs du pays.

Son décès est marqué en l'obituaire de l'église collégiale de Beaujeu, sous l'avant-veille des ides de septembre 1189, et porte qu'il gît à Cluni. Néantmoins, il est certain, par un titre de l'abbaye de Belleville qu'il étoit encore en vie l'an 1193, ainsi qu'il sera dit cy dessous, ce qui prouve qu'il étoit parvenu jusques à une extrême vieillesse. Il s'allia par mariage avec Auxilie ou Alix de Savoye, fille d'Amé III, comte de Savoye, de Piémont et de Maurienne, marquis de Suze et d'Italie et de Mahaut d'Albon.

Cette princesse étoit nièce d'Alix de Savoye, reine de France, et sœur de Mahaut de Savoye, reine de Portugal ; elle eut en dot les seigneuries de Chateauneuf en Valromey, de Virieu-le-Grand et de Cordon en Bugey.

Enfans d'Humbert, sire de Beaujeu, troisième du nom, et d'Auxilie de Savoye, son épouse :

Hugues de Beaujeu, qui ne laissa qu'une fille appelée Guicharde de Beaujeau, mariée à Archembaud, sixième du nom, de vicomte de Comborn, fils d'Archembaud V et de Jordaine Perigord. Elle décéda avant l'an 1221, et de son mariage vinrent deux fils, sçavoir ; Bernard, vicomte de Comborn, mari de Marguerite de Turenne, et Guichard de Comborn, chevalier, vivant l'an 1248.

Ce Bernard, vicomte de Comborn, fut père d'Archembaud, septième du nom, vicomte de Comborn, qui épousa Marie de Limoges, fille de Guy, troisième du nom, vicomte de Limoges, d'où vint Guy, premier du nom, vicomte de Comborn, en 1279, qui fut marié deux fois, sçavoir : avec Arnicie de Chabanois, puis à Almodis, fille de Gui, seigneur de Tonay et non pas de Thouars, comme a écrit M. Justel, qui s'est mépris aussi d'avoir donné pour femme à Archembaud, sixième du nom, vicomte de Comborn, Marie de Limoges, puisqu'il n'épousa que Guicharde de Beaujeu, et que Marie de Limoges fut femme d'Archembaud, septième du nom; son petit-fils.

Humbert de Beaujeu, quatrième du nom, qui suit :

Gui de Beaujeu, nommé avec ses frères en une charte de l'an 1194 (1).

Guichard de Beaujeu, chevalier, décédé avant son père, comme témoigne la note de la fondation de l'abbaye de Belleville, de laquelle nous avons parlé cy devant.

Quelques auteurs ajoutent un autre Guichard de Beaujeu, abbé de Pontigny, l'an 1164, puis archevêque de Lyon, décédé l'an 1179, et inhumé à Pontigny ou en l'église de Riortier ; mais je n'en ai vu aucunes preuves.

HUMBERT IV.

Sire de Beaujeu.

Fit un mémorable traité avec Guichard, archevêque de Lyon, par lequel ils se promirent de se défendre l'un et l'autre contre leurs ennemis et de se prêter leurs chevaux pour s'en servir en tems de guerre; ce que chaque archevêque ou chanoine de Lyon seroit tenu de jurer à même temps qu'ils seroient élus, à la réserve toutefois de la fidélité due au pape, à l'empereur et au roy de France, et d'observer l'échange que l'archevêque de Lyon avoit fait avec le comte de Forest, qui est de l'an 1173 (2). Il doit avoir été passé en l'an 1174 ou 1175. Il confirma la fondatiou de l'abbaye de Belleville faite par son père. C'est lui qui fit bâtir Villefranche en Beaujollois

---

(1) Spicileg. t. 3, p. 560.
(2) Menestrier, pr. 37.

et qui en accorda les premiers priviléges (1). Il mourut avant son père et fut inhumé en l'église de Belleville, au mois de septembre 1179.

Sa femme fut Agnès de Thiern, comtesse de Montpensier en Auvergne, veuve de Raymond de Bourgogne, comte de Grignon fils puisné d'Hugues, second du nom, duc de Bourgogne, et de Mahaut de Turenne, et fille de Guy de Thiern, comte de Montpensier. Ce mariage se fit environ l'an 1164.

Claude Paradin et Severt lui ont donné pour femme une fille d'Hugues, comte de Chalon, en quoi ils se sont trompés.

Agnès de Thiern, comtesse de Montpensier, de son premier mariage eut une fille appelée Mathilde de Bourgogne, comtesse de Grignon, mariée à Odon, seigneur d'Issoudon en Berry, puis à Guy, comte de Nevers, de là à Pierre, fils de Philippes, comte de Flandres, et finalement à Robert de Dreux, prince du sang de France.

Humbert de Beaujeu eut de ce mariage deux fils et une fille :

GUICHARD, sixième du nom, sire de Beaujeu, surnommé le Grand, qui aura son éloge.

PIERRE de Beaujeu, prieur de la Charité sur Loire, l'an 1219.

ALIX de Beaujeu, mariée à Renaud de Nevers, comte de Tonnerre, fils de Guillaume, comte de Nevers. Elle étoit veuve de lui l'an 1199 (2), qu'elle donna à Guy de Dampierre, sire de Bourbon, les seigneuries de Bizac et de Bannassat, et elle se fit religieuse à Fontevraux.

---

(1) V. Hist. du Beaujolais, par M. de la Roche la Carelle.
(2) Renaud de Nevers mourut en 1191, au siége d'Acre.

GUICHARD VI.

Sire de Beaujeu, seigneur de Thiern, Montpensier, Châteauneuf, Virieu-le-Grand et de Cordon.

Claude Paradin, de ce Guichard en a fait trois et les fait succéder l'un à l'autre en 17 ans ; ce qui est contraire aux titres que nous avons vus.

Le même auteur allègue avec plus de fondement, que ce Guichard, sire de Beaujeu, eut une longue guerre avec le comte de Forest pour les terres de Neyrondes, de Saint-Maurice, Ulfey et Oches, ainsi que nous dirons plus amplement cy dessous.

Pour sûreté de 20,000 sols qu'Humbert, son père, devoit à l'abbé de Cluni, il promit par titre de l'an 1192, de demeurer en otage à Beaujeu avec vingt de ses chevaliers, entre lesquels sont remarquables Hugues de Ronchevol, Hugues de Foudras, son sénéchal, Hugues de Marzé, Etienne de Piseys, Hugues de Fougères et Aimon de Telis. Outre cela il donna encore pour caution les comtes de Forest et de Chalon, dont le premier s'obligea à défaut de payement d'aller en otage à Charroles, et le second à Clepié en Forest.

Par titres datés à Belleville, derrière l'église, le jour de la fête de Saint-Laurent, de l'an 1193, sous les sceaux d'Humbert, sire de Beaujeu, son ayeul, de l'évêque de Mâcon et du Mᵉ du Temple en Bourgogne, et en la présence de Bernard de Serrières, de Bernard de Baugé, d'Aymond de l'Ecluse, de Pierre, commandeur de la Musse, chevaliers Templiers, de Gausmard de Chales, de G. d'Arginy, d'Etienne de Chanains et d'André de Saint-Léger, chanoines, d'Hugues de Ronchevol, de Guichard de Marzé, d'Umfred de Marchamp, de Boniface de Genollieu, de Barthelemi de l'Ecluse et de Guy de

Bourbon, chevaliers, il promit solennellement à l'abbé et aux religieux de Belleville de les laisser jouir sans aucun empêchement de toutes les choses qui leur avoient été données par Humbert de Beaujeu, son ayeul, leur fondateur, et par Humbert de Beaujeu, son père, déclarant qu'il vouloit que cette église servît d'asile à tous ceux qui voudroient s'y réfugier, et pour toutes les choses que l'on y voudroit déposer, dans laquelle il ordonna que lui et toute sa postérité se feroient inhumer.

Il eut de grands différents avec son archevêque de Lyon (1), qui furent terminés par un traité, par lequel il est dit que Guichard de Beaujeu pour réparation des torts et dommages faits par lui et par son père à l'Eglise de Lyon prenoit son château de Lissieu en fief de l'archevêque, dont il lui fit hommage, ensuite de Villefranche, Pouilly, Chamelet, mouvant du comte de Forest, et du fief de la confalonnerie de l'église duquel dépendent les grands chemins de l'Eglise de Lyon. Il quitta encore à l'archevêque ce qu'il prétendoit ès châteaux de Varennes et de Builly et au château de Tarnan, si dans six semaines il ne faisoit apparoir de son droit; ce qu'il fit jurer par Hugues de Foudras, Humfroy de Marchamp, Guichard de Marzé et autres, qui promirent d'aller en otage à Lyon, si le sire de Beaujeu manquoit d'observer le traité.

Robert, évêque de Clermont, promit de le donner pour caution du traité fait entre Henry, archevêque de Bourges, et Guy, comte d'Auvergne, l'an 1199, avec Eudes, duc de Bourgogne, le vicomte de Limoges et Albert, sire de la Tour-du-Pin (2).

Pour s'acquérir la bienveillance de ce duc de Bourgogne, il prit de lui en fief, l'an 1202, les châteaux de Thisy et de Perreux, outre Belleville, que son père avait déjà reconnu du fief de ce prince.

---

(1) Jean de Belesme.
(2) Justel, Preuves de la maison d'Auvergne, p. 30. — Baluze, Hist. de la maison d'Auvergne, t. 2, p. 78.

La croisade aïant été publiée l'an 1209, contre les Albigeois, sous la conduite de Simon, comte de Montfort, Guichard de Beaujeu fut du nombre des croisés avec l'archevêque de Sens, les évêques de Clermont, d'Autun et de Nevers, Odo, duc de Bourgogne, les comtes de Nevers, de Saint-Paul et de Bar-sur-Seine, et autres grands seigneurs, et se trouve au rôle de ceux du duché de Bourgogne qui portoient bannières, sous le roi Philippe-Auguste, avec les ducs de Bourgogne, les comtes de Mâcon et de Forest.

C'est lui qui commença à faire clore de murailles Villefranche, l'an 1212, et qui donna de grands priviléges et de belles franchises à ceux qui voudroient y demeurer.

Albert, seigneur de la Tour-du-Pin, aiant promis de servir fidèlement le roi, l'an 1213, donna le duc de Bourgogne caution pour 300 livres, le comte de Mâcon et Guichard, sire de Beaujeu, chacun pour 300 marcs d'argent. Il est parlé de lui en un traité d'alliance et de confédération fait de l'authorité de Renaud de Forest, archevêque de Lyon, entre Guy, comte d'Auvergne, et Guy, comte de Forest, à cause du château de Thiern, qui avait été surpris sur Guy, vicomte de Thiern, et que le comte de Forest prétendoit lui appartenir (1). Il accompagna, l'an 1214, Louis, fils du roi Philippe-Auguste, lorsqu'il passa en Angleterre, et avoit avec soi dix chevaliers.

Le même prince ayant pris résolution, l'an 1215, d'aller faire la guerre aux Albigeois, Guichard de Beaujeu fut de la partie, avec les comtes de Saint-Paul, de Ponthieu, de Sées et d'Alençon, Mathieu, seigneur de Montmorency, le vicomte de Melun et autres grands seigneurs.

Les généalogistes de la maison de Beaujeu disent qu'il fut envoié en ambassade à Constantinople par le roi Philippe-Auguste ; d'autres, qu'il fit le voiage de la Terre-Sainte, et qu'à son retour passant à Assise, où saint François fleurissoit par la sainteté de sa vie et de ses miracles, il lui demanda de

---

(1) Baluze, Hist. de la maison d'Auvergne, p. 89.

ses religieux qu'il amena en France et les établit en son château de Pouilly, de là à Villefranche où il leur fit bâtir une église et un couvent. Mais je tiens cette ambassade fort apocriphe, puisque les historiens qui ont exactement écrit de la conquête de l'empire de Constantinople par les François, ne parlent point de Guichard de Beaujeu, qui étoit assez considéré en ce tems-là pour être remarqué par eux. Il est vrai, néantmoins, qu'il fonda les Cordeliers de Villefranche et ceux de Montferrand en Auvergne, mais le tems n'en est pas bien certain, quoiqu'aux Cordeliers de Villefranche il y ait une inscription qui la rapporte à l'an 1210 (1).

Guichard de Beaujeu accompagna le roy Louis VIII en son voiage d'Angleterre, pour son couronnement et en la conquête des provinces d'Yorck, de Lincoln et de Nurtumbrie, l'an 1216, quoique Duchêne en ait douté ; car, revenant en France, il mourut à Douvres, comme nous l'apprenons de son testament daté en ce lieu-là, le 18 de septembre 1216 (2).

Par une charte qui est en l'abbaye de Cluni, du mois d'octobre suivant, il se voit que son corps fut apporté en l'église de Cluni, en présence de Ponce, évêque de Mâcon, et que sur le refus que ce prélat et l'abbé de Cluni faisoient de lui donner la sépulture, à cause que le sceau du certificat du prieur de Douvres, qui portoit de l'avoir confessé et absous, n'étoit pas en bonne forme, Sibille, dame de Beaujeu, sa veuve, promit de garantir l'évêque et l'abbé de tous les inconvénients qui en pourroient arriver (3).

---

(1) V. Bibliothèque de l'Ecole des Chartes, 4ᵉ série, t. 3.

(2) Ce testament a été publié dans la Bibliothèque de l'Ecole des Chartes, l. c., d'après l'original conservé aux Archives nationales, série K, carton 561.

(3) Voici le texte de ce document :

« Ego Sibilla, domina Bellijoci, notum facio omnibus presentes litteras inspecturis quod, cum corpus karissimi et domini mei et mariti mei bonæ memoriæ Guichardi, de transmarinis partibus Cluniacum delatum fuisset tumulandum ibidem, et dominus P., Matisconensis episcopus, qui tunc

Sur la sépulture qui se voit encore aujourd'ui à Cluni, en un petit cloitre où sont celles d'un comte de Màcon et d'un comte d'Albon, se lisent deux épitaphes en vers latins léonins, aux deux côtés de la sépulture. Le premier est tel, où, au deux premières lignes, il y a quelques mots qui ne se peuvent lire :

Hæc quicumque legis mortis........ legis
.... spreta mors metit (1).
Pax patriæ, flos militiæ, multæque Sophiæ
Bellijoci dictus Guichardus, apex benedictus,
Transmare migrando, Cluniaco seque dicando,
Terræ mandandum se jussit ibi tumulandum.
Hinc pater, hinc natus, laudum titulo tumulatus,
Sperans per merita sanctorum vivere vita,
Posse putans fieri per te, Cluniace, mereri
Hæc quicumque leges tibi Christi precamina junges.

Voici l'autre épitaphe :

Militiæ lumen, veritatis norma, cacumen
Regni, patronus patriæ, pacisque colonus,
Mundo subtrahitur, Guichardus hic sepelitur.
Hic compescebat raptores, furta premebat,

---

præsens erat, de ipsius absolutione, cujus parrochianus erat, non ad plenum se certificari diceret, eo quod sigillum prioris de Doura, a quo absolutionis beneficium fuerat assecutus auctoritate domini legati, sicut ejusdem prioris patentes litteræ testabantur, sibi minus authenticum videretur, ego eidem episcopo atque abbati et ecclesiæ Cluniacensi promisi quod, si qua damna vel gravamina propter hoc incurrerent, ipsos ab omni damno et gravamine conservarem indemnes. Hoc ipsum promisit publice Humbertus, filius meus. In cujus rei testimonium præsentes litteras sigillo meo et sigillo Humberti, filii mei, feci roborari. Actum anno gratiæ M.CC.XVI, mense octobris. » (Bibl. nationale, mss. Bouhier, n° 18 bis, pp. 36 et 37.)

(1) Ces deux vers ont été ainsi lus et rétablis en 1729, par Dom Eustache Le Blanc. (Aubret, Mém. t. 1ᵉʳ, p. 436.)

    Hæc quicumque legis mortis reminiscere legis,
    Hic fama spreta mors cuncta metit sine sorte.

Curabat sequi cultum rationis et æqui.
Hujus erat proprie proprium miseris misereri,
Spernere se, nullum contemnere, jura tueri.
Hic infra partes Anglorum morte gravari
Cum se sentiret, hic se jussit tumulari.
Quisquis ades, ores cum sanctis associari (1).

Sa femme fut Sibille de Hainaut ou de Flandres, fille de Baudouin, qnatrième du nom, comte de Hainaut et de Namur, et de Marguerite, comtesse de Flandres. Isabelle de Hainaut, sa sœur ainée, épousa Philippe-Auguste, roy de France ; et Yolande, sa sœur puinée, Pierre, seigneur de Courtenay, comte d'Auxerre, empereur de Constantinople. Alliance qui est attestée par Baudouin d'Avesnes (2), historien célèbre, qui dit que du mariage de Baudoin, comte de Hainaut, et de Marguerite, héritière de Flandres, vinrent trois filles, dont l'aîné épousa Philippe, roy de France ; la seconde, le sire de Beaujeu, et la troisième. le comte d'Auxerre ; et trois fils, savoir : Baudouin, comte de Flandres, puis empereur de Constantinople, Philippe et Henry.

Par le moyen de cette illustre alliance, Guichard, sire de Beaujeu, fut beau-frère d'un roi de France, oncle du roi Louis VIII, et beau-frère encore de Baudouin, comte de Flandres, et du comte d'Auxerre, successivement empereurs. En quoi Claude Paradin s'est mépris et ceux qui l'ont suivi, d'avoir cru que Sibille étoit fille de Ferrand, prince de Portugal, et de Jeanne, comtesse de Flandres, de qui elle étoit tante.

Duchêne s'est aussi trompé de l'avoir cru fille de Thierry d'Elsas, comte de Flandres, et de Sibille d'Anjou ; et Ohiénart, après Dutillet, de la faire fille de Philippe, comte de Haynaut et

---

(1) . . . . hic se jussit tumulari
Atque in æternum cum sanctis associari.
(Mss. de Gacon, p. 303.)

(2) Spicil. d'Achéri, t. 3, p. 286.

de Flandres. D'autres l'ont cru fille de Baudouin, empereur de Constantinople, et quelques-uns sœur de Ferrand de Portugal, comte de Flandres ; mais ceux-là n'ont auteur ni titre pour garants, et ceux-ci se sont fondés sur une inscription moderne faite par des moines ignorans, qui est au couvent des Cordeliers de Villefranche en Beaujollois, laquelle porte que Guichard de Beaujeu, revenant, l'an 1210, de Constantinople, amena des religieux de Saint-François-d'Assise, qu'il recommanda à sa femme, fille de Ferrand de Portugal (1).

L'histoire de la maison de Luxembourg et les chroniques de Flandres disent que Girard, comte de Luxembourg, et de Ligny, épousa Sibille de Haynaut, fille de Baudoin, comte de Haynaut, et de Marguerite de Flandres, qui est la même que notre Sibille de Haynaut, dame de Beaujeu, qui, en ce cas, auroit eu le comte de Luxembourg pour son premier mary.

---

(1) Voici le texte de cette inscription d'après une transcription officielle faite, au xve siècle, pour la chambre des comptes des ducs de Bourbon :
« Anno dominice incarnationis millesimo ducentesimo decimo, piissimus et prudentissimus ac strenuissimus dominus Guichardus, baro et dominus Belli Joci, rediens de civitate Constantinopolitana, ubi missus fuerat ambassiator, nuncius et legatus, cum sua nobili comitiva, per illustrissimum et christianissimum Philippum, regem Francorum, legatione fideliter peracta, remeans ad regnum Francorum et ad patriam propriam, transiit cum sua nobili comitiva prelibata per civitatem et sacrum locum Assisii, et ibidem a beato Francisco, fundatore et institutore ordinis et religionis Fratrum Minorum, humiliter peciit et caritative obtenuit tres Fratres Minores humiles, simplices et devotos. Quos quidem tres Fratres Minores idem magnificus dominus Guichardus secum aduxit de sancto loco supradicto ad patriam suam Belli Joci et castrum suum Poilliaci prope Villam Francam, et ipsos tres Fratres commandavit nobili et devote domine domine Sibille, consorti sue, filie potentis principis et domini Ferrandi, comitis Flandrensis, sorori illustris regine Francie, uxoris infinissimi regis Philippi prelibati. Qui quidem Guichardus et domina Sibilla conjuges, anno quo supra, fundaverunt ecclesiam et conventum istum ad honorem Dei beateque Marie semper virginis, matris Christi. » (Arch. nation. P. 1366, cote 1497.)

Enfants de Guichard, sixième du nom, sire de Beaujeu, et de Sibille de Haynaut :

Humbert, cinquième du nom, sire de Beaujeu, qui succéda à son père.

Guichard de Beaujeu, seigneur de Montpensier et de Thiern, qui fit branche.

Henry de Beaujeu, chevalier, seigneur de Château-Neuf en Valromey, de Virieu-le-Grand et de Cordon en Bugey. Il eut ces terres pour son partage et décéda sans alliance et sans postérité.

Louis de Beaujeu, chanoine en l'église et comte de Lyon.

Agnès de Beaujeu. Son père, par son testament, prie Louis, fils aîné du roi, son cousin, de la marier, et au cas où il refuseroit de le faire, il lui fait légat de mille marcs d'argent pour sa dot, Elle épousa depuis, Thibaud, quatrième du nom, comte de Champagne et de Brie, palatin, roi de Navarre.

De ce mariage sortit une seule fille appelée Blanche de Champagne, accordée en mariage, l'an 1225, avec Othon, comte de Bourgogne, fils d'Othon, duc de Méranie, et de Béatrix, comtesse de Bourgogne, palatine ; puis l'an 1234, à Alphonse, prince de Castille, fils de Ferdinand, roi de Castille et de Léon ; mais ces deux mariages ne s'accomplirent point, et cette princesse eut pour mari Jean, premier du nom, duc de Bretagne, comte de Richemont, fils de Pierre de Dreux, prince du sang de France, duc de Bretagne, et d'Alix de Thouars, duchesse de Bretagne.

Marguerite de Beaujeu, promise en mariage à Henry, fils de Guillaume, comte de Mâcon ; mais les promesses n'eurent point d'effet.

Philippine de Beaujeu, recommandée par son père en son testament, à la comtesse de Tonnerre, sa tante, pour la faire religieuse à Fontevraud.

Sibille de Beaujeu, mariée à Raynald, sire de Baugé et de Bresse, quatrième du nom, fils d'Ulrich, sire de Baugé et de Bresse, et d'Alexandrine de Vienne ou de Mâcon.

Ce mariage est du 15e de janvier 1228, par lequel Humbert, sire de Beaujeu, frère de l'épouse, lui donna en dot 500 marcs d'argent, 40 livres de rente en fonds de terre, monnoye de Lyon, le château de Châtillon de Dombes et l'hommage d'Amé, de Coligny. Et sur ce que Raynald de Baugé prétendoit une augmentation de cette dot, le sire de Beaujeu promit, par le même titre, qu'à son retour d'Albigeois, il s'en tiendroit à ce que l'évêque de Mâcon et Odon, seigneur de Montagu, en ordonneroient ; pour sûreté de laquelle promesse il donna pour caution Jean de Chatelus, Hugues Palatin, Thomas de Marzé, Josserand de Pizeys, Barthélemi de l'Écluse, Humbert de Noailly, Hugues de Ronchevol, Etienne de Marzé, B. de Saint-Sorlin et Guichard, son frère, Girin de Marzé, P. de Châtillon, R. de Baneins, les châtelains de Belleville, de Beaujeu et d'Allognet, et B. de Villars, qui promirent tous d'aller en otage à Baugé ou à Mâcon, au cas que le sire de Beaujeu ne tînt pas sa parole.

HUMBERT V.

Sire de Beaujeu.

Humbert, cinquième du nom, sire de Beaujeu, seigneur de Dombes, de Miribel, de Meximieux et du Bourg Saint-Christophe, connétable de France, fut, dès son jeune âge, en si grande considération en France, qu'Artus, duc de Bretagne, étant en guerre avec Jean, roi d'Angleterre, l'an 1202, le mettoit au nombre des personnes de pouvoir et d'authorité que Philippe-Auguste préparoit pour sa sœur (1).

---

(1) Witlelm, Brito. lib. VI.

Il eut quelques démêlés avec le comte de Mâcon, sur qui il prit le château de Cenves et de Chassigny.

Par titre du lundy, avant Noël de l'an 1208, il se reconnut vassal de l'Église de Lyon pour les châteaux de Meximieux en la Valbonne, de Chalamont et du donjon de Montmerle en Dombes, en présence de Jean de Sivrieu, d'Humbert et de Guillaume de Beaujeu, et d'Amé de Crussol, prévôt de l'Église de Valence, chanoine de l'Église et comte de Lyon. Il reconnut, par lettre du roi du mois de mars, le dimanche après la mi-carême, de devoir l'hommage à la duchesse de Bourgogne pour Belleville, Thisy, Perreux et Lay, que son père avoit pris en fief du duc de Bourgogne, avec tous les droits qu'il avoit au comté de Forest, à condition d'être secouru et assisté de lui en la guerre qu'il avoit contre les comtes de Forest (1).

Le premier de may 1222, il engagea, pour 200 marcs d'argent, à Renaud de Forest et à l'Église de Lyon, tous les fiefs qu'il avoit entre le grand chemin de Lyon, descendant du château de Yoin par Anse, jusqu'à la Saône, et particulièrement le fief de Dalmace de Châtillon, pour une partie du château de Châtillon, celui de Guichard d'Yoin, pour des vignes près du château, le fief de Morancé, le fief de Berard de Châtillon, de Guy et de Faucon d'Yoin, frères, à Chasseley.

Par un titre du mois de may de la même année, qui est au trésor de Beaujollois (2), on apprend les anciennes difficultés qui avoient été entre la maison de Beaujeu et celle de Forest, et de la façon qu'elles furent terminées, ce que les historiens ont plutôt embarrassé qu'éclairci. Elles commencèrent entre Guigues, comte de Lyon et de Forest, second du nom, Guigues, son fils, qui décéda outre mer, et Guichard, sire de Beaujeu, sixième du nom, auquel, par l'accommodement, les comtes de

---

(1) Pérard, Mém. de Bourgogne, p. 321.
(2) Arch. nation. P. 1388, c. 54. — Aug. Bernard, Histoire du Forez, t. I, Preuves, p. 14.

Forest lui délaissèrent tout ce qu'ils lui demandoient, à la réserve de ce qu'il tenoit d'eux en fief; et lui, de son côté, leur quitta les fiefs de Néronde, de Saint-Maurice, d'Olches et d'Urfé, et retint ceux d'Arnaud de Saint-Marcel à Sainte-Colombe, de Chambelle à Saint-Priest, et de Saint-Just de la Pendue. Outre cela ils promirent de ne faire aucune acquisitions l'un sur l'autre au delà des limites désignées, et qu'ils ne protégeroient point leurs sujets l'un contre l'autre.

Mais cette première paix aiant été rompue, Raynaud de Forest, archevêque de Lyon, comme tuteur de Guy, comte de Forest, son neveu, quatrième du nom, et le même Guichard de Beaujeu, firent un autre accommodement par ordre du roi, dont les entremetteurs furent Raynaud, évêque de Clermont, Odon, duc de Bourgogne, et Guy, seigneur de Dampierre, par lequel il fut dit que le précédent traité seroit entretenu.

Depuis, Hugues Damas, chevalier, seigneur de Coursan, après le décès de Guichard de Beaujeu, aiant pris en fief d'Humbert, sire de Beaujeu, son fils, le château de Coursan, le comte de Forest s'en plaignit, prétendant que le comte de Coursan étoit son vassal, et que le sire de Beaujeu étoit en cela contrevenu à leurs traités. Sur quoi il y eut un troisième accommodement qui porte que le sire de Beaujeu quitte le fief de Coursan; et parce qu'il l'avoit repris d'Hervé, comte de Nevers, Humbert promit de faire en sorte que la comtesse de Forest s'en départiroit, dont il donna pour otage Guichard de Marzé, Jean de Châtillon, Thomas de Marzé, sénéchal, Josserand de Piseys, Humbert de Noette, Barthélemi de l'Écluse, Humfroy de Marchamp, Etienne de Marzé et Etienne de Piseys. Outre cela, Humbert fit hommage au comte de Forest des châteaux de Chamelet, de Saint-Trivier, d'Amplepuis, qui lui étoit dû de toute ancienneté, et s'obligea de donner sa fille en mariage au fils du comte de Forest, avec la seigneurie de Grandris et 1,000 marcs d'argent en dot, quand elle auroit atteint l'âge de 17 ans.

Peu de jours après, Humbert de Beaujeu relâcha au même

comte de Forest, archevêque de Lyon, pour réparation de l'infraction faite par ses officiers, d'une trève qui avoit été arrêtée entre eux, tout ce qu'il avoit à Belmont et l'hommage que lui en devoient Beraud et Philippe de Châtillon, frères.

Cette même année, il confirma aux religieux du monastère de Chassagne en Bresse, de l'ordre de Citeaux, tout ce qu'Allard, Guillaume et Etienne de Chalamont, frères, leur avoient donné et leur accorda, en outre, l'immunité de tous péages dans ses terres, où est remarquable que par ce titre Humbert se dit par la permission de Dieu, seigneur de Beaujeu et fils du très-pieux Guichard (1).

Humbert, seigneur de Luyrieux en Bugey, prit en fief de lui, en qualité de seigneur de Châteauneuf en Valromey, le village de Hauteville, les châteaux de Lompnes et de Culoz, et les montagnes de Chantard, par titre de la même année, sous les sceaux d'Aymond, seigneur de Foussigny, de l'abbé de Saint-Sulpice et du prieur d'Arvières. Il suivit, l'an 1225, le roi Louis VIII en la guerre qu'il fit au comte de Toulouse et aux Albigeois, et Sa Majesté fut si satisfaite de ses services qu'elle le laissa son lieutenant-général en Languedoc. Un historien le qualifie sage et vaillant capitaine, et frère du roi, de qui pourtant il n'étoit que cousin germain (2).

Alix de Vienne, comtesse de Mâcon et Jean de Braine, son mari, lui remirent le château de Cenves en Mâconnois (en payement de 1,000 marcs d'argent pour lesquels le sire de Beaujeu le tenoit engagé), au mois de février 1227.

Blanche de Castille, veuve de Louis VIII, aiant repris la guerre contre le comte de Toulouse, se servit encore du sire de

---

(1) Hist de Bresse, 2ᵉ partie, p. 34. — La chronique de l'abbaye de Chassagne mentionne en ces termes cette confirmation : « Gilberto successit Galterius; eratque abbas anno M.CC.XX. Postquam fuit abbas Joannes, et ei confirmavit filius pii Guichardi, Humbertus de Bello Joco, pedagia et leydas in terra de Calomonte, aliaque quæ antecessores sui contulerant Cassaniæ. »

(2) Hist. Franc. script., t. V, p. 288.

Beaujeu et lui donna le commandement du siége de la Bessede, l'an 1227 : et quoique cette place fût fortifiée, qu'il y eût grosse garnison, et qu'elle fût défendue par Ponce, seigneur de Villeneuve, et par Olivier de Thermes, fameux capitaine, Humbert néantmoins la prit (1). Un historien du tems remarque entre les personnes de qualité qui étoient en son armée et sous son commandement, Pierre, archevêque de Narbonne, et Fouques, évêque de Toulouse, et dit qu'après la prise de cette place, Humbert de Beaujeu étant allé faire un tour en Beaujolois, retourna en Languedoc par ordre de Blanche de Castille, sur l'avis qu'elle eut que le comte de Toulouse s'étoit mis en campagne et avoit pris Castel-Sarrasin. Humbert fut lieutenant-général de l'armée du roi en cette nouvelle expédition, et reprit cette place heureusement, ce qui porta le comte de Toulouse de s'accomoder avec le roi et de donner sa fille unique en mariage à Alphonse de France, comte de Poitiers, frère de Sa Majesté.

Par titre de l'an 1231 (2), Amé, quatrième du nom, comte de Savoye, promit de l'acquitter de 500 marcs d'argent, dont il avoit été caution pour Raymond Bérenger, comte de Provence, envers le roi.

Par lettres datées à Issy, au mois de décembre de la même année, Robert, archevêque de Lyon, Guy, évêque d'Autun, et

---

(1) Chron. de Puy Laurent, p. 86.

(2) Ce titre est du mois de mai 1234. En voici le texte d'après l'original conservé aux Archives nationales, série P. 1388, cote 112 :

« Ego Amedus, comes Sabaudie et in Italia marchio, notum facio universis presentibus et futuris quòd nobilis vir Humbertus, dominus Bellijoci, est plegius et principalis debitor de quingentis marchis argenti erga serenissimum dominum Ludovicum, Dei gratia Francorum regem, pro domino Raymundo Berengerio, comite et marchione Provincię et Folquarqueri, et ego promitto bona fide ipsi domino Humberto quod dictam pecuniam persolvi faciam, et quod ipsum dominum Humbertum et suos super omnibus conservabo indempnes. In cujus rei testimonium presentes litteras sigilli mei munimine roboravi. Datum apud Lugdunum, anno Domini M°CC° tricesimo quarto, mense maio. »

lui, attestèrent que Hugues, duc de Bourgogne, avoit promis à Simon, seigneur de Luzi et de Semur, de le protéger et aider, et de donner retraite à ses hommes dans ses villes et châteaux, ainsi que le duc de Bourgogne, son père, s'y étoit déjà obligé ; en considération de quoi le seigneur de Luzi prit en fief du duc Robert, son château de Semur en Brionnois.

Au mois de juin 1236 il fit un traité, sous les sceaux des abbés d'Ainay et de la Bénison-Dieu, avec l'abbé de Saint-Rambert en Bugey, pour le partage de la justice et des revenus de la seigneurie du bourg Saint-Christophe en la Valbonne (1).

Aiant pris résolution d'accompagner Philippe de Courtenay, empereur de Constantinople, en son voiage de Grèce, il se croisa avec plusieurs princes et grands seigneurs et fit une déclaration, au mois de juillet 1238, qu'il vouloit que son corps, après son trépas, fût inhumé en l'église de Cluni, auprès de Guichard, sire de Beaujeu, son père (2).

Le pape Grégoire IX, en considération de cette pieuse résolution, envoia un bref à l'abbé de Belleville et à frère Pierre de Philisthim, de l'ordre de Saint-François, par lequel sa Sainteté leur ordonna que tout l'argent que donneroient ceux qui voudroient racheter leur vœux d'aller en cette croisade, dans les terres du sire de Beaujeu, lui seroit remis.

Humbert ne fit ce voyage que l'année suivante, ce qui se découvre d'un titre de Cluni, en date du mois de juin, par lequel, étant sur le point d'aller à Constantinople, il confirma une déclaration faite par Sibille de Haynaut, sa mère, au mois d'octobre 1226, contenant que Guichard, sire de Beaujeu, son mari, avoit donné, par testament à l'abbé de Cluni, dix livres fortes monnoyes de Lyon, par an pour son anniversaire, à prendre sur la châtellenie d'Alognet, et quitte toutes les tailles qu'il prenoit en la ville de Cluni, sinon en

---

(1) Arch. nation. P. 1390, c. 473 bis.
(2) V. Bibl. de l'Ecole des Chartes, l. c.

deux cas, l'un pour le mariage d'une fille du sire de Beaujeu, et l'autre pour acquérir une terre jusques à la valeur de 300 marcs d'argent (1).

Après son départ, étant à Metz, il fit don, par titre du mois de juillet suivant, à l'église et aux chanoines de Notre-Dame de Beaujeu, tant pour la rémission de ses péchés que pour acquitter 100 sols légués par Louis de Beaujeu, son frère, la dixme d'Oroux, situé en sa terre d'Allognet; et c'est en ce titre encore où il dit qu'il s'est mis en chemin pour aller au secours de l'empire de Constantinople.

Il fut encore envoié, par le roi saint Louis, avec Hugues, évêque de Clermont, et quelques troupes, en Quercy, pour s'opposer aux desseins du comte de la Marche et pour favoriser les propositions d'accommodement que l'évêque de Toulouse avoit entrepris de faire entre Sa Majesté et le comte de Toulouse.

L'empereur Frédéric second, par patentes datées à Turin, au mois de juillet 1245, lui donna 100 marcs d'argent de rente sur la Chambre impériale.

Claude Paradin et Severt lui ont donné, avec raison, la qualité de connétable de France, quoique ceux qui ont dressé le catalogue des connétables le lui aient dénié; car Guichard, sire de Beaujeu, son fils, par les priviléges qu'il accorda aux habitants de Villefranche en Beaujollois, l'appelle connétable de France. En effet, il avoit été honoré de cette charge, en

---

(1) Cart. de Cluny, fol. 170. — Au mois de juillet de la même année 1239, il fit encore la déclaration suivante : « Ego Humbertus, dominus Bellijoci, notum facio quod omnes exacliones et injurias que, tempore meo, in tote terra mea, in terra Beatri Petri Cluniacensis, allevate fuerant per me vel per meos, omnino quittavi. Et cum essem in itinere Constantinopolitano constitus omnes cartas patris mei, ob remedium anime mee et parentum meorum, confirmavi ; et volo et precipio quod decetero inviolabiliter observentur. Actum anno Domini M.CC.XXX nono, mense julii. » (Original. — Bibl. nation., chartes originales de Cluni, n° 580.)

l'an 1242, et accompagna, en cette qualité, le roi saint Louis au voiage d'outre-mer, l'an 1248 (1).

Il mourut de maladie, à Damiette, au mois de may de l'an 1250, et non pas l'an 1239, comme l'écrit un de nos meilleurs historiens. Il fut inhumé à Cluni, en la sépulture de Guichard, sire de Beaujeu, son père, ainsi que marque l'épitaphe que nous avons rapporté cy-devant et que lui-même l'avoit ordonné (2). Il eut pour successeur en la charge de connétable Gilles, seigneur de Trasignies, surnommé le Brun, qui l'étoit déjà le 25 de juin de la même année 1250.

Au mois de juillet 1218, il épousa à Belleville en Beaujollois Marguerite de Baugé, dame de Miribel, fille aînée de Guy de Baugé, seigneur de Miribel (3). En qualité de dame de Miribel elle ratifia, l'an 1229, un traité fait au mois de may 1222, par Humbert, sire de Beaujeu, son mari, avec l'abbé de l'Isle-Barbe, près de Lyon (4).

Environ, l'an 1230, elle fonda la Chartreuse de Poletins en Bresse, sous le nom de Notre-Dame (5), et acquit, l'an 1251, au profit de cette maison, partie du mas de la Becé, situé en la paroisse de Blaies et de Saint-Julien-sous-Montmelas en Beaujollois, qu'elle déclara être affranchi de cens et de servis, par titre du premier de janvier 1251, sous les sceaux de Jean, abbé de Belleville, et de Martin, abbé de Joux-Dieu, suivant ce qu'en avoit ordonné le sire de Beaujeu, son mari, avant que de faire le voyage d'outre-mer.

---

(1) Il est très-certain que notre Humbert fut connétable de France. Le P. Anselme, t. VI, p. 81, et l'Art de vérifier les dates, t. X, p. 510, lui accordent ce titre, qu'il prend lui-même dans son testament daté du mois de juillet 1248 (Original, Bibl. nation., titres scellés de Clairambault, vol. 209), et dans bons nombres d'autres actes.
(2) En 1238. V. Bibl. de l'Ecole des Chartes, l. c.
(3) Guichenon, Hist. de Bresse, pr. p. 10.
(4) Apud Le Laboureur, Masures, p. 143.
(5) Hist. de Bresse, pr. p. 126.

Marguerite de Baugé mourut la même année et fut inhumée au chœur de l'église de Poletins.

Enfants d'Humbert, cinquième du nom, sire de Beaujeu, et de Marguerite de Baugé :

GUICHARD, sire de Beaujeu, septième du nom, qui aura son éloge

ISABEAU ou ELISABETH de Beaujeu, épouse de Simon, seigneur de Lusy et de Semur en Brionnois, duquel elle n'eut point d'enfant. Elle avoit 340 livres pour son douaire, sur la seigneurie de Semur, qu'Alix, dame de Lusy, fille d'un premier lit, promit de lui payer, à Charlieu, tous les ans, par titre du mois de janvier 1261, sous la caution de Guichard, seigneur de Chastel-Perron.

En secondes noces, elle épousa Renaud, premier du nom, comte de Forest, fils de Guy, quatrième du nom, comte de Forest, l'an 1247 (1), ainsi qu'il sera dit plus amplement en son lieu.

FLORIE (2) de Beaujeu, mariée l'an 1270, avec Aymard de Poitiers, comte de Valentinois et de Diois. Elle eut en dot la seigneurie de Belleroche en Beaujollois, dont les cautions furent Humbert de Beaujeu, seigneur de Montferrand, et Louis de Beaujeu, seigneur de Montpensier.

BÉATRIX de Beaujeu, alliée avec Robert de Montgacon chevalier, seigneur de Montgacon, d'Ennazard, de Jauzé, de Montredon, de Pongibaud et de Margueride.

---

(1) Arch. nation. P. 1364, cote 1325. — D'Achery, Spicileg. t. III, p. 623.

(2) C'est à tort que notre auteur, le P. Anselme, l'Art de vérifier les dates, Duchesne et Severt l'appellent Floric. Son nom était Sibille, comme le prouve le testament de son père : « ... Item volo et precipio quod Sybilla, filia mea, dote sua sit contenta. — ... Sybillam, nunc uxorem Ademarii de Peyters, heredem substituo, etc. »

Guy de Beaujeu, évêque d'Auxerre, personnage signalé et qui fut l'un des principaux chefs de l'armée que Charles, comte d'Anjou, frère du roi saint Louis, mena en Sicile, l'an 1265 (1).

Jeanne de Beaujeu, religieuse, puis prieure de la Chartreuse de Poletins.

Claude Paradin et Sévert ajoutent trois filles, la première, mariée à Peraud ou Beraud, seigneur de Mont-Saint-Jean (2); la seconde au vicomte de Comborn (3), et la troisième à Guillaume, neuvième du nom, comte d'Auvergne et de Boulogne (4), selon Justel; mais tout cela est contraire aux titres que nous avons vus.

---

(1) « M. Guichenon, dans son manuscrit, donne à Humbert V, pour deuxième fils, Guy de Beaujeu, évêque d'Auxerre, et l'un des principaux chefs de l'armée que Charles, comte d'Anjou, frère du roi saint Louis, mena en Sicile, en 1265. C'est ce qu'en dit Guichenon dans son histoire, mais M. Fourny ne met point ce Guy parmy les enfants d'Humbert, et comme je n'ay vu aucun titre qui donne ce Guy pour fils à Humbert V, je crois qu'on le luy a donné par erreur.

« En effet, M. de la Mure (Hist. Eccles. p. 117), après MM. de Sainte-Marthe, prétend que Guy, évêque d'Auxerre, étoit de la maison de Mello, qu'il n'étoit que beau-frère d'Humbert de Beaujeu, seigneur de Montpensier et de Perreux, et qu'il n'étoit, par conséquent, pas de la maison de Beaujeu; cependant le R. P. Daniel l'appelle non Gui, mais Guillaume de Beaujeu, et dit après de Nangis que ce prélat cachoit sous l'habit épiscopal un très-grand talent pour la guerre et qu'il fit un discours très-pathétique aux troupes de Charles d'Anjou, avant la bataille où Mainfroy fut tué; mais qu'il s'appelât Gui ou Guillaume, je ne crois pas qu'il fût de la famille de nos seigneurs de Beaujeu. » (Aubret, Mém. sur la Dombes.)

(2) Elle s'appelait Marguerite. Sa filiation est justifiée par le testament d'Humbert V, son père.

(3) Archambaud IV, vicomte de Comborn, avait épousé Guicharde, fille d'Hugues, fils d'Humbert III de Beaujeu.

(4) La femme de Guillaume IX, comte d'Auvergne et de Boulogne, pouvait être fille d'Humbert de Beaujeu-Montpensier.

GUICHARD VII.

Sire de Beaujeu.

Guichard, septième du nom, sire de Beaujeu, seigneur de Dombes, accorda à la prieure et aux religieuses de Poletins, l'affranchissement du cens d'une autre partie du maix de la Becé, à la réserve de la justice sur les adultères, homicides et larrons, par le conseil de Guillaume de Chabeu, palatin de Riottiers, d'Hugues Palatin, de Guichard et d'Hugues de Marzé, chevaliers, ses conseillers, par titre du mois de mars, l'an 1252, sous les sceaux des abbés de Belleville et de Joux-Dieu.

Au mois de juin suivant, en qualité de seigneur de Miribel en Bresse, il donna des priviléges et franchises aux habitants de Miribel.

L'affection qu'il avoit pour l'ordre des Chartreux le porta à donner à ceux de Montmerle en Bresse, l'exemption de son péage de Belleville pour toutes les denrées qu'ils feroient venir par la rivière de Saône, par titre du mois d'avril 1254.

Au mois de novembre 1260, il confirma aux habitants de Villefranche tous les priviléges et franchises qui leur avoient été accordés par ses prédécesseurs, et nommément par Humbert, sire de Beaujeu, connétable de France, son père, et en fit jurer l'observation à vingt de ses chevaliers, entre lesquels ceux-cy sont les plus considérables : Hugues Palatin, seigneur de Saint-Bernard, Hugues de Marzé, Etienne de Piseys, Guillaume de Marzé, Guichard de la Douze, Josserand de Franchelins, Barthélemi de Laye, Guy de Montdor, Hugues de Thelis, Hugues de Tannay, Girin de Vaux, Guillaume de Vernay, Dalmace de Rabutin et Etienne de Fougères.

En les archives de l'église collégiale de Beaujeu il y a son testament sans date, où il déclare que s'il meurt sans enfants, il donne ses terres de Beaujeu et d'Auvergne à sa sœur, celles de Bugey à Guichard de Comborn, fils de Guicharde de Beaujeu ; et si sa sœur décédoit sans lignée, il laisse tous ses biens à Guichard de Comborn, à condition que sa mère vivroit avec l'église de Cluni, a laquelle église il légua pour son anniversaire dix livres de rente, voulant y être enterré. Il laissa aussi cent sols à l'église collégiale de Beaujeu ; au temple de Jérusalem son cheval et son palefroy avec leurs selles, son épée et son bouclier ; à l'Hôtel-Dieu de Jérusalem sa cuirasse et ses cuissars ; et confirme à Eustache de Chatelus la terre dont il l'avoit gratifié. Il donna aux Chartreux d'Arvières autant de terre qu'il en falloit pour faire labourer une charrue recommanda l'exécution de sa volonté à Hugues de Foudras, Hugues de Ronchevol, Guichard de Marzé, Humfroy de Marchamp, maître d'hôtel de Beaujeu, et de garder soigneusement tous ses châteaux et forteresses jusqu'à ce que tout ce qu'il avoit ordonné fut accompli.

Il en fit un autre (1) le samedy après la fête de Toussaint

---

(1) Archives nationales, P. 1366, c. 1487, et P. 1370, c. 1900. En voici le texte :

« In nomine sancte et individue Trinitatis. Anno domini millesimo CC°LX° tercio, die-sabbati post festum Omnium Sanctorum, ego Guichardus, dominus Belli Joci, proponens, auxiliante Deo, in Angliam proficisci, de rebus meis, dispono et ordino in hunc modum, non ut volim facere testamentum quod solempne habeat nuncupari, sed ut hec mea voluntas ultima in scriptis ad perpetuam memoriam redigatur. In primis heredem meum instituo in omnibus bonis meis mobilibus et immobilibus que inferius non legabo karissimam sororem meam Ysabellam, comitissam Forisiensem, ita videlicet quod post decessum ipsius predicta hereditas mea ad Guiotum, filium suum, deveniat, et eidem, in predicta heredita mea, eumdem Guiotum substituo. Si vero predictum Guiotum sine liberis de legictimo matrimonio procreatis mori contingeret. volo quod hereditate mea deveniat ad Ludovicum, fratrem suum, et eidem, in predicta hereditate, eundem Ludovicum substituo. Si vero dictus Ludovicus decederet sine liberis, volo quod ad Guichardum, fratrem suum, predicta hereditate mea deveniat pleno jure, et eidem, in predicta hereditate, eundem Guichardum sustituo. Karissimo autem consanguineo meo domino Humberto de Bellijoco, domino

de l'an 1263, par lequel, étant sur le point d'aller en Angleterre, il nomme son héritière universelle Isabelle de Beaujeu,

---

Montis Pancerii, do, lego totam terram meam et omnes reditus meos de Beuzcis et omnia castra et fortalicia ejusdem terre, cum omnibus pertinentiis et appenditiis eorumdem, et omnia feuda et omagia que ego habeo et habere debeo inter aquam que appellatur Alers et Ligerim, ita videlicet quod ipse reddat et assignet domino Ludovico et Heret, fratribus suis et consanguineis meis, cuilibet quinquaginta libras viennensium annui redditus, quas ego do et lego eisdem. Item do et lego eisdem domino Ludovico et Heret, fratri suo, cuilibet centum libras viennensium annui redditus, quas volo et precipio ab herede meo eisdem assignari. Item do, lego Falconi, domino Montis Guasconis, nepoti meo, centum libras viennensium annui redditus. Item do, lego Ademato, nepoti meo, filio Ademari, domini de Pictava, centum libras viennensium annui redditus. Item do, lego Blanchie, karissime uxori mee, centum libras annui reditus cum dotalitio suo, sibi, in contractu matrimonii nostri, assignato. Item do, lego domino de Vilars villam meam Sancti Germani in Breissia, cum redditibus, pernitentiis et juribus universis. Item do, lego ecclesie Sancte Marie de Bellijoco, pro remedio anime mee et parentum meorum, et quod anniversarium meum fiat, annis singulis, honorifice in eadem, centum solidos viennensium annui redditus; et volo et precipio quod triginta solidi viennensium annui redditus et viginti solidi viennensium annui redditus, quos bone memorie Humbertus, quondam dominus Bellijoci, pater meus, et domina de Sicciaco, soror mea, dederunt et assignari preceperunt predicte ecclesie, eidem assignentur et reddantur. Item do, lego ecclesie Belle Ville quadraginta solidos viennensium annui redditus ex eadem causa. Item do, lego ecclesie de Jugo Dei viginti solidos viennensium annui redditus ex eadem causa. Item do, lego domui de Grandi Monte quadraginta solidos viennensium annui redditus ex eadem causa. Item hospitali Aque Sparse viginti solidos viennensium annui redditus ex eadem causa. Item sanctimonialibus de Pelotens do, lego quicquid ego habeo, teneo et possideo per me vel per alium id parrochia de Meunay, excepto dominio et justicia, quod et quam heredi meo retineo. Item do, lego karissime sorori mee, priorisse ejusdem loci, ad vitam suam tantum, quadraginta asinatas frumenti et siliginis percipiendas in redditibus nostris de Miribello. Item do, lego omnibus ecclesiis parrochialibus terre mee, cuilibet viginti solidos viennensium. Item do, lego sanctimonialibus de Marcignie viginti solidos annui redditus. Item sanctimonialibus Belli Loci viginti solidos viennensium annui redditus. Item do, lego ecclesie de Poliaco, castro meo, domum que fuit Rogerii, quam edificavit Matheus, clericus meus. Item hospitali de Roguens viginti solidos viennen-

comtesse de Forest, sa sœur, et après son décès, Guyot de Forest, son fils, et à défaut de Guyot, Louis et Guichard de

---

sium annui redditus. Item ecclesie de la Buissy totum usagium, omnem exactionem et querelam quod et quam ego habeo et habere possum et levare et percipere consuevi ego et predecessores mei in eadem. Item do, lego eidem ecclesie, pro elemosina, centum solidos viennensium. Item fratribus Minoribus Ville Franche centum solidos viennensium. Item do, lego Johanni de Verneis centum solidos viennensium annui redditus. Item do, lego Guigoni de Villon sexaginta solidos viennensium annui redditus. Item Johanni Terlet quinquaginta libras viennensium. Item Guichardo de Jo quadraginta libras viennensium. Item Hugoni Palatini sexaginta libras viennensium. Item Guichardo Palatini quadraginta libras viennensium. Item Sablon viginti libras viennensium. Item Romanet viginti libras viennensium. Item Bernardo, garcifero meo, decem libras viennensium. Item Bernardo, nuncio meo, decem libras viennensium. Item do, lego Girardino de Marciniaco, ballivam meam de Torveon ad vitam suam. Item Reynaudo de Pagne decem libras viennensium annui redditus, in redditibus, ad vitam suam. Item Stephano Mareschal triginta libras viennensium. Item Pontio de Beluysi quadraginta libras viennensium pro emenda. Item domino Aymoni Palatini, militi, centum solidos viennensium annui redditus, vel centum libras. Item domino Villelmo de Jueus, militi, centum solidos viennensium annui redditus, vel centum libras. Item do, lego domino Stephano de Piseyz, militi, et suis heredibus, ledias bladi ville Belli Joci post decessum decani Belli Joci, fratris sui, cui eas dedi ad vitam suam. Item do, lego Hugoni de Pyseiz, decano Belli Joci, clerico nostro, viginti libras viennensium cum aliis redditibus, quos sibi dedi ad vitam suam, quandiu vixerit possidendas. Item do, lego Gerrioni, barbitonsori meo, viginti libras viennensium. Item do, lego conventui de Gigniaco quadraginta libras viennensium. Item volo et concedo omnibus hominibus terre mee quod omnes judei exeant terram meam et quod decetero judeus non habitet nec mutuo tradat pecuniam, nec mansionem habeat in eadem; et volo et precipio quod hec omnia promittat heres meus pro se et suis heredibus imperpetuum firmiter observare. Volo autem et precipio quod clamores mei, patris mei et matris mee, legata mea et elemosine mee et predictorum parentum meorum per manum executorum meorum pacificentur, reddantur sine difficultate qualibet et solvantur. Hujus siquidem mee ultime voluntatis executores facio et instituo venerandum in Christo patrem dominum episcopum Matisconensem, Hugonem, decanum Belli Joci, clericum meum, et dominum Stephanum de Piseyz, militem, fidelem meum, et executionem hujus, mee ultime voluntatis fidei ipsorum comitto. Et si

Forest, ses autres enfants; lègue à Humbert de Beaujeu, seigneur de Montpensier, son cousin, ses terres de Valromey et de Bugey, et tous les châteaux, fiefs, hommages à lui dus entre les rivières d'Allier et de Loire, à condition qu'Humbert donneroit à Louis et à Eric de Beaujeu, ses frères, cinquante livres de rente à chacun. Il fit encore des légats à Fouques, seigneur de Montgascon, et à Aymard de Poitiers, ses neveux, et à Blanche de Châlon, son épouse; donna au sire de Thoire et de Villars le village de Saint-Germain en Bresse, et fit quelques libéralités aux églises de Belleville et de Joux-Dieu, et de Grandmont, à l'hôtel-Dieu d'Aigueperse, à la chartreuse de Poletins, à sa sœur, prieure de Poletins, à l'église de la Boesse, aux frères Mineurs de Villefranche, à Guigues de Villon, à Hugues et à Guichard Palatin, à Girard de Martigny, à Aymon Palatin, chevaliers; à Etienne de Piseys, doyen de Beaujeu, son chapelain, et à Etienne de Piseys, chevalier. Il vêquit quelque temps après ce testament, car au mois de may de l'année suivante il vendit au doyen et au chapitre de Lyon le château de Saint-Bernard-sur-Saône, au prix de

---

omnes predicte executioni interesse non possent, aut nollent, duo eandem nichilominus exequantur, et cuilibet eorum do, lego centum libras viennensium pro labore suo. Volo enim et precipio quod predicti executores tandiu teneant et possideant hereditatem meam et omnia bona mea quousque heres meus de pacificandis meis clamoribus et parentum meorum et de solvendis meis helemosinis et legatis eisdem sufficientem dederit cautionem. Hanc vero meam ultimam voluntatem volo valere jure testamenti in scriptis; et si non valeat jure testamenti, in scriptis volo quod valeat jure testamenti nuncupativi; eet si non valeat jure testamenti nuncupativi, volo quod valeat jure codicillorum vel jure cujuslibet ultime voluntatis quod melius valere potest. Huic autem mee ultime voluntati interfuerunt septem testes masculi et puberes, vocati et rogati a me testatore, qui omnes, ad preces et instanciam, meam unacum sigillo meo sigilla sua, signa et subscriptiones huic mee ultime voluntati apposuerunt in testimonium veritatis. Datum et actum ut supra. »

Les sept témoins du testament de Guichard VII furent Hugues, doyen de Beaujeu; Aymon, chantre; Guigues Sauvage, chanoine; Guillaume Palatin; Guigues de Gleteins; le Palatin de Riotiers et Etienne de Piseyz.

6,500 livres viennoises (1), lequel il avoit précédemment acquis du Palatin de Riotiers. Mais étant allé en Angleterre en qualité d'ambassadeur du roi, il mourut le 29e du mois de may 1265. Son corps fut apporté et inhumé en l'église de Belleville. Il décéda sans enfants, quoiqu'il eût épousé Blanche de Châlon, dame de Broyes et de Fontaine-Mâcon, fille de Jean, comte de Châlon et de Bourgogne, sire de Salins, et de Mahaut de Bourgogne (2).

Blanche de Châlon eut en dot les seigneuries de Broyes et de Fontaine-Mâcon, et celle de Belleville pour son douaire. C'est en cette qualité de douairière qu'elle confirma aux habitants les franchises que leur avoit accordées Humbert, sire de Beaujeu, cinquième du nom, par patentes du 5e de may 1265, sous les sceaux de G...., abbé de Belleville, de Pierre d'Arlay, trésorier de Besançon, de Jean de Châlon, son frère, d'Aymery, seigneur de Montfaucon, de Simon, seigneur de Joinville, de Jean, seigneur de Cuseaux, et de Barthélemy de Laye, chevaliers. Elle fonda le monastère de la Déserte de Lyon, au mois de juillet 1304, et non pas l'an 1260, comme a écrit Guillaume Paradin.

Blanche de Châlon se remaria à Beraud de Mercœur, quatrième du nom, seigneur d'Ussel en Auvergne, fils de Beraud, troisième du nom, sire de Mercœur, et de Béatrix de Bourbon. Elle fit son testament le jeudy de l'an 1306, par lequel, entre autres légats, elle donne la terre de Cortenay à Agnès de Châlon, comtesse de Genève.

En ce Guichard de Beaujeu, septième du nom, finit la ligne directe des sires de Beaujeu, et ne resta que la branche des seigneurs de Montpensier et de Montferrand en Auvergne, issus d'un puisné de la maison, de laquelle nous sommes

---

(1) Arch. du Rhône, série G, armoire Enoch, vol. 52, n° 1. — Imprimé Bibl. Dumb. p. 158.

(2) La Chronique de la maison de Beaujeu (Revue du Lyonnais, l. c.) et Paradin (Alliances généalog. p. 1028) disent que notre Guichard fut connétable de France.

obligé de parler, avant que de passer à la seconde lignée des sires de Beaujeu, seigneurs de Dombes, issus d'un puisné des comtes de Forest.

LES SEIGNEURS DE MONTPENSIER, D'AIGUEPERSE, DE MONT-FERRAND ET DE LA ROCHE D'AGOUL.

(Lesquels portoient d'or semé de billettes de sable au lion de Beaujeu avec son lambel).

GUICHARD DE BEAUJEU-MONTPENSIER.

Guichard de Beaujeu, chevalier, seigneur de Montpensier, de Montferrand et d'Herment, étoit le second des enfants de Guichard, sixième du nom, sire de Beaujeu, seigneur de Dombes, et de Sibille de Haynaut, et eut la seigneurie de Montpensier pour son partage.

Sibille, dame de Beaujeu, sa mère, par titre du mois de juin 1226, reconnut qu'Archembaud, seigneur de Bourbon, lui avoit donné, en présence de l'évêque de Clermont, ce que Oudin le Blanc tenoit à Montceaux. Le sire de Bourbon lui donna encore en fief les seigneuries de Croset, de Josserand, de Beaufort et de Peysac.

Par un titre du mois de septembre 1233, qui est en un ancien registre des fiefs de Bourbonnois, il avoua de tenir en fief du même Archembaud, seigneur de Bourbon, la seigneurie de Vecenat, possédée par Oudin de Vemet.

Albéric, moine de Trois-Fontaines, récite qu'il mourut l'an 1317 ; mais cela ne peut pas être, autrement il auroit vécu plus de 110 ans ; car l'an 1225, il fut accordé en mariage avec Catherine de Clermont, dame de Montferrand et d'Herment, surnommée Dauphine, fille de Guillaume, comte de Clermont et de Montferrand, dauphin d'Auvergne, et d'Isabeau de Montluçon.

Justel a dit que ce fut l'an 1231 ; cependant, par un titre du mois d'avril 1225, sous le sceau de Robert, évêque de Clermont, Guichard de Beaujeu fit donation à Catherine de Clermont, son épouse, de la moitié de tous ses biens présens et à venir, à la réserve de la seigneurie de Montpensier.

Par ce mariage, il avoit été convenu que le comte de Clermont donneroit en dot à sa fille la ville et seigneurie de Montferrand en Auvergne, sous la réserve de sept livres de rentes dues à la maison de Chartreuse, de vingt-cinq livres de rentes pour la dot de Marguerite de Clermont, sa nièce, et quelques héritages dont le comte vouloit jouir pendant sa vie. Ce qui donna lieu à deux traités, l'un du mois de juillet 1230, et l'autre du mois d'avril 1234, par le premier desquels Sibille de Haynaut, dame de Beaujeu, Humbert et Guichard de Beaujeu, ses enfants, pour avoir l'entière portion de Montferrand, offrirent au comte de Clermont de lui assigner cent livres de rentes dans le territoire de Montpensier et de lui donner encore sept cents livres pour toutes les réserves, et promirent que les bourgeois de Montferrand qui étoient sortis de la ville vivroient en paix avec lui. Et où il arriveroit quelque contravention à cela, Sibille de Haynaut s'obligea de ne se point retirer de Montferrand ni d'Herment que leurs amis n'eussent terminé le différent; lesquels furent nommés, sçavoir Etienne de Chateldon, chevalier, Robert du Puy, chanoine de Clermont, et le vicomte de Comborn. Et par l'autre traité, Guichard de Beaujeu, seigneur de Montpensier, et sa femme, donnèrent leur parole d'acquitter ce qui étoit dû à la Chartreuse et à Marguerite de Clermont, et promirent de payer au comte mille livres monnoye de Clermont, de lui assigner cent livres de rente sa vie durant, sur les fours et sur la leyde de Montferrand; et que si Catherine de Montferrand mouroit sans enfants, la seigneurie de Montferrand demeureroit au comte de Clermont et aux siens. Outre toutes ces choses, le comte et le seigneur de Montpensier firent convention qu'ils ne pourroient rien acquérir l'un en la terre de l'autre. Sa femme mourut le 11 may après l'an 1244, et lui avant l'an 1256.

Enfants de Guichard de Beaujeu, seigneur de Montpensier, et de Catherine de Clermont.

Humbert de Beaujeu, seigneur de Montpensier, qui continua la branche;

Éric de Beaujeu, chevalier, seigneur d'Herment, maréchal de France.

Par titre du vendredy après la Purification de la Vierge, au mois de février 1255, il promit à Guichard, sire de Beaujeu, de le garantir de la caution qu'il avoit prêtée pour lui entre les mains d'Henry, seigneur de Cousant, baillif de Mâcon, pour la rançon d'Amblard de Chabeu, son prisonnier de guerre. Eric, en ce titre, ne prend autre qualité que celle de fils de Guichard, seigneur de Montpensier et de Montferrand.

Mais par un titre qui est du mois de mars de la même année, il se qualifie Eric de Beaujeu, damoiseau, seigneur d'Herment et donne à Raoul, vicomte de la Roche-d'Agoul, la seigneurie de Sal-le-Haut et de Sal-le-bas, tout ce qu'il avoit au village de Neuf-Fontaines, à Agelle-le-Saunade, Nordonne, la Fayolle et autres lieux, qui à l'instant prit le tout en fief de lui et lui en fit hommage. Le sceau d'Eric de Beaujeu est semé de sable, au lion de Beaujeu avec son lambel, contrebrisé d'une bordure; au revers il y a un lion passant. Il mourut au siége de Thunis, l'an 1270.

Le Féron, ni Godefroy en son nouveau Catalogue des maréchaux de France, ne lui donnent pas cette qualité, quoiqu'elle lui soit due, ainsi qu'ont très-bien reconnu deux sçavans historiens (1). Elle lui fut donnée par le roi saint Louis.

Il ne laissa aucuns enfans d'Aldengard d'Aubusson, son épouse, fille de Guy, second du nom, vicomte d'Aubusson, et

---

(1) De Sainte-Marthe.

d'Assailli de Comborn, laquelle eut en dot la seigneurie de Massignat, comme Eric de Beaujeu avoue par un traité du mois d'octobre 1262.

Après le décès d'Eric de Beaujeu, sa veuve se remaria avec Raoul, vicomte de la Roche d'Agoul, sus-nommé.

Louis de Beaujeu, seigneur de Montferrand, qui fit branche.

Guillaume de Beaujeu, grand-maître de l'ordre des Templiers, l'an 1288, qui fut tué à la prise d'Antioche, le 18e may 1291, peut avoir été frère des sus-nommés par la convenance du temps (1).

HUMBERT DE BEAUJEU-MONTPENSIER.

Humbert ou Imbert de Beaujeu, seigneur de Montpensier, d'Aigueperse, de la Roche d'Agoul, d'Herment et de Roanne, connétable de France, succéda à son père avant l'an 1256 ; car, se rendant caution de Guichard de Beaujeu, son cousin, de la somme de mille livres, envers Etienne de Varay, citoyen de Mâcon, il se qualifie seigneur de Montpensier. Il accompagna le roi saint Louis en son voiage de la Terre-Sainte, qui lui donna la charge de connétable, vacante par le décès du seigneur de Transignies. Joinville parle honorablement de lui et remarque qu'il étoit du nombre des huit chevaliers que ce prince avoit toujours auprès de soi, qu'il avoit souvent gagné

---

(1) Ce Guillaume, grand-maître du temple, ainsi qu'un autre Guichard de Beaujeu, étaient très-certainement fils de Guichard, seigneur de Montpensier, ainsi que le prouve un acte daté du mois de novembre 1253, dont j'ai publié le texte en note de la page 59 du *Cartulaire de l'église de N.-D. de Beaujeu*.

le prix des armes deçà et delà la mer, qu'il se signala à la bataille de la Massoure, l'an 1250, et qu'il fut du nombre des prisonniers de guerre menés à Damiette. Il suivit encore Sa Majesté en la guerre d'Afrique et au siége de Tunis, l'an 1270 (1).

Le pape Grégoire X aiant convoqué un concile général à Lyon, où il vint, l'an 1273, le roi Philippe III y visita Sa Sainteté et lui laissa nombre de gens de guerre, pour la garde de sa personne, dont il donna le commandement à Humbert de Beaujeu.

Il fut nommé exécuteur du testament de Guy, sixième du nom, comte de Forest, l'an 1273.

Ce même roi aiant entrepris de faire la guerre à Alphonse XI, roi de Castille, envoia une puissante armée en Navarre et prit Pampelune, l'an 1276. Ses principaux capitaines furent Robert second, comte d'Artois, Humbert de Beaujeu, le comte de Saix et Gaston de Moncade, vicomte de Bear.

L'année suivante, le roi lui donna, pour récompense de ses services, la seigneurie de la Roche d'Agoul, avec les châteaux de Pondal, de Mont et de Gelat.

Le comte et l'évêque de Valence aiant de grands différends, s'en remirent, le 30ᵉ de mai 1278, à l'arbitrage de l'évêque de Langres et de ce seigneur de Montpensier, qualifié par le titre de connétable de France.

Par lettres datées à Moussy, le lendemain de Noël 1280, il reconnut que lui et Isabelle de Mello, son épouse, avoient vendu au chapitre et à l'église d'Auxerre leur seigneurie de Corseint, et promirent de procurer que ce chapitre feroit dé-

---

(1) M. Aubret : « Au mois de décembre 1271, Philippe-le-Hardi, nommant le comte d'Alençon, son frère, pour régent, au cas qu'il vînt à mourir avant que son fils eût quatorze ans, il nomma cet Imbert connétable de France, parmi les seigneurs qu'il donnoit pour conseil à son frère. » (Dupuy, Traité des Minorités et Régences, pag. 63 et 144.)

(Note dans le manuscrit de Trévoux.)

claration que cette terre étoit sous la garde du duc de Bourgogne (1).

Menard, en ses notes sur l'*Histoire de saint Louis*, du sire de Joinville, a confondu cet Humbert de Beaujeu avec Humbert, sire de Beaujeu, V du nom, et Le Feron a cru qu'il étoit issu de la maison de Mercœur en Auvergne, et dit qu'il véquit jusqu'à l'an 1280 et qu'il mourut en la Terre-Sainte, mais il étoit encore en vie l'an 1283, car il assista au jugement donné le jour de Toussaint, au Parlement de Paris, contre Charles, roi de Sicile, pour le comte de Poitiers, et il se trouve une bulle, en sa faveur, de Martin IV, qui ordonne à l'évêque de Mâcon de prendre soin de ses biens pendant le tems qu'il seroit outre-mer, où il devoit accompagner Philippe de Courtenay, son parent, à la conquête de Constantinople (2).

---

(1) Pérard, p. 550.
(2) Voici le texte de cette bulle :

« Martinus, episcopus, servus servorum Dei, venerabili fratri episcopo Matisconensi salutem et apostolicam benedictionem. Cum dilectum filium nobilem virum Humbertum, dominum de Perues et conestabulum Francie, tue diocesis, qui zelo fidei ac devotionis accensus, signo vivifice crucis assumpto, proposuit in Terre Sancte subsidium profixisci cum familia, et omnibus bonis que impresentiarum rationabiliter possidet, sub beati Petri proteccione suscepimus atque nostra, statuentes ut postquam in primo generali passagio, a sede apostolica statuendo, iter arripuerit transmarinum, donec de ipsius reditu vel obitu certissime cognoscatur, ea omnia integra maneant et quieta fraternitati tue per apostolica scripta mandamus, quatinus non permittas ipsum, contra protectionis et constitutionis nostre tenorem, supra hiis ab aliquibus indebite molestari, molestatores hujusmodi per censuram ecclesiasticam, appellatione postposita, conpescendo ; attentius provisurus ne de hiis que cause cognitionem exigunt vel que personam, familiam et bona non contigunt ipsius, te aliquatenus intromittas. Nos enim si secus presumpseris, tam presentes litteras quam etiam processum, quem per te illarum auctoritate haberi contigerit, omnnio carere juribus ac nullius fore decernimus firmitatis, hujusmodi ergo mandatum nostrum sic prudenter et fideliter exequaris ut ejus fines quomodolibet non excedas. Datum Perusii, idus octobris, pontificatus nostri anno quarto. » (Arch. nation. P. 1388, c. 58.)

En cette même année, Robert, comte d'Artois, et Agnès de Bourbon ratifièrent la vente que Guillaume de Montluzon, seigneur de Saint-Géran le Puy, lui avoit faite de la seigneurie de Chatel-Oudon, pour la somme de 3,400 livres. Et l'an 1284 le roi Philippe III le fit exécuteur de son testament avec les évêques de Langres et de Dol.

Il mourut l'an 1285. Son alliance fut après l'an 1260, avec Isabeau de Mello, dame de Saint-Maurice en Puy-Saye, Tiroveille, Chandenys, Bassois, Villeneuve la Guyart, de Saint-Brist et de la Celle de Béon, veuve de Guillaume, comte de Joigny, et fille de Guillaume de Mello, second du nom, chevalier, seigneur desdits lieux, qui mourut à Nicosie en Chypre, l'an 1247. De ce mariage sortit une seule fille appelée

JEANNE de Beaujeu, dame de Montpensier, de la Roche-d'Agoul, d'Aigueperse, d'Herment et de Roanne. Etant d'une illustre naissance et riche héritière, elle fut mariée à Jean, second du nom, comte de Dreux et de Braine, prince du sang et grand chambrier de France, fils aîné de Robert, quatrième du nom, comte de Dreux et de Braine, et de Béatrix de Montfort.

Le comte de Dreux et elle vendirent à Jean, comte de Forest, la part qu'ils avoient en la ville de Roanne. De ce mariage sortirent Robert, troisième du nom, Jean et Pierre, successivement comtes de Dreux, seigneurs de Montpensier et d'Aigueperse. De ce Pierre, comte de Dreux, vint Jeanne de Dreux, dame de Montpensier et d'Aigueperse, sa fille, qui mourut sans postérité, et après son décès toutes les terres d'Auvergne provenues de la maison de Beaujeu furent prétendues par Blanche de Beaujeu, dame de Leuroux, par Bernard, vicomte de Vantadour, représentant Marguerite de Beaujeu, sa mère, et par Guichard, seigneur de Comborn, mari de Blanche de Vantadour; mais à la fin, après un grand procès soutenu contre Jeanne, comtesse de Dreux, et Louis, vicomte de Thouars, son mari, les terres de Montpensier et d'Aigueperse demeurèrent au comte de Vantadour, en faveur duquel Montpensier fut érigé en comté.

LES SEIGNEURS DE MONTFERRAND ET DU BROC

(Ils portoient d'or semé de billettes de sable, au lion de même.)

LOUIS DE BEAUJEU-MONTFERRAND

Louis de Beaujeu, chevalier, seigneur de Montferrand, étoit, ainsi que nous l'avons dit, le troisième fils de Guichard, de Beaujeu, seigneur de Montpensier, et de Catherine de Clermont d'Auvergne, sa première femme; en quoi se reconnoit l'erreur de Claude Paradin, qui le fait troisième fils de Renaud, comte de Forest, et d'Isabelle, dame de Beaujeu. La seigneurie de Montferrand lui fut donnée en partage. Il accompagna saint Louis au voïage d'Afrique, avec six chevaliers. Il git en l'église de Notre-Dame du bourg de Déols en Berry. Son décès arriva le vendredi 26ᵉ de septembre de l'an 1280. Marguerite de Bomes, dame de Château-Meillant, du Broc, de Bellefaye et de Preverenes, fut sa femme. Elle étoit fille de Robert, sire de Bomes et de Blason, et d'Isabeau de Mello, laquelle il épousa à son retour du voïage d'Afrique. Elle se remaria, l'an 1282, à Henry, troisième du nom, sire de Sully sur Loire, avec lequel elle vivoit encore l'an 1292, qu'elle vendit au roi Philippe-le-Bel le douaire qu'elle avoit sur la seigneurie de Montferrand, pour 500 livres de rente pendant sa vie. Elle mourut l'an 1323.

Enfants de Louis de Beaujeu, seigneur de Montferrand, et de Marguerite de Bomes :

Louis de Beaujeu, deux du nom, seigneur de Montferrand, qui continua ;
Guichard de Beaujeu, chevalier, accordé en mariage avec

Catherine du Broc, fille de Pierre du Broc et de Marguerite de Thiern, mais il mourut avant l'accomplissement du mariage, et elle se maria l'an 1289, avec Jean Chaulderon, seigneur de Trenay en Nivernois ;

Blanche de Beaujeu, mariée à Guy de Chavigny, seigneur de Leuroux, d'où Jean et André de Leuroux, vivant l'an 1348 ;

Marguerite de Beaujeu, épouse d'Élie, vicomte de Vantadour, d'où vinrent Hebles, vicomte de Vantadour, mort sans enfants de Mathée de Comborn, veuve de lui, l'an 1367 ; Bernard, vicomte, puis comte de Vantadour et de Montpensier, mari de Marguerite de Beaumont, le 17e de mai 1333 ; Blanche de Vantadour, femme de Bernard, vicomte de Comborn ; et Elie de Vantadour, doyen du Puy, élu évêque de Tournay, 1377 ; Guy, évêque de Vabres 1347 et 1351 ; et Hebles, évêque de Figeac ;

Marie de Beaujeu, religieuse en l'abbaye de Longchamp près de Saint-Cloud, où elle décéda l'an 1337.

LOUIS II DE BEAUJEU-MONTFERRAND.

Louis de Beaujeu, second du nom, chevalier, seigneur de Montferrand et du Broc, décéda, l'an 1296, et ne laissa que deux enfants de Dauphine, dame du Broc, fille de Pierre, seigneur du Broc, du Chambon et du Plausac, et de Marguerite de Thiern, dame de Busset, laquelle, après son décès, se remaria, l'an 1298, avec Briand, vicomte de la Roche-Briand, qui, le vendredy, après la fête de Toussaint 1308, traita avec Jean, comte de Dreux, du douaire promis à sa femme par Humbert de Beaujeu, connétable de France, quand elle épousa Louis de Beaujeu, son neveu.

Enfants de Louis de Beaujeu, second du nom, seigneur de Montferrand, et de Dauphine du Broc.

Louis de Beaujeu, troisième du nom, qui suit.

Humbert de Beaujeu, chevalier, mort sans avoir été marié.

LOUIS III DE BEAUJEU-MONTFERRAND.

Louis de Beaujeu, troisième du nom, chevalier, seigneur de Montferrand et du Broc, l'an 1292, remit en échange au roi Philippe-le-Bel la terre et seigneurie de Montferrand en Auvergne, pour 600 livres de rente, dont Sa Majesté promit de lui donner assignat.

Par cet échange il est porté qu'entre autres droits seigneuriaux appartenant au seigneur de Montferrand, les habitants lui devoient leyde pour sa chevalerie, pour le mariage de sa fille, pour sa rançon, étant prisonnier de guerre, et pour son voiage d'outre-mer, et les meubles de celui qui mouroit sans confession dans la ville de Montferrand, qui est un droit appelé la mortaille.

Le samedy, après la fête de saint Girard, de l'an 1312, lui et Humbert de Beaujeu, son frère, avec Dauphine du Broc, leur mère, femme de Briand, vicomte de la Roche-Briand, firent une convention avec Aymard Voyre, prieur de Nonnette, pour la dot de Dauphine et de Guillaumette de la Roche-Briant, leurs sœurs, qui devoient prendre le voile de religieuse au monastère de Saint-Bazeille.

Il décéda sans alliance et sans postérité, laissant son héritier Humbert de Beaujeu, son frère, qui mourut aussi sans enfants, et en lui fut entièrement éteinte l'illustre et ancienne maison de Beaujeu, de la première lignée, laquelle avoit subsisté glorieusement et avec éclat l'espace d'environ cinq cents ans. Il nous faut donc passer à celle de la seconde lignée, issue d'un puisné des comtes de Forest, puisque c'est par le moien de ces derniers seigneurs de Beaujeu que la Dombes entra dans la maison de Bourbon.

LES SIRES DE BEAUJEU, SEIGNEURS DE DOMBES

DE LA SECONDE LIGNÉE.

Nous avons dit cy-devant, que Guichard, septième du nom, sire de Beaujeu, seigneur de Dombes, qui décéda, l'an 1263, sans enfans, institua son héritière universelle Isabelle de Beaujeu, sa sœur, épouse de Renaud, comte de Forest, et lui substitua Guy, Louis et Guichard de Forest, leurs enfants, l'un à défaut de l'autre. Ainsi Isabelle de Beaujeu fut dame de Beaujeu et de Dombes. Mais ce ne fut pas sans difficulté, car Fouques, seigneur de Montgascon, à cause de Béatrix de Beaujeu, sa mère, les enfants d'Aymard de Poitiers, comte de Valentinois, et les seigneurs de Montferrand en Auvergne prétendirent part à la seigneurie de Beaujeu et en eurent un procès avec Isabelle de Beaujeu. Le roi saint Louis députa Philippe, doyen de Bourges, et Renaud de Mormand, chevalier, pour connoître du droit des parties (1), et sur le rapport qu'ils en firent il y eut un arrêt du Parlement de Paris, de la Pentecôte, de l'an 1269, par lequel il fut dit que la terre de Beaujeu n'étoit pas divisible et qu'elle appartenoit à Isabelle de Beaujeu comme aînée de la famille.

---

(1) Duchesne, Hist. de Bourgogne, p. 455.

Cependant Renaud, comte de Forest, comme sire de Beaujeu, et elle, au nom de Guy de Forest, leur fils aîné, et en sa présence, par titre du mois d'octobre 1266, assignèrent aux Chartreuses de Poletins 60 livres de cens annuel, que Guichard, dernier sire de Beaujeu, leur avoit léguées par son testament, et promirent d'augmenter cet assignat de semblable somme, sous les cautions d'Aymon Palatin, de Pierre de Mauvoisin, de Guillaume de Marzé et de Pierre de Bonens, chevaliers.

Deux ans après, ils firent une notable concession aux religieux de l'abbaye de Chassagne, en Bresse, par patentes datées au mois d'avril après Pâques (1).

En l'an 1271, ils reçurent l'hommage d'Humbert, sire de Thoire et de Villars, pour le bourg de Villars, la poype de Montieu, les Châteaux de Loyes, du Montelier et de Corzy, et pour la maison de Saint-Hulin (2).

Le même Renaud de Forest et Isabelle de Beaujeu ont confirmé les priviléges des habitants de Villefranche en Beaujollois, de Lent (3) et de Châlamont en Dombes.

---

(1) La chronique de l'abbaye mentionne en ces termes cette concession : « Galterius de Asneriis (abbas Cassaniæ). Hic anno MCCLXVIII, obtinuit a Raynaudo, comite Forensi, et Ysabella de Bello Joco, ejus uxore, ut homines abbatiæ a pedagio et leyda aliisque usibus apud Calomontem essent immunes. »

(2) Saint-Olive. — Cet hommage n'a pas été rendu à Renaud (mort le 13 novembre 1270) et à Ysabelle, comme l'avance Guichenon, mais à Ysabelle seule. (Arch. nation. P, 1374, c. 2459, et P. 1389, c. 226. — Imp. Bibl. Dumb. p. 169.)

(3) Renaud et Ysabelle n'ont pas confirmé mais bien accordé les priviléges de la ville de Lent, au mois d avril 1269, comme le prouve le préambule de la charte qui les contient : « Nos Reygnaudus, comes Forensis et dominus Bellijoci, et Ysabella, ejus uxor, comitissa Forensis et domina Bellijoci, notum facimus universis presentibus et futuris quod nos, pro nobis et successoribus nostris, villam nostram de Lent in terra Bellijoci constitutam, infra terminos subsequentes, FRANCHAM ET LIBERAM FACIMUS ET CONSTITUIMUS, et universis et singulis habitatoribus ejusdem ville et totius loci

Claude Paradin et Severt attribuent à cette Isabelle, dame de Beaujeu, la fondation de l'église collégiale de Semur en Brionnois, ce qui n'est point, car elle fut fondée par Simon, seigneur de Semur et de Châteauvilain, son premier mary.

Au mois d'octobre 1271, elle donna les terres de Beaujeu, de Dombes, de Valromey et du Bugey à Louis de Forest, son fils, en faveur du mariage qu'il étoit sur le point de conclure avec Léonor de Savoye (1), à la réserve seulement des châ-

---

infra terminos predictos contenti et inclusi concedimus imperpetuum et predictorum habitatorum successoribus libertatem et franchesiamque que, in presenti pagina, subsequntur, etc. » (Arch. natio. P. 1391, c. 561. — Bibl. Dumb. p. 6.)

(1) Voici le texte de cette donation :

« Nos frater Petrus, miseracione divina prime Lugdunensis ecclesie electus, notum facimus universis presentes litteras inspecturis quod cum illustris domina Ysabella, comitissa Forensis et domina Bellijoci, ex una parte. et nobiles viri Thomas et Amedeus de Sabaudia, fratres, ex altera, sponsalia contraxissent de Lodovico, filio ipsius Ysabelle, et Elionor, sorore dictorum fratrum, ut asserebat dicta Ysabella, dicta domina comitissa constituta coram nobis, sciens, prudens et spontanea, nobis significavit se velle facere donacionem que sequitur : ob contemplacionem futuri matrimonii donat prefato Ludovico irrevocabiliter inter vivos, et ex causa pure et perfecte donationis cedit et concedit terram et baroniam, castra, feuda, homagia Bellijoci cum ipsorum pertinentiis, redditibus, mandamentis, feudis, homagiis et juribus universis, et omne jus quod sibi competit vel competere potest in predictis locis vel alibi, exceptis dotaliciis suis, que habet ad vitam, que retinet et excepit de predictis, ita tamen quod idem Lodovicus subeat honera, homagia consueta faciat, et alia que dominus Bellijoci facere consuevit. Retinet eciam predicta Ysabella de consensu et expressa voluntate predicti Lodovici castra et villas de Poilleu, de Monmalast et de Lent et molendina Ville Franche, cum pertinentiis, obvencionibus, redditibus ipsorum et juribus universis, que omnia, postquam dictum Lodovicum de predictis semel investiverit, debent penes ipsam dominam, dum vixerit, remanere pro expensis suis et aliis sibi necesariis quo advixerit faciendis, ita quod post ejus decessum predicte res cum suis pertinentiis et juribus universis, ad dictum Lodovicum plene et libere revertuntur, exceptis centum libris annui redditus viennensium in perpetuis redditibus, quas ipsa potest, pro anima sua, cui vel quibus voluerit relinquere vel legare in sua ultima voluntate. De quibus rebus donatis universis et singulis, ut superius est

teaux et villages de Pollieu et de Montmelas en Beaujollois et de Lent en Dombes, sa vie durant (1) ; et parce que les sei-

---

expressum, dicta domina Ysabella se devestit et ipsum Lodovicum investit, ipsum in possessionem predictorum, vel quasi, inducendo per anulum suum ; cedens, concedens et in ipsum Lodovicum transferans ex causa predicta omnia jura, omnes actiones reales et personales, mixtas, meras utiles et directas, que sibi competunt vel competere possunt in predictis vel in aliquo predictorum, aut contra quascunque personas ratione ipsorum, nichil juris, possessionis vel proprietatis sibi vel suis retinens in predictis, exceptis dictis dotaliciis et aliis rebus que ad vitam suam retinuit, ut superius est expressum : faciens ipsum ex nunc verum possessorem et verum dominum omnium predictorum, promittens per stipulacionem sollempnem et per juramentum super sancta Dei euvangelia corporaliter prestitum predictas donationem, cessionem et concessionem, translationem, investituram ac universa et singula supradicta in perpetuum inviolabiliter observare, nec umquam contra venire per se vel per alium facto vel verbo, in judicio vel extra, nec contra venire volenti in aliquo consentire ; immo ipsum juvabit et defendet pro posse suo ad predicta obtinenda et acquirenda contra quemlibet malefactorem. Renuncians in hoc facto predicta domina comitissa ex certa sciencia et per juramentum omni actioni et exceptioni doli, metus, et in factum conditioni sine causa, omnibus causis ingratitudinis in jure insertis, omni lesioni, omni deceptioni, omni restitutioni in integrum, juri dicenti : mulieribus facto vel jure errantibus fore succurrendum, et omni juri canonico et civili. Hanc autem donationem apud acta coram nobis ordinario et dyocesi eorum insinuavit dicta committissa ; et nos, ad preces ipsius committisse, presentibus litteris, in testimonium veritatis et insinuationis coram nobis facte, sigillum nostrum duximus apponendum. Datum et actum anno Domini M°CC° septuagesimo secundo, mense octobris. » (Original. — Arch. nation. carton P, 1366, cote 1488.)

(1) En outre, Louis de Beaujeu s'engagea, quelque temps après, à lui servir une pension annuelle de 400 livres, comme le prouve la quittance suivante :

« Nos Hysabella, domina Bellijoci, relicta illustris viri domini Reynaudi, quondam comitis Forensis et domini Bellijoci, notum facimus universis presentes litteras inspecturis quod nos habuimus et recepimus a karissimo filio nostro Ludovico, domino Bellijoci, per manum domini Guigonis de Gleteins, militis, ducentas libras viennensium pro solutione anni septuagesimi quarti, videlicet de quatrecentum libris viennensium, quas tenetur nobis reddere et solvere singulis annis, quod vixerimus, ad festum beati Andree apostoli, ratione annue pensionnis. De quibus ducentis libris viennensium

gneuries de Châteaunenf en Valromey, de Virieu-le-Grand et de Cordon en Bugey étoient du fief de Philippe, comte de Savoye, elle lui demanda l'investiture pour son fils, et la même année, par lettres datées le mercredy avant Pâques fleuries, données à Suirieux-le-Comtal, elle écrivit à Robert, duc du Bourgogne, de recevoir son fils à hommage pour ce qu'il tenoit de lui en fief en Beaujollois, qui ensuite prit possession de toute la terre de Beaujeu et de la seigneurie de Dombes.

C'est donc par ce Louis de Forest, sire de Beaujeu, seigneur de Dombes, que nous commencerons cette généalogie des derniers sires de Beaujeu, ce qui prouve que Guy de Forest, son frère aîné, institué héritier par Guichard, sire de Beaujeu, septième du nom, son oncle, étoit décédé sans enfants, quoiqu'il eut été marié (1).

LOUIS DE FOREST, dit DE BEAUJEU,
Seigneur de Dombes.

Par titre de l'an 1277, au mois de juillet, il déclara qu'il tenoit en fief de Robert, duc de bourgogne, Belleville et les châteaux de Lay et de Thisy, et tout ce qu'il pourroit acqué-

---

sic habitis et receptis nos habemus et tenemus integre propagata predictos Ludovicum, dominum Bellijoci, et dominum Guigonem de Gleteins, militem, absolvantes de eisdem penitus et quittantes. In cujus rei testimonium sigillum nostrum presentibus litteris duximus apponendum. Datum anno domini M°CC°LXX° quarto, mense januarii. » (Arch. nation. P. 1366, c. 1481.)

(1) Guy VI, comte de Forez, laissa entre autres enfants de Jeanne de Monfort, son épouse, Jean 1er, qui lui succéda. (V. Auguste Bernard, Hist. de Forez, t. 1. p. 263.) — Au mois de juin 1273, dans une transaction ménagée par Humbert de Beaujeu-Montpensier, connétable de France, il acquiesça à la donation faite par sa mère à Louis, son frère et se désista de toutes ses prétentions sur les terres du Beaujolais. (Arch. nation. P. 1368, c. 1589.)

rir au comté de Forest ; et parce que le duc l'avoit reçu en arrière-fief pour le château de Perreux (1), tenu par Humbert de Beaujeu, seigneur de Montpensier, il ajouta à l'hommage dû au duc de Bourgogne le château de Chavagny et la Buissière, à condition que le duc l'aideroit quand il auroit guerre contre le comte de Forest ou ses héritiers (2).

Le différend qu'il eut avec Henry, seigneur de Varax en Bresse, fut terminé peu de temps après par l'entremise de Philippe, comte de Savoye. Il fit ligue, le 30e juin 1280, avec Aymard de Poitiers, comte de Valence, contre Aymard et Arthaud, comte de Rossillon, l'archevêque de Lyon et l'évêque de Valence (3).

Au temps qu'il prit possession des terres de Beaujollois et de Dombes, il y avoit deux douairières, savoir Blanche de Châlon, veuve de Guichard, septième du nom, sire de Beaujeu, seigneur de Dombes, et Jeanne de Montfort, veuve de Guy ou Guyot, comte de Forest, son frère aîné, qui jouissoit des principales terres de Beaujollois, ce que l'on apprend d'un titre qui est en la chartreuse de Poletins, du mois de mars 1282, par lequel Louis de Beaujeu promit d'assigner 5 livres de rente léguées à cette maison par Marguerite de Beaujeu, fille de Guichard VII, après le décès de Blanche de Châlon et de Jeanne de Montfort, douairières de Beaujollois.

L'an 1285 il remit à Louis de Savoye, seigneur de Vaud, et à Jeanne de Montfort, comtesse douairière de Forest, son épouse, les seigneuries et châteaux de Châteauneuf en Valromey, de Virieu-le-Grand et de Cordon en Bugey, et généralement tout ce qu'il possédoit au diocèse de Genève et de Belley, moiennant le département que fit Jeanne de Montfort des châteaux de Lay en Beaujollois et de Chambeon en Forest, dont elle jouissoit pour son douaire, et Louis de Savoye, pour

---

(1) Perreux avait été cédé, en 1268, à Humbert de Beaujeu-Montpensier, connétable de France, par Renaud et Ysabelle. (Aubret, Mém.)

(2) Pérard, p. 539.

(3) Chorier, Hist. du Dauph. t. II, p. 164. — La Mure, p. 180.

récompenser l'inégalité de l'échange, promit de payer à Louis de Beaujeu 18,000 livres en le tenant quitte de ce qui pouvoit lui être dû du mariage de Léonor de Savoye, sa femme (1).

Au mois de mars de l'année suivante il donna aux chartreuses de Poletins tout ce qu'il prenoit au village de Mionnay en Bresse, à la réserve de la justice et de la seigneurie directe. Il eut guerre avec Humbert, sire de Thoire et de Villars, IV du nom, et avec Humbert, seigneur de Montluel, pour les hommages qu'ils se refusoient de se rendre l'un à l'autre ; ce qui donna lieu à un compromis du samedy après la Pentecôte de l'an 1290. Les arbitres furent Humbert, dauphin de Viennois, Jean de Châlon, comte d'Auxerre, et Guy, seigneur de Saint-Trivier, présents l'abbé de Belleville et Alleman Dupuy, chevalier dont on n'a pas sçu l'issue (2). Il eut aussi différend avec Amé, comte de Savoye, surnommé le Grand, qui fut terminé le 11e de novembre 1292, par Louis de Savoye, seigneur de Vaux, Guy, seigneur de Saint-Trivier, et Nicolas de Billens, jurisconsulte, leurs arbitres.

Hugues, évêque d'Autun, en la fondation de l'église collégiale d'Aigueperse en Beaujollois, demanda son consentement. (*Severt, in Archiep. Lugd.*)

Il fit deux testaments, l'un du mois de may 1294 (3), et l'autre daté au château de Pouilly, du mois de septembre 1295 (4), par lequel il élut sa sépulture en l'église de Belleville, au tombeau de Guichard, sire de Beaujeu, septième du nom, son oncle, à

---

(1) Arch. nation. P. 1590, c. 69.

(2) Cet arbitrage fut suivi d'un nouvel arbitrage, daté du samedi après la fête de saint Pierre et saint Paul 1291, par lequel il fut décidé, afin de rétablir la paix entre les deux familles, que Louis de Beaujeu donnerait sa fille Eléonore en mariage au fils d'Humbert de Thoire-Villars. (Arch. nation. P. 1374, c. 2151. — V. aussi P. 1389, c. 233.)

(3) Arch. nation. P. 1368, c. 1601 et 1629.

(4) Le second testament ou plutôt le codicille de Louis de Beaujeu est daté du samedi après l'Assomption 1295. (Arch. nation. P. 1366, c. 1484, et P. 1368, c. 1601 et 1629.)

laquelle il donna 12 livres viennoises. Il fit héritier Guichard de Beaujeu, son fils aîné et fit des légats à ses autres enfants, déclarant exécuteurs de sa volonté Sartivand de Marchamp, Arthaud, seigneur de Saint-Germain, le jeune, Jean, seigneur de Verneys, Guillaume de Chaney, Humbert, seigneur de Saligny, Blaise de Jarès et Hugues Bochy, chevaliers, Mayeul de Vinzelles, chanoine de Mâcon, Pierre de la Bruière, son chapelain, Guichard de Laval, Aymon de la Palu, Perraud de Chabeu, Pierre de Verneys, Simon de Chaney et Guillaume de Montjay, damoiseaux. Il mourut le 23e d'août 1296 et fut inhumé à Belleville.

Il épousa, l'an 1272, ainsi que nous avons déjà touché en passant, Léonore de Savoye, fille de Thomas de Savoye, comte de Mauriennne, de Flandres, de Haynaut et de Piémont, et de Béatrix de Fiesque,

Cette princesse eut 7,000 livres en dot pour sûreté desquelles Louis de Beaujeu, son mari, lui assigna, l'an 1280, les châteaux et seigneuries de Miribel et de Montaney en Bresse, Chalamont en Dombes, Meximieux et le bourg Saint-Christophle en la Valbonne en toute justice, et lui laissa par testament, pour son douaire, les châteaux de Chamelet, de Pouilly et du Croset, la leyde et les revenus du moulin de Villefranche. Elle mourut le 6e décembre 1296 et gît en une sépulture au chœur de l'église des Cordeliers de Villefranche, à côté droit droit de l'autel ; mais son épitaphe en vers latins, qui étoit en la sacristie, n'a pas été conservée avec tout le soin qui étoit dû à la mémoire d'une si grande princesse. Son testament est de l'an 1290 (1).

Enfants de Louis de Beaujeu et de Léonore de Savoye :

GUICHARD, huitième du nom, sire de Beaujeu, surnommé le Grand, qui continua la lignée.

---

(1) Lisez mars 1289 (v. s.). (Arch. nation. P. 1366. c. 1484 bis.)

HUMBERT de Beaujeu, seigneur de la Juliane, chanoine en l'Église et comté de Lyon, l'an 1308. Il fut blessé à la bataille de Varey, tenant le parti du duc de Savoye, l'an 1325, et mourut à Ambrun, le 12ᵉ de septembre de la même année (1).

GUILLAUME de Beaujeu, chanoine et précenteur en l'église et comte de Lyon, prévôt de Notre-Dame de Fourvières. C'est en cette qualité qu'il fut arbitre avec Girard de Rossillon, chevalier, seigneur d'Anjou en Dauphiné, des différents que le doyen et l'Église de Lyon avoient avec Aimard, seigneur de Rossillon en Dauphiné. Il fut aussi chanoine d'Amiens, l'an 1311, puis évêque de Bayeux, le 3ᵉ de février 1330, par promotion du pape Jean XXII, en Avignon. Il mourut le 7ᵉ de septembre 1337, et gît aux Cordeliers de Villefranche, ainsi que porte l'ancien obituaire de l'Église de Lyon.

THOMAS de Beaujeu, mort le 24ᵉ de juin 1300 (2), et gît au tombeau de Léonore de Savoye, sa mère.

LOUIS de Beaujeu, mort l'an 1300 (3).

MARGUERITE de Beaujeu, dame de Saint-Julien, mariée le mardi avant la fête de la Nativité de Notre-Dame, l'an 1290, avec Jean de Châlon, seigneur de Rochefort au comté de Bourgogne, puis comte d'Auxerre, veuf d'Elisabeth de Lorraine et de Catherine de Luxembourg, fils de Jean, comte de Bour-

---

(1) Le 10 août 1307, Guichard VIII, son frère, lui céda les châteaux de Montmerle, Montanay et Saint-Christophe, en échange d'Amplepuis et de Claveisoles. (Arch. nation. P. 1390, c. 428. — Bibl. Dumb. p). 243. — Au mois de mars 1312, Humbert de Thoire-Villars lui donna le fief et l'hommage que Pierre de Chabeu lui avait fait pour la Poype de Beseneins, et qui lui était dû, au moment de la donation, par Etienne de Chabeu. (P. 488, c. 154.)

(2) Erreur, puisque son testament est daté du jeudi après la Nativité 1306. (Ibid. P. 1368, c. 1584.)

(3) Louis de Beaujeu est donné comme caution dans une charte de 1312. (Ibid. P. 488.)

gogne et de Châlon, sire de Salins, et d'Isabeau de Courtenay (1).

L'an 1308 elle fut médiatrice avec Amé-le-Grand, comte de Savoye, d'un différent que Hugues de Vienne, seigneur de Pagny, avoit avec Jean de Châlon, son mary, le dimanche après la fête Sainte-Croix, au mois de septembre. Elle était veuve de lui l'an 1309 (2). Elle fut inhumée en l'église de Gigny, au comté de Bourgogne.

ÉLÉONORE de Beaujeu, laquelle eut 8,000 livres pour sa dot par le légat de son père. Elle épousa, l'an 1296, Humbert, V du nom, sire de Thoire et de Villars, fils du sire desdits lieux, et de Marguerite de la Tour-du-Pin (3). Son douaire lui fut assigné, le 25 avril 1332, sur le château de Trévoux et sur les seigneuries du Châtelard, avec les villages de Marlieu et de Saint-Germain en Dombes.

Par la quittance qu'elle passa à Guichard, sire de Beaujeu, VIII du nom, son frère, de sa dot, l'an 1296 (4), elle quitta tous ses droits maternels.

---

(1) Hist. de la maison de Courtenay, p. 123. — Duchesne, Bourgogne, P. 357, 463 et 550.

(2) Jean de Chalon mourut le 13 novembre 1309 et fut enterré dans le couvent de la Charité de Besançon. Marguerite de Beaujeu assista à ses funérailles. Après la cérémonie d'inhumation, elle dénoua sa ceinture et la jeta sur le tombeau de son mari, déclarant ainsi qu'elle renonçait aux biens meubles et aux dettes du défunt et qu'elle se réservait seulement tous ses droits dotaux. (Arch. nation. P. 1388, c. 138 et 145.)

Marguerite de Beaujeu vivait encore en 1331, comme l'établit le testament de Guichard, son frère.

(3) Arch. nation. P. 1392, c. 657.

(4) Voici l'indication de quelques autres documents relatifs au mariage d'Eléonore de Beaujeu avec Humbert de Villars :

Samedi avant la fête de Saint-Vincent 1295. — Abandon à Guichard, par Humbert de Villars et Eléonore de Beaujeu, sa future épouse, de leurs droits sur la succession de Louis de Beaujeu, moyennant 8,000 livres. (P. 1389, c. 157.)

Novembre 1295. — Donation par Humbert de Thoire-Villars à Humbert,

CATHERINE de Beaujeu, femme de Jean de Château-Vilain, chevalier, seigneur de Luzy, de Semur, de Huchon et de Bourbon-Lancy, fils aîné de Guy de Château-Vilain, chevalier, seigneur desdits lieux, et d'Isabeau de Saligny. Ce traité de leur mariage est du dimanche, fête de l'Assomption de Notre-Dame, l'an 1305, par lequel le douaire de Catherine de Beaujeu fut assigné sur la terre de Semur en Brionnois, et depuis sur la seigneurie de Huchon, par titre du jeudy après l'octave de saint Martin d'hiver, l'an 1320.

JEANNE de Beaujeu, religieuse, puis prieure en la Chartreuse de Poletins, 1311 et 1345.

BÉATRIX de Beaujeu, chartreuse à Poletins.

ISABELLE de Beaujeu, religieuse en l'abbaye de Brienne, près d'Anse en Lyonnois.

GUICHARD VIII.

Sire de Beaujeu, seigneur de Dombes, surnommé le Grand.

Celui-ci, sans contredit, a été le plus illustre de toute la famille de Beaujeu, qui se signala par ses beaux exploits et qui mérita le surnom de Grand, car il servit fidèlement cinq

---

son fils, des châteaux de Montdidier et du Chatelard, en faveur de son mariage avec Eléonore de Beaujeu. (P. 1392, c. 656.)

Avril 1297. — Quittance par Humbert de Thoire-Villars et Humbert de Villars, son fils, à Guichard de Beaujeu, de la somme promise par le contrat de mariage dudit Humbert de Villars et d'Eléonore de Beaujeu. (P. 1389, c. 229.)

Août 1297. — Quittance par Humbert de Villars à Guichard de Beaujeu, de 1,200 liv. vienn. sur le douaire d'Eléonore de Beaujeu, sa femme. (P. 1398, c. 914.)

Samedi après Pâques 1298. — Lettres par lesquelles le seigneur de Cassenay se rend caution d'Humbert de Villars, au cas qu'il y eût lieu à restitution du douaire d'Eléonore de Beaujeu. (P. 1393, c. 915.)

rois de France, desquels il fut chambellan, sçavoir Philippe-le-Bel, Louis-le-Hutin, Philippe-le-Long, Charles-le-Bel et Philippe de Valois. Ce fut l'un des grands seigneurs qui jurèrent, pour le comte de Savoye Amé-le-Grand, la trève faite avec le dauphin l'an 1292 (1).

Il fut nommé présent à l'hommage que Henry de Villars, archevêque de Lyon, fit au roy Philippe-le-Bel, l'an 1297, pour le comté de Lyon, et Claude Paradin et Foderé l'ont mal à propos attribué à Humbert de Beaujeu, seigneur de la Juliane, son beau-frère.

Par traité du mois de mars 1298, après une longue guerre, il fit paix avec le même archevêque de Lyon, de laquelle furent entremetteurs Guillaume, archevêque de Vienne, Humbert, dauphin de Viennois, Humbert, sire de Thoire et de Villars, et Guichard, seigneur de Marzé, sénéchal de Toulouse. Le sujet de leur différent étoit pour quelques entreprises de jurisdiction de leurs officiers pour les isles du Rhône et pour l'hommage du château de Beauregard en Dombes ; présents au traité Geoffroy de Clermont, doyen de Vienne, Jean, comte de Forest, Louis de Villars, archidiacre de Lyon, Thibaud de Vassalieu, et Guichard de la Baulme, chanoine en l'Église et comté de Lyon, Guillaume de Franchelins, Hugues de Boches, chevaliers, et Robert d'Amanzé, chanoine de Montbrison. Les cautions de l'observation du traité, pour l'archevêque de Lyon furent Etienne de Vassalieu, Guichard d'Ars, chevaliers, et Hugonet de Mornay, damoiseau ; et pour le sire de Beaujeu, Miles de Vaux et Josserand de Marchamp, chevaliers, et Guichard de la Baulme, damoiseau (2).

Quoique par l'arrêt du Parlement de Paris, de l'an 1269, la terre et baronnie de Beaujeu eût été adjugée à Isabelle de Beaujeu, comtesse de Forest, sa mère, contradictoirement avec Fouques, seigneur de Montgascon, néanmoins il s'obligea

---

(1) Hist. de Savoye, p. 353. — Bresse, p. 58. — Ménestrier, Hist. de Lyon, p. 357.

(2) Bibliotheca Dumbensis, p. 209-221.

en la somme de 5,000 livres viennoises envers Robert, comte d'Auvergne et de Bologne, et Guillaume de Bourbon, seigneur de Becay, pour les droits que Béatrix de Montgascon et Mahaut de Montgascon, leurs femmes, pouvoient avoir en la baronnie de Beaujeu, par titre de l'an 1299 (1). Il assista, l'an 1301, le comte de Genève, en la guerre qu'il fit au comte de Savoye Amé-le-Grand. (*Hist. de Savoye, p.* 356.)

Le pape Clément V aiant conclu la paix entre le comte de Savoye et le Dauphin de Viennois, l'an 1306, Guichard de Beaujeu fut l'un de ceux qui en jurèrent l'observation pour le comte.

Par un traité du mois de juillet 1308, il remit à Amé-le-Grand, comte de Savoye, tous les droits qu'il avoit sur le comté de Savoye, du chef de Léonore de Savoye, sa mère, moyennant la remise que lui fit le comte du péage qu'il levoit au port de Belleville sur la Saône.

Au mois de décembre 1308, il remit à Pierre de Savoye, archevêque de Lyon, tous les sens, servis et justice qu'il avoit en la ville de Lyon, tant en terre que sur l'eau, aux rives et bords du Rhône, depuis le vieux fossé vers Saint-Sébastien, et depuis la rive du Rhône jusqu'à la Saône, vers Lyon, au-dessus, et de l'autre côté, de vers l'empire, autant que s'étend le Rhône, et aux deux bords d'icelui des deux côtés et aux forêts et broteaux du Rhône; et le cens dû sur vingt-quatre moulins bâtis sur le Rhône. En récompense de quoi l'archevêque lui quitta la moitié de la seigneurie de Meximieux en la Valbonne, le château de Chalamont et le donjon de Montmerle (2).

L'an 1310 et au mois de février, la chappelle de Saint-Laurent au château de Beaujeu fut par lui fondée. Il alla au secours d'Edouard de Savoye, seigneur de Beaugé et de Bresse,

---

(1) Arch. nation. P. 1389.
(2) Arch. nation. P. 1388, cote 23. — Arch. du Rhône, Arm. Cham, vol. 49, n° 4. — Bibl. Dumb. p. 245.

l'an 1313, en la guerre qu'il faisoit au dauphin. Il suivit aussi Amé-le-Grand, comte de Savoye, avec le seigneur de Vaud, le prince de la Morée, Pierre de Savoye, archevêque de Lyon, les ducs d'Autriche et de Bourgogne et le comte d'Auxerre en la guerre contre le dauphin, l'an 1315.

Etant en différent avec le doyen et le chapitre de l'Église de Lyon pour les limites de la terre de Beaujollois du côté d'Anse, Guillaume de Saraval, Jean du Châtellard et Mathieu de Romestain, chanoines de cette Église, furent choisis arbitres pour faire cette limitation, le 24ᵉ janvier 1317 (1).

L'an 1319, il fit une convention avec Guillaume de Beaujeu, chanoine de l'Église de Lyon, son frère, au nom du chapitre de Lyon, par laquelle il promit que quand les vassaux de cette Église commettroient quelques crimes en sa terre de Dombes, ses officiers les renvoieroient à ceux de l'Église de Lyon à leur première réquisition, et que la même chose s'observeroit à l'égard de ses vassaux, quand ils délinqueroient dans la terre que le chapitre de Lyon avoit en Dombes. Présens à ce traité Pierre Bressens et Pierre de Verneis, chevaliers, et Girard de Chintré, damoiseau.

Le comte de Savoye Amé-le-Grand reçut un notable secours de lui en la guerre qu'il fit au comte de Genève, l'an 1320. Il se trouva présent avec plusieurs princes et personnes de grande qualité au contrat de mariage qui se fit à Chalon-

---

(1) Arch. nation. P. 1390, c. 397. — Des difficultés sur les limites d'Anse et de Villefranche s'étaient déjà élevées en 1308, entre l'Église de Lyon et notre Humbert de Beaujeu, difficultés qui furent provisoirement réglées le Samedi-Saint suivant, premier jour de l'année 1309. L'année, à Lyon, commençait aussitôt après la bénédiction du cierge pascal. (V. Aubret, Mém.) En Dombes, elle commençait le jour de Pâques, comme le prouve la date suivante d'une charte conservée aux Arch. nation. carton P. 1389, c. 188 : ACTUM ET DATUM APUD TREVOUX, IN CAMERA ALTA DOMI HABITATIONIS... DOMINI DE VILLARIIS, DIE VICESIMA NONA MENSIS MARCII, IN EXITU MISSE PER IPSUM DOMINUM DE VILLARIIS AUDITE, ANNO A PASCHATE ET RESURECTIONE DOMINI, MORE PRESENTIS PATRIE, SUMTO, MILLESIMO QUATRECENTESIMO DECIMO.

sur-Saône, l'an 1321, entre Robert, fils du duc de Bourgogne, et Jeanne de Châlon, fille du comte d'Auxerre.

Le dernier de février 1323, il fit un traité d'alliance et de confédération avec Humbert, sire de Thoire et de Villars, V du nom, son beau-frère, pour la défense de leurs terres, par lequel ils promirent de s'entre secourir envers et contre tous, à la réserve, de la part de Guichard de Beaujeu, du comte de Savoye et de ses enfants, et de l'archevêque de Lyon, et de celle du sire de Villars, du dauphin de Viennois et du même archevêque de Lyon. Outre cela, ils demeurèrent d'accord que tous les différents qui surviendroient entre eux seroient réglés par Louis, seigneur de Franchelins, et par Girard, seigneur de Varax, dit la Guespe, chevaliers (1).

Il fut l'entremetteur avec Bertrand, archevêque de Tarentaise, Aymon, évêque de Maurienne, et Louis de Savoye, seigneur de Vaud, l'an 1324, d'un traité fait entre Edouard, comte de Savoye, et Aymon de Savoye, son frère (*Hist. généalog. de Savoye*).

L'année suivante, il fut présent à l'hommage que Jean, comte de Forest, fit au comte Edouard de Savoye, pour quelques châteaux du pays de Forest. La même année, aiant suivi ce prince à la bataille de Varey, contre le dauphin, il fut pris prisonnier de guerre et paya très-grosse rançon.

Le différent qu'il eut avec le comte de Savoye et avec le dauphin, pour le mélange de leurs terres de Bresse et de la Valbonne, fut terminé par Philippe d'Aurillac, légat du pape, au mois de septembre 1326, de l'avis d'Antoine de Clermont et d'Amblard de Beaumont, chevaliers, qui ordonnèrent que la seigneurie de Montluel demeureroit au dauphin, le village de Rillieu à l'abbé de l'Isle-Barbe; que le dauphin auroit encore le lac d'Echecs; que Malbuet, situé delà le Rhône, seroit par indivis entre le dauphin et le sire de Beaujeu; que les isles et les broteaux se partageroient entre eux, ainsi que le

---

(1) Arch. nation. P. 1371, c. 1966, et P. 1389, c. 231.

pape en ordonneroit, et que le comte de Savoye auroit le château de Jonage en Dauphiné.

A la fameuse journée de Montcassel, où les Flamands furent défaits, l'an 1327, Guichard de Beaujeu commandoit un bataillon de l'armée françoise avec le grand maître des Hospitaliers.

Froissart (*livre I, chap.* 1), parlant des principaux capitaines du roy Philippe de Valois, nomme les comtes d'Alençon et de Foix, le sire de Beaujeu et son fils.

Par son testament, qui est du 10 mai 1331 (1), il fit divers légats aux abbayes de Belleville, de l'Isle-Barbe, de Savigny, de Chassagne, de Joux-Dieu, de Saint-Rambert et de Brienne, aux frères mineurs de Villefranche, de Mâcon, de Châlon et autres lieux, et nomma exécuteurs de sa volonté Guillaume d'Ansay, évêque de Bethléem, Guillaume de Beaujeu, évêque de Bayeux, son frère, Jeanne de Châteauvillain, dame de Lusy, sa femme, Girard de Romans, jurisconsulte, Pierre de Montceaux, sacristain de Beaujeu, Hugues de Marzé, Etienne de Laye et Girard de Chamergy, chevaliers.

Il fit encore un codicille à Paris, le 18e septembre suivant, jour de son décès (2).

L'ouverture de son testament se fit le lundy après la fête de tous les saints, par-devant Pierre de Saint-Joyre, trésorier de Losanne, official de Lyon, et Pierre de Montceau, juge de Beaujeu, en présence d'Aymon, comte de Savoye, de Jeanne de Châteauvillain, sa veuve, de Guillaume, évêque de Bayeux, son frère, de Jean, comte de Forest, d'Edouard de Beaujeu, fils aîné du testateur, de Marguerite de Beaujeu, comtesse d'Auxerre, de la dame de Villars et de Marguerite de Beaujeu, dame de Montmorency. Son corps fut apporté en l'église de Belleville, où il avoit de son vivant fait ériger une sépulture magnifique de marbre blanc, et y fut inhumé le 3e octobre

---

(1) Arch. nation. E. 2789. — Impr. Bibl. Dumb. p. 283.
(2) Ibid. P. 1386, c. 1489.

suivant, où ces deux épitaphes se voient encore, l'une latine, et l'autre françoise qui n'est que la traduction de la première :

Première.

Ter et Milleno primo, ter quoque deno,
Princeps Guichardus, leo corde, gigas, leopardus,
Audax, bellator, et nobilitatis amator,
Nunquam devictus bello, per militia ictus
Vincitur a morte. Cœli pateant sibi portæ.

Seconde.

L'an mil trois cent et trois fois dix.
Un y ajouté, le prince Guichard,
Lion en cœur, grand et puissant jadis,
Noble seigneur, hardi comme un léopard,
Chevalereux, aiant aimé noblesse,
Oncques vaincu ne fut en prouesse
Par coup de lance, arc ou de flèche.
Mais Atropos, qui tout oppresse,
Le vint sommer d'aller au bas palus.
Fuir ne peut ; mais prions que son âme
Soit mise en paradis là sus,
Avec Dieu et la glorieuse Dame.

Il fut marié trois fois, la première, l'an 1300, avec Jeanne de Genève, fille de Rodolphe, comte de Genève, et de Marie de Coligny. Elle eut la seigneurie de Varey en Bugey en dot, avec quatorze mille sols, et mourut au mois de février 1303.

La seconde avec Marie de Châtillon, fille de Gaucher, seigneur de Châtillon-sur-Marne, comte de Porcean, connétable de France, et d'Isabeau de Dreux, sa première femme.

Ce mariage se fit, l'an 1308 (1). Robert, comte d'Auvergne

---

(1) Le mardi après la fête de saint Vincent. (Arch. nation. P. 1389, c. 233.)

et de Bologne, et Jean, comte de Forest, furent cautions de la restitution de la dot pour le sire de Beaujeu. Elle eut entre autres choses 500 livres de rente dues à Gaucher, seigneur de Châtillon, son père, à Bar-sur-Aube, par le roy de Navarre, comte de Champagne, desquelles il lui fit don par titre de l'an 1308 après Pâques. Son testament est de l'an 1317 (1). Elle mourut le vendredy saint de la même année et git en l'église de Belleville.

En troisième noces, Guichard de Beaujeu se maria le samedy 25ᵉ de septembre 1320 (2), avec Jeanne de Châteauvillain, dame de Montesguillon et de Semur, fille de Jean de Châteauvillain, chevalier, seigneur de Lusy, de Semur et de Bourbon-Lancy, qui étoit son beau-frère et qui avoit eu cette fille d'un premier mariage, laquelle eut la seigneurie de Montesguillon en dot et celle de Semur en Brionnois, par traité fait avec Jean seigneur de Châteauvillain, son frère, du jeudy après la chaire saint Pierre, 1339, pour les prétentions qu'elle avoit ès seigneuries de Lusy et de Bourbon Lancy. Elle traita aussi avec le même Jean de Châteauvillain, son frère, et avec Jeanne de Châteauvillain, sa sœur, pour la succession d'Isabeau de Tournonde, sa mère, en l'an 1364.

Enfant de Guichard de Beaujeu, huitième du nom, et de Jeanne de Genève, sa première femme :

MARIE de Beaujeu, mariée, l'an 1331, à Jean l'Archevêque, chevalier, seigneur de Partenay, Vouvent et Mervent, fils de Guillaume l'Archevêque, chevalier, seigneur desdits lieux, et de Jeanne de Montfort.

---

(1) Arch. nation. P. 1366, c. 1484.
(2) Ibid. P. 1388, c. 146.

*Enfans de Guichard de Beaujeu et de Marie de Châtillon,
sa seconde femme.*

EDOUARD, sire de Beaujeu, seigneur de Dombes, qui aura son éloge.

MARGUERITE de Beaujeu, mal appelée Marie par Claude Paradin et par Severt. Elle épousa (1), du consentement du roy Philippe de Valois, Charles, seigneur de Montmorency, chambellan, grand panetier et maréchal de France, fils de Jean, seigneur de Montmorency et de Jeanne de Callelot.

Le roy, en considération de cette alliance, donna à Marguerite de Beaujeu 2000 livres, par lettres du premier jour de juin 1330. Elle mourut sans enfants, la veille de la fête des rois de l'an 1336, et fût inhumée en l'abbaye de Notre-Dame du Val, devant le grand autel, avec cet épitaphe :

« Icy gist madame Marguerite de Beaujeu, jadis femme de
« messire Charles de Montmorency, qui trépassa l'an 1336, la
« veille de l'Epiphanie. Priez Dieu pour l'âme d'elle. »

ALIÉNOR de Beaujeu, prieure de la Chartreuse de Poletins, dès l'an 1332 jusques à l'an 1348.

*Enfants de Guichard de Beaujeu et de Jeanne de Château-
villain, sa troisième femme :*

GUICHARD de Beaujeu, chevalier, seigneur de Perreux, qui fit branche, laquelle sera mentionnée en son lieu.

GUILLAUME de Beaujeu, chevalier, seigneur d'Amplepuis, qui fit aussi sa branche.

---

(1) Ibid. P. 1389, c. 258.

Robert de Beaujeu, chevalier, seigneur de Joux sur Tarare, de Clavesolles, de Saint-Bonnet et de Coligny, dont la postérité sera déduite après celle de ses frères.

Louis de Beaujeu, chevalier, seigneur d'Allognet.

Froissart fait honorable mention de lui et remarque qu'il étoit à la bataille de Brignais avec les comtes de la Marche et de Forest, l'an 1361. Il fit le voyage d'Affrique, l'an 1380, et y mourut. On l'inhuma en habit de cordelier, à Raguse. Il épousa Jeanne de Beaujeu, fille du seigneur de Beaujeu sur Saône, et n'eut de ce mariage qu'une fille appelée Antoinette de Beaujeu, femme de Jacques d'Arguel, écuyer.

Jeanne de Beaujeu, sa mère, se remaria avec Robert de Grancey, chevalier, seigneur de Carrisy et de Vesignes, et fut inhumée au prieuré de Saint-Mamert.

Blanche de Beaujeu, destinée religieuse à Poletins, par le testament de son père, avec 300 livres de rente, mais elle fut mariée, de l'avis de la reine de Navarre et de la comtesse de Savoye, le 16ᵉ juillet 1346, avec Jean, seigneur de Linières en Berry, de Mereville, de Rougemont et d'Achères. Les cautions du payement de la dot furent Guillaume de Châteauvillain, seigneur de Pleurre, et Guillaume de Mello, seigneur d'Epoisses, et pour la restitution de la dot, le cas arrivant, le seigneur de Grassay et Louis de Bresse, chevaliers. De ce mariage sortit Philippe de Linières, seigneur dudit lieu.

Guichard, outre les enfants légitimes, laissa un fils naturel appelé Jean de Beaujeu, vivant l'an 1348.

EDOUARD Iᵉʳ,

Sire de Beaujeu.

Edouard, sire de Beaujeu et seigneur de Dombes, premier du nom, maréchal de France, vint au monde le jour de Pâques 1316. Ses premiers exploits furent aux guerres de Languedoc et de Guienne, l'an 1332, sous Raoul de Brienne, comte d'Eu et de Guynes.

L'an 1339 il traita avec Jeanne de Châteauvillain, sa belle-mère, des droits qu'elle et ses enfants avoient sur la terre de Beaujollois, par l'avis de Louis de Savoye, seigneur de Vaud, de Guillaume de Châteauvillain, chanoine et trésorier de l'Eglise de Rheims (1).

Cette même année, il suivit le roy Philippe de Valois en la guerre de Flandres, où il eut le gouvernement de Mortagne sur l'Escaut. Il termina les différends qu'il avoit avec Jeanne de Châteauvillain, sa belle-mère, tutrice de Guichard, de Guillaume et de Louis de Beaujeu, ses enfants, par l'entremise de Louis de Savoye, seigneur de Vaud, et de Guillaume de Châteauvillain, conseiller du roy et trésorier de l'Eglise de Rheims, au mois de mai, l'an 1339, touchant son douaire et les portions que ses enfants demandoient en la terre de Beaujeu, qui furent réduites aux châteaux de Joux et d'Allognet.

A la fameuse journée de Bovines, l'an 1340, il étoit en la bataille, sous le duc de Normandie, avec neuf bacheliers et cinquante-six écuyers, et se signala au siége de Mortagne, contre le comte de Haynaut, et renversa de sa main dix ou douze des ennemis dans les fossés.

Aymon, comte de Savoye, aiant, par son testament de l'an 1343, recommandé son fils Amé V au pape et à plusieurs princes souverains, y compris Edouard, sire de Beaujeu. (*Hist. de Savoye, pr. p. 170*).

Le pape Clément VI aiant publié, l'an 1344, la croisade contre les infidèles, qui faisoient de grands progrès en Asie, les princes chrétiens firent une ligue et équipèrent une armée navale à laquelle Sa Sainteté fournit quatre galères, les Vénitiens cinq, le roy de Chypre quatre et les chevaliers de Rhodes six. Edouard de Beaujeu, entre tant de grands capitaines, fut

---

(1) V. Arch. nation. P. 1391, c. 577 et seq. — P. 1389, c. 237, et P. 1390, c. 415.

choisi pour commander les galères du roy de Chypre ; mais le succès de cette guerre ne fut pas avantageux aux chrétiens, car leur armée fut défaite à Smyrne, le 17e janvier 1345.

Au retour de ce voiage, le sire de Beaujeu, qui ne passionnoit que les occasions où il pût faire paroître son courage, accompagna le duc de Normandie en l'armée qu'il mena la même année en Guienne, contre le comte Dherby, chef des Anglois, et au siége d'Angoulême. (*Froissard, l. I, ch. 99.*)

Les signalés services qu'il rendit à la couronne obligèrent le roy de lui donner la charge de maréchal de France, l'an 1346, par la démission volontaire de Charles, seigneur de Montmorency, son beau-frère. Du Tillet et Feron l'appellent par erreur Eustache de Beaujeu.

Il fut envoyé par le roy, avant la bataille de Crécy, avec les sires de Royers et d'Aubigny, pour reconnoître les ennemis, et comme les François eurent du désavantage, Sa Majesté se retira à Amiens, n'aiant avec soi que cinq barons qui ne le quittèrent point dans ce désastre, sçavoir : Jean, sire de Haynaut, Charles de Montmorency, le sire de Beaujeu, les sires d'Albigny et de Montfort. (*Froissard, l. I, ch. 29 et* 30.)

Il avoit, en l'an 1348, une compagnie de cent hommes d'armes, de laquelle étoient plusieurs gentilhommes du Beaujollois et de Dombes, entre autres Guillaume de Beaujeu, Hugues de Becy, Jean de Télis, le bâtard de Beaujeu, Jean de Varennes, Guillaume de Forges, Jean d'Ars, Bertrand du Saix, chevaliers, Robert de Beaujeu, Pierre du Perce, damoiseaux, et autres. (*Mém. mss. de Dufresne-Ducange.*)

Il acquit, le 3e d'octobre 1350, avec Marie du Thil, son épouse, la seigneurie de Bersé en Mâconnais et le péage de Montbellet, de Jean de Frolois, chevalier, seigneur de Molinot. Cette même année il mena du secours au comte de Savoye, surnommé le Verd, en la guerre qu'il fit aux Valesans.

Enfin Edouard de Beaujeu, après tant de glorieux exploits où il avoit acquis une haute réputation, aiant rencontré auprès d'Ardres, en Picardie, une troupe d'Anglois, les attaqua généreusement et y fut tué, combattant auprès de son enseigne, le 3ᵉ jour de may 1351, âgé seulement de 35 ans. Son corps fut porté à Saint-Omer, par les soins de Guichard de Beaujeu, seigneur de Perreux, son frère, qui étoit un des chefs de son armée, et de là en l'église de Belleville, le mois de juin suivant, au tombeau de Guichard de Beaujeau, son père (1).

---

(1) Le chroniqueur anonyme de la maison de Beaujeu raconte en ces termes la mort et les obsèques de notre Edouard :

« Cestuy bon seigneur Eddouard... exerça moult vertueusement et saigement son office de mareschal de France en deffendant le roy et le royaulme des anciens ennemys de la France, des Angloys, lesquels estoient en son temps entre Sainct Omer et Calais en gastant tout le pays, et si estoient en si merveilleux grand nombre. Ce néantmoyns, ledit seigneur, hardy comme un lyon, les assaillit auprès de la ville de Herdre, leur livra bataille, et tellement se pourta, qu'il mectoit desjà lesdits Angloys en fuite; toutesfois, ainsy que Dieu le permit, il fut occys en ladite bataille, parce que les Lorrains et Angloys se rallièrent ensemble en si grande puyssance, qu'ilz vindrent courir sus à l'enseigne dudit prince trouvé mort auprez de ladite enseigne ainsy abattue. Messire Guichard de Beaujeu, son frère, seigneur de Perreux, lequel estoit en ung aultre quartier de ladite bataille, sceut les nouvelles dont il fut le plus doulent de tout le monde. Toutesfoys, il print et releva ladite enseigne et rallia tout ce qu'il peut de ses gens, lesquelz se portarent si vaillamment, nonobstant la mort de leur chef, que par la prouesse et chevallerye dudit Guichard, gaignèrent la bataille et leur demeura le champ, auquel furent tuez Angloys et Lorroins en grand nombre, plusieurs blessés et navrez à mort, et y eut beaucoup de prisonniers et tout le demeurant fut mis en fuite. Ledit messire Guichard commanda que le corps de son frère fut levé et porté à Sainct Omer, ce qui fut faict incontinant, mais ce ne fut pas sans grand douleur et plainte de tous, qui furent faictz sur le corps dudit mareschal. Aussy, à la vérité, fut ung très grand dommaige, car ledit mareschal n'estoit qu'en sa fleur et en l'aage de trente-cinq ans. Il n'y a langue qui sceult exprimer, ni plume qui sceult escrire la grande perte que ce fut tant pour son pays que pour le royaulme de France.

« Il deceda le troisiesme jour may, l'an de notre Seigneur Jesus Christ mil trois cens cinquante ung. Son corps fut apporté dudit lieu de Sainct Omer à grand triomphe jusque en l'abbaye de Belleville, où il fut très honorablement enterré au tombeau de ses prédécesseurs. L'obsèque en fut faicte audit an mil trois cens cinquante ung, le dernier jour de juing, et fut mis au tombeau dernièrement faict pour son feu père Guichard le Grand. » *(Revue du Lyonnais, l. s. c.)*

Par son testament, en date du 27ᵉ de mars 1346 (1), il ordonna, entre autres choses, que les juifs seroient chassés de ses terres. Il fit légat de 100 sols de rente à l'abbaye de Joux-Dieu et commanda aux exécuteurs de son testament de mettre, à ses frais, six prêtres réguliers de Saint-Augustin en sa chapelle de Notre-Dame de Montmerle (2). Il eut pour femme Marie du Thil (3), dame de la Roche de Nolay, de Borboille, de Montagny et de Carrissy en Lyonnois, fille de Jean du Thil et de Marigny en Auxois, et d'Agnès de Frolois. Elle mourut au château de Pouilly, au mois de mars de l'an 1358. Claude Paradin lui donne pour armes un éléphant avec un aigle en chef, ce qui n'est pas véritable.

Quelques mémoires que j'ai vus donnent une autre femme à Edouard de Beaujeu, savoir Eléonore de Villars, fille d'Humbert, sire de Thoire et de Villars, et de Béatrix de Chalon, sa seconde femme, et portent qu'elle eut 8,000 francs d'or en dot et la seigneurie de Buys en Beaujollois pour son douaire; mais je n'en ai vu aucune preuve, et s'il est véritable, il faut que ce mariage ait précédé celui de Marie du Thil ou qu'il n'ait pas été consommé, ou qu'il ait été dissous, parce que Marie du Thil survéquit Edouard de Beaujeu, et Eléonore de Villars se maria le 6ᶜ d'août 1372, avec Philippe de Levis,

---

(1) Arch. nation. P. 1367, c. 1518. — V. aussi P. 1366, c. 1499.

(2) Après la mort d'Edouard de Beaujeu, Marie du Thil, sa veuve, qui, elle-même, en 1347, avait fait une fondation de 25 livres de rente assignées sur la prévôté de Rivière, pour l'entretien d'un prêtre en cette chapelle (Arch. nation. P. 1391, c. 588), fit proposer à Ardoin, abbé de Cluny et au prieur de Salles, de qui elle dépendait, de la céder ainsi que ses revenus, estimés à 51 livres aux religieux augustins contre d'autres biens situés ailleurs. Le 7 juillet 1333, l'abbé de Cluny commit le doyen de Montberthoud, le doyen d'Arpaye et le prieur de Salles pour visiter les biens désignés en échange. Ensuite de leur rapport et par d'autres raisons qu'il serait trop long d'énumérer ici, cette clause pieuse du testament d'Edouard de Beaujeu ne put être mise à exécution. (V. ibid. P. 1366, c. 1409.)

(3) Arch. nation. P. 1388, c. 141.

chevalier, vicomte de Lautrec, baron de la Roche en Regnier, souche des ducs de Ventadour.

Enfants d'Edouard, sire de Beaujeu, et de Marie du Thil, son épouse :

ANTOINE, sire de Beaujeu, mentionné ci-après ;

MARGUERITE de Beaujeu, née au château de Montmerle en Dombes, le 20 décembre 1346, fut mariée, le 16 juillet 1362, dans la ville de Belley, avec Jacques de Savoye, prince d'Achàye et de la Morée, comte de Piémont, fils de Philippe de Savoye, comte de Piémont et d'Isabeau de Villehardouin, princesse d'Achaye et de la Morée. Sa dot fut de 15,000 florins d'or, pour lesquels Antoine, sire de Beaujeu, son frère, lui remit les seigneuries et châteaux de Jullienas et d'Alloignet.

Mais comme Jeanne de Beaujeu sur Saône, veuve de Louis de Beaujeu, seigneur d'Alloignet, et femme de Robert de Grancey, chevalier, avoit des droits sur cette terre d'Alloignet, pour son douaire, le seigneur de Grancey et elle les cédèrent à la princesse d'Achaye, par titre du lundy après la fête de l'Assomption de Notre-Dame, au mois d'août 1386, pour les seigneuries de Carrisy et de Vesignes, mouvantes du fief du comté de Tonnerre.

Marguerite de Beaujeu testa le 21e octobre 1388. Après son décès, Karodos de Guesnes, chevalier, chambellan du roy, sénéchal de Lyon et baillif de Macon, mit sous sa main les seigneuries de Berzé et de Cenves en Maconnois, jusqu'à ce qu'il y eut des héritiers déclarés de cette princesse, qui furent Amé et Louis de Savoye, prince de la Morée, auxquels il en fit main-levée le 8e février 1401.

Pingon et Chiesa, historiens de Savoye, se sont abusés d'avoir écrit que le père de cette princesse étoit Guichard, sire de Beaujeu.

ANTOINE

Sire de Beaujeu.

Antoine, sire de Beaujeu, seigneur de Dombes, prit naissance au château de Pouilly en Beaujollois, le 12e août 1343, et fut sous la tutelle de Marie du Thil, sa mère, laquelle, comme sa tutrice, fit limiter, l'an 1353, la prévôté de Lymans avec la seigneurie de Riortiers, appartenant à l'archevêque de Lyon, par Guillaume de Turey, doyen de l'Église de Lyon, et Etienne de Laye, chevaliers, leurs arbitres.

Il reçut dans la ville de Pont-de-Veyle, au nom d'Amé VI, comte de Savoye, surnommé le Vert, Bonne de Bourbon, son épouse, l'an 1354.

Sur les différens survenus entre les habitants d'Anse et de Villefranche, le chapitre de Lyon et le sire de Beaujeu nommèrent pour arbitres, l'an 1363, Jean de Thélis et Humbert d'Albon, chevaliers.

Il servit le roy, l'année suivante, avec plusieurs seigneurs et personnes de qualité, qui eurent ordre de Sa Majesté d'aller en Normandie et en Bretagne, sous le comte de Dommartin, et est mis au rang des chevaliers portant bannières. Il se signala ensuite à la bataille de Cocherel, où les Anglois et les Navarrois furent défaits. (*Froissard, l. I, ch. 220, 221 et 222*).

L'historien du tems parle de lui comme d'un des principaux capitaines de l'armée du connétable du Guesclin, et remarque qu'à cette journée il leva sa bannière.

Il suivit Philippe, fils de France, duc de Touraine, au voyage qu'il fit à Romans en Dauphiné, pour voir l'empereur Charles IV, au mois de juin 1365. Il avoit avec lui un chevalier banneret et quatre écuyers. Il accompagna aussi Bertrand de Guesclin en son voyage de Gascogne, d'Espagne et de Grenade (*Duchesne*).

Le comte Vert, instituant son ordre du Collier, le choisit pour l'un des chevaliers, pour marque de l'estime qu'il faisoit de sa personne (*Hist. de Savoye.*)

Le roy ayant résolu de faire la guerre au prince de Galles, le duc de Berry assembla grand nombre de seigneurs pour se rendre en l'armée de Sa Majesté, entre lesquels étoient les sires de Beaujeu, de Villars, de Tournon et autres. De là il suivit le même duc de Berry en la guerre de Quercy. Depuis il mena 200 lances au secours du duc de Bourbon, qui avoit assiégé le château de Belleperche en Bourbonnois, occupé par les Anglois. Le duc de Berry se servit encore de lui en la guerre de Limosin, et le connétable de Guesclin au siége d'Uzès en Languedoc. (*Froissard, l. I, ch. 259, 288.*)

Il fonda, en l'église collégiale de Beaujeu, une chapelle sous le nom de Saint-Jean-l'Evangéliste, dont il assigna les revenus sur le péage de Belleville, et la chapelle de Sainte-Anne et de Saint-Jacques en l'église de Villefranche (*Severt*).

Il mourut à Montpellier et fut inhumé à Belleville, suivant qu'il l'avoit ordonné par son testament de l'an 1374 (1), par lequel il fait légat à Marguerite de Beaujeu, princesse d'Achaye, sa sœur, et fait héritier l'enfant dont elle étoit enceinte, au cas que ce fût un mâle, et lui substitua Edouard de Beaujeu, seigneur de Perreux, son cousin, lequel il institua son héritier au cas que le posthume fût une fille.

Par son codicile daté à Montpellier, le 12 août de la même année (2), il fonda deux anniversaires, l'un en l'église de Belleville, et l'autre en celle de Beaujeu, légua à Béatrix de Chalon, sa femme, les châteaux et les châtellenies de Chamelet et de Pouilly ; à la princesse de la Mórée ceux de Berzé, de Cenves et de Julliénas ; quitta à ses sujets les droits par eux dus à son héritier pour l'avènement du nouveau seigneur, disant que selon le vieux proverbe, il valoit mieux avoir un ami sur

---

(1) Arch, nation, P. 1368, c. 1586. — V. aussi P. 1367, c. 1572, et Bibl. nation. mss. fr. Brienne, n° 313, fol. 53.

(2) Ibid.

la place que de l'argent dans son coffre, et donna à Jean de Nagu, son écuyer, 500 francs d'or et la châtellenie de Thisy.

Le 10⁰ de février 1348, n'étant âgé que de cinq ans, son mariage fut conclu à Roncenay, de l'autorité d'Edouard, sire de Beaujeu, son père, avec Jeanne d'Antigny, fille de Guillaume, seigneur d'Antigny et de Sainte-Croix, et de Marguerite de Montbéliard, par lequel Edouard de Beaujeu lui donna les seigneuries de Beaujeu, de Villefranche et de Belleville, après son décès, et en attendant une terre de 500 livres de rente; et le seigneur d'Antigny constitua en dot à sa fille la seigneurie de Beaujeu en la Brésse chalonnoise, et s'obligea encore de lui donner le château de Sainte-Croix, au cas qu'il n'eût d'autres enfants que cette Jeanne et Marie d'Antigny, outre la moitié des biens que Jean d'Antigny devoit avoir en l'hoirie de Marguerite de Montbéliard, sa mère, en laquelle son père survivant à sa femme, se réservoit le château de Salières. Le douaire de la fiancée fut assigné sur le château de Chamelet; présents Hugues de la Roche, seigneur de Nolay, Etienne de la Baulme, seigneur de Valfin, Girard, seigneur de Thurey, Guillaume de la Baulme, Etienne de Laye, et Hugues de Glettins, chevaliers.

Mais ce mariage ne fut pas accompli, car Antoine de Beaujeu épousa depuis, au château de Saint-Laurent de la Roche, au comté de Bourgogne, le 4ᵉ d'août 1372, Béatrix de Chalon, fille de Jean de Chalon, seigneur d'Arlay, d'Arguel et de Cuseaux, et de Marguerite de Mello. Elle eut en dot la somme de 10,500 florins d'or de Florence, à prendre sur les terres de Viteaux, de Lisle-sous-Montréal et de Lorme, avec 500 livres de rente en fonds de terre, assises sur le château de Broyes. Son douaire fut de 1,000 livres de rente, que son mari lui assigna sur le château de la Roche de Nolay. Les cautions du payement de la dot furent Le Galois de la Baulme, Gui de Vienne, Philippe de Vienne, seigneur de Pimont, et Robert de Beaujeu, chevaliers. Présens au traité de mariage, Hugues de Glettins, Jean de Chales, et Joffrey de Saint-Jean, chevaliers, Il ne laissa aucun enfant.

LES SEIGNEURS DE PERREUX, D'OU LES DERNIERS SIRES DE BEAUJEU

GUICHARD.

Guichard de Beaujeu, chevalier, seigneur de Perreux, de Luzy et d'Arcinges, étoit fils, ainsi que nous l'avons dit ci-devant, de Guichard, sire de Beaujeu, surnommé le Grand, et de Jeanne de Châteauvillain, sa troisième femme, et eut les seigneuries de Perreux, de Luzy et d'Arcinges, pour son partage.

Amé IVe, comte de Savoye, surnommé le Vert, l'eut en si grande estime et eut tant de confiance en lui, qu'ayant à faire demander Jeanne de Bourbon en mariage, il le nomma chef de l'ambassade avec l'abbé Saint-Michel de la Cluse, les seigneurs de Valefin et de Grandmont, l'an 1352. (*Hist. de Savoye.*)

Il fut l'un des principaux capitaines de l'armée du roy Jean contre les Anglois. Ayant eu ordre de Sa Majesté, avant la journée de Poitiers, de reconnoître les ennemis, suivi d'Eustache de Ribaumont et de Jean de Landas, il fut tué en cette funeste bataille, le 20 septembre 1356. (*Froissard, l. I, chap. chap. 150 et 152.*)

Le 14e de may 1343, il épousa Marguerite de Poitiers, fille de Louis de Poitiers, comte de Valentinois et de Dyois, et de Marguerite de Vergy (1).

Ce traité de mariage se fit à Paris, duquel on apprend que la dot de Marguerite de Poitiers fut de 8,000 florins d'or de Florence ; et, outre ce, il fut reconnu qu'elle succèderoit en la moitié des biens de Marguerite de Vergy, sa mère, en telle sorte qu'Aimard de Poitiers, son frère, auroit à sa part le

---

(1) Arch. nation. P. 1388, c. 144.

château de Vadans et la forteresse de Villehobert, et elle le château de Ronmans. Son douaire lui fut assigné sur les châteaux et châtellenies de Joux et de Lay, et pour le payement de la dot, le comte de Valentinois, son père, lui remit 500 l. de rente qu'il avoit sur le Trésor du roi de Bohême, et 700 l. aussi de rente sur les terres de Bretagne, que le roi Philippe lui avoit données, ce qu'il confirma encore par testament, du 23 mai 1345. Elle remit, l'an 1370, le mercredi jour de la conversion de saint Paul, à Edouard, sire de Beaujeu, son fils, tous les droits qu'elle avoit sur le comté de Valentinois.

Les religieux de Saint-François de Charlieu la reconnoissent pour leur bienfaitrice ; elle y fonda une messe, tous les jours, et pour dotation donna douze asnées de seigle et douze livres d'argent, tous les ans, assignés sur le revenu de Court et de Sevelinges, ce qu'Edouard, sire de Beaujeu, confirma le 13 juin 1385.

Enfants de Guichard de Beaujeu et de Marguerite de Poitiers :

EDOUARD de Beaujeu, second du nom, seigneur de Perreux, de Luzy et d'Arcinges, puis sire de Beaujeu et seigneur de Dombes, duquel sera parlé ci-après.

PHILIBERT de Beaujeu, décédé jeune et inhumé à Belleville.

MARIE de Beaujeu, dame de Boissy en Brie, alliée avec Jean de Montagu, chevalier, seigneur de Sombernon et de Malain, fils de Guillaume de Montagu, seigneurs desdits lieux, et de Laure de Bordeaux, dame de Chatelus. Sa dot fut de 3,000 l., en payement desquelles Marguerite de Poitiers, sa mère, lui délaissa, le 23 avril 1376, les seigneuries de Courcelles, de Villebœuf et de Saint-Agnan. (*Duchesne, Hist. de Valentinois, pr. p. 54.*)

ALIX de Beaujeu, mariée à Josserand de Lavieu, fils de

Bertrand de Lavieu, chevalier, seigneur de Fougerolles et d'Ecotay, et d'Agnès, dame de Cornon en Auvergne. Ce mariage est de l'an 1372, elle eut en dot 3,000 fr. d'or.

En secondes noces (1), Alix de Beaujeu épousa Etienne de Sancerre, chevalier, seigneur de Vailly, fils de Louis, comte de Sancerre, seigneur de Charenton et de Melian, et de Béatrix de Rocey, sa seconde femme.

Alix de Beaujeu eut un troisième mari, savoir N... de Levis, chevalier, seigneur de Cousan, de qui elle étoit veuve en l'an 1418.

Jeanne de Beaujeu, dame de Chazelles, femme d'Hugues de Saint-Trivier en Dombes, fils de Jean de Saint-Trivier, second du nom (2).

Marie de Beaujeu, la jeune, religieuse au monastère Marcigny.

EDOUARD II,

sire de Beaujeu.

Guichard de Beaujeu, son père, ne lui laissa que les seigneuries de Perreux, de Luzy et d'Arcinges en héritage, mais Antoine, sire de Beaujeu, seigneur de Dombes, son cousin étant mort sans lignée, ainsi que nous avons remarqué, il prit possession de ses terres, le 1er septembre 1374, en quoy néanmoins il fut traversé; car Robert de Beaujeu, chevalier, seigneur de Joux et de Chaudenay, son oncle, prétendit cette succession, comme plus proche mâle, et Marguerite de Beaujeu, princesse d'Achaye et de la Morée, alla à Paris pour demander cette hoirie; et après un grand procès le Beaujollois

---

(1) Josserand de Lavieu était mort en 1376.
(2) Le contrat de mariage de Jeanne de Beaujeu et de Hugues de Saint-Trivier est daté du 31 juillet 1371. (Arch. nation. P. 1389, c. 171.)

et la Dombes demeurèrent à Edouard de Beaujeu, à l'exclusion de Robert de Beaujeu, parce qu'il n'étoit pas fils de l'aîné, et de la princesse d'Achaye, à cause que les mâles sont préférables aux filles en la succession des fiefs, quoique plus proches en degré ; elle eut néantmoins, par accommodement, les seigneuries de Berzé et de Cenves en Maconnois.

Edouard de Beaujeu, à l'exemple de ses prédécesseurs, voua ses services et son épée à la France, et servit, en l'an 1375, contre les Anglois, à l'entreprise de Saint-Sauveur le Vicomte, avec sept chevaliers bacheliers et cinquante-six écuyers.

A son retour de cette guerre, il fut sur le point d'en avoir une autre avec Humbert, sire de Thoire et de Villars, qui avoit ses terres proche de Dombes, mais Amé de Savoye, seigneur de Beaugé et de Montluel, s'entremit de les mettre d'accord, l'an 1376, et leur fit promettre par traité qu'ils désarmeroient et qu'ils ne pourroient jamais se faire la guerre, qu'après s'être défiés un an auparavant (1).

Ce fut en cette année que le comte de Savoye, étant entré avec une puissante armée au païs de Vaud, fut secouru par le sire de Beaujeu, qui y mena la noblesse de Dombes et de Beaujollois, et comme il avoit un grand attachement à la maison de Bourbon, il suivit le duc Louis, second du nom, au siége de Carlat, l'an 1377, avec un chevalier bachelier et neuf écuyers.

Le 2 juin 1380, il transigea avec Louis de Poitiers, comte de Valentinois, des droits qu'il avoit sur ce comté, comme fils de Marguerite de Poitiers (2).

L'an 1399, il traita avec Louis de Glettins, seigneur de Jarniost, chevalier de l'ordre de Saint-Jean de Jérusalem, pour les limites des châtellenies de Montmelas et de Jarniost.

En la même année, il envoya au duc de Bourgogne Alexandre Maréchal, son secrétaire, et Jean Faure, pour demander

---

(1) Le traité définitif est daté du 7 avril 1377. (Arch. nation. P. 1389, c. 250.)

(2) Arch. nation. P. 1388, c. 3.

au prince la main-levée des fiefs relevant de lui saisis par le baillif de Chalon, et en donner déclaration.

Quoiqu'il eut, pendant sa vie, de grandes difficultés avec les comtes de Savoye, pour la souveraineté et le ressort du païs de Dombes, dont nous donnerons le détail ci-dessous, rien ne l'affligea tant néantmoins qu'un procès criminel qu'il eut au Parlement de Paris, pour avoir enlevé à Villefranche une fille de fort honnête famille, car les parents en ayant porté leurs plaintes au roy, le Parlement de Paris, où ressortissoit déjà, en ce temps, la baronnie de Beaujollois, en prit connoissance, et envoya un huissier à Villefranche, qui ajourna en personne le sire de Beaujeu. Il reçut ce déplaisir avec tant de ressentiment, qu'il fit jeter l'huissier par les fenêtres de sa maison après lui avoir fait manger son arrêt avec le sceau. Sur quoi ayant été obligé d'aller à Paris, ou pour satisfaire la justice irritée, ou pour implorer la clémence du roy, afin d'avoir pardon de cette violence, il se jeta entre les bras de Louis, duc de Bourbon, second du nom, qui par son crédit et son entremise le tira de ces mauvaises affaires, et dès lors Edouard, voulant user de reconnoissance envers ce prince, auquel il étoit encore redevable de plusieurs notables assistances pendant les guerres qu'il avoit eues avec la maison de Savoye, il médita de faire ce prince son héritier ou ses enfants, parce que d'ailleurs il se voyoit sans postérité, et qu'il avoit l'honneur d'apparenter de fort près Dauphine, comtesse de Forest, duchesse de Bourbon.

En effet, par son testament, de l'an 1391 (1), il ne laissa à Marguerite de Poitiers, sa mère, que 50 fr. d'or de rente, sa vie durant, sur le péage de Thoissey, et à sa femme la châtellenie de Thisy, et en cas qu'il mourut sans enfants, il institua Louis, fils du duc de Bourbon, son héritier universel, et lui substitua l'un de ses frères, tel que le duc et la duchesse de Bourbon voudroient choisir, à la charge toutefois de porter les armes de Beaujeu, et ou la duchesse de Bourbon mourroit

---

(1) Arch. nation P. 1370, c. 1905.

sans enfans, il appela à son hoirie Edouard de Lavieu, chevalier, seigneur de Fougerolles, son neveu.

Mais neuf ans après, sa reconnoissance alla plus loin, car, étant à Paris, par titre du 23 de juin 1400 (1), il fit donation de toutes ses terres et seigneuries situées tant au royaume de France qu'en l'empire, et aux mêmes duc et duchesse de Bourbon, et à leurs enfants nés et à naître, leurs successeurs, au cas toutefois qu'il n'eût aucun enfant de son mariage et où il viendroit à se remarier, il promit que les mâles seroient seuls ses héritiers, et que la donation seroit nulle, et où il n'auroit que des filles d'un second mariage, que le duc et la duchesse de Bourbon doteroient l'aînée et mettroient les autres en religion.

Ainsi la baronnie de Beaujollois et la seigneurie de Dombes entrèrent en la maison de Bourbon, comme il sera dit ailleurs, car Edouard mourut peu de temps après. Il fut inhumé en une belle sépulture de marbre blanc, en l'église de Belleville, auprès d'Eléonore de Beaufort, son épouse, comtesse d'Alais, dame de Bagnols et d'Anduse, de Bouzol et du Fay, vicomtesse de Turenne, laquelle il épousa, l'an 1370, le 14 de novembre, n'étant que seigneur de Perreux. Elle étoit nièce de Grégoire XIe et fille de Guillaume Royer, second du nom, comte de Beaufort, vicomte de Turenne, et d'Eléonore de Comminges. Sa dot fut de 13,000 florins d'or. De laquelle il avoit un fils nommé Guichard de Beaujeu, qui mourut au berceau, l'an 1372. Elle véquit longtemps après son mari, car son testament est du 15e aoust 1420, par lequel elle institua son héritier universel du vicomté de Turenne et ez autres terres qu'elle avoit en Auvergne et en Provence. Amenion de Beaufort, son cousin, et luy substitua Pierre de Beaufort, son frère, donna à Louis de Canillac, son cousin, le comté d'Alais et les baronnies de Bagnols et d'Anduse, et lui substitua Bertrand de Canillac, son frère, et mourut la même année.

---

(1) Arch. nation. P. 1360, c. 1483, et P. 1371, c. 1956 bis.

Ainsi, pour achever la généalogie de l'illustre maison de Beaujeu, il nous faut parler des deux autres branches, savoir des seigneurs d'Amplepuis et de Linières, et des seigneurs de Joux sur Tarare.

LES SEIGNEURS D'AMPLEPUIS ET DE LINIÈRES.

(Portoient de Beaujeu sans brisure.)

GUILLAUME.

Guillaume de Beaujeu, chevalier, seigneur d'Amplepuis, de Chavigny-le-Lombard et de Chamelet, étoit fils de Guichard, sire de Beaujeu, huitième du nom, surnommé le Grand, et de Jeanne de Chateauvillain, sa troisième femme, et eut pour son partage, premièrement, la seigneurie de Dracé, puis les terres d'Amplepuis, de Chamelet et de Chavigny-le-Lombard, en Beaujollois. Il fut marié trois fois : 1° avec N......., dame de Villedieu : 2° avec Agnès de Saint-Germain, dame d'Etours, veuve du palatin de Dio ; 3° enfin, avec Marguerite de la Gorze, fille du seigneur de la Gorze en Limosin. Il ne laissa aucuns enfans des deux premières, et de la troisième vinrent :

EDOUARD de Beaujeu, chevalier, seigneur d'Amplepuis, qui continua la branche ;

GUICHARD de Beaujeu, décédé jeune ;

JEANNE de Beaujeu, épouse de Jean de Saint-Symphorien, chevalier, seigneur de Chamosset, fils de Guichard de Saint-Symphorien, chevalier, et de Marguerite d'Urfé.

EDOUARD.

Edouard de Beaujeu, chevalier, seigneur d'Amplepuis, de Chamelet, de Chavagny-le-Lombard et de Linières, fit hommage au roi, le 18 de novembre 1449, de la seigneurie de la Cour-le-Comte au pays de Caux, qui lui appartenoit du chef de sa femme. Il épousa Jacqueline de Linières, en Berry, et la Cour-le-Comte, en Normandie, fille unique et héritière de Philippe de Linières, chevalier, seigneur desdits lieux, et de Jacqueline de Chambly.

Enfans d'Edouard de Beaujeu, seigneur d'Amplepuis, et de Jacqueline de Linières.

FRANÇOIS de Beaujeu, chevalier, seigneur d'Amplepuis, qui mourut sans lignée, bien qu'il eût été marié avec Françoise de Maillé, dame de Châteauroux, de La Châtre et de Dun le Paleteau, fille d'Hardouin, baron de Maillé, et d'Antoinette de Chauvigny;

JACQUES de Beaujeu, chevalier, seigneur d'Amplepuis, mentionné ci-après.

ANNE de Beaujeu, mariée trois fois et en trois illustres familles. Son premier mari fut Philippe de Culan, chevalier, seigneur de Jaloignes, sénéchal de Limosin, maréchal de France, ainsi que nous l'apprenons du titre de l'an 1449; le second fut Louis, seigneur de Beauveau, chevalier, seigneur dudit lieu, de Champigny et de la Roche-sur-Yon, sénéchal d'Anjou et de Provence, fils de Pierre de Beauveau, seigneur dudit lieu, gouverneur d'Anjou et du Maine, et de Jeanne de Craon; le troisième, Jean de Beaudricourt, de Choiseul, de La Fauche, de Vignory et de Blaise, chambellan du roi, baillif de Chaumont, puis maréchal de France, gouverneur et lieutenant-général du duché de Bourgogne.

Le maréchal de Beaudricourt et Anne de Beaujeu fondèrent, le 16 octobre 1496, le couvent des Minimes de Braconcourt, au diocèse de Langres.

Marie de Beaujeu, mariée à Guillaume de Suilly, chevalier, seigneur de Volon, d'où vint Louise de Suilly, épouse de Philibert de Choiseul, baron de Langres, gouverneur d'Arras pour le roi Louis XII et son lieutenant-général en Italie, et Marie de Suilly, femme de Bernard Barton, vicomte de Montbas.

JACQUES.

Jacques de Beaujeu, chevalier, seigneur d'Amplepuis, de Resay, de Chavagny-le-Lombard, de Thènes, de Chamelet, Ranchal et L'Etours, baron de Linières, conseiller et chambellan du roi, baillif de Sens, fit son testament le 15e septembre 1488, par lequel il ordonna d'être enterré dans l'église collégiale de Linières, fait légat à sa femme et institue son héritier Philibert de Beaujeu, son fils, et lui substitue, mourant sans enfant, Anne de Beaujeu, dame de Beaudricourt, sa sœur, et, à son défaut, Marie, dame de Bertenous, sa nièce, et les enfants de Catherine de Chauvigni, épouse de Charles d'Amboise, seigneur de Chaumont, aussi sa nièce, avec défense à son héritier et à ses substitués de donner ni remettre ses biens à Marie de Beaujeu, sa sœur, femme de Guillaume de Suilly, seigneur de Voulon, ni aux siens; et, où il y seroit contrevenu, il veut que son hoirie appartienne au roi et à ses successeurs rois de France. Les exécuteurs de sa volonté furent le seigneur de Beaudricourt, le seigneur de Traynel, l'abbé de la Prée, et le seigneur de Prevert. Il s'allia par mariage avec Jacqueline des Ursins, fille de Guillaume Juvénal des Ursins, chevalier, baron de Traynel, chancelier de France.

De ce mariage ne vint que Philibert de Beaujeu sus-nommé, dont l'éloge suit.

Jacques de Beaujeu eut encore deux filles naturelles, l'une appelée Jeanne, mariée à David de Leaulny, seigneur de Luxon, et l'autre nommée Philiberte.

PHILIBERT.

Philibert de Beaujeu, chevalier, baron de Linières et d'Amplepuis, seigneur de Chaumont, d'Alloignet, Meillan, Charenton, Aultry, Saint-Brisson, La Motte, Josserand, Traynel, Thisy, Montmelas, Chamelet, Lay, Ussel, l'Étours, Ranchal, et Chavagny-le-Lombard, vicomte de Troyes, conseiller et chambellan ordinaire du roi François premier, et sénéchal, lequel eut un grand procès avec Pierre, duc de Bourbon, et Anne de France, pour les droits qu'il prétendoit sur les pays de Beaujollois et de Dombes, comme dernier mâle de l'illustre famille de Beaujeu, dont il y eut transaction, le 5ᵉ octobre 1516, laquelle fut confirmée par Charles, duc de Bourbon, connétable de France, et Suzanne de Bourbon, son épouse, le 24 juillet 1518, par laquelle le duc de Bourbon lui délaissa les seigneuries d'Alloignet, de Lay et d'Ussel, pour recompenser les prétentions qu'il vouloit avoir ez terres de Beaujollois et de Dombes.

Il acquit le château et la seigneurie de Thisy en Beaujollois, du même connétable de Bourbon, le 20ᵉ avril 1522.

Le 8ᵉ juin 1524, il acquit encore la seigneurie et mandement de Montmelas en Beaujollois, de Claire de Villars, veuve de Philippe du Croset, écuyer, seigneur de Grenieu, tutrice de leurs enfans.

Il mourut environ l'an 1542, sans laisser enfans de Catherine d'Amboise, son épouse, fille de Charles d'Amboise, chevalier, seigneur de Chaumont, et de Catherine de Chauvigny, qu'il épousa le 10e novembre l'an 1501. Elle étoit veuve de Christophle de Tournon, chevalier, seigneur de Beauchâteau, fils de Jacques, seigneur de Tournon, chevalier et chambellan du roi, sénéchal d'Auvergne. Leur mariage est du 11e août 1497. Elle se remaria en troisièmes noces après le décès du seigneur de Linières, à Louis de Clèves, comte d'Auxerre, fils d'Engilbert de Clèves, comte de Nevers, d'Eu, de Rethel et d'Auxerre, et de Charlotte de Bourbon-Vendôme.

Ainsi cette ample et riche succession de Philibert de Beaujeu fut disputée par divers prétendants ; car Catherine d'Amboise, sa veuve, demandoit de son chef Amplepuis, l'Estours, Ranchal, Chavagny-le-Lombard, biens propres de Philibert de Beaujeu, et les acquits par lui faits d'Alloignet, Chamelet, Lay et Ussel, ensuite d'une donation qu'il lui en avoit faite le 4e du mois de février 1540. Elle prétendoit encore, conjointement avec Antoinette d'Amboise, dame de Barbesieux, sa sœur, et avec Georges de Créqui, chevalier, seigneur de Ricey, part aux biens provenus de la maison de Linières.

D'autre côté ceux de la maison de Choiseul, issus de Louise de Suilly, qui étoient Antoine de Choiseul, abbé de Beaulieu, Bénigne de Choiseul, dame en l'église de Remiremont, Jean de Choiseul, seigneur de Chevigny, et Anne de Choiseul, sa femme, et Alix de Choiseul, veuve de Nicolas de Choiseul, baron de Cherron et de Pralin, demandoient sept parts en cette succession, pour les biens provenus de l'estoc de Beaujeu.

Comme aussi faisoit Antoine de Suilly, écuyer, seigneur de Lurcy, Catherine de Suilly, sa sœur, ayant repris le procès commencé par Pierre de Suilly, écuyer, seigneur de Lurcy, et par Pierre de Verger, écuyer, seigneur de Plessis.

D'ailleurs, Pierre Barton, vicomte de Montbas, fils de Marie de Suilly, Pierre Barton, seigneur de Lubignac, François Barton, baron de Fayolles, Jean Barton, évêque de Leytoure, François Barton, abbé de Saint-Augustin, Roland Barton, abbé de Sallières, Marie Barton, dame de l'Isle en Jourdain, Anne Barton, dame de Brillebaud, et Marguerite Barton, dame de Saint-Valeys, ses enfans, y prétendoient sept portions, lesquelles ils vendirent le 19ᵉ juillet 1577, à Ludovic de Gonzagues, prince de Mantoue, duc de Nevers, et à Henriette de Clèves, son épouse, laquelle avoit recueilli la succession de Louis de Clèves, comte d'Auxerre, son grand oncle, héritier de Catherine d'Amboise, sa femme.

Ainsi le duc de Nevers se trouva engagé en un grand procès, avec ceux de la maison de Choiseul et de Suilly, qui obtinrent arrêt au Parlement de Paris, par lequel ils furent maintenus en la moitié de la succession de Philibert de Beaujeu, contre lequel y ayant eu requête civile évoquée au conseil du roi, renvoyée au Parlement de Rouen, les juges se trouvèrent parties, et le partage porté au Parlement de Grenoble, où, par arrêt, toutes les terres d'Amplepuis, Thisy, la Goutte, Chavagny-le-Lombard, Thil, Ranchal et autres, furent adjugées à Claude, seigneur de Rebé, l'an 1578.

Mais n'ayant pu conserver entière une si grosse acquisition, il vendit une partie de la seigneurie d'Amplepuis, y compris le fief de Rochefort, au sieur d'Auxerre, premier président au Parlement de Toulouse, avec la paroisse des Sauvages ; des héritiers duquel, Benoît de Pomey, conseiller du roi et ancien président au bureau des finances à Lyon, l'acquit l'an 1611, auquel a succédé Hugues de Pomey, son neveu, aujourd'hui prévôt des marchands de la ville de Lyon.

Quant à la seigneurie de Thisy, ceux de la maison de Rebé l'ont gardée jusqu'à l'an 1614, qu'elle fut vendue à Guichard Favre, conseiller du roi et trésorier des parties casuelles, qui en étoit originaire. Ses héritiers la vendirent à Renaud de Cremeaux, seigneur de la Grange et de Saint-Verain, le fils duquel, nommé Claude de Cremeaux, seigneur desdits lieux, la possède.

Pour la seigneurie de la Goutte, Zacharie, seigneur de Rebé, fils du susnommé Claude de Rebé, en passa vente, l'an 1593, à Briand de Pomey, père de Jean et de Benoît de Pomey, susdit, et ce Jean l'aliéna, l'an 1624, au père du sieur Guillard, conseiller du roi et trésorier général de France en la généralité de Lyon, qui en jouit aujourd'hui.

Thil, Ranchal et partie de la paroisse de Cublise, dépendant de la châtellenie d'Amplepuis, furent revendus par Claude de Rebé à Jean de Serpens, seigneur de Gondras, dont la postérité en jouit.

Le reste de la paroisse de Cublise, uni à la terre d'Amplepuis, est à présent possédé par Claude, seigneur de Rebé, marquis d'Arques en Languedoc, petit-fils de Claude, seigneur de Rebé, sus-nommé.

LES SEIGNEURS DE JOUX, DE SAINT-BONNET, DE CLAVESOLLES, DE CHAUDENAY ET DE COLIGNY.

ROBERT.

Robert de Beaujeu, chevalier, seigneur de Joux-sur-Tarare, de Saint-Bonnet, de Clavesolles, de Chaudenay et de Coligny, fut le troisième des enfants de Guichard, sire de Beaujeu, surnommé le Grand, et de Jeanne de Châteauvillain, sa troisième femme.

En l'an 1355 (1), il servit le roi Philippe de Valois en la guerre contre les Flamands, sous le commandement d'Amé,

---

(1) Cette date est erronée. Philippe de Valois était mort le 22 août 1350.

comte de Savoye, surnommé le Verd, avec neuf écuyers (1). Il fut tué en la bataille de Brignais, avec les comtes de Forest et d'Uzès, l'an 1361. Sa femme fut Agnès de Vienne, dame de Chaudenay ; il en eut deux fils et deux filles :

GUICHARD de Beaujeu, seigneur de Joux, qui suit ;

JEAN de Beaujeu, chevalier, mort sans enfans ;

MARGUERITE de Beaujeu, mariée le 16 décembre 1391, avec Louis de Lystenois, chevalier, seigneur de Montagu et de Châtel-Oudon, chambellan du roi Charles VI et grand-maître de France ;

JEANNE de Beaujeu, épouse de Jean, seigneur de Cusance et de Belvoir au comté de Bourgogne, fils de Gauthier, seigneur de Cusance, de Saint-Julien, du château de la Baulme et de Saint-Gilian, et de Catherine de Neufchâtel.

GUICHARD.

Guichard de Beaujeu, chevalier, seigneur de Joux, de Belleville, de Saint-Bonnet, de Coligny et de Chaudenay, accom-

---

(1) En combattant contre les Anglais, il avait été fait prisonnier et ne put recouvrer sa liberté qu'en payant une rançon de 700 écus d'or, comme le prouve la quittance suivante :

« Sachent tous ceulx qui ces présentes lettres verront et orront, que je Fortin de Possignac de la Role, compaignon de nouble baron monseigneur Guillaume Sanz, seigneur de Promiers, ay eu receu du nouble et puyssant seigneur monseigneur Roubert de Beaugieu, chevalier, mon prisonnier de la bataille de Saint-Georges du Boys, en Sentonge, pour la main de monseigneur Guillaume de la Faige, chevalier, ceux VII cenz écuz d'or qu'il devoit payer en ceste feste de saint Michiel proucheinement passée, pour reson de sa finance. Dex quielz VIIe escus d'or je clam quite ledit monseigneur Roubert de Beaugieu et ses hoirs, pour la teneur de ces présentes lettres, lesquelles je l'ay octroyées scellées en pendant de mon scel; lesquelles furent données à la Role, le premier jour du moys de Vytoyre, l'an de Notre Seigneur mil trois cenz sinquanta et un. » (Arch. nation. P. 1389, c. 257.)

pagna Louis, duc de Bourbon, second du nom, au voyage d'Afrique, et y mourut sans avoir été marié, le 6 de septembre 1390.

Après son décès, Marguerite et Jeanne de Beaujeu, ses sœurs, partagèrent son hoirie. L'aînée eut Joux-sur-Tarare, et la puînée Coligny.

Depuis, Jean de Vienne, seigneur de Lystenois, et Anne de Beaujeu, son épouse, vendirent la baronnie de Joux, le 26 janvier 1480, à Jacques de Beaujeu, seigneur d'Amplepuis ; Philippe de Ferrière, chevalier, seigneur de Chaspes et Jean de Ferrière, écuyer, seigneur de Périgières, étoient porteurs de leur procuration.

Mais comme cette vente étoit à grâce de réachat, le seigneur de Lystenois la vendit le 2ᵉ de juillet 1481, à André Porte, conseiller du roi et juge des ressorts de Lyon, et à Claudine de Sextre, sa femme, qui remboursèrent le seigneur d'Amplepuis.

Voilà quelle a été la fin de cette ancienne et illustre famille, de laquelle il ne reste plus personne aujourd'hui. Car, quoique au comté de Bourgogne il y ait les seigneurs de Beaujeu-sur-Saône, et les seigneurs de Beaujeu en Champagne, qui prétendent d'en être descendus, néanmoins quelque soin que j'aie pris pour m'en éclaircir, je n'en ai vu aucunes preuves ; ce n'est pas que cette famille de Beaujeu en Comté, dont celle de Champagne est une branche, ne soit très-considérable par son ancienneté, par ses alliances et par ses emplois, puisqu'il y a eu deux maréchaux de Bourgogne, Ferron et Simon de Beaujeu ,ez années 1245 et 1265 ; mais il n'y a que la conformité de nom qui le puisse persuader, et leurs armes étant différentes, Beaujeu sur Saône portant d'argent à trois jumelles de sable. Cette seule conjecture n'a pu me ranger à cette opinion, vu même que ceux de cette maison ne portent en leurs armes un écart de celles de notre Beaujeu que depuis quelques années.

LIVRE QUATRIÈME

CONTENANT LES COMMENCEMENTS, LE PROGRÈS ET L'ÉTABLISSEMENT DE CETTE SOUVERAINETÉ SOUS LES SIRES DE BEAUGÉ, DE BEAUJEU, DE THOIRE ET DE VILLARS, COMTES, DUCS DE SAVOYE, DUCS DE BOURBON ET DE MONTPENSIER.

La seigneurie de Beaujeu, quoique de grande étendue, avoit autrefois la Saône pour ses limites, laquelle séparoit le royaume de France et l'empire. Mais les sires de Beaujeu ayant acquis ou conquis des terres deçà la Saône et dans l'empire, dont la principauté de Dombes a été composée, le Beaujollois, ainsi que nous l'avons déjà remarqué, fut appelé la terre de Beaujeu à la part du royaume, et la Dombes la terre de Beaujeu à la part de l'empire (1). Mais comme les sires de Beaujeu

---

(1) Cette désignation de la Dombes par le nom de TERRE DE BEAUJEU A LA PART DE L'EMPIRE, ou plutôt du BEAUJOLAIS A LA PART DE L'EMPIRE, ne fut communément employée que depuis Louis II de Bourbon jusqu'à la défection du trop fameux connétable, en 1523.

ont eut des terres entre le Rhône et la Saône, dont les unes n'ont jamais été de la seigneurie de Dombes, et les autres en ont été détachées, il est important de la distinguer et de débrouiller ces deux points de notre histoire, qui jusqu'à présent n'ont jamais été éclaircis.

Humbert, troisième du nom, sire de Beaujeu, ayant épousé, l'an 1150, Auxile ou Alix de Savoye, elle lui apporta en dot les seigneuries de Châteauneuf en Valromey, de Virieu-le-Grand et de Cordon en Bugey, à la charge toutefois de l'hommage à la couronne de Savoye, qui fut rendu à Thomas et à Amé IVe, comtes de Savoye, par Humbert quatrième du nom, et par Guichard sixième du nom, sires de Beaujeu, qui, en qualité de seigneurs de Châteauneuf et de Virieu-le-Grand, ont été les bienfaiteurs et les protecteurs de la Chartreuse d'Arvières en Valromey, et ont, outre cela, inféodé des terres en Bugey, bien que dans les titres que nous en avons vus, ils n'aient pris que la seule qualité de sires de Beaujeu, par une simplicité assez commune en ce temps-là.

Cet hommage pourtant reçut de la difficulté après l'extinction des premiers sires de Beaujeu, car Isabelle de Beaujeu, comtesse de Forest, sœur et héritière de Guichard septième du nom, sire de Beaujeu, refusa d'en faire la protestation à Pierre de Savoye, qui donna la commission à Jean, évêque de Belley, d'ouïr des témoins pour prouver comme les prédécesseurs d'Isabelle de Beaujeu, sires de Beaujeu, s'y étoient soumis. Cette procédure se fit à Belley le jeudi après la fête saint Nicolas, 1264, en la présence de Geoffrey d'Amesin, chevalier, de Me Guillaume de Montverdun et d'Hugues de Pizéis, doyen de Beaujeu, députés de la comtesse de Forest. Les témoins ouïs pour le comte de Savoye furent Humbert et Gautherin de Seyssel, Saramand de Cordon, Pierre de Gerbais, Berlion de Chambéry, Guichard de Varey, et Jacques de la Balme, chevaliers, dont les dépositions ayant été favorables au comte de Savoye, Isabelle de Beaujeu fit elle-même hommage de ces terres à Philippe, comte de Savoye, et comme elle eut fait une donation de toutes ses terres de Beaujollois, de Dombes, de

Bugey et de Valromey à Louis de Forest, son fils (1), qui à cause de cela prit le nom et les armes de Beaujeu, elle obtint pour lui, du même comte de Savoye, l'investiture de Châteauneuf, de Virieu-le-Grand et Cordon, 1272.

Depuis, Louis de Forest, sire de Beaujeu étant à Vienne en Dauphiné, engagea à Thomas, troisième du nom, comte de Piémont, son beau-frère, ces mêmes terres et tout ce qu'il avoit en Bugey, par titre du 1er février 1276, pour certaine somme d'argeut ; mais il les retira peu de temps après ; car étant survenue difficulté entre Philippe, comte de Savoye, et Louis, sire de Beaujeu, pour la limitation des terres de Lompnes et de Châteauneuf, ils nommèrent deux arbitres, sçavoir Hugues Isard, chevalier, pour le comte, et Girard de Langes, pour le sire de Beaujeu, qui la firent par titre daté à Belley, le samedi en l'octave de tous les saints, 1281.

Mais Amé, cinquième du nom, comte de Savoye, surnommé le Grand, voulant donner l'apanage à Louis de Savoye, son frère, en Bugey, retira à prix d'argent les terres de Châteauneuf, de Virieu et de Cordon du sire de Beaujeu, lesquelles, depuis ce temps-là, demeurèrent toujours en la maison de Savoye.

Il nous reste donc à parler des terres que les sires de Beaujeu ont eues en Bresse, lesquelles faisoient partie de la souveraineté de Dombes et qui néanmoins n'en dépendent plus.

La première et la plus considérable est celle de Miribel près de Lyon, et non pas Mirebeau au duché de Bourgogne, comme l'a cru Severt. Elle appartenoit originairement aux comtes de Chalon-sur-Saône et sortit de leur maison par le mariage de la fille de Guillaume, comte de Chalon, avec Ulrich, sire de Beaugé, seigneur de Bresse.

Guy de Beaugé, leur fils, eut cette terre pour son partage, dont la juridiction s'étendoit jusques aux portes de Lyon et au pont du Rhône. Il fit plusieurs concessions, en qualité de

---

(1) V. ci-dessus p. 198.

seigneur de Miribel, à la Chartreuse de Portes en Bugey, et à l'abbé de l'Isle-Barbe près Lyon, et ne laissa qu'une fille appelée Marguerite de Beaugé, épouse d'Humbert, sire de Beaujeu, cinquième du nom, à qui elle porta Miribel en dot, l'an 1218, ainsi que nous avons dit cy-devant.

M. Duchêne a cru que cette terre avoit donné commencement à la seigneurie de Dombes, et qu'avant ce mariage les sires de Beaujeu ne possédoient rien entre la Saône, la rivière d'Ains et le Rhône, et que de là sont procédés les droits que les sires de Beaujeu ont eus en Dombes ; mais auparavant le mariage de Marguerite de Beaugé, les sires de Beaujeu étoient déjà seigneurs de Dombes, dont Miribel ne fut qu'un ajancement.

Guichard, septième du nom, sire de Beaujeu, fils de Marguerite de Beaugé, donna des priviléges et des franchises aux habitants de Miribel, par lettres du mois de juin 1252, lesquelles leur furent confirmées par Louis de Forest, dit de Beaujeu, son neveu et successeur, au mois de novembre 1273.

Meximieux en la Valbonne fut un second ajancement fait à la seigneurie de Dombes, car ce même Louis, sire de Beaujeu, fut mis en la société de cette terre par Pierre de Tarentaise, archevêque de Lyon, l'an 1273, parce qu'elle dépendoit de l'Église de Lyon, à la charge de protéger le reste contre les ennemis de l'archevêque et de son Église, et d'en faire hommage aux archevêques, lequel Guichard de Beaujeu, huitième du nom, rendit à Louis de Villars, archevêque de Lyon.

Depuis, Pierre de Savoye, archevêque de Lyon, par traité du mardi après la fête de la Conception de Notre-Dame, de l'an 1308 (1) remit à ce Guichard, sire de Beaujeu, cette moitié de Meximieux, avec justice haute, moyenne et basse, en échange de certaines isles et broteaux, que le sire de Beaujeu avoit sur les rivières du Rhône et de la Saône. Ainsi Guichard

---

(1) Arch. nation. P. 1388, c. 23. — Arch. du Rhône, Arm. Cham. vol. 49, n. 4, — Bibl. Dumb. p. 245.

de Beaujeu, huitième du nom, fut seigneur de Meximieux, et en cette qualité il donna de grands priviléges et immunités aux habitants, par lettres du mois de décembre 1309, ainsi que Louis de Beaujeu, son père, l'avoit déjà projeté.

Ensuite Guichard de Beaujeu fit bâtir le château du bourg Saint-Christophle en une belle assiette, et pour faire une ville au bas, où il n'y a présentement qu'un village, il accorda de notables franchises à ceux qui y habitoient et qui voudroient y habiter, avec exemption de leydes et de péages dans toute la terre de Beaujeu et de Dombes, par lettres du samedi après la fête de saint Barthélemy, l'an 1319 (1).

---

(1) Le Bourg-Saint-Christophe appartenait aux sires de Beaujeu depuis 1226. — Il avait été cédé à Humbert V par l'abbé et le couvent de Saint-Rambert. Voici le texte de la cession :

« Bernardus, Sancti-Ragneberti humilis abbas, et ejusdem ecclesie conventus, omnibus in perpetuum. Noverint universi presentes pariter et futuri quod nos, pro utilitate ecclesie nostre et honore conservando et pro laboribus et vexationibus tyrannorum et perversorum ecclesie evitandis, dedimus et concessimus nobili viro Umberto, domino Belli Joci, et heredibus suis in perpetuum, quicquid juris vel usagii habemus vel habere debemus in villa de Burgo Sancti Christofori cum appendiciis suis, preter ecclesiam, et cimeterium, et decimas, et oblationes, et sepulturas que ad spiritualia dinoscuntur pertinere, que nobis specialiter retinuimus nominatim, ipso presente, volente et consentiente, fidelitate et homagio in manu nostra facto, et in posterum nostris successoribus faciendo. Dictus vero nobilis, ecclesie nostre paupertate et oppressione debitorum nostrorum considerata, nobis ducentas libras fortium contulit et donavit incontinenti ad nostra debita persolvenda. Nos vero predicti nobilis devotionem pariter et affectionem ab eodem erga ecclesiam nostram exhibitam attendentes, omnem fallaciam, verfuciam et machinationem circa factum illud removere cupientes, res predictas quas ei et heredibus suis in perpetuum feudum concessimus, si quoquo modo, ab eo vel heredibus suis feudum dictarum, quod deus avertat, revocaretur, ei et heredibus suis nomine venditionis pro precio ducentarum librarum, quas ab eodem recepimus, et quas confitemur versas esse in utilitate ecclesie nostre, concessimus perpetuo possidendas et in pace observandas. Renunciantes in hoc facto, juramento interposito, exceptioni doli, et beneficiis restitutionis in integrum; et exceptioni non numerati precii, et omni juris civilis et cano-

Mais ces terres de Miribel, de Meximieux, du Bourg-Saint-Christophle, ne demeurèrent pas longtemps au pouvoir des sires de Beaujeu, car Edouard, comte de Savoye, ayant guerre avec Guigues, dauphin de Viennois, Guichard, sire de Beaujeu, lui mena six vingt hommes d'armes et fut pris prisonnier, l'an 1325, à la bataille de Varey, avec Robert de Bourgogne, comte de Tonnerre, Jean de Chalon, comte d'Auxerre, et autres grands seigneurs qui étoient du parti de Savoye, et ne fut délivré qu'en remettant au dauphin les châteaux de Perreux, de Thisy et de Lay, par forme de gages, jusqu'à ce qu'il eut traité de sa rançon ; ce qu'il fit depuis à Saint-Vallier en Dauphiné, le 24ᵉ de novembre 1327 (1), par l'entremise de Jean, comte de Forest, d'Aimard de Poitiers fils du comte de Valentinois, et de Guillaume de Beaujeu, son frère, chanoine et précenteur en l'Église et comte de Lyon. Ce traité porte que, tant pour sa rançon que pour celle d'Hugues de Marzé, d'Angelin Langlois de Farges, et de Girard de Chintré, chevaliers, qui étoient de sa suite et qui avoient été pris prisonniers avec lui, il remettoit au dauphin les châteaux et seigneuries de Meximieux et du Bourg de Saint-Christophle en la Valbonne, et lui laissoit le fief de la Grande-Rue de Villars de la maison de Loyes et des Poipes de Montelier, de Corsy

---

nici auxilio nobis competenti vel competituro. Item promissimus per stipulationem, juramento interposito, quod si umquam veniremus contra aliquid de omnibus supradictis in totum, vel in partem, nos solveremus ei vel heredibus suis. C. libras fortium nomine pene. Confitentes et recognoscentes nos in dicta villa cum appendiciis ejus de feudo alicujus nichil habere vel tenere. Et ne supra premissis aliqua valeat in posterum questio subceiri, nos presentem cartam memorato nobili dedimus in testimonium sigilli nostri munimine roboratam. Actum de concensu partium anno domini M°CC°XX°VI°, pridie kl. maii, apud Miribellum. Tenemur insuper eidem nobili prefatum feudum quantum de jure fuerit, ab omni homine defendere et guarentire. »
(Arch. nation. P. 1390, c. 475.)

(1) Bibliothèque de Lyon, mss. n° 908, intitulé « Recueil sur Lyon. » — Bibl. Dumbensis, p. 271.

et de Monthieux, et l'arrière-fief de Châtillon de la Palu et de Gourdan, que lui devoit le sire de Thoire et de Villars.

Outre cela, Guichard de Beaujeu prit en fief du dauphin son château de Miribel et promit de le servir envers et contre tous, à la réserve seulement du roi de France, de l'Eglise de Lyon, du duc de Bourgogne, du comte de Clermont, des abbés de l'Isle-Barbe et de Cluny.

Les cautions de l'observation de ce traité furent, de la part du sire de Beaujeu, Jean, comte de Forest, Aimard de Poitiers, Guillaume de Beaujeu, Amé et Louis de Poitiers, Hugues de Bressieux, seigneur de Vireville, Pierre de Rochefort, et les sus-nommés de Marzé et de Farges ; et pour le dauphin, Henry, dauphin, baron de Montaubas et de Mevillon, le même comte de Forest et Aimard de Poitiers, Humbert, sire de Thoire et de Villars, Humbert de Villars, son fils, Guy de Grollée, seigneur de Neyrieu, et Guichard, seigneur de Clérieu.

Montanay a été aussi de Dombes, ayant vu plusieurs titres que les sires de Beaujeu en étoient seigneurs, mais je n'ai encore pu découvrir par quels moyens ils eurent cette terre (1).

---

(1) Les droits des sires de Beaujeu sur Montanay datent sans doute de la transaction suivante :

« Nos Girinus, Dei gracia abbas, et conventus Athanacensis notum facimus universis presentes litteras inspecturis quod, cum discordia verteretur inter nos, ex una parte, et nobilem virum Umbertum, dominum Bellijoci et de Miribel, ac dominam Margaritham, uxorem ejusdem, ex altera, super eo videlicet quod petebant a nobis, ratione dominii de Miribel, a rua Sancti Nicolaii usque ad caudam Athanacensem, passonagia molendinorum in ripa Rodani, inventiones trabium et aliarum rerum, venationes, insulas, charnevos ac brotellos suos vel accressentes de novo infra terminos supra dictos ; tandem per manum venerabilium virorum Hugonis de Vallibus, custodis Sancti Stephani, et B., officialis Lugdunensis, ac Guidonis de Marziaco, militis, in quos ab utraque parte extitit compromissum, dicta discordia sopita fuit amicabiliter in hunc modum. Dicti enim dominus Umbertus et domina Margaritha, uxor ejus, omnes res superius expressas et quicquid juris vel usagii habebant, vel habere poterant qualibet ratione, a supra dicta rua Sancti Nocholaii usque ad caudam Athanacensem, nobis et ecclesie nostre,

Quant à la seigneurie de Miribel, Edouard, sire de Beaujeu, premier du nom, assisté de Guichard, seigneur de Chintré, son curateur, fit un traité, l'an 1333, par lequel il remit à Guillaume de Sure, archevêque de Lyon, les seigneuries de Miribel et de Montanay, avec la garde de l'Isle-Barbe et de Vimy, moyennant les seigneuries de Tarnant et de Saint-Verain, et 30,000 florins d'or destinés pour payer les dettes de Guichard, sire de Beaujeu, son père, qui avoit été pris prisonnier de guerre du dauphin à la journée de Varey.

Mais il y a grande apparence que cet échange ne fut pas exécuté, puisque quelques années après le dauphin, pendant les guerres qu'il eut avec les comtes de Savoye, se saisit du château de Miribel, sur le sire de Beaujeu, leur allié, pour ré-

---

pro remedio animarum suarum et antecessorum suorum, in helemosinam remiserunt et quittaverunt libere et absolute in perpetuum, et concesserunt a nobis pacifice possidendum ; ita tamen quod molendina ibi non possint fieri neque poni preter unum, solum ad nostrum dumtaxat bladum proprium molendum ; et, si plura ibi ponerentur, dominus de Miribel vel heredes ejus acciperent passonagia quamdiu infra dictos terminos remanerent, donec a nobis remota fuissent. Nos vero in concambium predictarum rerum dictis dominis de Miribel et heredibus suis donavimus et concessimus in perpetuum super obedienciam nostram de Montoneis et res ad ipsam pertinentes dominium et gardam et decem solidos fortium pro dominio et pro garda eisdem, in perpetuum, annis singulis, persolvendos. Dicte vero domine Margarithe in personali dono concessimus memoratam obedienciam de Montaneis cum pertinenciis suis quamdiu vixeret pleno jure pacifice possidendam, firmiter sperantes et credentes per hanc comissionem utilitatem nostram et ecclesie nostre procurasse, ita tamen quod post obitum ipsius domine dicta obediencia ad ecclesiam nostram redeat pleno jure et sine aliquo honere vel impedimento, exceptis dictis decem solidis pro dominio et pro garda domino Miribelli in perpetuum remansuris. Hanc autem compositionem tam nos quam dicti dominus Umbertus et domina Margaritha, uxor ejus, promissus bona fide in perpetuum observare et contra modo aliquo non venire. Renunciantes ex certa sciencia omni exceptioni et juri que nobis posset competere in hac parte qualibet ratione. Et ne super premissis aliqua possit in posterum questio vel dubietas suboriri, presentem cartam sigillis nostris fecimus in testimonium roborari. Actum anno domini M°CC°XXX° tertio.

(Arch. nation. P. 1390, c. 514.)

compense de quoi le roi Philippe de Valois, par patentes datées à Monal-lez-Ponts Saint-Mexant, au mois de mai 1349 (1), lui fit don de la seigneurie de Châteauneuf en Maconnois.

Et au regard de Montanay, il fut baillé en échange à l'Église de Lyon, l'an 1353, pour la seigneurie de Chazelles, ainsi que nous avons dit ci-dessus au chapitre de Chazelles (2).

Châtillon de Dombes, ainsi nommé parce qu'il dépendoit de la seigneurie de Dombes, et qu'il est situé en ce climat qui, de toute ancienneté, s'est appelé Dombes, fut détaché de Dombes par l'aliénation qu'en fit Humbert, cinquième du nom, sire de Beaujeu, qui le donna en dot, l'an 1228, à Sibille de Beaujeu, épouse de Raynold, seigneur de Baugé et de Bresse, quatrième du nom, ainsi qu'il a été dit ci-devant; et depuis ce temps là, Châtillon avec son mandement fut uni à la seigneurie de Bresse et en dépend encore aujourd'hui, quoiqu'il appartienne, à titre d'acquisition, à Son Altesse Royale Mademoiselle.

Voilà pour les terres qui autrefois étoient de Dombes, et qui sont à présent du comté de Bresse, outre lesquelles les sires de Beaujeu possédoient la seigneurie de Saint-Bernard sur Saône, acquise par échange du palatin de Riottier, par Guichard, sire de Beaujeu, septième du nom, qui la vendit depuis, par titre du mois de mai 1264 (3), à Martin, doyen, et au chapitre de l'Église de Lyon, et par ce moyen, Saint-Bernard, qui auparavant étoit de Dombes, fut du Franc-Lyonnois et dépendant de l'Église de Lyon, qui l'a depuis aliéné aux Couvet, barons de Montribloud et de Sainte-Olive.

Riottiers étoit aussi autrefois de la seigneurie de Dombes, car Guichard, troisième du nom, sire de Beaujeu, en avoit la moitié et eut le reste d'Arthaud le Blanc, vicomte de Mâcon, qui consistoit en la moitié du château et de la châtellenie, environ l'an 1050.

---

(1) Arch. nation. P. 1371, c. 1957.
(2) V. p. 48.
(2) Arch. du Rhône, arm. Enoch, vol. 52. n. 1. — Bibl. Dumb. p. 158.

Mais les sires de Beaujeu en ayant été longtemps en différent avec les comtes de Mâcon et les archevêques de Lyon, ne la purent pas conserver, de sorte que les comtes de Mâcon s'en étant rendus les maîtres, Alix de Vienne, comtesse de Mâcon, et Jean de Brayne, son mari, en firent vente, l'an 1239 (1), à Guichard, archevêque de Lyon, de sorte que depuis ce temps Riottiers est toujours demeuré en la main des archevêques de Lyon.

Ainsi, après toutes ces aliénations, la seigneurie de Dombes fut réduite aux châtellenies et mandement de Montmerle, Saint-Trivier, Thoissey, Lent, Chalamont, Villeneuve et Beauregard sur Saône, terres entrées dans la maison de Beaujeu par les moyens particuliers que nous avons touchés au second livre de cette histoire.

Cependant, quoique ce pays fût petit, les sires de Beaujeu n'y reconnoissoient d'autres supérieurs que l'empereur, comme faisoient les comtes de Savoye et de Bourgogne, les dauphins de Viennois, les sires de Beaugé et de Bresse, les sires de la Tour-du-Pin et de Coligny, et les sires de Thoire et de Villars, dont les États étoient situés dans l'étendue de l'ancien royaume de Bourgogne et d'Arles. Les sires de Beaujeu néanmoins n'y ont jamais fait battre monnoye, mais à la réserve de cette prérogative, ils y faisoient tous actes d'indépendance et de souveraineté, quoiqu'en leurs autres terres de Beaujollois ils fussent vassaux de la couronne, et que les appellations du juge de la terre de Beaujeu à la part du royaume se relevassent au Parlement de Paris.

Voici comment les seigneurs de Dombes devinrent féodataires des comtes de Savoye, et comme cette indépendance dans laquelle ils avoient vécu plusieurs siècles, reçut de l'altération.

Guichard, sire de Beaujeu et seigneur de Dombes, huitième

---

(1) Arch. de la Côte-d'Or, vol. intitulé « Documenta pro parte procuratoris regis producta. » fol. 42. — Bibl. Dumbensis, p. 138.

du nom, ayant été pris prisonnier de guerre à la bataille de Varey et payé une grosse rançon au dauphin, ainsi que nous avons déjà dit, il en demanda récompense à Edouard, comte de Savoye, parce que cette perte lui étoit arrivée pour avoir tenu son parti.

La négociation se fit par Pierre de Savoye, archevêque de Lyon, de sorte que par traité fait à Beaugé, le 29 de janvier 1328, le comte de Savoye promit à Guichard de Beaujeu de lui donner en fief les châteaux et seigneuries de Buenc et de Coligny, avec leurs appartenances, justice haute, moyenne et basse, et outre ce, 40,000 livres viennoises, à condition que le sire de Beaujeu prendroit en fief de lui les châteaux et seigneuries de Lent et de Thoissey, avec leurs appartenances. Présents à ce traité Guillaume de Beaujeu, chanoine et précenteur en l'Église et comte de Lyon, Arnoulph, seigneur d'Urfé, Jean, seigneur de Franchelins, le Galois de la Baulme, seigneur de Valefin, et Hugues de Châteliard, chevaliers.

Mais le comte de Savoye étant mort une année après, et Guichard, sire de Beaujeu, l'an 1331, sans avoir exécuté ce traité, le comte Aimond et Edouard, sire de Beaujeu, premier du nom, fils de Guichard, s'assemblèrent dans l'abbaye d'Ambournay en Bugey, le 5ᵉ de juillet 1337 (1), où, de l'avis de Jacques de Saint-André, évêque de Belley, d'Amé, comte de Genève, d'Amé, comte de la Baulme, de l'abbé d'Ambournay et d'Étienne, abbé de Saint-Sulpice, et en présence de Jean, seigneur de Corgenon, de Jean de la Baulme, seigneur de Fromentes, d'Hugonin, seigneur de Grammont, d'Antoine de Clermont, seigneur de la Bastie, d'Hugues d'Amanzé, de Philippe de Chasserand, de Jacques de Richarmes, de Pierre de Compeys, et de Terrie ou Thierry de Septain, chevaliers, le comte de Savoye inféoda au sire de Beaujeu les châteaux de Buenc et de Coligny-le-Neuf, avec leurs mandements, en toute justice ; et à même temps Edouard de Beaujeu lui remit ses châteaux et seigneuries de Lent et de Thoissey en Dombes,

---

(1) V. le texte de ce traité, Hist. de Savoye, pr. p. 162.

lesquels étoient sans fief ni arrière-fief, et les reprit du comte de Savoye Aimond à foi et hommage, promettant de faire la guerre pour le comte et ses successeurs envers et contre tous, à la réserve seulement du roi, des ducs de Bourgogne et de Bourbonnois, des archevêques de Lyon et des abbés de Cluny et de l'Isle-Barbe ; et le comte consentit que le sire de Beaujeu jouît de ces quatre terres en mêmes prérogatives et authorité que Louis de Savoye, seigneur de Vaud, et Jacques de Savoye, comte de Piedmont, tenoient leurs apanages. Outre cela le sire de Beaujeu quitta au comte la seigneurie directe et le fief du château de Beauregard-sur-Saône, et se réserva l'hommage de Gordans.

Et parce qu'en ce traité le sire de Beaujeu avoit confessé d'avoir reçu les 40,000 livres viennoises promises par celui de l'an 1328, il se fit un autre traité le même jour, par lequel le comte s'obligea de payer 30,760 livres, restant de cette somme, à certains termes, et 5,000 qu'il devoit à feu Guichard, sire de Beaujeu, lesquelles sommes il lui assigna sur la terre et seigneurie de Charenton ; et parce que, par le traité de paix fait entre le comte et le dauphin, il avoit été arrêté que le sire de Beaujeu quitteroit au dauphin l'hommage du sire de Villars, le comte, pour dédommager le sire de Beaujeu, lui promit 5,000 livres tournoises, sous la caution d'Amé, comte de Genève, et Edouard promit d'imputer sur toutes les sommes celle de 5,280 livres que Guichard, sire de Beaujeu, son père, avoit touchée d'un dépôt fait entre ses mains par Jean, comte de Forest, de l'authorité de l'archevêque de Lyon, et encore 6,000 livres qu'il avoit reçues de la vente de la maison du Plessis, appartenant au comte de Savoye, passée au profit du roi ; et pour les 30,760 livres, le comte Aimond donna pour caution Amé, comte de Genève, Jean de la Baulme, seigneur de Fromentes, Hugues, seigneur de Grammont, Antoine de Clermont, seigneur de la Bastie d'Albanois, Verruquier de la Baulme, Pierre de Rogemont, surnommé le Vaud, chevaliers ; Aimon de Pontverre, Jacques Prost de Virieu, Peronins d'Estrées et Etienne de Lambert, damoiseaux.

Ensuite de ce traité, les seigneuries de Buenc et de Coligny-le-Neuf furent unies à celles de Dombes, dont le même Edouard de Beaujeu fit depuis hommage au comte de Savoye, le 5ᵉ de juillet 1337, et à son fils Amé VI, surnommé le comte Verd, à la personne de Louis de Savoye, seigneur de Vaud, et d'Amé, comte de Genève, ses tuteurs, à Haute-Combe, le 26ᵉ juin 1343, ensemble de Lent et de Thoissey, en présence de Guichard Tavel, évêque de Sion, d'Anselme de Clermont, évêque de Maurienne, de Jean de Gissé, évêque de Grenoble, d'Aleman de Saint-Joire, évêque de Genève, et de Jacques de Saint-André, évêque de Belley.

Mais ces terres de Buenc et de Coligny ne demeurèrent pas longtemps en la maison des sires de Beaujeu, car Edouard second du nom vendit Coligny, au mois de septembre 1361, à Guillaume de la Baulme, chevalier, seigneur de Labbergement, à faculté de racheter, et l'ayant retirée, il la revendit sous la même condition à Marie de Vergy, dame de Coligny et d'Andelot, laquelle la remit au sire de Beaujeu, le 22ᵉ de février 1374, à la personne d'Hugues de Glettins, baillif de la terre de Beaujeu, de Jean de Laye, de Girard de Chintré et d'Etienne de Taney, chevaliers, ses procureurs. Enfin Coligny fut donné en partage à Robert de Beaujeu, seigneur de Joux-sur-Tarare, à la réserve de la supériorité et du ressort, ce qui fut cause que le même Edouard de Beaujeu, par lettres datées à Montmerle, le dimanche 15ᵉ de janvier 1390, donna grâce, en qualité de seigneur do Coligny-le-Neuf, d'un meurtre commis en cette terre. La postérité de Robert de Beaujeu jouit longtemps de Coligny-le-Neuf, mais cette seigneurie, après avoir passé par les maisons de Varax et de Menthon, rentra en celle de Coligny, d'où elle étoit originairement venue, ainsi que nous avons dit en un autre ouvrage.

Quant à la seigneurie de Buenc, Antoine, sire de Beaujeu, seigneur de Dombes, en passa vente l'an 1371, et Humbert de la Baulme, chevalier, seigneur de Fromentes, en fit hommage à Edouard de Beaujeu, second du nom, à Paris, en l'hôtellerie de l'Ours, rue Saint-Antoine, le 29 janvier 1377, en présence de Girard d'Estrées, chancelier de Savoye, de Simon de Dracé, de Girard de Chintré, et de Jean de Chales, chevaliers. Après les successeurs d'Humbert de la Baulme, Buenc eut plusieurs maîtres, ce qui n'est pas du sujet de cette histoire, pour l'éclaircissement de laquelle cette digression n'étoit pas inutile.

Reprenons donc notre matière depuis l'hommage fait au comte Verd des terres de Lent et de Thoyssey. Les comtes de Savoye, qui avoient acquis ce degré de supériorité en Dombes, commencèrent à s'en qualifier seigneurs ; car au mariage d'Amé, fils aîné du comte Verd, avec Bonne de Berry, de l'an 1372, entre les terres que le comte promit de donner à son fils après son décès, la seigneurie de Dombes se trouve comprise. Mais, ou la mauvaise conduite d'Edouard second, ou le désordre de ses affaires en accrut le droit aux comtes de Savoye, car Edouard, étant au château de Beaugé, reconnut de tenir en fief du comte Verd, et en augmentation de ce qu'il tenoit déjà de lui, toutes les villes, châteaux, seigneuries, hommes, fiefs et arrière-fiefs et généralement tout ce qu'il possédoit en empire deçà la Saône ; présents à cet acte Guillaume de Beaujeu, seigneur de Dracé, Jean de Grôlée, seigneur de Neyrieu, Philibert de la Baulme, seigneur de Valefin, Girard d'Estrées, seigneur de Baneins, chancelier de Savoye, Pierre de Murs, docteur ez-lois, Boniface de Chalant, Gaspard de Montmayeur, Hugues de Glettins, Aimond de Bouvard, Girard de Chintré, Jean de Chales, Jean de Serraval, Rodolphe de Taney, Jean de Vernay et Humbert de la Baulme, seigneur de Fromentes, chevaliers.

Ainsi le sire de Beaujeu, qui n'étoit féodataire du comte de Savoye que pour les terres de Lent, Thoissey, Buenc et Coligny-le-Neuf, le fut pour toute la seigneurie de Dombes, particularité qui n'a point encore été touchée par aucun écrivain, non plus que l'investiture que le même Edouard de Beaujeu prit à Paris, du comte Verd, au logis de l'Ours, en la rue Saint-Antoine, le 20ᵉ de février 1377, des villes et châteaux de Lent, Thoissey, déjà tenus en fiefs du comte, de Chalamont, Montmerle, Villeneuve et Beauregard, et généralement de tout ce qu'il possédoit en l'empire de là la Saône, tant en propriété, fief qu'arrière-fief, dont à même temps il fit hommage au comte ; présents Jean de Grôlée, seigneur de Neyrieu, Simon de Dracé, Rodolphe de Tresette, Girard d'Estrées, chancelier de Savoye, Pierre Meurs, docteur ez-lois, Girard de Chintré, Jean de Chales, Gaspard de Montmayeur, Etienne de la Baulme et Aimond de Bonnivard, chevaliers ; dans laquelle investiture les terres de Buenc et de Coligny ne furent pas comprises, parce qu'elles avoient déjà été aliénées, ainsi que nous avons dit.

Une année après, le comte Verd ayant donné en apanage les seigneuries de Bresse et de la Valbonne avec l'hommage de Dombes, à Amé de Savoye, son fils, ce jeune prince vint en Bresse et écrivit à Edouard, sire de Beaujeu, de lui rendre cet hommage, ensuite des traités dont nous venons de parler ; mais n'ayant eu qu'un refus pour réponse, il y eut déclaration de guerre entre eux, et ensuite le seigneur de Bresse, suivi de Pierre, comte de Genève, d'Hugues de Châlon, seigneur d'Arlay, de Jean et de Philippe, enfants du comte de Montbelliard, de Gauthier de Vienne, seigneur de Sainte-Croix, et d'autres personnes de qualité, entra en Dombes, prit les châteaux de Beauregard, Belvey, Ars, Villon et Lent, et assiégea Thoissey.

Edouard de Beaujeu, surpris et n'étant pas en état de résister à son ennemi, eut recours à Philippe, duc de Bourgogne, qui députa Bertrand de Saint-Pastour, son chambellan, et Renaud de Montconnis, ses chevaliers et conseillers, en qualité d'ambassadeurs, lesquels étant arrivés au château de Pouilly en Beaujollois, arrêtèrent une trève, le 11e de juillet 1378, entre le seigneur de Bresse et le sire de Beaujeu, depuis le 12e de juillet 1378 jusques au dimanche devant Rampaux de l'année suivante, pour donner loisir au duc de Bourgogne de faire un traité de paix. Cependant il fut convenu que les châteaux de Lent et de Belvey seroient remis en garde à Guillaume, seigneur de Malaval, et ceux de Beauregard, de

Villon et d'Ars à Jean, seigneur de Longecombe, pour les tenir au nom du duc de Bourgogne jusques à la paix ou à l'expiration de la trève. Présents à ce traité : Guillaume de Beaujeu, seigneur d'Amplepuis, Ainard, de l'Espinasse, seigneur de Chaugny, Jean de Poquière, chevalier, Guillaume de Saubertier et Pierre Andrevet, damoiseaux ; ce que le duc de Bourgogne approuva par ses lettres datées au château de Montbard, le 11ᵉ octobre suivant. Mais la négociation du duc de Bourgogne n'ayant point eu d'autres suites, le sire de Beaujeu, par ses lettres datées à Pouilly, le 25ᵉ de mars 1379, consentit que les trèves fussent continuées jusques à la fête de l'Ascension, et depuis ce jour-là, jusques à pareil jour de l'an 1380.

Cependant Oudard, seigneur d'Ancienville, baillif de Mâcon, et sénéchal de Lyon, prétendant que la guerre que le seigneur de Bresse avoit faite au sire de Beaujeu choquoit l'autorité du roi, qu'il présupposoit être non seulement souverain et protecteur du pays de Beaujollois, mais encore du pays de Dombes, et que le seigneur de Bresse étoit féodataire de Sa Majesté, pour arrêter les maux et les désordres que ceux de Beaujollois, de Dombes et du voisinage étoient sur le point d'en ressentir, donna commission au prévôt de Mâcon, le 6ᵉ avril 1380, de faire défense, soit au seigneur de Bresse, soit au sire de Beaujeu, de continuer cette guerre, et commandement de licencier les troupes d'Anglois et de Bretons, qui étoient auprès de Puy-en-Velay, prêtes à entrer en Beaujollois, menaçant le sire de Beaujeu de faire mettre sa terre sous la main du roi s'il entreprenoit quelque chose au contraire. Nonobstant tout cela, Amé de Savoye entra en Dombes, prit Thoissey et Montmerle et assiégea Chalamont.

Mais le roy et le duc de Bourgogne s'étant déclarés médiateurs du différent, Sa Majesté, sur la fin de la trève, envoya en Beaujollois et Dombes, Berton de Morenac, son chevalier et conseiller, sénéchal de Rouergue, qui prorogea les trèves jusqu'à la Purification de Notre-Dame, de l'an 1381, du consentement des seigneurs de Bresse et de Beaujeu, qui donnèrent pouvoir au duc de Bourgogne, en qualité d'arbitre et d'ami commun, de terminer leurs querelles jusqu'au premier jour de l'an 1381, et pendant ce temps, Amé, duc de Savoye, consentit que les châteaux de Lent et de Belvey fussent laissés en garde à Guillaume, seigneur de Malaval, ceux de Villon et d'Ars à Jean, seigneur de Longecombes, Thoissey à Guillaume de Corgenon, seigneur de Chaumont, et Montmerle à Jean, seigneur de Marmont, sur la promesse que le duc de Bourgogne fit de remettre ces places au seigneur de Bresse, si dans le temps convenu il ne se faisoit paix.

Edouard, sire de Beaujeu, se soumit à cela par lettres dattées à Villefranche, le 12 juin 1380, présents, Hugues de Glettins, Girard de Chintré, Pierre de Fontaney, Rolet de Tresettes, Gui de Marzé, chevaliers, Jean de Nagu et Pierre Andrevet, damoiseaux, et Amé de Savoye, par lettres dattées en son camp, sous son pavillon, au-devant de Chalamont; le même jour, en présence de Raoul, comte de Gruères, de Guillaume de Vienne, seigneur de Saint-Georges, de Jean et de Philippe de Montbelliard, de Vaucher de Vienne, seigneur de Miribel, de Jean, seigneur de la Chambre, de Louis de Cossoney, seigneur de Berchier, de Jean de Grolée, seigneur de Neyrieu, de Guillaume de Saint-Amour, d'Humbert de la Baulme, seigneur de Fromentes, de Gaspard de Montmajeur, d'Etienne de la Baulme, et de François d'Arenthon.

Ce traité fut agréé par le comte Verd, père du seigneur de Bresse, par ses patentes dattées à Morges, au pays de Vaud, le 15e de décembre de la même année.

Le duc de Bourgogne n'ayant pu ou voulu faire cet accommodement, les places de Dombes qui avoient été mises en dépôt entre les mains des seigneurs de Mallaval, de Longecombe, de Corgenon, et de Marmont, furent rendues au seigneur de Bresse suivant la foi du dernier traité. Mais Louis, duc d'Anjou et de Calabre, désigné roi des Deux-Siciles, allant à la conquête de ces deux royaumes, accompagné du comte Verd, passa à Rivoles, où, à la prière du sire de Beaujeu, de Charles, seigneur de St-Angest, et de Guillaume, seigneur de la Trimouille, ses amis, par son ordonnance du 26e juin, de l'an 1382, en qualité d'arbitre, remit la décision au pape Clément VII et aux ducs de Berry et de Bourgogoe, et ordonna que les places conquises en Dombes, par Amé de Savoie, seroient de nouveau mises en dépôt jusqu'à la paix, cependant qu'il y auroit trêve jusqu'à un an, après le voyage que le comte Verd alloit faire avec luy en Sicile.

La mort du comte Verd étant arrivée au mois de mars 1383, les ducs de Berry, de Bourgogne et de Bourbon, et Enguerrand, seigneur de Coucy, ne voulant pas attendre que les trêves fussent expirées, envoyèrent des ambassadeurs à Amé de Savoye, surnommé le Rouge, nouveau comte de Savoye, pour le disposer à la paix. Le duc de Bourbon et le sire de Coucy, pour en venir plus facilement à bout, allèrent à Chambéry où fut conclu un traité solennel, le dernier jour de mai 1383 (1), dont les principaux articles furent qu'à la considération du roy, des ducs de Berry, de Bourgogne et de Bourbon, et du sire de Coucy, le comte de Savoye donnoit au sire de Beaujeu, en accroissement de fief, les châteaux et villes de Lent, Thoissey et Montmerle avec leurs mandements et ressort, sans préjudice du droit de souveraineté prétendu par le comte de Savoye, sur ces lieux-là et autres reconnus du fief du feu comte Verd, son père, tant par droit d'empereur, ou pour usance, ou en autre manière, à la charge que si le comte usoit de sa souveraineté, et que le sire de Beaujeu crût n'y être pas soumis, il lui seroit permis, jusqu'à trois fois, de demander l'éclaircissement au comte ou à ses officiers, et en ce cas-là, le duc de Bourbon et le sire de Coucy en décideroient la question sans que n'y l'une n'y l'autre des parties en pût réclamer. Sous cette condition, néanmoins, que si cette difficulté se jugeoit à l'avantage du sire de Beaujeu, et qu'il voulût aliéner ce droit de souveraineté et de ressort, il seroit obligé de l'offrir au comte de Savoye pour le même prix qu'en présenteroit un autre ; que dans un an le sire de Beaujeu don-

---

(1) Arch. nation. P. 1363, c. 1173.

neroit spécification de tout ce qu'il tenoit en fief du comte et de ses prédécesseurs; qu'auparavant que le sire de Beaujeu prît possession des villes et châteaux susnommés, les gentilshommes y demeurant, ou dans les châtellenies qui en dépendent, feroient serment entre les mains du comte de faire la guerre au sire de Beaujeu, au cas qu'il refusât d'exécuter le traité ; que le château, bourg et mandement de Beauregard demeureroit au comte sous la promesse de le remettre au sire de Beaujeu pour vingt mille livres; qu'il y auroit oubli de tout le passé dans lequel seroit compris Janot Provence et Guillaume de Corgenon, et que le duc de Bourbon seroit caution pour le comte de Savoye de l'observation du traité, et Louis de Sancerre, maréchal de France, pour le sire de Beaujeu.

Plusieurs personnes de qualité signèrent ce traité, sçavoir : les mêmes duc de Bourbon et le sire de Coucy, Guy, abbé de Saint-Michel-de-l'Étoile, Philibert de l'Espinasse, seigneur de la Clayette, Yblet de Chalant, seigneur de Montjouvet, Louis, seigneur de Cossonay, Charles de Hangest, Jean de Poquières, Jean de la Guiche, Girard d'Estrées, chancelier de Savoye, Bochard de Châtillon, Philibert de la Baulme, Humbert de Salamard, chevalier, Humbert de la Baulme, seigneur de Fromentes, Guillaume de Corgenon, seigneur de Chaumont, et Louis de Mayse, écuyer.

Ce traité fut exécuté de bonne foi, et le sire de Beaujeu rétabli en ses terres de Dombes dont toutefois le comte Rouge, avec qui ce dernier traité avoit été fait, se qualifioit toujours seigneur.

Mais Amé VIII, son fils et son successeur au comté de Savoye, ne se voulut pas contenter de l'hommage qu'Edouard, sire de Beaujeu, lui en avoit fait, il les voulut encore recevoir de tous les gentilshommes de Dombes, ensuite des traités dont nous avons parlé, par lesquels Edouard avoit pris investiture du comté de Savoye, non-seulement de ses terres et châteaux de Dombes, mais encore de tous les fiefs et arrière-fiefs qu'il avoit en l'empire deça la Saône.

C'est en quoy se sont mépris plusieurs auteurs de réputation

(*Chopin, de Dom. liv.* 29, *n.* 2. — *Bodin, des Républ. l. I, ch. 10*), qui ont cru que cet hommage des gentilshommes de Dombes n'avoit été fait au comte de Savoye Amé VIII qu'en qualité de vicaire général de l'Empire, dont l'acte, qui est du 8e et du 9e septembre de 1398 et autres jours suivans, ne fait aucune mention (1).

Un autre auteur (*Dupuy, au Traité des droits du roy*) a cru que les gentilshommes de Dombes et de Beaujollois s'étant révoltés contre le sire de Beaujeu, se mirent sous la protection de l'empereur et firent en conséquence hommage au comte de Savoye, comme vicaire général de l'empire, et que de là la Souveraineté de Dombes prit son origine.

Ce prince donc étant à Bourg en Bresse, en la maison de Corgenon, en présence d'Yblet, seigneur de Chalant, capitaine de Piedmont; de Boniface de Chalant et de Jean de Vernay, maréchaux de Savoye, d'Humbert, seigneur de Corgenon; de Jean de Conflans, chancelier de Savoye, de Gaspard, seigneur de Montmajeur; d'Henry, seigneur de Varax; d'Etienne de la Baulme; d'Erard Dufort, baillif de Bourgogne; de Pierre, seigneur de Crangeac; d'Amé d'Apremont; de François de Montjouvent; de Guillaume de Chalamont; de Pierre de Marmont; de Pierre de Gerbais, seigneur de Châteauneuf; d'Amblard de Gerbais, seigneur de Billia; d'André, seigneur de Saint-Amour; de Guigues Marchamp; de Jean d'Ailleins et de Jean de Ravais, ses secrétaires, reçut à diverses reprises l'hommage des gentilshommes du pays de Dombes, sçavoir : de Guy, seigneur de Saint-Trivier; d'Antoine, seigneur de Juys; d'Henri, seigneur de Varax; de Fromentin du Saix, seigneur de Besenens; d'Hugonin de Laye, seigneur de Messimy; de Mayeul du Saix; d'Henry de Juys; de Girard d'Estrées, seigneur de Bannains; d'Henry, seigneur de Glettins; de Troillard de Glettins; de Meraud, seigneur de Fran-

---

(1) Arch. nation. P. 1363, c. 1180, et P. 1384. — Imp. Bibl. Dumbensis, p. 327.

chelins ; de Jean de Franchelins ; d'Humbert, seigneur de Chanains ; de Guichard, seigneur de Challiouvres ; d'Andrinon de Villette ; de Jean de Buffart ; de Philippes, fils de Michel de Laye ; d'Hugonin, fils de Verruquier de Laye ; d'Hugues, seigneur de Chales ; d'Antoine du Saix ; de Philippe le Déchaussé ; de Geoffroy d'Ars, et de Philippe de Tavernost ; lesquels reconnurent le comte de Savoye pour leur seigneur souverain, promettant de lui être fidèles envers et contre tous, à la réserve toutefois de la fidélité qu'ils devoient tant au sire de Beaujeu qu'à d'autres seigneurs dont ils tenoient des fiefs, et le comte leur confirma leurs priviléges et anciennes franchises et s'obligea de les protéger et deffendre.

Peu de temps après Edouard, sire de Beaujeu, donna ses biens à Louis, second du nom, duc de Bourbon, par titre daté à Paris, la veille de saint Jean-Baptiste, l'an 1400 (1), et mourut au mois d'aoust suivant, et par ce moyen la Dombes passa en la maison de Bourbon. Louis, second du nom, duc de Bourbon, en fut le premier seigneur, ainsi que nous avons touché ci-dessus ; il faut donc poursuivre notre matière et remarquer sous chaque prince de cette famille, toutes les révolutions qu'a eues cette Souveraineté jusqu'à présent, non point que je veuille entreprendre d'écrire la vie des ducs de Bourbon et de Montpensier qui ont été princes de Dombes. Cela a déjà été fait par tant d'auteurs anciens et modernes, et nouvellement par ces deux incomparables jumeaux, lumières de notre siècle, Scévole et Louis de Sainte-Marthe, en leur *Histoire généalogique de la Maison de France*, que ce seroit une témérité inexcusable d'en avoir la pensée ; je prétends seulement de repasser légèrement sur le surplus de leurs actions, et de m'arrêter principalement aux choses qui concernent la souveraineté, pour ne pas m'éloigner de mon sujet.

---

(1) Arch. nation. P. 1366, c. 1483, et 1371, c. 1956 bis.

LOUIS II.

Baron de Beaujeu, seigneur de Dombes.

Louis, second du nom, duc de Bourbon, comte de Clermont, de Forest et de Châtel-Chinon, baron de Beaujeu, seigneur de Dombes, pair et chambrier de France, lequel prince étoit fils unique de Pierre, duc de Bourbon, et d'Isabelle de Valois, qui se rendit recommandable par tant de belles qualités, qu'après avoir signalé son courage et sa valeur contre les Anglois et les Flamans, pour le service de la France, et contre les Maures et les Sarrasins de Grenade et d'Afrique, pour la défense de la foy, eut encore cet honneur de secourir Louis second du nom, roi des Deux-Siciles, et le roi de Castille et d'Aragon, comme si l'une des prérogatives de la maison de Bourbon étoit d'affermir ou de redresser des trônes chancelans et abattus.

Après la mort d'Edouard, sire de Beaujeu, il prit possession de la baronnie de Beaujeu et de la seigneurie de Dombes (1); ce ne fut cependant pas sans contestation, car le procureur général au Parlement de Paris prétendit que la Dombes était échue au roi, par le légat qu'Antoine, sire de Beaujeu, seigneur de Dombes, en avoit fait à Sa Majesté, en son testament de l'an 1361 (2), et par le testament d'Edouard, sire de Beaujeu, second du nom, du 23ᵉ de juin de l'an 1400 (3). Mais le duc de Bourbon l'emporta en vertu de sa donation.

Peut après, étant à Montbrison, il confirma aux habitants de Villefranche en Beaujollois toutes les franchises et priviléges que le sire de Beaujeu leur avoit accordés par patentes

---

(1) Le 19 août 1400. — Arch. nation. P. 1371, c. 1956.
(2) Arch. nation. P. 1368. c. 1586 bis.
(3) Ibid. P. 1366, c. 1483, et P. 1371, c. 1956 bis.

datées du 18ᵉ octobre de la même année, auxquelles se trouvent nommés présents le seigneur de Norry, Robert de Chalus, Jean de Venissy, Denis de Chaumont, baillif de Forest, Mathieu Guyonnet, chantre de Notre-Dame de Montbrison, et Etienne d'Entraigues, conseiller du duc.

Il joignit à la seigneurie de Dombes les ville et château de Trévoux, avec les mandements, fiefs et arrière-fiefs en dépendant, par acquisition d'Humbert septième et dernier du nom, sire de Thoire et de Villars, au prix de 30,000 francs d'or, par contrat passé à Trévoux, le vendredi après la fête de saint Laurent, le onzième jour d'aoust 1402 (1); présents Philibert de l'Espinasse, seigneur de Cormorand, Hugues Bochu, chevaliers, et Dalmas de la Porte, écuyer ; et par la négociation de Norry et de l'Hermite de la Faye, chevaliers.

Le 18ᵉ du même mois, le duc de Bourbon, en considération de cette vente, promit au sire de Thoire et de Villars de lui donner conseil, de le protéger et de lui garder l'honneur de son corps et de son état comme il feroit de son propre fils, excepté contre les ducs de Berry, de Bourgogne et d'Orléans et leurs enfants (2).

Le comte de Savoye, mal satisfait de la vente passée par le sire de Villars, et d'avoir un voisin et féodataire plus puissant que le sire de Beaujeu, envoya demander au duc de Bourbon l'hommage de la seigneurie de Dombes, et sur le refus qu'il en fit, le comte commanda, l'an 1408, à Amé, seigneur de Viry en Genevois, capitaine renommé, d'entrer en Dombes avec 1,000 chevaux (3) ; il se saisit d'abord de Lent et de Chalamont, et, passant la Saône, prit Anse et Belleville.

---

(1) Ibid. P. 1390, c. 691. — Impr. Bibl. Dumb. p. 329.

(2) Ibid. P. 1391, c. 529.

(3) On conserve aux archives nation. (P. 1378, c. 3503) une lettre originale de Rolet de Trasètes au duc de Bourbon, sur l'invasion d'Amé de Viri. Cette lettre est ainsi conçue :

« A très-redoubté seigneur, monseigneur le duc de Bourbonnois.

« Très redoubté sire, plaise vous savoir que aujourd'hui, à XI heures, est

Le duc de Bourbon, qui étoit à Vichy, averti de cette irruption, dépêcha le comte de Clermont, son fils, et le seigneur de Châteaumorand, avec des troupes, qui reprirent Anse et Belleville, rencontrèrent Viry au siége de Thoissey, le lui firent lever et le poursuivirent jusques à Ambournay en Bugey.

Cependant venoient au secours du duc de Bourbon, Louis, duc de Bavière, le duc de Bar, les comtes d'Eu, de Saint-Paul, d'Harcourt et d'Alençon, et le seigneur d'Albret, connétable de France, le sire de Coucy, et les seigneurs de Montagu, de Gaucourt et de la Cleuse. D'autre côté, les ducs de Berry et de Bourgogne prenant part aux intérêts du comte de Savoye, s'employèrent pour faire la paix entre ces deux princes.

Dorronville (1) a entièrement déguisé la cause de cette guerre, qui ne procédoit que du refus de l'hommage. Montrelet (2) et lui récitent que Viry fut désavoué du comte de Savoye et envoyé au duc de Bourbon, mais les historiens de France ne disent pas cela, et la suite qu'eut cette guerre en ôte la vraisemblance.

Sur cette ouverture de paix, il y eut conférence assignée à Villars en Bresse, entre les députés des deux princes, où se trouvèrent, pour le duc de Bourbon, Jean Leviste, chancelier de Bourbonnois ; Guichard, seigneur d'Urfé, et Philippe, sei-

---

venu à Toissey Jehans de Franchelins, qui vient de Bourgoigne, et m'a dit que je vous escrie pour certain que Amé de Vere, ensamble grant quantité de gens d'armes, tant Bourgoignons, Savoyiens, Lorrens et ......, est jà per de ça et treuvent qu'ilz viennent pour combattre le logis de Chasteau Morant ; et m'a dit que monseigneur de Bourgoigne a grant mandement, et doit estre aujourd'hui à Cusirie. Si vuillez envoyer adviser voz gens et aussi envoyer des gens par deçà ainsi comme bon vous semblera. Très redoubté sire, le Saint-Esprit par sa saincte grace vous acroise honneur et vous donne bonne vie et longue. Escript à Toissey le XII° jour de may.

« Le tout votre,

ROLET DE TRASÈTES.

(1) Vie de Louis III de Bourbon, ch. LXXXXI et XCLII.
(2) T. 2, p. 60-61 de l'éd. de 1826.

gneur de l'Espinasse, baillif de Beaujollois ; et pour le comte de Savoye, Guichard de Marchamp, son chevalier ; Henry, seigneur de Menthon, et Hugonin, seigneur de Chandée. Leur résultat, qui est du 2e de mars de l'an 1408, porte que l'hommage de la seigneurie de Dombes étoit dû au comte de Savoye.

Mais le duc de Bourbon ne se pouvant résoudre à le rendre en personne, et insistant à ce que le comte lui rendît le château de Beauregard, il y eut une seconde assemblée à Villars, le 8e mai 1409, où se rendirent en qualité de députés du duc de Bourbon, Louis de Bourbon, comte de Vendôme, grand chambellan de France; Jean, seigneur de Montagu, vidame de Laonnois, maître d'hôtel du roy ; Guichard, dauphin, seigneur de Jaligny ; Louis de Listenois, seigneur de Montagu; Gauthier de Passac, seigneur de Crasette ; l'Hermite, seigneur de la Faye, et Jean, seigneur de Château-Morand. Le duc de Savoye y eut Louis de Savoye, prince d'Achaye et de la Morée ; Odo de Villars, seigneur de Baux; Jean de la Baulme, seigneur de Valefin ; Girard, seigneur de Ternier ; Humbert de Villars-Sexel, seigneur de Saint-Hippolyte et d'Orbé; Guichard Marchamp, chancelier de Savoye, Antoine, seigneur de Grôlée ; et Humbert, bâtard de Savoye, seigneur de Montaigny et de Corbières.

Ces députés, après avoir proposé divers expédients, demeurèrent d'accord que le comte de Savoye rendroit au duc de Bourbon le château de Beauregard-sur-Saône avec le port, sans en prétendre aucune récompense ; que Jean de Bourbon, comte de Clermont, fils ainé du duc de Bourbon, feroit hommage au comte de Savoye tant de la seigneurie de Beauregard et de celles de Lent, Thoissey, Chalamont, Montmerle et Villeneuve, que de tout ce que le duc son père possédoit en fief ou arrière-fief dans l'empire, déçà la Saône, procédés des sires de Beaujeu. Présents à ce résultat Philibert de l'Espinasse, seigneur de Cormorant; Pouchon, seigneur de Langeac, sénéchal d'Auvergne, et Perceval de la Baulme, seigneur de Perès, chevaliers.

Le duc de Bourbon ayant ratifié ce que ses députés avoient

promis, par lettres datées à Villefranche en Beaujollois, le 20ᵉ du même mois de mai, et le comte de Savoye aussi de son côté, le comte de Clermont se rendit à Châtillon-de-Dombes le 28ᵉ, suivi de Girard Dupuy, évêque de Saint-Flour, de Louis de Bourbon, comte de Vendôme, de Guillaume de Leyre, gouverneur de Dauphiné, de Robert de Chalus, seigneur de Bothéon, de Jean Leviste, docteur ez lois, chancelier de Bourbonnois, de Guichard, seigneur d'Urfé, de Philippe, seigneur de l'Espinasse, baillif de Beaujollois, d'Antoine de Fougères, seigneur d'Yoin, de Robert de Tresettes, seigneur de l'Etoile, et d'Henry de Varennes, seigneur de Rappetout.

Le comte de Savoye étoit déjà arrivé à Châtillon, accompagné de Louis de Savoye, prince d'Achaye et de la Morée, de Conrard, comte de Neufchâtel et de Fribourg, de Jean, comte de Thierstain, d'Odo de Villars, seigneur de Baux, de Jean de la Baulme, seigneur de Valefin, d'Humbert de Villars-Sexel, seigneur de Saint-Hippolyte et d'Orbe, d'Henry, seigneur de Menthon, de Boniface de Chalant, maréchal de Savoye, de Guillaume de Grolée, seigneur de Neyrieu, de Jean de Montbel, seigneur de Trusasque, baillif de Bresse, d'Humbert, bâtard de Savoye, d'Humbert de Luyrieu, seigneur de Claviel, de Louis d'Estrées, seigneur de Banains, de Jean, seigneur de Stavayé, de Jean, bâtard de la Chambre, d'Hugonin de Chabod, docteur ez lois.

Le comte de Clermont, en présence de tous ces seigneurs et gentilshommes, fit l'hommage convenu au comte de Savoye, en la Grande-Rue, au-devant de la halle, et à même temps le comte lui donna l'investiture de la seigneurie de Beauregard, par la remise d'une épée nue, et ainsi se termina cette guerre (1).

Et parce qu'il y avoit tous les jours des brouilleries entre les officiers de Thoissey et de Pont-de-Veyle, pour la jurisdic-

---

(1) V. aux Arch. nation. les titres des 24 et 28 mai 1409, série P. 1363, 1176 et 1177.

tion de ces deux châtellenies limitrophes de Dombes et de Bresse, le duc de Bourbon députa Raoul de Tresette, chevalier, seigneur de l'Etoile, Dalmace de la Porte, écuyer, et Peronin de Rosset, maître des comptes de Beaujollois ; et le comte de Savoye nomma, de son côté, Jean de Feillens, chevalier de l'ordre de Saint-Jean-de-Jérusalem, commandeur de la Musse, Guillaume de Genost, écuyer, et Jean Venet, qui, le premier jour de juin, limitèrent les châtellenies de Thoissey et de Pont-de-Veyle, par le ruisseau d'Avanon et par un fossé commençant à la rivière de Saône et finissant à un endroit appelé la Grosse-Planche, qui est encore aujourd'hui la limite de Dombes et de Bresse de ce côté-là.

Louis mourut à Montluçon le 19ᵉ août 1410, laissant des marques de sa piété en tant d'églises et d'hôpitaux par lui fondés, et de sa magnificence ez villes et châteaux qu'il fit fermer ou bâtir.

Son alliance fut avec Anne-Dauphine, fille unique et héritière de Beraud le Grand, comte de Clermont, dauphin d'Auvergne et sire de Mercœur, et de Jeanne, comtesse de Forest, laquelle il épousa le 4ᵉ juillet 1368 et en eut les enfants suivants :

JEAN de Bourbon, comte de Clermont, puis duc de Bourbon, mentionné ci-après.

LOUIS de Bourbon, baron de Beaujeu, décédé avant le duc son père, le 12ᵉ septembre 1404, fut inhumé en l'église des Jacobins de Paris.

CATHERINE de Bourbon } mortes jeunes.
ISABELLE de Bourbon }

Outre les enfants légitimes, Louis, duc de Bourbon, eut :

HECTOR, bâtard de Bourbon, vaillant chevalier, et

JACQUES, bâtard de Bourbon, seigneur de Curcy.

JEAN.

Duc de Bourbon et d'Auvergne, comte de Clermont, de Montpensier, de l'Ile et de Forest, baron de Beaujeu, seigneur de Dombes et de Combrailles, pair et chambrier de France.

Le duc Louis, son père, étant demeuré ferme dans l'obéissance due au souverain contre la faction de Bourgogne, ce prince lui succéda en cette inclination et travailla courageusement pour la défense de l'Etat ; mais sous l'ouverture de quelque accommodement entre les Orléannois et les Bourguignons, il y eut traité de trève et d'abstinence de guerre entre lui et le duc de Bourgogne, pour le duché de Bourbonnois, le comté de Forest, seigneurie de Beaujollois, Châtel-Chinon et Combrailles, d'une part, et pour le duché de Bourgogne et le comté de Charollois, d'autre part, le 6 juin 1414, par l'entremise de Guichard Dauphin, seigneur de Saligny et de Bommières, grand maître d'hôtel du roi, et de Louis de Listenois, seigneur de Montagu et de Châteldon ; pour la conclusion de laquelle s'assemblèrent, de la part du duc de Bourbon et de la duchesse Anne, sa mère, Jean, seigneur de Château-Morand, Etienne, seigneur de Norry, Robert de Vendat, seigneur de Beauregard, baillif de Bourbonnois, chevaliers et conseillers, et Pierre de Châlon, conseiller et président en la Chambre des comptes de Bourbonnois ; et de celle du duc de Bourgogne, Jacques de Curtiamble, seigneur de Commarin, Philibert, seigneur de Saint-Léger, chevaliers et conseillers, Geoffroy de Theysy, doyen d'Autun, et Hugues, seigneur de Montjeu, baillif d'Autun et de Montcenis ; ce que le duc de Bourbon ratifia le 21e suivant, par lettres datées à Saint-Quentin en Vermandois ; et la duchesse sa mère, le 2e de juillet, par titre daté au château de Clepié.

Il se signala aux siéges de Compiègne et d'Arras, et à la funeste journée d'Azincourt, où il fut prisonnier de guerre des Anglois.

Pendant son absence, Marie de Berry, duchesse de Bourbon, son épouse, eut le gouvernement de ses pays et terres, et en cette qualité elle entretint les trêves avec le duc de Bourgogne ; et parce que le bailliage de Mâcon, qui adhéroit au duc de Bourgogne, n'y avoit pas été compris, il y eut un traité fait à Mâcon, le 17e février 1417, pour l'y faire comprendre, dont la négociation se fit par Jean, seigneur de Changy, Etienne de Bar, conseiller et maître des comptes, Gentian Mulatier, Dalmas de la Porte, et Caton de Montforme, secrétaire du duc de Bourbon, députés de cette princesse ; et par Jean de Saux, seigneur de Cortivon, chancelier de Bourgogne, Jacques de la Baume, seigneur de Montfort, maître des arbalètiers de France, Girard, seigneur de la Guiche, chevalier, chambellan du roi, baillif de Mâcon et sénéchal de Lyon, et Philibert, seigneur de Saint-Léger, députés du duc de Bourgogne ; ce que Marie de Berry ratifia le 6e de juin suivant.

Et afin que ces trêves entre les Etat de ces princes fussent mieux entretenues, on les rafraichissoit de temps en temps ; aussi voyons-nous que cette princesse en jure la confirmation par lettres dattées à Bourbon-Lancy, le 24e avril 1420, et avec elle les seigneurs de Châtel-Morand, de l'Espinasse, et Etienne de Barson, conseiller, et depuis étant au château de Chantelles en Bourbonnois, le premier de juillet 1423.

Mais pendant qu'elle s'assuroit l'amitié du duc de Bourgogne, elle se vit à la veille de se brouiller avec Amé, huitième du nom, duc de Savoye. Le sujet fut que les officiers du duc de Bourbon faisoient battre monoyes à Trévoux, dont le duc de Savoye se sentit offensé, prétendant la souveraineté de Trévoux et des autres terres de Dombes provenues de la maison de Thoire, aussi bien que de celles qui venoient de la maison de Beaujeu, et commanda à Hugonin, seigneur de Chandée et lieutenant-général au gouvernement de Bresse, de faire connoître à la duchesse de Bourbon qu'il ne pouvoit pas souffrir cette nouveauté. Chandée y envoya Jacques de Loriol, chevalier et juge de Bresse, qui s'en plaignit à Marie de Berry, à quoi elle repartit qu'encore que le duc son mari dût l'hommage au duc de Savoye, pour les terres de Dombes venues de la maison de Beaujeu, il ne reconnoissoit point pourtant de supérieur à Trévoux, ni aux autres terres acquises du sire de Thoire et de Villars, parce qu'elles n'étoient pas du fief de Savoye, et que si elle faisoit battre monnoie à Trévoux, elle suivoit en cela l'exemple des sires de Thoire et de Villars dont elle avoit le droit.

Cette réponse ne satisfit pas le duc de Savoye, qui, néanmoins, n'en témoigna aucun resentiment, soit que sa prétention fût mal fondée, soit qu'il ne voulût rien entreprendre pendant la prison du duc de Jean ; outre qu'il survint un grand différent entre les officiers de Dombes et ceux de Bresse, lequel il étoit plus important d'appaiser, que d'éclaircir cette prétention.

Car les officiers du bailliage de Bresse troublèrent ceux du duc de Bourbon en la jouissance du droit de ressort pour la seigneurie de Buenc, et firent diverses entreprises de jurisdiction à Banains, aux Feuillées, au mas de Rangon, à Marsolas et à Verfay, au préjudice de la possession en laquelle étoient les officiers de Dombes d'y faire tous actes de justice. Il y eut donc pour cela une conférence assignée à Vimy, le 19ᵉ aoust 1425, où ces deux princes eurent leurs députés ; ceux du duc de Bourbon furent Renaud, seigneur de la Bussière, baillif de Beaujollois, Jean, seigneur de Changy, Jean, seigneur de Marzé, chevalier, Pierre de Briandas, juge ordinaire de Beaujollois, Guichard Bastier, docteur ez lois, Etienne de Bar, conseiller du duc de Bourbon, Jean Namy, juge d'appel de Beaujollois, Dalmace de la Porte, seigneur de Chavagneux, Guichard de Glettins, châtelain de Chalamont, Guillaume de Nolay, châtelain de Trévoux, écuyers, Meraud du Bourg, procureur général, et Philippe de Rancé, trésorier de Beaujollois ; les députés du duc de Savoye furent Hugonin, seigneur de Chandée, baillif de Bresse, Humbert Maréchal, seigneur de Meximieux, Jacques de Loriol, juge de Bresse, Le Vaudrin, seigneur de Grangeac, et de Chasey, Guillaume, seigneur de Genot, Claude Martin et Geoffray Guyot, docteurs ez loi, et Jean Faure, procureur général de Bresse.

Mais cette assemblée ayant été sans fruit, il y en eut une autre au même lieu de Vimy, au mois de mai 1428, où se trouvèrent pour le duc de Bourbon, Renaud, seigneur de la Bussière, baillif de Beaujollois, Jean Roux, juge ordinaire, Jean de Breuil, maître des comptes, Pierre de Poncetôn, avocat fiscal, Meraud du Bourg, procureur général, et Philippe de Rancé, trésorier de Bourbonnois, Jean de Briandas, Dalmace de la Porte et Guillaume de Germanet, écuyers ; et pour le duc de Savoye, Hugues, seigneur de Chandée, baillif et gouverneur de Bresse, Antoine de Chiel, seigneur de Beaulieu, Jacques de Loriol, docteur ez loi, Pierre de Belly, procureur de Bresse, Henry de Vilette, dit Chat-Brûlé, Amé de Bagie, écuyers et Thevenet Bardet, conseiller du duc.

Cette conférence n'ayant point apporté de remède à ces désordres, il en arriva un plus grand. François de la Palu, chevalier, seigneur de Varembon, ou par ordre du duc de Savoye, ou croyant d'être bien avoué, assisté de plusieurs gentilshommes savoysiens et bressans, entre autres de Jean de Menthon, de Jean de Châtillon en Genevois, de Jean de Vaugrineuse, du bâtard de Cornillon, d'Humbert du Bourg, seigneur de Sainte-Croix, de Pierre de Chacipol, d'Oger du Saix, du bâtard de Loussey, de Molon, le fils, de Jean, fils du seigneur de Châteauvieux, d'Humbert du Balmey, de Claude de la Theissonnière, de Guillaume et d'Antoine, seigneur du Rost, du bâtard de Glarens, surnommé la Mouche, de Pierre de Buisadame, seigneur de la Pérouse, du bâtard de Blonnay, de Pierre d'Oncieux, fils de Claude d'Oncieux, seigneur de Monternios, du seigneur de Corrobert, du bâtard de Juys, du bâtard de Chatillon de la Palu, d'Antoine de Vilette, du bâtard de la Biolières, et autre gens de main, surprit la ville de Trévoux par escalade, le 3e de mai 1431, la pilla et y fit en plusieurs endroits de Dombès, allant et revenant, diverses hostilités. Le château de Trévoux se défendit si bien que Varembon n'y put entrer. Et quoique cette action ne pût point s'excuser, comme ayant été faite en pleine paix et sans que le seigneur de Varembon ni le duc de Savoye, duquel il étoit vassal, eussent aucun sujet de l'entreprendre, néanmoins elle ne fut pas vengée par les armes, parce qu'en ce temps-là Jean, duc de Bourbon, étoit encore prisonnier de guerre en Angleterre. Marie de Berry, son épouse, s'en plaignit au duc de Savoye, qui désavoua le procédé du seigneur de Varembon et de tous ses adhérents, auxquels il fit faire le procès; toutefois, comme il y avoit peu d'apparence que tout cela se fût ainsi passé sans le consentement de ce prince, vu que cette irruption n'avoit été faite que par ses sujets, Amé de Talaru archevêque de Lyon, Jacques de Mauvoisin, abbé et seigneur d'Ambournay, et Humbert de Grolée, chevalier, seigneur de Viriville, baillif de Mâcon, gouverneur et sénéchal de Lyon, furent choisis par Marie de Berry, duchesse de Bourbon, et par le duc de Savoye, pour, en qualité d'ami et d'arbitres, terminer ce différent et en empêcher les suites, qui ne pouvoient être que très-fâcheuses.

Ces arbitres s'assemblèrent donc à Lyon, le 18e de mai suivant, où la duchesse de Bourbon envoya pour ses députés Pierre de Tholon, chevalier, seigneur de Genot, chancelier de Bourbonnois, Jean, seigneur de l'Espinasse, baillif de Beaujollois, et Amé Vert, seigneur de Chenerailles, baillif de Forest; le duc de Savoye y eut aussi Henry de Colombier et de Vuillerans au pays de Vaud, chambellan de Savoye, Lambert Ordinet, chevalier et docteur ez lois, et Pierre de Grolée, son conseiller, écuyer ordinaire de son écurie ; lesquels, après de longues procédures, furent d'avis que le duc de Savoye devoit abandonner le seigneur de Varembon et tous ses adhérents, et payer, pour les dommages par eux faits à Trévoux et en Dombes, la somme de 30,000 livres (1).

---

(1) Arch. nation. P. 1360, c. 881. — Impr. Bibl. Dumb. p. 343. — M. le marquis Costa de Beauregard a aussi publié cet accord du 18 mai. (V. Souvenirs du règne d'Amédée VIII, premier duc de Savoie, mémoires accom-

LIVRE QUATRIÈME.   293

Au mois de septembre suivant, la duchesse ayant souhaité un renouvellement de trêve avec le duc de Bourgogne, il y eut assemblée à Bourg en Bresse, où ce duc envoya Philibert

---

pagnés de pièces justificatives et de documents inédits. Chambéry, 1859, in-8.)

Le document suivant extrait par Louvet du dossier relatif à la prise de Trévoux, dossier conservé, jusqu'en 1693, en la « chambre du thrésor de Beaujolais, coffre VIII, côté H, » m'a paru assez curieux pour trouver place dans ces notes :

« S'ensuivent les noms et surnoms de ceux qui furent pris prisonniers et et emmenés à Presoy et Ternens à la prise de Trévoux par le seigneur de Varambon, esquels a convenu payer pour leurs rançons audit Varambon et autres de son commandement les sommes dessous escrittes, depuis l'accord fait par les gens de M. de Bourbon avec les gens de M. de Savoye :

« Pour Antoine Raimond, Antoine Buattier (decessit Antonius ejus filius et hæres), Jean Ducrot, Benoit Verdaese, Jean Giraud, Peiron le Mareschal, Pierre Guigo, Alias Dufort, Jean Boteillard, Girard Loup, Jean Philibert, Jean Perret, Jean Pacout (decessit ejus liber), Etienne Ferrand, Jean Dubos (decessit non habens hæredem), Pierre Dupont (decessit ejus filius hæres), Etiene Aguet, Pierre Boursaut, Guillemin Burdant (decessit non fecit hæredem), Jean Aguet, Guillaume de Vaux, le fils Folsi (decessit ejus hæres), le fils Guillaume Moyron, Jean Rey (decessit), Etienne Popon, Pierre de Montblein, Anthoine Bathel (decessit), Hugonin Jaquemin, Pierre Nugo, Pierre Calamandron, l'ancien Jean Cordier, le fils Etienne Jacquemin, Jean Hugonin, Pierre Bermussat, Antoine Johannont, le Mausis, Pierre Daniels, Etienne Deschamps, Antoine Carra (decessit), Guillon Mariel, Guillaume Neveu, Calamendron, Humbert Civast. Lesquels dessus nommés, tous ensemble, ont payés finance, le fort portant le foible, la somme universele de mil cinquante écus d'or audit seigneur de Varambon, depuis ledit accord.

« Item furent aussy prisoniers ceux qui s'ensuivent dudit seigneur de Varambon, lesquels ont payé, depuis ledit accord, audit Varambon les sommes particulières qui s'ensuivent : Jean Buyer, 250 écus ; Jean Bestaud, 6 écus ; Jean Cordier, le jeune, 88 écus ; Jean Chanus, 7 écus ; Antoine Malard, 56 écus ; Antoine Paradis, 15 écus ; Aimé Charlin, 12 écus ; François Buenccourt, 30 écus ; Jean de Bourlant, 12 écus ; le Capitan, 9 écus ; Hugonin Chacipol, 23 écus ; Mourier, 16 écus ; Rubillac, 80 écus ; Hugonin Pelletier 40 écus ; Jean de Novelles, 9 écus ; Jean Bachelard, 7 écus d'or ; Henriet Gentien, mil trente écus d'or.

« Item furent aussi pris audit Trévoux les juifs sous-nommés : Samuel

Andrevet, seigneur de Corsant, Guichard, seigneur de la Guiche, Hugues du Bois, baillif de Charollois, et Lancelot, seigneur de Luyrieux et de Beaufort, baillif de Mâcon; et quoique

---

Gabriel, Abraham Gabriel, Matasses Cohon, le filiastre Josson Gabriel, Lionet, Peyrot son fils, de Saint-Cavalet, Joyel, son fils vivant, le fils de la maîtresse de la Loy et Mariette. Lesquels juifs susnommés ont été questionés pour occasion et leurs rançons susdites qui n'ont pu payer aux termes donnés, outre la somme de mil écus d'or.

« Il est vray que depuis ledit accord, pour deffaut de payement desdites rançons sont morts ez prisons dudit Varambon, Pierre Traclard, Jean Galeau, Guichard Barbier, Pierre Thoyreta, Antoine Janin, Hugonin Pecol, Jean Tison, Jean de la Praye, Pierre Caillac, Thomas Faure, Antoine Gontier.

« Il est vray que nonobstant les choses susdites ledit Varambon, depuis ledit accord, ota à sept desdits chrétiens, pour ce que ne fut payée leur rançon au terme accordé, sçavoir chacun une dent.

« Item et à tous les juifs sus-nommés, à chacun d'eux, trahit et ota ledit Varambon une dent de la gorge et avec ce leur coupa à chacun partie de l'oreille, pour ce qu'ils ne payèrent leur rançon audit jour arrêté sur ce.

« Il est vray que depuis ladite prise de Trévoux, ledit seigneur de Varambon a détenu et détient misérablement prisonnier Jean Gentian, auquel demande une somme excessive de douze cens salus, qui a payé mil écus, comme appert par la quittance. Ensuitte le 8 janvier 1432, à Bourg, Abraham Levis, juif de Bourg, par traitté fait avec la dame de Varambon, tant en son nom que de François de la Palu, son fils, sous leur serment, et ledit Abraham sous le serment de sa loy, en mettant sa main sur sa teste à la manière des juifs, oblige tous ses biens présents et à venir à honorable Guillaume de Marliau, marchand de Milan, habitant à Genève, de la somme de mil écus d'or, jusqu'au dernier jour de janvier; esquels mil écus noble Jean de Compey, seigneur de Griffiac, étoit obligé envers ledit marchand, et pour lesquels mille écus d'or ledit marchand avoit rière soy un diamant précieux enchâssé dans un anneau, une vesté de velours de haut et bas, couleur violet, broché d'or, fourrée de martres, etc. Tous lesquels gages appartenoient au sr de Varambon. Et encore ledit Abraham promit soixante écus d'or audit marchand pour les intérêts. Lesquels gages ledit marchand devoit restituer et rendre à Thoissey, chez ledit Abraham, aux dépens, pour le charrois, de ladite dame; pour lequel effet ladite dame devoit rendre au lieu de Pont-de-Vaux, audit Abraham, tous les juifs susdits dans quatre jours après les gages rendus, dont elle donna caution. »

la chose eût été arrêtée, François l'Arragonois reprit Marcigny, Antoine de Juys et Philibert de Rosset, écuyers, se saisirent de la Roche Solutrey, proche de Mâcon, et du château de Noyers en Brionnois, qui étoit une rupture de la trève, pour laquelle réparer il y eut traité conclu à Mâcon, le 24ᵉ mars 1432, entre le seigneur d'Authume, chancelier de Bourgogne, Lourdin, seigneur de Saligny, Philibert Andrevet, seigneur de Corsant, Lancelot, seigneur de Luyrieux, Philibert de Saint-Amour, seigneur de Vinzelles, Louis de Chantemerle, seigneur de la Clayette, chambellan du duc de Bourgogne, Claude Rochette et Jean Perrier, ses conseillers et ses députés; les seigneurs des Barres et de Saint-Priest, Pierre d'Escarmonnes, députés de Charles de Bourbon, comte de Clermont, gouverneur des pays de son père, par lequel ce traité fut ratifié, étant à Villefranche, le 29ᵉ du même mois.

Presque en même temps, les seigneurs de Romans et de Glareins, gentilshommes de Bresse, prirent de nuit le Châtelard en Dombes, par escalade, puis le quittèrent après l'avoir pillé, dont Blain le Loup, chevalier, seigneur de Beauvoir, et Jean de Breuil, conseiller ordinaire de la duchesse de Bourbon, portèrent leurs plaintes, par son ordre, au duc de Savoye; mais pour toute satisfaction ils ne rapportèrent autre chose de leur voyage, sinon que l'on désavouoit ce procédé et que l'on feroit le procès aux infracteurs de la paix. Deux ans après mourut en Angleterre le duc Jean.

En la chambre des comptes de Paris il se voit une de ses lettres datées à Londres, écrite à Amé de Savoye, par laquelle il se plaint des longueurs de sa prison et du peu de soin que ses proches avoient eu de l'en tirer, le prie de travailler à sa délivrance, se qualifie son homme lige, et le conjure d'acheter ses terres de Bresse.

Ce prince, de son mariage avec Marie de Berry, fille aînée de Jean de France, duc de Berry, et de Jeanne d'Armagnac, qu'il épousa au mois de janvier 1400, eut trois mâles.

CHARLES de Bourbon, comte de Clermont, puis duc de Bourbon, premier du nom.

Louis de Bourbon, mort jeune.

Louis de Bourbon, comte de Montpensier, qui fit la branche des ducs de Montpensier.

Il laissa encore quatre enfants naturels, deux mâles et deux filles, savoir ;

Jean de Bourbon, évêque du Puy, abbé de Cluny et de Saint-André-lès-Avignon, et archevêque de Lyon, mort le 11e de décembre 1485.

Alexandre, bâtard de Bourbon, chanoine en l'église de Beaujeu.

Marguerite, bâtarde de Bourbon, mariée le 24e de mai 1433 (1), avec Rodrigue de Villandras, comte de Ribadeo, gentilhomme Arragonnois (2).

Jeanne, légitimée de Bourbon, alliée, l'an 1435, avec Louis Combauld, seigneur de l'Arbour, d'Hondicières et d'Escolles, d'où, par divers degrés, est descendu l'illustre Charles de Combauld, baron puis comte d'Hauteville en Beaujollois, seigneur de la Neuville, conseiller du roy en ses conseils, qui s'est heureusement signalé par les armes et par les lettres. La généalogie de cette famille a été donnée au public par ce prodige de mémoire et l'un des ornements de ce siècle, par la connoissance des maisons et des armoiries, tant de ce royaume que des pays étrangers, feu Pierre d'Hozier, seigneur de la Garde, chevalier de l'ordre de Saint-Michel, conseiller du roy en ses conseils et maître d'hôtel ordinaire de Sa Majesté, juge général des armes et blasons de France.

---

(1) Arch. nation. P. 1364, c. 1388.
(2) M. Jules Quicherat, le savant professeur de l'Ecole des Chartes, a donné la biographie de cet heureux aventurier. (V. Vie de Rodrigue de Villandrando, capitaine de compagnie sous Charles VII. Paris, Didot, 1845, in-8.)

CHARLES Ier,

Baron de Beaujeu, seigneur de Dombes.

Charles premier du nom, duc de Bourbon et d'Auvergne, comte de Clermont, de Forest, de Montpensier et de l'Isle, dauphin d'Auvergne, baron de Beaujeu, seigneur de Dombes, de Combrailles, de Mercœur, d'Ussel et de Château-Chinon, gouverneur du Languedoc, de l'Isle de France, de Champagne et de Brie, pair et chambrier de France, succéda à Jean, duc de Bourbon, son père. A son avénement, il se trouva deux puissants ennemis sur les bras, savoir, les ducs de Bourgogne et de Savoye, car quoiqu'il n'eût rien en apparence à démêler avec celui-ci et que l'autre, par l'entremise d'Artus de Bretagne, comte de Richemont, connétable de France, eut continué les trèves faites entre les maisons de Bourgogne et de Bourbon, par lettres datées à Nevers, le 6e de février 1434, néanmoins le duc de Bourgogne étant allé en Savoye, fit une ligue offensive et défensive à Chambéry, le 12e du même mois, laquelle, entre autres articles, contenoit que le duc de Bourbon seroit requis de faire hommage au duc de Bourgogne des villes et châteaux de Belleville, de Thisy et autres seigneuries mouvantes de son fief, ressort et souveraineté; et au duc de Savoye, des villes, châteaux et seigneuries de Lent, Thoissey, Villeneuve, Chalamont, Montmerle, Beauregard, Trévoux, le Châtelard, Ambérieu et autres terres aussi mouvantes de son fief, ressort et souveraineté; et où il refuseroit ces hommages, qu'on l'y contraindroit par voye de guerre, que les deux parties se donneroient secours l'une à l'autre, que ce que le duc de Bourgogne prendroit en Beaujollois lui demeureroit, et au duc de Savoye ce qu'il conquerroit deçà la Saône, que celui d'entre eux qui auroit le plus tôt eu satisfaction de ses prétentions aideroit l'autre avec 1,000 hommes, et finalement que l'un des deux ne pourroit faire aucun traité de paix ou de trève avec le duc de Bourbon sans le consentement de l'autre.

Mais tout ce grand dessein ne fit pas tout l'effet que l'on s'en étoit promis, car le duc de Bourbon, ne voulant pas avoir ces deux puissants ennemis, résolut de détacher le duc de Savoye de ce parti, et voici l'expédient qui fut pris. Louis, duc de Bourbon, second du nom, n'ayant pas voulu faire l'hommage au duc de Savoye pour ses terres de Dombes, l'avoit fait rendre par Jean de Bourbon, comte de Clermont, son fils aîné, qui fut depuis duc de Bourbon; ainsi Charles, duc de Bourbon, fils de Jean, qui faisoit la même difficulté, fit donation à Philippe de Bourbon, son second fils, de la seigneurie de Beaujeu à la part du royaume et de l'empire, par titre du 15ᵉ janvier 1434, daté au château de Moulins, et le même jour il l'émancipa et lui donna pour tuteur Jacques de Châtillon, chevalier, seigneur de Dompierre et de Revel, en présence de plusieurs personnes de qualité, entre autres de Geoffroy de Cholet, prieur de Souvigny, de Gilbert, seigneur de la Fayette, maréchal de France, de Pierre de Tolon, seigneur de Genas, chancelier de Bourbonnois, de Blain le Loup, seigneur de Beauvoir, de Philippe de Vienne, seigneur de Bonencontre, d'Amé Vert, baillif de Forest, et de Gaston Gaste, chevaliers; et comme le duc de Savoye n'avoit d'autre intérêt en la ligue qu'il avoit faite avec le duc de Bourgogne que d'obtenir la protestation de cet hommage, il ne voulut pas armer contre le duc de Bourbon, sur l'assurance qu'il lui donna que Philippe de Bourbon, baron de Beaujeu et seigneur de Dombes, son second fils, lui feroit hommage des terres de Dombes venues de la maison de Beaujeu, comme avoit fait Jean de Bourbon, comte de Clermont; et au regard de celles de Trévoux, d'Ambérieu et du Châtelard, acquises du sire de Thoire et de Villars, et pour leurs autres difficultés, ils s'en accommoderoient par arbitres.

Philippe, duc de Bourgogne, qui n'avoit aucune connoissance de cela, et qui croyoit que le duc de Savoye exécuteroit, de son côté, leur traité, entra en Beaujollois avec des troupes, et après avoir pris quelques châteaux, assiégea Belleville au mois de juin de la même année. Le duc de Bourbon, pour faire diversion, leva une armée en Bourbonnois avec laquelle il fit la guerre en Charollois, où il prit des places ; sur quoi il y eut trève entre ces deux princes par la négociation de Guy de Pontailler, seigneur dudit lieu, de Louis de Chantemerle, seigneur de la Clayette, chevaliers, et de Jean de Noydant, baillif de Dijon, ensuite de laquelle ces deux princes se virent à Nevers et demeurèrent bons amis. Et le duc de Bourbon, par lettres datées à Anse, le 21ᵉ novembre suivant, promit de faire faire l'hommage d'une de ses terres de Dombes par l'un de ses enfants, ou au duc de Savoye ou au prince de Piémont, consentant, pour le surplus de leurs différends, à une conférence assignée à Saint-Trivier en Dombes, le jeudi après la mi-carême de l'année suivante.

Deux ans après, le duc de Savoye envoya au duc de Bourbon, Jean du Saix, chevalier, seigneur de Banains, pour lui demander l'hommage et prendre jour pour faire assembler leurs députés, afin de terminer leurs autres différends à la journée assignée à Saint-Trivier en Dombes. Cependant le seigneur de Dompierre alla à Turin, où le 21ᵉ de juillet 1436, il fit hommage au nom de Philippe de Bourbon, baron de Beaujeu et seigneur de Dombes, à Louis de Savoye, prince de Piémont, lieutenant-général du duc son père, en tous ses États, des villes et châteaux de Lent, Thoissey, Montmerle, Villeneuve, Chalamont et Beauregard, avec leurs appartenances ; présents Philippe de Savoye, comte de Genevois, Marc, évêque de Tarentaise, Jean d'Arus, prevôt de Montjou, Jean, seigneur de Beaufort, chancelier de Savoye, Humbert, bâtard de Savoye, Louis, bâtard de la Morée, maréchal de Savoye, Lancelot, seigneur de Luyrieux, Jacques, seigneur de Montmajeur, Urbain, seigneur de Chevron, Rodolphe seigneur de Coudrée, Guillaume de Menthon, seigneur de Pont, François de Blonnay, seigneur de Saint-Paul, et Jean, seigneur d'Arvillon.

Après cet hommage, fut tenue la conférence de Saint-Trivier, au mois de novembre suivant, où se rendirent, pour le duc de Bourbon, en qualité de ses députés, Pierre de Tolon, seigneur de Genot, chancelier de Bourbonnois, Jean, seigneur de Chazeron, Amé Vert, baillif de Forest, Bertrand, seigneur de Bothéon, chevaliers, Jean Roux, juge ordinaire, et Jean de Briandas, juge d'appel de Beaujollois ; Etienne de Bar, Jean Dubreuil, Pierre de Ponceton, licencié ez loi, et Meraud, du Bourg, procureur général de Beaujollois, et pour le duc de Savoye, Jean de Sezssel, seigneur de Barjac, maréchal de Savoye, Amé, seigneur de Châteauvieux, baillif de Bresse, Lancelot de Chandée, seigneur de Montfalcon, Urbain de Cerisier, Jacques de Loriol, chevaliers, et Claude Martin, docteur ez droits, qui réglèrent quelques entreprises de jurisdiction faites par les officiers du bailliage de Bresse sur ceux de Dombes ; mais pour le différent de la monnoye de Trévoux, de l'hommage des terres de Dombes venues de la maison de Thoire et de Villars, de la souveraineté de Buenc et de la garde du doyenné de Montberthod, il n'y eut rien de résolu, et les députés seulement renvoyèrent ces choses à une autre assemblée à Mâcon, laquelle ne fut pas tenue. Cependant le prince, par ses lettres datées à Moulins, au mois de décembre la même année, permit aux habitants de Beaujollois de chasser à toutes bêtes sauvages, à la charge que de chaque bête morte on lui donneroit la hure et les quatre pieds, et de chabête l'épaule droite, et que la chasse cesseroit quand lui, la duchesse, sa femme, et Philippe de Bourbon, baron de Beaujeu, son fils, seroient au pays.

Trois ans après, le duc de Bourbon, ennuyé de tant de longueurs et de remises, recourut à l'empereur Albert II pour avoir une confirmation de la souveraineté des terres de Trévoux, d'Ambérieu et du Châtelard, et des défenses au duc de Savoye d'y apporter aucun empêchement, ni comme duc de Savoye, ni comme vicaire général du Saint-Empire : mais l'empereur, par ses patentes datées à Bude, le 11ᵉ de juin, et l'an IIᵉ de son empire, qui tombe sous l'an 1439, ayant ordonné que le duc de Savoye seroit ouï pour remontrer ses droits, cette affaire demeura sans poursuite, et il y a grande apparence que les maisons d'Orléans et de Bourgogne, qui mirent le royaume de France en combustion, ôtèrent la pensée aux ducs de Bourbon et de Savoye de terminer une si importante difficulté, par le jugement de l'empereur ou autrement, s'étant intéressés, bien avant, d'éteindre le feu que ces deux puissantes factions avoient allumé.

Mais elle le fut quelques années après, car le duc Amé de Savoye ayant été élu pape au concile de Bale, sous le nom de Félix V, Louis, duc de Savoye, son fils et successeur, demanda l'hommage de Dombes à Philippe de Bourbon, baron de Beaujeu, baron de Dombes, comme dû, par la loi des fiefs, à chaque mutation de seigneur dominant et de vassal ; il prétendit encore de l'avoir pour les terres venues de la maison de Villars, et de faire cesser la monnoye de Trévoux. Il y eut conférence à Villefranche en Beaujollois, le 25ᵉ de février 1441(1), où le duc de Bourbon assista pour le baron de Beaujeu, son fils, et avec lui le seigneur de Châtel, Gaston et Gaste, chevalier, seigneur de Luppé, le seigneur de la Fayette, maréchal de France, le sénéchal de Bourbonnois, le baillif de Beaujollois, Louis de Suyrie, Girard Bastier, docteur ez lois, et Pierre Balarain, juge de Beaujollois ; et pour le duc de Savoye, Pierre Marchamp, chancelier de Savoye, Guillaume de Bolomier, maître des requêtes, Jacques de Valpergues, docteur ez lois, et Jean de Lornay, écuyer de l'écuyrie. Là il fut résolu que Philippe de Bourbon prendroit à foy et hommage de Louis, duc de Savoye, et de ses successeurs au dit duché, les châteaux châtellenies et mandement du Châtelard et d'Ambérieu, et toutes les autres terres arrivées à la maison de Bourbon de la baronie de Villars à la part de l'empire, excepté le château, ville, châtellenie et mandement de Trévoux, comme encore toutes les autres villes et châteaux procédés des anciens sires de Beaujeu désignés à l'inféodation du 20ᵉ de février 1377, en

---

(1) V. Arch. nation. P. 1360, c. 885. — Bibl. Dumb. P. 368.

considération de quoi le duc de Savoye donneroit à Philippe de Bourbon, en accroissement de fief, la tierce partie des 3,000 livres tournoises qu'il prenoit à Lyon et à Mâcon sur la rève et autres droits qui s'exigent passant de royaume à l'empire par les rivières de Saône et du Rhône, depuis Saint-Jean-de-Losne jusques à la gorge de Chavanay, et de la Boëte des Lombards; que le duc de Savoye se départiroit de la souveraineté et du ressort qu'il demandoit sur les villes, châteaux, châtellenies et mandemens de Lent, Thoissey, Montmerle, Chalamont, Villeneuve, Beauregard, le Châtelard et Ambérieu, et sur les terres situées dans les limites de ces châtellenies ; que pour éviter à l'avenir les différents qui pourroient naître du voisinage des terres de Dombes et de Bresse, elles seroient limitées par députés ; que le duc Louis quitteroit au baron de Beaujeu les droits et prééminences qu'il prétendoit, à cause du vicariat de l'empire, sur les terres de Dombes venues tant des barons de Villars que des sires de Beaujeu ; que le baron de Beaujeu et ses successeurs, seigneurs de Dombes, pourroient faire battre monoye, à condition que celle de Savoye y auroit cours ; que la souveraineté et ressort des châteaux, villes, châtellenies et mandemens de l'Abergement, de Buenc et de Boha, qu'un an après que le baron de Beaujeu auroit atteint l'âge de 14 ans il seroit tenu de passer reconnoissance au duc de Savoye et à ses successeurs de cet hommage et du droit de rève avec dénombrement de tout ce qu'il possédoit en empire, excepté Trévoux, laquelle reconnoissance se feroit à l'avenir à chaque mutation de seigneur et de vassal ; que le duc de Savoye ne pourroit à l'avenir exiger aucun serment de fidélité des gentilshommes ni des peuples de Dombes ; qu'il ne se donneroit point de représailles, au cas de déclaration de guerre entre les ducs de Savoye et les seigneurs de Dombes, ni de sauvegarde à ceux qui seroient de l'un ou de l'autre parti ; qu'enfin il y auroit liberté de commerce entre les sujets, et qu'on ne pourroit imposer aucun nouveau tribut ni delà ni deçà la Saône.

Charles, duc de Bourbon, eut tant de satisfaction de ce

traité, qu'il alla à Chambéry, où il en fit la ratification au château dudit lieu, le lundi, 11e septembre de la même année, où se rencontrèrent, avec ces deux princes, Gilbert, seigneur de la Fayette, maréchal de France, Pierre Marchamp, chancelier de Savoye, Jean de Seyssel, seigneur de Barjac et de la Rochette, maréchal de Savoye, Jacques de Chabannes, seigneur de Charlus, maréchal de Bourbonnois, Guillaume de Bolomier, maître des requêtes de Savoye, chevalier, Louis de la Vernade, juge de Forest, et Pierre Balarin, juge de Beaujolois; et à l'instant l'acte de ratification fut lu en la Chambre de parade où étoient lesdits seigneurs et autres susnommés, et outre ce, Philippe de Savoye, comte de Genève, baron de Faucigny, Louis de Beaufort, comte d'Aletz, seigneur de Canillac, Jacques de la Baulme, seigneur de Montmajeur, Bertrand, seigneur de Bothéon, Gaspard, seigneur de Varax, le seigneur de Céville, Guillaume, seigneur de Menthon, Amé de Chalant, seigneur de Varey, Cagnon de la Chassagne, seigneur de la Molière, baillif de Beaujollois, Barthélemy de Chabod, seigneur de l'Escherenne, président de la Chambre des comptes de Savoye, Jean de Campeys, seigneur de Gruffy, Pierre de Menthon, seigneur de Montrolier, Guigues de Rovorce. seigneur de Cussinges, Jean du Saix, seigneur de Banains, chevaliers, Jean de Costes, Marmet Arnaud, Jacques de Valpergues, docteur ez lois, Louis de Valpergues, Jean de Lornay, Guillaume de la Forest, et Guillaume de la Fléchère, écuyers.

Ce même jour, ces deux princes firent un traité d'adhérence pour le château, ville et mandement et châtellenie de Trévoux; et le 23 décembre suivant, le duc de Bourbon promit que s'il vendoit ses terres de Dombes le duc de Savoye et ses successeurs les pourroient reacheter.

Après un traité si solennel, il n'y avoit plus d'apparence qu'il pût survenir nouvelle matière entre ces princes; néanmoins, comme on n'avoit pas tout prévu, le duc de Savoye prétendit l'hommage des châteaux de Bereins et de Bezenens et du dixme de Boulignieux, la garde de l'église de Clémentia, le guet du château de Riottier, le ressort et la souveraineté de Saint-Olive et de Juys; de sorte que pour juger de sa prétention, il y eut une conférence à Villars, au mois de mai 1445, à laquelle se trouvèrent pour le duc de Bourbon, Philibert de Rosset, seigneur d'Arbain, baillif de Beaujollois, Antoine de Laye, seigneur de Saint-Lager, Antoine de Glettins, seigneur de Jarniost, Edouard de Rosset, seigneur de Chanains, Guichard Bastier, juge d'appel de Beaujollois ; et pour le duc de Savoye, Jacques de la Baulme, seigneur de l'Abergement, baillif de Bresse, Jean de Genost, seigneur de la Féole, Jean de Lornay, capitaine général de Bresse, Claude Martin, juge d'appel, François d'Aurillia, lieutenant du baillif de Bresse, Jean de Chavanes, et Pierre Martin, procureur général de Bresse ; ce qui fut pourtant sans fruit.

Il se fit donc encore une seconde assemblée à Villars, le 1er de mai 1446; à laquelle parurent en qualité de députés du duc de Bourbon : les sus-nommés seigneurs d'Arbain, de Saint-Lager et de Chanains, Bastier et Balarin, Guillaume Baudet, maître des eaux et forests de Beaujollois, Michel de Rancé, procureur général, Jean de Rancé, trésorier général, et Philibert de Sotizon ; et pour le duc de Savoye, le seigneur de l'Abergement, Jean de Genost, Mermet Arnaud, juge mage de Savoye, Jean de Lornay, Jacques Barbier, juge de Bugey, et Pierre Martin, procureur général de Bresse ; mais ce fut aussi inutilement, les députés ayant ainsi ordonné que toutes les choses contentieuses demeureroient en sursoyance.

Cependant les différents de ces princes, au lieu de s'appaiser, s'augmentèrent, car ils prétendirent respectivement le ressort et la souveraineté de l'église d'Amareins, ce qui donna lieu à une autre assemblée à Lyon, le 9e février 1447, où cette difficulté et toutes les autres furent proposées et examinées ; le duc de Bourbon y envoya Jean, seigneur de Châtel, son chambellan, Robert d'Estampes, seigneur de Dardelont, Guillaume Bastier, juge d'appel, et Pierre Balarin, juge ordinaire de Beaujollois, Etienne de Bar, conseiller du duc de Bourbon, Guy Benedict, seigneur d'Arcinges, Jean Sirot, trésorier général, et Philibert de Sotizon, procureur général de Bourbonnois; le duc de Savoye y députa, de son côté, Jean de Lornay, baillif de Montluel, capitaine général en Bresse, Humbert Velvet, docteur ez lois, Philippe Pioche, bachelier, et Antoine Raymond de Villars; Jean de Grolée, chanoine en l'Église, comte de Lyon, prévôt de Montjon, fut choisi pour arbitre et médiateur; et toutefois cette conférence n'eut pas un meilleur succès que les précédentes.

Ainsi, toutes choses se disposoient à une rupture, si le duc de Bourgogne, comme ami commun, ne se fût entremis pour terminer leurs différents. Il les obligea donc de consentir à une journée à Mâcon, au 16e octobre 1448, et à remettre leurs intérêts à des arbitres qu'il nomma lui-même, qui furent Louis, seigneur de Chantemerle et de la Clayette, baillif et juge royal de Mâcon, Guillaume, seigneur de Sercy et d'Ygorney, baillif de Châlon, Jean Jacquelin, lieutenant général au bailliage de Mâcon, et Jean de Saluce, conseiller du duc de Bourgogne. Le duc de Bourbon y eut de sa part, pour soutenir ses intérêts, Amé Vert, seigneur de Chaverailles et de Vauche, baillif de Forest, Philibert de Rosset, seigneur d'Arbain, baillif de Beaujollois, Antoine de Laye, seigneur de Saint-Lager, Louis de la Vernade, chevalier, juge de Forest, Guichard Bastier, juge d'appel, et Pierre Balarin, juge ordinaire de Beaujollois; les députés du duc de Savoye furent Jacques de Chalant, seigneur d'Aymeville, Jean de Lornay, baillif de Montluel, Antoine Bouvier, lieutenant au bailliage de Bresse et Philippe Pioche, docteur ez lois et en décrets, Humbert Velvet, docteur ez lois, Pierre Martin, procureur de Bresse; et toutefois il n'y eut rien de décidé dans cette assemblée, parce que les arbitres ne jugèrent pas que les pouvoirs des députés fussent suffisants, et se contentèrent de continuer la sursoyance de toutes choses, à laquelle la déférence que ces deux princes eurent pour le duc de Bourgogne, les obligea de se soumettre.

Voilà ce qui se passa en Dombes sous le duc Charles, qui mourut au château de Moulins le 4e décembre 1456, et fut inhumé dans la chapelle neuve du prieuré de Souvigny en Bourbonnois, qu'il avoit fait bâtir.

Le 17ᵉ de septembre 1426 il épousa, à Autun, Agnès de Bourgogne, fille de Jean, duc de Bourgogne, et de Marguerite de Bavière, avec laquelle il avoit déjà été accordé en mariage le 14ᵉ de février 1424, ainsi que nous l'apprenons d'un titre de la chambre des comptes de Dijon de même date, par lequel Philippe, duc de Bourgogne, frère de cette princesse, en considération du traité de cette alliance, consent à la continuation des trêves et abstinence de guerre pour tous leurs pays, auxquels il comprend de nouveau Cosne, la Charité-sur-Loire et le comté de Montpensier. De ce mariage vinrent les enfants suivants :

JEAN second du nom, duc de Bourbon, dont l'éloge suit.

PHILIPPE de Bourbon, baron de Beaujeu et seigneur de Dombes, mort sans alliance.

CHARLES, cardinal de Bourbon, archevêque et comte de Lyon.

PIERRE de Bourbon, baron de Beaujeu, seigneur de Dombes, et comte de Clermont, puis duc de Bourbon en son ordre.

LOUIS de Bourbon évêque de Liége.

JACQUES de Bourbon, chevalier de la Toison-d'Or.

MARIE de Bourbon, épouse de Jean d'Anjou, duc de Calabre et de Lorraine.

ISABELLE de Bourbon, alliée à Charles, dernier duc de Bourgogne.

CATHERINE de Bourbon, femme d'Adolphe d'Egmont, duc de Gueldres.

JEANNE de Bourbon, mariée à Jean de Châlon, prince d'Orange.

MARGUERITE de Bourbon eut pour mari Philippe de Savoye, comte de Bresse.

Enfants naturels du duc Charles.

LOUIS, bâtard de Bourbon, comte de Rossillon et de Ligny, seigneur de Valeignes, d'Usson en Auvergne, de Montpensier, de Honfleur et de Graville en Normandie, de Besenens et de Colonges en Dombes, amiral de France. Sa mère fut Jeanne de Bournan, dame de Besenens et Colonges, fille de Jean de Bournan, seigneur de Beauregard, et veuve de Jean du Signe, chevalier, seigneur dudit lieu, et de Montpensier en Touraine.

Renaud de Bourbon, archevêque de Narbonne.

Jeanne de Bourbon, femme de Jean, seigneur du Fiau en Touraine, maître d'hôtel du roy.

Et autres, savoir : Marie, Renaud, Pierre et Charlotte.

JEAN II

Baron de Beaujeu, seigneur de Dombes.

Jean, second du nom, duc de Bourbon et d'Auvergne, comte de Clermont, de Forest, de l'Isle et de Villars, baron de Beaujeu, seigneur de Dombes, d'Annonay, de Roche en Reignier et de Château-Chinon, gouverneur de Guyenne et de Languedoc, pair, connétable et chambrier de France, surnommé le Bon, fut appelé à juste titre le Fléau des Anglois, parce qu'il les défit à la bataille de Formigny, n'étant que comte de Clermont ; il s'aida aussi à prendre sur eux les villes de Bayeux, de Caen, de Cherbourg, et les chassa de Guyenne.

Mais pendant qu'il procuroit par ses soins le repos du royaume, il vit troubler celui de la seigneurie de Dombes, après un calme de trois ans. Car, comme il est difficile d'empêcher que les vieilles querelles ne se renouvellent facilement entre des puissants voisins, dont les terres sont mêlées, les affaires se brouillèrent si fort entre lui et le duc de Savoye, qu'étant sur le point d'en venir aux mains, le roi leur envoya Antoine de Chabanne, comte de Dammartin, lieutenant-général au gouvernement de Lyonnois, et Jean de Daillon, sénéchal de Beaucaire, chevalier, conseiller et maître d'hôtel ordinaire de Sa Majesté, qui moyennèrent une trève jusqu'à la saint Michel 1458, laquelle fut acceptée par le duc de Bourbon, par Guillaume de Ferrières, chevalier, seigneur de Presles et de Champlemy, son conseiller et chambellan, baillif de Beaujollois, et par Jean de Seyssel, chevalier, seigneur de Barjac, conseiller, chambellan et maréchal de Savoye, parce que le roi, qui vouloit faire l'office d'arbitre et d'ami, n'eut pas le temps pour s'y appliquer. Il envoya à ces deux princes le baillif de Berry et Guillaume Foreau, secrétaire de Sa Majesté, pour continuer la trève jusqu'au mois d'avril.

Mais les officiers de Châtillon de Dombes, avant l'expiration de la trève, ayant fait des défenses de porter des blés en Dombes, et ceux de Thoissey en ayant fait de même pour la Bresse, les esprits des sujets des deux partis s'échauffèrent à un tel point que ceux de Châtillon, à main armée, allèrent prendre des prisonniers à Saint-Etienne-de-Chalaronne en Dombes et au Châtelard, sous prétexte de crime ; et ceux de Thoissey, usant de représailles, prirent aussi des prisonniers à Corgenon et aux portes de Bourg.

Cette nouvelle portée en Piémont, il y eut ordre d'assembler des gens de guerre pour les envoyer en Dombes. Le duc de Bourbon, qui en eut avis, écrivit au roi, afin d'entreprendre cette règle du consentement de Sa Majesté, ou de l'arrêter par son entremise et par son authorité. Le roi manda au duc de Bourbon de ne pas commencer, et Guillaume Foreau fut chargé par Sa Majesté d'aller au duc de Savoye lui dire la même chose.

Cependant comme il y avoit peu d'apparence que de si grands préparatifs se fissent pour une paix, le roi, étant à Rasilly, le 26e de mars 1459, fit de nouvelles instances d'une sursoyance entre ces deux princes, par le baillif de Sens, à quoi ils consentirent : nonobstant laquelle quelques soldats bressans firent des hostilités à Chalamont, et le seigneur de la Féole en fit aussi du côté de Thoissey, et la garnison du château de Saint-Olive, où commandoit le bâtard d'Aix, prit des prisonniers en Dombes.

Ces petits désordres en causèrent de plus grands, car les troupes de Savoye qui étoient en garnison à Péroges, à Montluel et à Miribel, s'étant assemblées, attaquèrent, le 6ᵉ de mai, le château d'Ambérieu, et n'ayant pu le prendre, pillèrent l'église de Monthieu.

En même temps, les garnisons de Bourg, de Beaugé, de Pont-de-Veyle, de Pont-de-Vaux, en nombre de 500 chevaux, pillèrent la ville du Châtelard, et dix jours après le bâtard d'Aix ayant assemblé jusqu'à 1,500 gens d'armes, fit des courses à Ambérieu, Trévoux, Villeneuve, Saint-Trivier et Beauregard, sans trouver aucune résistance de la part du duc de Bourbon, qui, par ordre du roi, avoit retiré ses troupes de Dombes et les avoit logés en Beaujollois. Enfin, se voyant pressé par les Savoisiens, il se mit bientôt en état de leur résister.

Sur ces entrefaites, arrivèrent, de la part du roi, à Montbrison, où étoit le duc de Bourbon, le 7ᵉ juin, George de Havart, chevalier, seigneur de Rosières, maître des requêtes, et Jean de Mesnil Simon, seigneur de Maupas, baillif de Berry, avec commandement de cesser toutes hostilités, parce que Sa Majesté prenoit la querelle en main et en vouloit être le médiateur. Le duc de Bourbon députa à l'instant le héraut de Bourbon en Beaujollois, pour en donner avis à ses capitaines, et les ambassadeurs, après avoir envoyé par le héraut Vileme, au prince de Piémont, la lettre que lui écrivoit le roi à ce sujet, datée à Saint-Comes-les-Tours, le 10ᵉ mai 1460, allèrent à Bourg en Bresse, où ils firent savoir aux gens du conseil du duc de Savoye la volonté du roi, à laquelle ils témoignèrent de bouche de vouloir déférer ; mais après le retour des ambassadeurs en Beaujollois, les gens de guerre de Bresse surprirent le château de Chazelles en Dombes et menèrent le seigneur du lieu et ses enfants prisonniers à Bourg.

Cette action ayant été désavouée par le duc de Savoye, il y eut sursoyance de course pour douze jours, laquelle fût rompue par les Savoisiens qui en firent à Ligneu et à Chalamont. Cependant Havart et Maupas, qui étoient à Vienne en Dauphiné, s'étant plaint de ces infractions et du peu de respect que les Savoisiens avoient eu pour le roi, vinrent à Lyon le 18ᵉ de juillet, où ils donnèrent avis par écrit, contenant que toutes les troupes savoysiennes qui étoient entrées en Dombes en devoient sortir ; que les châteaux de Juys, de Sainte-Olive et de Bereins prétendus par le duc de Savoye, seroient mis entre leurs mains pour être disposé par le roi, et ordonné ensuite de tous les autres différents des princes, comme Sa Majesté trouveroit à propos. Le duc de Bourbon se soumit à cet avis, et les députés du duc de Savoye demandèrent du temps pour l'en avertir ; et par ce retardement les Savoysiens prirent occasion de faire de nouvelles hostilités à Lent, à Dompierre de Chalamont et à Bervey.

Le roi, indigné de ce procédé, députa Amanieu d'Albret, chevalier, seigneur d'Orval, Guillaume Cousinot, baillif de Rouen, et Tristan Lhermite, prévôt des maréchaux de France, pour le porter à un accomodement et à faire réparer ces hostilités. Ces ambassadeurs virent le duc de Bourbon en passant, qui, pour témoigner l'obéissance qu'il vouloit rendre au roi, leur fit remettre les châteaux de Juys, de Saint-Olive et de Bereins, et le duc de Savoye donna son consentement à un traité (1). Mais, ayant obtenu du pape les décimes sur les bé-

---

(1) Ou plutôt à une trève, car les difficultés n'étaient pas encore réglées à la mort de Charles VII, arrivée le 22 juillet 1461. C'est ce que nous apprennent les lettres suivantes, par lesquelles Jean, duc de Bourbon, soumet ces mêmes difficultés à l'arbitrage du nouveau roi, Louis XI.

« Jehan, duc de Bourbonnois et d'Auvergne, conte de Clermont, de Fourez et de l'Isle, seigneur de Beaujeu, per et chamberier de France, comme de et sur certains débatz et différances qui estoient entre nous et noz très chiers cousins et frère les ducs de Savoye et prince de Piémont, son fils, eussent esté passées certaines lettres entre nous, par lesquelles nous sobmismes à monseigneur le Roy, par la forme et manière déclaré ès lectres sur ce faictes, par vertus desquelles et de certains lettres de commission de feu monseigneur le Roy, que Dieu pardonne, certaine convenence ait esté tenue à Lion par les enbaxadeurs d'une part et d'autre, par devant révérend père en Dieu l'évesque de Viviers, maistres Ydier Vorsi,

néfices de ses Etats, il envoya des collecteurs en Dombes pour les prendre dans les lieux qu'il présupposoit être de sa souveraineté, à quoi les officiers du duc de Bourbon s'opposèrent.

Enfin, le roi (1) ennuyé de ces divisions, se déclara de nouveau arbitre entre les deux princes, par patentes datées à Maliherne le 19ᵉ octobre 1462 (2), et leur dépêcha Jean Leroy, l'un de ses secrétaires, pour avoir leur agréement; et, par avance, Sa Majesté, à la prière de Jean Amé et d'Antoine de Bagié frères, seigneur de Bereins, mit le château de Bereins sous sa main jusqu'à ce qu'il fut reconnu à qui le fief en appartiendroit, par patentes datées à Saint-Michel-sur-la-Loire le 24 du même mois; et, pour ébaucher un traité de paix, le roi envoya, l'an 1463, Elie de Pompadour, évêque de Vivier, maîtres Ulric Vissy et Laurent Paterin, docteur ez Loix, et

---

Laurens Patton et Jehan Palaiz, conseillers de feu monditseigneur le roy et ses enbaxadeurs et comissaires en ceste, ou les trois d'iceulx, et fait pardevant eulx certain procès, escriptures et enquestes qui ne sont encore parfaictes; et soit ainsi que despuys monseigneur le Roi soit alé de vie à trespas, et pour occation de ce tous lesdits enbaxadeurs se soient départis dudit Lion en entention de reprendre ladite convenence, s'il est besoing, au moys d'avril prochain venant et autres ensuivants. Savoir faisons que nous désirans avoir bonne paix et éviter débat et questions que ce pourroient mouvoir à cause de ce entre nous et nos dits cousins et frère, les submissions dont dessus est fait mention, consentons, accordons et prorogons tous par la forme et manière que faictes ont esté jusques au temps et terme de la Toussaint prochain venant, en ung an; et prometons en bonne foy et parolle de prince icelle avoir ferme et stable et tenir, faire tenir et observer de par nous de point en point, sans venir ou souffrir estre venu au contraire. En témoing de ce et à plus grant fermeté nous avons fait mectre et assoir à ces présentes notre scel. Donné en notre maison, à Paris, le XVIIᵉ jour de septembre, l'an de grâce mil CCCC et soixante et ung.

Par monseigneur le duc, vous et autres présents :
CHASSAIGNES.

(Original scellé en cire rouge sur simple queue de parchemin. — Archives du greffe du tribunal de Trévoux.)

(1) Louis XI.
(2) Archives nationales, Trésor des Chartes, carton J. 502, c. nᵒˢ 25 et 26.

Pierre Palais, baillif d'Alençon, puis le sénéchal de Valentinois, dont le voyage n'opéra autre chose qu'une trève (1) pendant laquelle le roi nomma Jean Juvenal des Ursins chevalier, seigneur de Trainel, ci-devant chancelier de France, et Pierre d'Oriole, autrefois général de ses finances, pour mettre fin à cette affaire; et comme leur voyage fut un peu retardé, le duc de Savoye, qui témoignoit de souhaiter la paix, fit prier Sa Majesté, par Hugonin, seigneur de Chandée, gouverneur de Bresse, de hâter le départ de ses ambassadeurs, qui arrivèrent en Brésse au mois de juillet 1464. Ils allèrent sur tous les lieux contentieux de Dombes et de Bresse ouïr les députés des deux princes, et firent de longues procédures, puis se retirèrent à Lyon, où, après avoir demeuré longtemps, le roi commanda à Jean, bâtard d'Armagnac, comte de Comminges, maréchal de France, de se joindre à eux.

Le duc de Bourbon, pour représenter ses droits en cette conférence, se servit de Jean, seigneur de la Gardette, son maître d'hôtel, de Pierre de Balarin, docteur ez loix, de Simon de Pavie, docteur en médecine, et de Jacques de Viry, procureur général en Beaujollois.

Ce fut en cette assemblée où les députés du duc de Bourbon renouvelèrent tous les anciens différens que les sires de Beaujeu et les ducs de Bourgogne avaient eus avec les comtes et ducs de Savoye pour la seigneurie de Dombes ; soutenant que la Dombes en son origine ne dépendoit point, en fief ni autrement, de la maison de Savoye ; que les anciens sires de Beaujeu la possédoient indépendamment, comme les comtes de Savoye, les dauphins de Viennois et les sires de Beaugé tenoient leurs Etats ; que Guichard, sire de Beaujeu, pour avoir tenu le parti d'Edouard, comte de Savoye, à la bataille de Varey, avoit été pris prisonnier de guerre du dauphin, auquel

---

(1) Consentie le 23 novembre par le duc de Savoie (Ibid. n° 27). Le 27 avril suivant, Louis de Savoie prit de nouveau le roi pour arbitre et ratifia tout ce qui avait déjà été fait de sa part (Ibid. 3, 28).

pour sa rançon avoit été contraint de remettre ses châteaux et seigneuries de Meximieux et du bourg Saint-Christophe en la Valbonne ; qu'Edouard, sire de Beaujeu, fils de ce Guichard, ayant demandé récompense de cette perte au comte de Savoye, ils firent des traités, l'an 1328 et 1337 (1), par lesquels le comte de Savoye délaissa en fief au sire de Beaujeu les châteaux de Buenc et de Coligny, et promit lui payer 40,000 liv. viennoises moyennant qu'Edouard de Beaujeu prendroit de lui en fief ses villes et châteaux de Lent et de Thoissey, en quoi le sire de Beaujeu avoit été maltraité, parce que Buenc et Coligny ne valoient pas les terres données au dauphin pour la rançon de Guichard de Beaujeu, outre que les 40,000 livres promises n'avoient jamais été payées, et le sire de Beaujeu avoit soumis ses terres de Lent et de Thoissey à un hommage auquel elles n'étoient pas sujettes, et qu'ainsi cette récompense étoit imaginaire, et que le sire de Beaujeu s'étoit rendu féodataire de Savoye pour néant, et par conséquent, que tous les traités faits ensuite ayant eu un principe injuste, le duc de Savoye ne pouvoit pas s'en prévaloir, attendu même qu'ils avoient été exigés d'Edouard, sire de Beaujeu, second du nom, pendant ses plus grandes affaires et en des temps que sa faiblesse ne lui permettoit pas de résister aux comtes de Savoye, qui, ayant toujours été les plus puissants, lui avoient toujours donné la loi ; et enfin que, quand l'hommage de la seigneurie de Dombes auroit été légitimement acquis à la maison de Savoye, elle en étoit déchue par les invasions, hostilités, infractions de paix et de trèves, violences et voies de faits commises en Dombes à diverses fois, parce que, par la loi des fiefs, le seigneur dominant qui maltraite son féodataire sans cause perd son fief. Les députés du duc de Bourbon se plaignoient encore, que les 30,000 livres promises pour la prise de Trévoux, par le seigneur de Varembon, n'avoient jamais été

---

(1) V. ci-dessus.

payées (1), non plus que les 3,000 livres du traité de l'an 1376.

Les Savoisiens répliquaient, à toutes ces objections, que les comtes de Savoye n'avoient rien promis aux sires de Beaujeu qu'ils n'eussent exécuté, que tout ce qui s'étoit fait entre eux avoit été volontairement, qu'il n'étoit pas extraordinaire qu'un seigneur absolu et indépendant ne devînt féodataire d'un autre par convention, qu'il n'étoit plus temps de réclamer des traités, puisque les sires de Beaujeu n'en avoient jamais fait plainte de leur vivant, et qu'après leur décès, les ducs de Bourbon, leurs successeurs, les avoient exécutés, et, finalement, que les hostilités et invasions avoient toujours commencé de la part des officiers de Dombes, lesquelles, ceux de Bresse, pour la conservation des droits de leur prince, avoient été obligés de repousser.

Sur ces contestations, les ambassadeurs se trouvèrent fort empêchés de prononcer. Néanmoins, comme c'étoit leur dessein de les terminer ou par la voie de justice ou par celle d'un accommodement, ils souhaitèrent que les députés des deux princes eussent des procurations qui leur donnassent cette autorité; elles furent envoyées, mais les ambassadeurs du roi ne les ayant pas jugées assez amples, ils se retirèrent au mois d'octobre sans avoir fait autre chose que de prolonger les trêves.

Quatre ans après, les officiers de Dombes et de Bresse ayant respectivement prétendu la souveraineté du château de

---

(1) Non seulement cette somme ne fut jamais payée, mais encore un certain nombre de prisonniers faits à Trévoux par le seigneur de Varembon ne furent pas rendus, selon le terme des traités de 1331 et 1332, car Louvet mentionne, dans son Histoire de Beaujolais et de Dombes, fol. 76, des « lettres de M. le duc de Bourbonnois, du 7ᵉ août 1417, par lesquelles il déclara marques et représailles contre le duc de Savoye, ses officiers, hommes sujets du païs de Bresse, pour le refus par eux fait de rendre les sujets dudit seigneur de Bourbon, avec commission du bailly de Beaujollois pour en faire les significations du xi août, au dit an, et la signification faite le lendemain aux officiers de Bresse, en la ville de Bourg. »

Mons et du village de Clémencia, et fait des courses les uns sur les autres, le roi envoya sur les lieux Guillaume Foreau, son secrétaire, pour en informer sa majesté. Les instructions sont datées au château Regnaud, le 21 novembre 1468. Ce voyage donna lieu à une journée assignée à Saint-Trivier-en-Dombes, le 19ᵉ de décembre suivant; Antoine de Talaru, chevalier, conseiller et chambellan du duc de Bourbon, Antoine de la Sin, écuyer, seigneur de Beauvoir, son maître d'hôtel et Pierre Bertrand, conseiller et auditeur de ses comptes, y furent de sa part; et pour Philippe de Savoye, comte de Bresse, Hugonin, seigneur de Chandée, baillif et gouverneur de Bresse, Jean Clapet, président de son conseil, et Jacques de Chalant, seigneur du Saix et du Retourtour. Mais les députés n'ayant pu convenir d'aucune chose, Charles, cardinal de Bourbon, archevêque de Lyon, Jean de Bourbon, évêque du Puy, comte de Vellay, et Guillaume de la Baulme, chevalier, seigneur d'Irlains, conseiller et chambellan du roi, du consentement des parties, s'assemblèrent à Lyon au commencement de l'année suivante, où ils résolurent seulement que le duc de Bourbon et le comte de Bresse nommeroient des arbitres pour décider tous leurs différents, ce qui fut encore ordonné à une autre assemblée tenue à Mâcon, au mois d'octobre suivant, où il n'y eut que des officiers des deux princes, savoir : pour le duc de Bourbon, Jacques de Viry, juge ordinaire et lieutenant au bailliage de Beaujollois, et François de Rimand (1), procureur général du Beaujollois; et pour le comte de Bresse, Jean Guillot, lieutenant au bailliage de Bresse, et Jacques Badel, et pour tiers et médiateur Pierre de Juys, licencié, Endant, archidiacre de Mâcon, qui furent d'avis que les terres de Dombes et de Bresse fussent limitées, et que cependant il y eut trêves de six ans; que le commerce devoit être rétabli entre leurs sujets, que les foires de Bourg et de Châtillon qui se tenoient à même jour que celles de Lent

---

(1) De Rhenaud (mss. Girié.)

et de Saint-Trivier seroient changées pour ne pas interrompre la liberté du trafic.

Si tous ces projets eussent été exécutés et que les princes eussent fait des échanges, de proche en proche, des terres enclavées, leurs sujets eussent pu être en repos. Mais, ou par le peu de disposition des parties, ou par la négligence de leurs officiers, ou par l'animosité des peuples, ou par certaine fatalité ou mésintelligence ordinaire entre voisins de différents partis, il ne se fit rien, et les choses, par ce moyen, demeurèrent dans leur première confusion.

Cependant le duc de Jean, essayant de s'agrandir deçà la Saône pour résister plus facilement aux Savoysiens, acquit le comté de Villars en Bresse, limitrophe à la Dombes, d'Antoine de Levis, comte de Villars, par titre du 7ᵉ de mai 1473 (1). Mais le duc de Savoye lui en empêcha la jouissance.

Ce prince décéda à Moulins, le 1ᵉʳ avril 1488, sans laisser que des enfans naturels, bien qu'il eut été marié trois fois, savoir : à Jeanne de France, fille de Charles VII, roi de France, et de Marie d'Anjou, en 1450, puis avec Catherine d'Armagnac, fille de Jacques d'Armagnac, duc de Nemours, et de Louise d'Anjou, en 1484, et, finalement, avec Jeanne de Bourbon, sa cousine, fille de Jean de Bourbon, comte de Vendôme, et d'Isabelle de Beauveau, en 1487.

J'ai une monnaie de cuivre de ce prince assez ancienne, laquelle m'a été donnée par le R. P. Ménétrier, de la Compagnie de Jésus, qui fait assez connaître son bel esprit par ses ouvrages. Jean, duc de Bourbon, y prend la qualité de seigneur de Trévoux, ce qui me persuade que cette monnaie y aura été frappée ; d'un côté, il y est représenté debout l'ordre de Saint-Michel, dont le roi l'avoit honoré au col, l'épée nue et levée en la main, l'écu semé de France, et autour cette devise : *Deus noster refugium et virtus in tribulationibus.* Au revers est l'écusson de Bourbon avec la cottice et quatre

---

(1) Arch. nation. P. 1374, c, 2419.

grenades allumées, l'une en chef, l'autre en pointe, et les deux autres de chaque côté; chaque grenade accostée d'une fleur de lys et autour : *Joannes dux Borbonii et Alverniœ Trivoltii Dnus* (1). Paradin donne à cette devise pour mot : *Zara a chi tocca*, pour dire que ceux qui l'attaqueroient ne s'en trouveroient pas bien.

Enfants naturels de Jean de Bourbon.

Mathieu de Bourbon, baron de la Roche-en-Regnier, amiral et gouverneur de Guyenne ;

Charles de Bourbon, seigneur de Lavedan, qui fit branche des vicomtes de Lavedan, marquis de Malouse ;

Hector de Bourbon, évêque de Lavaur, puis archevêque de Toulouse ;

Marie de Bourbon épousa Jacques de Sainte-Colombe, seigneur de Tilon en Beaujollois, au château de Besenens en Dombes, le 27ᵉ de janvier 1470 ; par le contrat de mariage elle est qualifiée fille naturelle de Louis, bâtard de Bourbon, comte de Rossillon, amiral de France. Mais le duc Jean l'avoua depuis pour sa fille, par titre daté au Montil-lez-Tours le 27° de juin suivant, et lui constitua 2,000 florins en dot, cent livres de pension, jusqu'à ce que le duc eut pourvu Jacques de Sainte-Colombe d'un office valant autant de rente, et une chaîne d'or de cent livres tournois, à condition que, s'il n'avoit point d'enfants de ce mariage, les sommes données retourneroient au duc ; pour le payement desquelles, et de mille

---

(1) Cette médaille a été décrite et publiée avec soin par M. Mantellier, d'après l'exemplaire conservé au cabinet des Antiques de la Bibliothèque nationale, dans sa savante « Notice sur la Monnaie de Trévoux et de Dombes », p. 22 et pl. 1 de l'édition de Trévoux, 1843, et p. 21, pl. 1 de l'édition de Paris, 1844.

écus que le même Jacques de Sainte-Colombe, son frère, lui avoit prêtés, il leur remit la seigneurie d'Ambérieu en Dombes, ainsi que nous avons touché ci-devant (1).

De ce mariage ne vint qu'un seul fils appelé Jean de Sainte-Colombe, seigneur du Til, écuyer tranchant de Pierre, duc de Bourbon, qui retira de lui la seigneurie d'Ambérieu, et pour récompense de ses services et de ceux d'Antoine de Sainte-Colombe, son secrétaire, fils naturel du sus-nommé Jacques de Sainte-Colombe, lui donna la haute et moyenne justice du Til, où il n'y avoit que la basse, à la réserve de l'hommage et de la supérioté, par titre date à Moulins, le 26e de mai 1493 (2), présents : Gauthier d'Escars, seigneur de la Vauguyon; Guichard d'Albon, seigneur de Saint-André; Philibert de la Platière, seigneur des Bordes, chevaliers, conseillers et chambellans du duc; Jacques de Lormes, maîtres des requêtes, et Jacques de Favars, juge de Forest.

Cet Antoine de Sainte-Colombe avoit été légitimé par le roi, du consentement de Jacques de Sainte-Colombe, son père, et succéda par ce moyen en la seigneurie du Til à Jean de Sainte-Colombe, son frère; il épousa, le 25e de novembre 1497, Antoinette de Monnay, avec laquelle il traita, le 4e octobre 1504, avec Anne de France, duchesse de Bourbon, et Susanne de Bourbon, sa fille, du droit qu'elle prétendoit avoir de succéder en la seigneurie du Til par le décès de Jean de Sainte-Colombe, son frère, mort sans enfants, moyennant la somme de 3,000 livres; le titre est daté au château de la Chaussure en Bourbonnois ;

MARGUERITE de Bourbon, femme de Jean de Serpierre, seigneur de Presles, l'an 1462.

---

(1) P. 20 et 21.
(2) Arch. nation. P. 1371, c. 1961.

PIERRE II

Baron de Beaujeu, seigneur de Dombes.

Pierre, second du nom, duc de Bourbonnois et d'Auvergne, comte de Clermont, de Forest, de la Marche, de l'Isle et de Gien, vicomte de Carlat, de Murat et de Chatelleraud, baron de Beaujeu, seigneur de Dombes, de Chatel-Chinon, de Roche-en-Renier, de Bourbon-Lancy et d'Annonay, pair et chambrier de France, gouverneur de Languedoc et régent de France, quoique puisné de sa maison, en releva néanmoins la gloire par les avantages qu'il eut d'une auguste alliance, des plus grandes charges du royaume et d'une riche succession, car le duc Jean, son frère, étant mort sans postérité légitime, il lui succéda.

Son premier appanage fut le comté de Clermont, la baronnie de Beaujeu et mille livres de rente par an (1); mais ne s'en étant pas contenté, le duc Jean, par titre daté à Moulins, le 17ᵉ d'octobre 1482 (2), y ajouta la Dombes, sous les conditions du retour, à faute d'enfants mâles, de ne la point alliéner ni de la prendre en fief de personne, d'autre façon que lui-même l'avoit fait autrefois.

Ainsi Pierre de Bourbon fut seigneur de Dombes. Mais si le duc son frère, s'acquitta par ce moyen envers lui de ce qu'il lui devoit par droit de nature, le roi Louis XI reconnut aussi avantageusement les services que ce jeune prince lui avoit rendus, en plusieurs autres occasions, tant par le gouverne-

---

(1) En 1475 (Arch. nation. P. 1366, c. 1475 bis, et P. 1371, c. 1977); — mais cet appanage ne fut arraché au duc Jean que par violence. (V. sa protestation, ibid. P. 1365, c. 1457.)

(2) Arch. nation. P. 1366, c. 1482, et P. 1373, c. 2070.

ment de Guyenne que par la régence de l'Etat qu'il lui confia pendant la minorité du roi Charles VIII, son fils, laquelle lui fut continuée par ce roi même, lorsqu'il fit le voyage de Naples, l'an 1494, au retour duquel il fut encore honoré du gouvernement du Languedoc.

Or, bien que ce prince fut seigneur de Dombes, néanmoins, Philippe de Savoye, comte de Bresse, ne laissait pas en ses titres d'en prendre la qualité, à cause de l'hommage dû à la maison de Savoye, en quoi Severt s'est trompé, qui a cru que c'était comme mari de Marguerite de Bourbon (1), à laquelle il présuppose que la Dombes avait été constituée en dot, ce qui n'est pas véritable.

Sous ce prince se firent encore plusieurs assemblées pour la limitation des pays de Dombes et de Bresse, dont la plus solennelle fut à Châtillon-de-Dombes, le 27 de septembre 1496, où assistèrent, pour le duc Pierre, Jean, seigneur de Ferrières, chevalier, baillif de Beaujollois; Ennemond Payen, juge de Beaujollois, et Perrain Gayant; et, pour Philippe, duc de Savoye, auparavant comte de Bresse, Guy, seigneur de Châteauvieux, baillif et gouverneur de Bresse; Jean de Ferand, avocat général de Savoye; Gaspard de Chandée, écuyer, seigneur de Vassalieu, et Jacques de Renon, procureur de Bresse, qui, néanmoins, ne purent rien résoudre.

Trois ans après, il y eut une autre assemblée à Thoissey, au mois de juillet, où Pierre de Bourbon, par patentes datées à Amboise, le 29e mai 1499, députa Pierre de Saint-Romain, seigneur de Lurcy, Ennemond Payen, juge de Beaujollois, et Jacques de Favart, juge de Forest; et Philibert, duc de Savoye, y envoya, de sa part, Jean de Cloppet, président de Bresse; Jacques de Bussy, seigneur d'Eria, son écuyer; Claude, seigneur de Gorrevod, son maître d'hôtel; Pierre Guillot, lieutenant au bailliage de Bresse, et Jean de Focrand, avocat fiscal.

---

(1) Qu'il avait épousé en janvier 1471 (Bibl. nation. mss. Brienne, n. 313, fol. 277.)

Depuis ce temps-là, ces difficultés ne furent plus agitées, et les choses demeurèrent au même état jusqu'au décès du duc Pierre, arrivé au château de Moulins, le 10ᵉ octobre 1503 (1).

Anne de France, fille aînée du roi Louis XIᵉ et de Charlotte de Savoye, fut son épouse ; le contrat de mariage se passa à Fargeau, le 3ᵉ de novembre 1473 ; elle fit plusieurs fondations entre autres celle des Minimes de Gien, à l'honneur de Saint-François-de-Paul, duquel elle procura la canonisation, ainsi que nous apprenons d'une lettre que lui écrivit de Rome, l'an 1516, le R. P. François Binet, général de cet ordre.

De ce mariage, Pierre, duc de Bourbon, n'eut qu'une fille appelée Suzanne de Bourbon, laquelle épousa Charles III de Bourbon, comte de Montpensier, son cousin, et réunit par ces deux alliances ces deux branches de la maison de Bourbon. Nous ne ferons qu'un seul éloge des deux, à cause qu'ils ont été seigneurs de Dombes.

CHARLES III

Baron de Beaujeu, seigneur de Dombes.

Charles, troisième du nom, duc de Bourbonnois, d'Auvergne et de Châtelleraud, comte de Clermont en Beauvoisys, de Montpensier, de Forest, de la Marche, de Gien et de Clermont en Auvergne, dauphin d'Auvergne, vicomte de Carlat et de Murat, baron de Beaujeu, seigneur de Dombes, de Mercœur, d'Annonay, de Roche-en-Regnier et de Bourbon-Lancy, gouverneur de Languedoc et de Milan, lieutenant général en Bourgogne, pair, chambrier et connétable de France.

Parce que ce prince, comme fils de Gilbert de Bourbon,

---

(1) V. Pompe funèbre de Pierre, duc de Bourbonnois, par Jacques de Bigue, mss. fr. de la Bibl. nation. n. 10367.

comte de Montpensier, et de Claire de Gonzagues, prétendoit devoir succéder en qualité d'aîné mâle au duc Pierre, son cousin, à l'exclusion de Suzanne de Bourbon, sa fille, en toutes les terres et seigneuries de la maison de Bourbon, Anne de France, veuve du duc Pierre, par une sage politique, afin d'étouffer un grand procès, fit une transaction avec ce prince qui n'étoit que comte de Montpensier, à Paris, en l'hôtel de Bourbon, le 26 de février 1504 (1), de l'avis de Georges, archevêque de Rouen, cardinal d'Amboise, légat de France ; de Louis de Bourbon, prince de la Roche-sur-Yon ; d'Engilbert de Clèves, comte de Nevers ; de Charles de Bourbon, comte de Vendôme ; d'Albain, seigneur d'Albret ; de François d'Orléans, comte de Dunois ; de Louis d'Orléans, marquis de Rotelin ; de Jean d'Albret, seigneur d'Orval ; du seigneur d'Albanie, de Jacques d'Amboise, abbé de Cluny ; de François, évêque de Rhodes ; de Jean, seigneur d'Estouteville ; de Guyon d'Amboise, seigneur de Ravel ; du marquis de Canillac et du sire d'Escars, et en la présence de Thomas Bohier, général des finances de France, proto-notaire, de Cadot, de Jean de Colonge, maître des requêtes, et autres, par laquelle il fut arrêté que le comte de Montpensier, moyennant dispense, épouseroit Suzanne de Bourbon ; qu'en faveur de ce mariage la duchesse Anne de France, sa mère, pour entretenir en son entier la maison de Bourbon, leur donnoit et à leurs enfants tous ses biens, et qu'au cas que Suzanne mourut sans postérité, qu'ils appartiendroient au comte de Montpensier et à ses enfants, et, s'il n'en laissoit point, à François de Bourbon son frère. Ce mariage fut depuis solemnisé au château du Parc-lez-Moulins, le 10ᵉ de mai 1505, entre les mains du cardinal d'Amboise.

Ensuite de ce mariage, Anne de France, le prince et la duchesse son épouse, firent un traité avec l'archevêque, l'Eglise

---

(1) Arch. nation. P. 1367, c. 1558 et seq.

et chapitre de Lyon, pour la limitation de leurs terres de Dombes et de Lyonnois, qui avoit été ébauché par Jean de Bourbon, évêque du Puy, et Claude Gaste, doyen de Lyon, et, depuis, arrêté le 4ᵉ de septembre 1512 (1), par la négociation de la part du duc et des duchesses de Bourbon, de Jacques de Vitry, docteur ez droit, chancelier de Bourbonnois et chanoine en l'Eglise de Lyon ; de Jean de Colonges, seigneur de La Motte, lieutenant général en la sénéchaussée d'Auvergne ; de Philippe de Châtillon, juge de Forest ; de Jean Palmier, juge d'appel ; de Philippe du Crozet, seigneur de Grignieu, maître des eaux-et-forêts ; de Claude Gillequin, avocat ; d'Antoine de Serre, lieutenant du juge d'appel, et de Guillaume de Ponceton ; et de la part de l'Eglise de Lyon, d'Hugues de Talaru, archidiacre de Lyon ; de Jean Arzelier, official de Lyon ; d'Antoine Piochet, de Pierre Chauvet, juge ordinaire de Lyon ; d'Antoine Charreton, maître d'hôtel ; de Louis Blondel, procureur ; de Barthélemy Bellièvre, secrétaire de l'archevêque de Lyon, et d'Etienne Chorel, solliciteur des doyen, chanoines et chapitre.

Après un établissement si avantageux, qui rendoit Charles l'un des plus puissants du royaume en belles terres et seineuries, et les signalés services qu'il rendit à la France à la bataille d'Agnadel, du gain de laquelle il eut la principale gloire, en la guerre de Picardie contre les Anglois, en la conquête du duché de Milan, à la réduction de Gênes, sous l'obéissance du roi, en la fameuse journée de Marignan, et les dignités de chambrier et de connétable de France, de gouverneur de Languedoc et de Milan, dont le roi voulut récompenser son mérite, il n'y avoit pas d'apparence que rien put arriver à ce prince qui fut capable de troubler sa félicité.

Mais, comme toutes les grandes prospérités sont toujours suspectes, et que la bienveillance des rois n'est point un héritage dont on puisse s'assurer, Charles se vit tout à coup éloi-

---

(1) Arch. nation. P. 1367, c. 1529. et P. 1388, c. 20, 43 et 51.

gné des bonnes grâces de son souverain, car après avoir été rappelé de Milan, François Ier lui fit un mauvais visage, ses services ne furent pas reconnus et ses appointements furent retranchés ; et, pour surcroît de tant de disgrâces, la duchesse Suzanne, son épouse, mourut à Chatelleraud, le 28e avril 1521, sans laisser enfants. Par son testament, daté au château de Montluçon, le 15e décembre 1519 (1), en présence de Pierre Popillon, sieur de Poray, chancelier de Bourbonnois, de François de Fossant, sieur de..., conseiller et chambellan du duc de Bourbon, de Philippe des Essards, sieur de Guguray et d'Ostille, de Pierre d'Antigny, écuyer, sieur de Bobuart, premier écuyer d'écuyerie du duc, de Louis des Escures, sieur de Pontcharrant, de François de Barbançois, maître des requêtes du duc, de Jean Dinet, avocat fiscal de Bourbonnois, et de Guillaume de Marilhac, elle institua son héritier universel le duc, son époux.

Cette funeste mort donna ouverture aux prétentions de Louise de Savoye, duchesse d'Angoulême, mère du roi François Ier, laquelle, comme fille de Marguerite de Bourbon et tante de la duchesse Suzanne, prétendit toutes les terres de la maison de Bourbon, qui n'étoient point d'appanage, et le roi, de son côté, demanda celles d'appanage comme ayant fait retour à Sa Majesté à défaut d'enfants. Le connétable de Bourbon, soutenant que, comme plus proche parent et aîné de la maison de Bourbon, il étoit préférable en cette illustre et ample succession, ce grand procès ne fut pas jugé, quoique la cause eût été plaidée solennellement au Parlement de Paris (2).

Mais Louise de Savoye ayant obtenu arrêt de séquestre, le connétable, qui se vit dépouillé de tous ses biens et contraint

---

(1) Arch. nation., carton K, 533, P, 1370, c. 1904, et P. 1367, c. 1566.
(2) V. « Pièces du procès d'entre Louise de Savoie et Charles de Bourbon au sujet de l'appanage de Suzanne de Bourbon, pour le Bourbonnois, Forez, Beaujolois et Dombes, en 1522 et seq. » — Bibl. nation. Saint-Germain, mss. 89, H.

d'attendre une douteuse justice, ayant le roi et sa mère pour parties, sortit mécontent du royaume et se retira, l'an 1523, auprès de l'empereur Charles V.

Cependant le roi François Ier mit la seigneurie de Dombes sous sa main, la même année, et y envoya Jacques de Chabannes, chevalier, seigneur de La Palice, maréchal de France, qui reçut les serments des gentilshommes, des villes et communautés (1), et, ayant passé les monts deux ans après et assiégé Pavie, il fut pris prisonnier et mené en Espagne, et ne fut délivré qu'au mois de janvier 1526, en conséquence du traité de Madrid, par lequel, entr'autres articles, il avoit été dit que le roi restitueroit au connétable de Bourbon tous ses biens et particulièrement la Dombes, qualifiée hors des pays, sujettion et juridiction de France.

Mais cela ne fut pas exécuté, et cet infortuné prince, après avoir eu le déplaisir de voir Eléonore d'Autriche, sœur de l'empereur, qu'on lui avoit fait espérer en mariage, accordée au roi François Ier, et commandé les armées de l'empereur Charles V, en Italie, sans aucun succès remarquable, s'engagea malheureusement au siége de Rome, parce que Clément VII étoit chef de la ligue faite contre l'Empereur, où il fut tué d'une mousquetade, le 6e de mai 1527. Son corps ne fut pas inhumé à Gayette, ville du royaume de Naples, comme plusieurs historiens ont écrit, mais seulement mis dans un cercueil de bois peint de vert, posé sur le dehors du portail de l'église de Sainte-Barbe du château de Gayette, où j'ai vu son squelette et sa chevelure. Sur ce cercueil est l'écusson de Bourbon, avec ces quatre vers que les Espagnols y mirent pour lui servir d'épitaphe :

> *Francia me dio la luce,*
> *Spana fuerta y ventura,*
> *Roma me dio la muerte,*
> *Gaëta la sepoltura,.*

---

(1) Arch. nation. P. 1389, c. 390.

On lui refusa l'honneur de la sépulture dans l'église, à cause qu'il avoit fait la guerre au pape et qu'il étoit mort l'épée à la main contre Sa Sainteté.

Cependant Simon Gauthiot, chevalier, seigneur d'Ancier, Ponceys, Verres, Coulinges et Rancenay, maître d'hôtel de ce prince, fit porter son cœur à Besançon, pour le faire inhumer avec pompe en l'église métropolitaine. Les chanoines le reçurent en procession, le 26 avril 1532, et ce cœur, ressemblant à une éponge, fut mis dans une boite de cuir bouilli enveloppée de taffetas, en un endroit de cette église où l'on tient des ornements par forme de dépôt, en attendant que l'empereur eût ordonné le lieu de sa sépulture. Ce zélé gentilhomme fit encore dresser en cette même église un tableau où sont les armes de Bourbon, au bâton brochant sur le tout, écartelé d'or à l'aigle de sable couronné d'or, sur lequel est une palme qui va se recourbant à droite, et un laurier à gauche, avec cette inscription en forme d'épitaphe, où il donne à ce prince la qualité de duc de Milan.

Carolo optimo
Borbonii, Averniæ et Mediolani duci,
In Italia Cæsareo locum tenenti,
Et capitaneo, generali semper invicto,
Simon Gauthiot, domus suæ præfectus,
Impia nece sibi sublato,
Vivens mœstissimus posuit
Anno MDXXII, VII maii.

Jacques Severt lui donne pour fille naturelle Catherine de Bourbon, femme de Bertrand de Salamard, chevalier, seigneur de Ressis en Beaujollois; mais il s'est trompé, car par les titres que j'ai vu de cette famille, ce Bertrand de Salamard épousa Jeanne de Bourbon, fille naturelle de Jean de Bourbon, seigneur de Carency, le 11ᵉ mai 1469, qualifiée par son contrat de mariage de nièce en ligne paternelle de Jacques de Bourbon, seigneur d'Aubigny.

Par le testament du connétable, daté au château de Chantelles, le premier de juillet 1521 (1), il instituoit ses enfants mâles, et à leur défaut, il substituoit Anne de France, duchesse de Bourbon, sa belle-mère, avec pouvoir de faire son héritier Louis de Bourbon, prince de la Roche-sur-Yon, son neveu, fils du prince Louis et de Louise de Bourbon, sa sœur, qui fut depuis duc de Montpensier. Mais cette disposition n'eut point de lieu, car la colère du roi n'étant point appaisée par le décès du connétable, le Parlement de Paris, à la poursuite du procureur général, rendit un arrêt, le 26 juillet 1527, par lequel tous les biens du connétable, tenus en fief de la couronne de France, furent réunis au domaine du roi, et les autres acquis et confisqués à Sa Majesté.

Ensuite de cet arrêt, il y eut traité, le 25 août, entre le roi et Louise de Savoye, sa mère, à Lafère-sur-Oise, par lequel les pays de Dombes, de Beaujollois, Forest et Roannois, demeurèrent à Louise de Savoye, à la charge qu'après son décès ces terres seroient laissées en appanage au fils aîné du roi, dauphin de Viennois.

Ainsi Louise de Savoye fut dame de Dombes, et toutefois, par le traité de paix conclu à Cambray, le 25 d'avril 1529, entre cette princesse et Marguerite d'Autriche, duchesse douairière de Savoye, pour l'empereur Charles V et pour le roi François Ier, que l'on appela à cause de cela la paix des dames, il fut expressément réservé que, conformément au traité de Madrid, les héritiers de Charles de Bourbon rentreroient dans tous ses biens, de quelque nature qu'ils fussent, dont Charles V pressa vivement l'exécution par Léonard de Guyerre, official de Besançon, et par la Troillières, ses ambassadeurs. Leurs instructions portent de prier le roi de ne se point mêler du pays de Dombes, *parce qu'étant mouvant de l'Empire, c'étoit à Sa Majesté impériale de disposer en faveur des héritiers du connétable* (2).

Enfin, après délais, le roi, en conséquence des traités de

---

(1) Arch. nation., carton K, 533.
(2) V. le mss. F, n° 68, Brienne, de la Bibl. nation.

Madrid et de Cambray, en attendant le jugement du procès pendant au Parlement de Paris, pour la succession de la maison de Bourbon, et par manière de provision, du consentement de Louise de Savoye, sa mère, et à la prière de l'empereur, céda à Louise de Bourbon, sœur du connétable, et à Louis de Bourbon, prince de la Roche-Sur-Yon, son fils, et héritier présomptif, par traité fait à Angoulême, le 17e de mai 1530, le duché de Châtelleraud, le comté de Forest, le Beaujollois et le pays de Dombes.

Mais le roi, par autres patentes du mois de janvier 1531, cassa ce traité comme extorqué de lui par l'empereur, pour tirer ses enfants de prison, et remit les affaires en l'état qu'elles étoient auparavant, et par d'autres lettres de même date, données à Dieppe, ensuite de la transaction faite avec Louise de Savoye, duchesse d'Angoulême, sa mère, unit a sa couronne les duchés du Bourbonnois, d'Auvergne et de Chatelleraud, le pays de Dombes et autres terres dépendantes de la succession de la maison de Bourbon.

Néanmoins, le roi, sur les grandes poursuites de Louise de Bourbon, fit assembler son conseil, pour lui donner avis si cette princesse et le prince de la Roche-sur-Yon pouvoient prétendre quelque part aux biens de la maison de Bourbon, que le connétable possédoit. Cet avis est du 3e avril 1537, signé des cardinaux de Tournon et du Belley, et d'Amé, duc de Montmorency, du chancelier du Bourg et de l'amiral Chabod, de Bertrandi et de Rochetel, qui porte que le prince de la Roche-sur-Yon ni sa mère n'y avoient rien, et que le tout appartenoit au roi.

Cependant, Sa Majesté étant à Blois, par ses patentes du mois d'août 1538, considérant la parenté du prince de la Roche-sur-Yon et de sa mère, leur quitta le comté de Montpensier, le dauphiné d'Auvergne, et les seigneuries de la Tour, de la Bussière et de Roche-en-Regnier, érigés depuis en duché, sous le titre de Montpensier, moyennant quoi ils délaissèrent au roi, par contrat passé à Champigny, le 1er de septembre suivant, tout ce qu'il pouvoit prétendre ez biens de de la maison de Bourbon, et ainsi la Dombes demeura de nouveau acquise au roi et unie à la couronne. Et parce que, pendant la domination des sires de Beaujeu et des ducs de Bourbon, les pays de Dombes et de Beaujollois avoient été sous mêmes gouverneurs, baillifs et juges, Sa Majesté, par patentes datées à Évreux, au mois d'avril 1543, sépara les pays de Dombes et du Beaujollois, et défendit aux officiers de la baronnie de Beaujollois de comprendre ceux de Dombes en leurs impositions, affaires et charges, de quelque nature qu'elles pussent être, ayant créé, à cet effet, des gouverneurs, baillifs, juges et officiers de justice pour le pays de Dombes, et confirmé ses priviléges, franchises et anciennes coutumes, ainsi qu'il sera dit plus amplement au livre suivant.

Mais Louis de Bourbon, duc de Montpensier, fils du précédent prince de la Roche-sur-Yon, ne perdit pas courage car, nonobstant tous ces traités où il n'estimoit pas d'avoir rencontré toute la justice qu'il espéroit, il donna requête au roi Henri II, au mois de juin 1549, pour avoir raison de ses prétentions, ce qui fut pourtant sans effet.

Ces poursuites furent continuées sous le roi François II, qui, par patentes du 11e novembre 1559, renvoya l'affaire à quatre présidents et à six conseillers du Parlement de Paris, pour la juger, le procureur général de Sa Majesté et le duc de Montpensier, ouïs ; par-devant ces commissaires, le procureur général représenta que la difficulté mue par le duc de Montpensier, étoit vidée, par l'avis donné au privé conseil du roi, le 3e d'avril 1538, homologué au Parlement de Paris et mis au Trésor des chartres du roi, et, par la transaction de la même année, vérifiée à la cour ; néanmoins, le roi ordonna aux commissaires de donner leur avis et sur la fin de non recevoir et sur le fond ; ce qu'ils firent, après de grandes procédures, le 27 de septembre 1560.

Cet avis contenoit que les duchés de Bourbonnois et d'Auvergne, les comtés de Montpensier, de Clermont, de la haute et basse Marche et de Gien, étoient du vrai domaine de la couronne de France, qu'en tout cas ces terres y avoient été réunies par la mort de Charles, duc de Bourbon, connétable de France, sans enfants mâles, et quand aux autres biens dont il jouissoit au temps de son départ du royaume, que le duc de Montpensier pouvoit légitimement prétendre le duché de Chatelleraud, le comté de Forest et les pays de Dombes et de Beaujollois.

Enfin, après plusieurs délibérations, le roi étant à Orléans, assisté de la reine, sa mére, des cardinaux de Lorraine et de Tournon, du maréchal de Brissac, du chancelier de l'Hôpital, du procureur général Bourdain, et d'autres seigneurs de son conseil, d'une part; et Jacqueline de Lonvic, duchesse de Montpensier, procuratrice de Louis de Bourbon, duc de Montpensier, son mari, d'autre part, firent une transaction, le 27e septembre suivant (1), par laquelle il fut arrêté que le duché de Montpensier et les autres terres et seigneuries données par le roi François Ier à Louise de Bourbon, princesse de la Roche-sur-Yon, au mois d'août 1538, demeuroient acquises du duc de Montpensier, et outre ce, les seigneuries de Dombes et de Beaujollois, en l'état qu'Anne de France et Charles, duc de Bourbon, connétable de France, son mari, en jouissoient; voulant, Sa Majesté, que le duc de Montpensier et ses successeurs jouissent à l'avenir, *pour regard du pays de Dombes, de tous droits de souveraineté, prorogatives, prééminences, exemptions, immunités, franchise et liberté, telles que les avoient Anne de France et Charles, duc de Bourbon, ne s'y réservant le roi autre chose que la bouche et les mains*, avec pouvoir au duc de Montpensier de retirer toutes les terres engagées. Le 17e de décembre suivant, le roi Charles IX envoya cette transaction au Parlement de Paris, où elle fut enregistrée, par arrêt du 25e de juin 1561.

Ainsi, pour suivre l'ordre que nous avons tenu, il nous faut donner les éloges des ducs de Montpensier, qui ont été souverains de Dombes jusqu'à présent.

---

(1) V. le Recueil des droits et priviléges du parlement de Dombes, imprimé à Trévoux en 1741, in-4.

LOUIS.

Louis de Bourbon, premier duc de Montpensier, pair de France, souverain de Dombes, prince de la Roche-sur-Yon et du Luc, comte dauphin d'Auvergne, de Castres et de Mortain, vicomte d'Auge et de Brosse, baron de Beaujollois, seigneur de Champigny, de Roche-en-Regnier et d'Arnay-le-Duc, gouverneur de Touraine, d'Anjou, du Maine, de Dauphiné et de Bretagne, lieutenant-général du roi en ses armées, surnommé le Bon.

La vie de ce prince ayant été amplement écrite par plusieurs historiens, entre autres par Nicolas Coustureau, sieur de la Jaille, à laquelle le sieur de Bouchet a fait des additions très-curieuses, par le R. P. Hilarion de Coste, religieux minime, assez connu par ses ouvrages, et par les sieurs de Sainte-Marthe, ce seroit un travail inutile de s'y appliquer, parce que ce ne seroit qu'une ennuyeuse redite. Il me suffira de remarquer qu'entre autres éloges qui lui ont été donnés, il n'en est point qui lui soit dû à meilleur titre que celui de protecteur de la religion catholique, d'ennemi des divisions du royaume et de serviteur très-fidèle de son prince. Il fut le premier duc de Montpensier de la maison de Bourbon et le septième seigneur de Dombes, par la transaction du 27ᵉ de septembre 1560, de laquelle nous venons de parler, en exécution de laquelle il dépêcha d'Orléans, le dernier de janvier 1565, François de Saint-Hilaire, écuyer, seigneur dudit lieu, son maître d'hôtel et gentilhomme ordinaire de la maison du roi, et Etienne Fergon, son conseiller et secrétaire, pour aller, en son nom, prendre possession de la souveraineté de Dombes et du pays de Beaujollois ; ce qu'ils firent au mois de mars suivant, avec un grand applaudissement et incroyable de tous les peuples, qui s'estimèrent heureux de retourner sous la domination de la maison de Bourbon, et d'avoir pour seigneur un prince doué de tant de vertus, lesquelles il avoit fait éclater avantageusement en tous les emplois que nos rois lui avoient donnés aux guerres de Piémont, de Picardie et d'Artois, aux batailles de Renty, de Saint-Quentin, de Jarnac et de Moncontour, en la réduction de provinces entières à l'obéissance du souverain et aux principaux gouvernements de l'État, ce qui lui acquit tant d'honneur et d'estime qu'il releva glorieusement la grandeur de sa maison que la disgrâce du connétable de Bourbon, son oncle maternel, avoit abaissée.

Comme il aimoit les ordres religieux et tous les ecclésiastiques, il fonda diverses églises, entre autres le couvent de Saint-François et la sainte chapelle de Champigny, qui est des plus magnifiques du royaume, par patentes datées au Plessis-lez-Tours, le dernier d'août 1569; il accorda aux religieuses de Saint-Pierre de Lyon exemption de subsides dans la souveraineté de Dombes, tant par eau que par terre.

Il mourut au château de Champigny, qu'il avoit fait bâtir, le 23e septembre 1582, et fut inhumé en la sainte chapelle, et son cœur porté en l'église d'Aigueperse, au duché de Montpensier.

Sa première femme fut Jacqueline de Lonvic, comtesse de Bar-sur-Seyne, fille de Jean de Lonvic, seigneur de Givry, baron de Pagny et de Mirebeau, et de Jeanne d'Orléans, dame d'Angoulême, tante maternelle du roi François Ier, laquelle il épousa au mois d'avril 1538; et la seconde, Catherine de Lorraine, fille de François de Lorraine, duc de Guise, et d'Anne d'Est, dame de Ferrare, le 4e de février 1570, de laquelle il n'eut point d'enfants.

Enfants de Louis de Bourbon, duc de Montpensier, et de sa première femme.

FRANÇOIS de Bourbon, duc de Montpensier, souverain de Dombes, dont l'éloge sera ci-après;

Françoise de Bourbon, mariée avec Henri-Robert de la Mark, duc de Bouillon, prince de Sedan, de Jametz et de Jaucourt, gouverneur de Normandie ;

Anne de Bourbon, épouse de François de Clèves, second du nom, duc de Nevers ;

Jeanne de Bourbon, abbesse de Sainte-Croix de Poitiers ;

Charlotte de Bourbon, alliée avec Guillaume de Nassau, prince d'Orange ;

Louise de Bourbon, abbesse de Jouarre et de Faremoutier.

FRANÇOIS.

François de Bourbon, duc de Montpensier, de Saint-Fargeau, et de Chatelleraud, pair de France, souverain de Dombes, prince de la Roche-sur-Yon, dauphin d'Auvergne, marquis de Mézières, comte de Mortin, vicomte d'Auge et de Brosse, baron de Beaujollois, d'Escolle, Montagu et de Combrailles, seigneur de Champigny et d'Argenton, gouverneur et lieutenant général pour le roi ez duchés d'Orléans, de Touraine et d'Etampes, pays du Maine, d'Anjou, du Perche, de Londunois, de Dauphiné et de Normandie. Du vivant de son père on l'appelait prince Dauphin, et c'est sous ce nom qu'il est connu dans l'histoire du temps, et qu'il parut au siége de Rouen, de Saint-Jean-d'Angéli et aux fameuses journées de Jarnac et de Moncontour.

Charles IX l'ayant honoré du gouvernement de Dauphiné, il travailla fort heureusement à remettre les principales villes de Vivarais à l'obéissance du roi Henry III, son successeur.

Le duc de Montpensier, son père, étant mort, il accompagna François, duc d'Anjou et d'Alençon, frère de sa Majesté, en la guerre de Flandres, et fut envoyé en ambassade en Angleterre pour arrêter le mariage de ce prince avec la reine Elisabeth.

Comme il fut successeur des biens et de la plupart des charges de son père, il fut aussi héritier de sa fidélité inviolable envers son souverain, et ennemi capital de la ligue, ce qui lui donna occasion de faire éclater son courage à la bataille d'Yvry et à la réduction de la Normandie, de laquelle la prise de Rouen étant le chef-d'œuvre, à cause que le roi lui en avoit donné le gouvernement, les soins extraordinaires qu'il prit à le faire réussir, quoique inutilement, lui causèrent une maladie, laquelle lui ayant ôté le moyen d'achever ce qu'il avoit entrepris si heureusement, l'emmena de ce monde en l'autre, à Lizieux, le 4e de juin 1592.

Entre autres éloges et épitaphes qui furent dressés à la mémoire de ce prince, par plusieurs beaux esprits du royaume, en prose et en vers latins et françois, j'ai choisi celle-ci, parce qu'elle contient un abrégé de ses principales actions.

D. O. M.

Et sempiternæ memoriæ Francisci Borbonii, Montispenserii ducis, Dumbarum principis, cujus genus a B. Ludovico, Francorum rege; est ipse toto orbe per innumerabiles virtutes illustris, ob res præclare pace belloque gestas; consanguineis suis Christianissimis regibus Henrico II, Francisco II, Carolo IX, Henrico III et Henrico IV, charissimus semper vixit. Legatus de maximis rebus in Angliam bis trajecit, honorificentissime exceptus a regina et insulanis omnibus admirabilis; in expeditione Belgica, Franciscum Regium fratrem Andium ducem comitatus, humanitatis, fidei, fortitudinisque laudem meruit. Allobrogas primum dein Neustrios summa moderationis et justitiæ forma prorex, in regum fide retinuit. Arboricensibus aliis que perduellibus ad deditionem coactis; nihil ultra durus pietatis cultor, æqui observans, patriæ seditionibus afflictæ salutem fidelissime procuravit, tumultuantibus non odio privato sed amore in patriam infectus, prœliis omnibus civilibus interfuit regum partes constanter et cum imperio secutus, novissimoque Enricensi inter suos fortissime dimicans; excusus etiam equo et humi prostratus, victoriœ occasionem Henrico regi prœbuit; tandem variis valetudinum insultibus, articularique morbo jam pridem fractus, cum nullos militares civiles que labores recusaret, corporis reficiëndi causa, Lexovium ex regis exercitu repetens, assidua febri, paucis diebus extinctus est, relicto Henrico unico filio, bonorum dignitatumque omnium, atque virtutis incomparabilis hœrede. Obiit IV non. Jun. anno MDXCII œtat. L. currente. P. Latus Juliodunensis.

Il ne laissa de son mariage avec Rénée d'Anjou, fille unique et héritière de Nicolas d'Anjou, marquis de Mézières en Brenne, comte de Saint-Fargeau, et de Gabrielle de Montreuil, qu'un fils unique appelé Henry, duquel nous allons donner l'éloge.

HENRY.

Henry de Bourbon, duc de Montpensier, de Chatelleraud et de Saint-Fargeau, pair de France, souverain de Dombes et de Jametz, prince de la Roche-sur-Yon et de Luc, dauphin d'Auvergne, marquis de Mézières, comte de Mortain et de Bar-sur-Seyne, vicomte d'Auge, de Domfront et de Brosse, baron de Beaujollois, de Thiern, d'Escolle, Montagu, Combrailles et de Mirebeau, seigneur de Champigny, d'Argenton et de Saint-Severt, lieutenant général du roi en ses armées, gouverneur de Dauphiné et de Normandie.

C'est en ce prince que finit la branche des ducs de Montpensier, souverains de Dombes, laquelle ne dura que cinquante ans. La France y perdit beaucoup, parce qu'il étoit demeuré toujours ferme dans les intérêts de la couronne, pour lesquels il exposa souvent sa personne. La religion catholique le reconnut pendant sa vie pour un de ses défenseurs, ayant laissé plusieurs marques de sa piété, entre autres les fondations des Minimes de Champigny et de Montmerle-en-Dombes. Les pauvres le regrettèrent comme leur père, et la noblesse comme leur protecteur. Il acquit une haute estime par les soins qu'il prit à dissiper les factions qui divisoient la Bretagne, et pour s'être glorieusement signalé à la rencontre de Craon, où il fut dangereusement blessé, n'étant âgé que de dix-neuf ans. Il servit aussi avantageusement au siége de Dreux, de Honfleurs et d'Amiens, au secours de Cambray, de La Fère, de Calais et autres places assiégées par les Espagnols.

Le roi Henri IV rendit un honorable témoignage de ce prince; car, parlant du regret que toute la France avoit de sa mort, Sa Majesté dit fort judicieusement qu'il avoit bien aimé Dieu, servi son roi, bien fait à plusieurs et jamais tort à personne.

Par son testament du 13e février 1608, il institua son héritière universelle la princesse Marie, sa fille unique; et, par son codicile du même jour, il ordonna que, si elle mouroit sans enfants, la Dombes et ses autres terres appartinssent au duc d'Orléans, son fiancé, et, à son défaut, à monseigneur le Dauphin.

Les meilleurs écrivains du siècle l'ont hautement loué dans leurs ouvrages, entre autres le R. P. La Noue, en sa chronique des Minimes, comme l'un des principaux bienfaiteurs de leur ordre.

Le 17e avril 1597, il fut marié à Rouen, avec Henriette-Catherine de Joyeuse, fille unique et héritière d'Henry, duc de Joyeuse, comte de Bouchage, maréchal de France, et de Catherine de Nogaret, de la Valette (1).

Ce mariage ne dura que onze ans, Henry étant décédé à Paris, le 27e de février 1608, ne laissant qu'une fille, son

---

(1) Arch. nation., carton K. 542.

unique héritière, appelée Marie, de laquelle nous parlerons ci-après.

On lui fit un service solennel à Trévoux, où le P. Humblot, vicaire général de l'ordre des Minimes, prononça son oraison funèbre. Les obsèques se firent à Paris, en l'église de Notre-Dame, où assistèrent tous les chevaliers du Saint-Esprit. Le prince de Condé et le comte de Soissons menèrent le deuil, et Pierre Fenouillet, évêque de Montpellier, fit son oraison funèbre. Il fut inhumé dans la chapelle de Saint-Louis de Champigny, avec les deux épitaphes suivantes :

La première :

Deum timens, ab ecclesia numquam deficiens, Regi obsequens, patriæ amans, parentibus obediens, nulli nocens, omnibus proficiens, Regni decor, principum splendor, aulicorum honor, populi amor.
Henricus Borbonius Montpensarius jacet hic, time.

La seconde :

Henrico Borbonio, duci Montpenserio, domino Dumbarum, proregi Normanorum, principi præstantissimo, generis splendorem summis virtutibus æquanti, pio, forti, pacifico, de quo in vita jure unquam quæstus est nemo. Quod immaturus obiit, dolent omnes, quod brevia fuerint spatia vitæ, non quæror, vitæ quod isti periit æternæ est datum.

MARIE.

Marie de Bourbon, duchesse d'Orléans, de Chartres, de Montpensier, de Chatelleraud et de Saint-Fargeau, souveraine de Dombes, princesse de la Roche-sur-Yon et du Luc, dauphine d'Auvergne, comtesse de Mortain, de Blois et de

Bar-sur-Seyne, vicomtesse d'Auge, de Domfront et de Brosse, baronne de Beaujollois, de Thiern, d'Escolle, Montagu, Combraille et de Mirebeau, dame de Champigny, d'Argenton et de Saint-Sévère.

Si ce fut un extrême regret à toute la France de voir mourir Henry de Bourbon, duc de Montpensier, prince si accompli en toutes sortes de vertus, sans enfants mâles, ce fut aussi une extraordinaire consolation qu'il eut laissé une fille excellente en beauté, d'un grand esprit et d'un naturel doux, affable, charitable aux pauvres, et la plus riche héritière du royaume, parce qu'elle donnoit espérance d'être un jour ou épouse ou mère de roi, et de pouvoir maintenir plus glorieusement la tige de l'auguste et royale maison de Bourbon, dont l'une des branches avoit pris fin en sa personne.

En effet, d'abord que cette illustre princesse fut née au château de Guillon en Normandie, le 15ᵉ octobre 1605, on projeta de la marier avec le duc d'Orléans, second fils du roi Henri IV. Les articles en furent arrêtés un peu avant le décès du duc, son père, avec Sa Majesté, le 14ᵉ de janvier de l'an 1608. Mais ce prince étant mort quatre ans après, avant que le mariage eut été accompli, elle fut mariée le 6ᵉ d'août 1626, à Nantes, dans l'église des Minimes, par le cardinal de Richelieu, avec Gaston-Jean-Baptiste de France, duc d'Orléans et de Chartres, comte de Blois, frère unique du roi Louis-le-Juste (1), mariage qui releva d'autant plus les espérances des bons François, qu'il promettoit une longue et heureuse postérité, en un temps auquel il n'avoit pas encore plu à Dieu de faire part à notre monarque de la bénédiction la plus souhaitée du mariage.

Mais comme il n'y a qu'instabilité dans ce monde, et que les choses dont on attend plus de joie et de satisfaction ont bien souvent de funestes événements, cette incomparable princesse, ornement de son sexe, après avoir été accouchée d'une fille, le 29ᵉ de mai 1627, mourut le 4ᵉ du mois de juin suivant,

---

(1) Arch. nation., carton K. 542.

avant l'âge de vingt-deux ans, laissant toute la cour en deuil, et le duc d'Orléans, son époux, inconsolable d'avoir fait une si grande perte. Elle fut inhumée en l'église de Saint-Denis en France, où se fit sa pompe funèbre. Les cours souveraines, le prévôt des marchands et les échevins de Paris, le recteur et l'Université assistèrent à ses obsèques ; Jacques, comte de Clinchamp, seigneur de Rouville et de Chavigne, son chevalier d'honneur, eut ordre du roi d'en faire faire les cérémonies. Denis Copeau, alors évêque de Nantes, et, depuis, de Lizieux, prononça l'oraison funèbre.

Les paroles que cette princesse dit en mourant au duc, son mari, sont remarquables, et montrent l'excellence de son esprit et la fermeté de son courage en une conjoncture la plus formidable que les plus grands hommes ont accoutumé d'appréhender. « *C'est une grâce que Dieu me fait*, dit-elle, *de mourir si jeune, parce que j'en mourrai plus innocente ; je ne crains point la mort qu'à cause qu'elle m'éloigne de vous, que j'aime plus que ma vie. C'étoit à Dieu, qui nous avoit joints, de nous séparer ; il faut louer sa providence et s'y soumettre, je ne vous recommande point ma fille, parce que je suis assurée que vous en aurez du soin.* »

Elle fit deux choses remarquables pour la souveraineté de Dombes : l'une, d'en procurer la limitation avec la Bresse et le Lyonnois, en l'an 1611 (1), ayant député de sa part Baltazard de Villars et Pierre d'Austrein, présidents en son parlement, et l'autre, que par édit daté à Paris, au mois de novembre 1617, elle cassa la vénalité de tous les offices de cette souveraineté, édit qui, subsistant, eut ouvert la porte au mérite et fermé celle des richesses. Elle avoit pour devise un lys d'argent avec ses feuilles vertes qui élevoit sa tige en haut, avec ces paroles latines : *In manibus tuis sortes meæ*.

Son cœur et ses entrailles furent portés en l'église des Filles

---

(1) Archives du greffe du tribunal de Trévoux, Registre du bailliage de Dombes, n° 1, fol. 173-190. — Imp. Bibl. Dumbensis, p. 517-527.

de la Passion ou Capucines, en la rue Neuve-Saint-Honoré, près de celui du P. Ange de Joyeuse, son aïeul maternel, où madame la duchesse douairière de Montpensier, sa mère, lui fit dresser cette épitaphe sur marbre :

Cy gist le cœur de très-haute, très-puissante et très-vertueuse princesse Marie de Bourbon, fille de très-haut prince Henry de Bourbon, duc de Montpensier, et de très-haute princesse Henriette-Catherine de Joyeuse, jadis duchesse de Montpensier, à présent de Guise, laquelle Marie épousa très-haut, très-puissant et très-magnanime prince Gaston, frère unique du roi, fils d'Henry-le-Grand et de Marie-Auguste de Médicis, et décéda le 4ᵉ juin de l'an 1627, en l'âge de vingt-un ans, sept mois et dix-huit jours, dix mois après son mariage, et sept jours après son accouchement. Priez Dieu qu'il reçoive son âme et console sa mère, qui laisse ce marbre à la mémoire de son amour et de sa douleur.

L'épitaphe qui fut gravée sur sa sépulture à Saint-Denis est telle :

VOTUM MEMORIÆ

Nobilissimæ clarissimæque principis Mariæ Henricæ Borboniæ, Monspensariæ, Gastonis, Aurelianensium ducis, Ludovici XIII regis christianissimi fratris unici, conjugis carissimæ.

Recumbe suplex marmori, viator, quisquis es, nam purissimus est hic cinis, augustissimæ mortalitatis reliquiæ, divinus sit heroinæ spiritus, qui locum servat ; quod natura potuit, sanguinem dedit et pulchritudinem ; quod virtus exhibet, innocentiam dedit et castitatem ; quod fortuna præfert, divitias dedit et subditos; quod terra ostentat, gloriam dedit et obsequium ; quod amor gignit, delicias dedit et prolem : quod cœlum promittit, beatitudinem dedit et immortalitatem ; an ultra quis mortalium cupiat ex istis, opinor, genus; conjectus et nomen, sui rudis adhuc ex alio in hunc orbem delatus ades, volens, tumulum aperiam volenti; Maria hic quiescit, Monspenseria, quæ a Borbonia ducum Montispenserii origine, in regiam Borboniorum familiam transiens, Gastoni Aurelianorum duci, regis fratri, nupsit, regum neptis, princeps principi, virgo viro formosa amabili forti generosa, sic palmæ inosculatur palmæ surculus, sic laura laurus inserta est, unicam vero filiam concepit, peperit, ut unica parentum proles adoluerat; ita singulos singulæ nucleos conchæ ferunt. Innuba vixit annos supra vigenti, duos marita. Heu! dolor! eos tantum menses qui ad fœturam, et partum et supplicium maturant, discedente eo, decessit. Lacrimis rex prosecutus, fletibus et lamentis Gasto Regiam complevit; illacrimatur Gallia suis principibus, quin ipsa mors emittat lacrimas, si habeat oculos unde fluant; at superi cœca est, ut surda. Imo si videat non faciat rapinam ejus quam adoravit. Tu, hospes, in alto quodam stupore, ad casum sensus habens, largis dolens imbribus, saxum riga quod mœrentis regni totius lacrymis impluitur, testare suspiriis pietatem, cultu reverentiam, precibus amorem, et vale.

ANNE-MARIE-LOUISE.

Anne-Marie-Louise d'Orléans, souveraine de Dombes, princesse de la Roche-sur-Yon et du Luc, dauphine d'Auvergne, duchesse de Montpensier, de Chatelleraud et de Saint-Fargeau, marquise de Mézières, comtesse de Mortain, d'Eu, de Bar-sur-Seine et de Châtillon, vicomtesse d'Auge, de Domfront et de Brosse, baronne de Beaujollois, de Thiern, d'Escolle, de Montagu, de Combraille et Mirebeau, dame de Champigny, d'Argenton et de Saint-Sevère.

Si les avantages d'une naissance élevée, d'un esprit excellent, d'une beauté singulière, d'une haute vertu et d'une riche et ample succession sont capables de rendre une princesse le parti le plus considérable de toute la chrétienté, il faut ajouter que celle à qui nous devons cet éloge, peut, sans exagération, se vanter de cette prérogative, car pour la naissance s'en peut-il voir une plus glorieuse ? Puisque Anne-Marie-Louise, de son chef, est petite-fille du grand Henri IV, prince d'immortelle mémoire, et fille de Gaston-Jean-Baptiste, duc d'Orléans, et de celui de Marie de Bourbon, duchesse de Montpensier, sa mère, elle est un illustre rejeton des ducs de Bourbon et de Montpensier, dont la réputation est allée jusqu'aux extrémités de la terre. Cette incomparable princesse a encore eu cet honneur d'appartenir de parenté à toutes les principales couronnes de la chrétienté, et de compter entre ses ascendants paternels et maternels presque autant d'empereurs et de rois qu'il y a de degrés de générations. Son esprit n'est pas moins connu de tous ceux qui ont eu le bonheur de l'approcher, que l'éclat des grâces de son visage à ceux qui la voyent, et sa vertu est au point le plus éminent que l'on puisse souhaiter pour rendre sa personne plus accomplie.

Et quoique les richesses sont le moins à estimer, parce qu'elles sont plutôt des faveurs de la fortune que les marques du mérite, toutefois étant absolument nécessaires aux rois et aux princes pour soutenir glorieusement le rang auquel Dieu les a élevés par-dessus les autres hommes, je n'ai pas grand'peine à me persuader que ce dernier avantage d'avoir une souveraineté, deux principautés, trois duchés, et je ne saurois dire combien de marquisats, de comtés, de vicomtés, de baronnies et de belles terres, ne soit pas des moins considérables.

Cette incomparable princesse prit naissance à Paris, le 29ᵉ de mai 1627, et fut présentée au baptême par Anne d'Espagne, reine de France, et par ce grand ministre l'éminentissime cardinal, duc de Richelieu, le 17ᵉ de juillet 1636. La cérémonie en fut faite par Dominique Seguer, alors évêque d'Auxerre, depuis, évêque de Meaux, premier aumônier du roi; elle eut les nom d'Anne, à cause de la reine, sa maraine, celui de Marie, en mémoire de Marie de Bourbon, sa mère, et le roi ajouta celui de Louise quand cette princesse reçut le sacrement de confirmation par les mains de Denis Cohon, évêque de Nimes.

Quoique au décès de madame sa mère le duc d'Orléans ne fût pas majeur, néanmoins le roi, par lettres patentes datées à Villeroy, le 17ᵉ de juillet 1627, lui donna la tutelle et la garde noble royale de mademoiselle sa fille, ce qui fut encore confirmé par autres patentes du 25ᵉ de février 1635, vérifié au Parlement de Paris, le 19ᵉ de juillet 1636, et c'est en cette qualité d'usufruitière de la souveraineté de Dombes que Son Altesse Royale a fait battre monnoie à Trévoux sous son coin, créé et supprimé des offices, et fait divers édits et règlements tant pour la justice que pour les autres matières dont nous avons parlé ailleurs.

Depuis, le roi, du consentement de Son Altesse Royale, par patentes données à Paris le 7ᵉ décembre 1650, vérifiées au Parlement de Paris et en celui de Dombes, émancipa Mademoiselle, sous le conseil de Michel Langlois, fameux avocat au Parlement de Paris, et lui délaissa l'entière administration de toutes ses terres, dont Son Altesse Royale, monseigneur le duc d'Orléans, donna avis aux officiers du Parlement de Dombes, le 9ᵉ du même mois; Mademoiselle leur en écrivit aussi.

La Dombes doit donc s'estimer très-heureuse d'avoir pour dame souveraine une princesse si achevée, dont la domination est si douce et les conseils si justes, et laquelle, d'ailleurs, prenant la pensée du mariage, laquelle jusqu'ici lui a été fort indifférente, ne peut manquer d'épouser un grand prince (1)

---

(1) On sait que les prévisions de notre historien ne se réalisèrent pas. Éprise de Lauzun, auquel elle s'unit par les liens d'un mariage secret, Anne-Marie-Louise fut en quelque sorte contrainte, pour le tirer de prison, de faire donation de la Dombes, le 2 février 1681, à Louis-Auguste de Bourbon, duc du Maine, fils naturel de Louis XIV et de Madame de Montespan. Elle mourut le 5 avril 1693.

Le duc du Maine entra en possession de la Dombes au mois d'avril de la

qui, secondant l'affection que cette incomparable princesse a toujours eue pour cette souveraineté, en protégera les peuples, aimera la justice et estimera la noblesse, et leur donnera à tous une longue tranquillité.

---

même année. Il était né le 31 mars 1670 et mourut le 14 mai 1736. De son mariage avec Louise-Bénédicte de Bourbon, plus connue sous le nom de Mademoiselle de Charolais, fille d'Henri-Jules de Bourbon, prince de Condé, il laissa entre autres enfants :

1° Louis-Auguste de Bourbon, IIe du nom, prince de Dombes, né le 4 mars 1700.

Et 2e Louis-Charles de Bourbon, comte d'Eu, né le 15 octobre 1701, qui recueillit la succession de son frère aîné, mort sans enfant, le premier octobre 1755, et qui échangea la souveraineté de Dombes avec Louis XV, le 28 mars 1762, contre les vicomtés d'Argentan et d'Exme, la terre et seigneurie de Sorel, le domaine de Crécy en Brie, le duché de Gisors, le marquisat de Bizy, le domaine de Pacy-sur-Eure, la baronnie d'Yvri et Garenne, la forêt de Vernon, celle d'Andely, etc. Les lettres-patentes portant ratification de l'échange furent enregistrées à Trévoux, au Parlement, le 30 août de la même année. De ce jour date donc la réunion de la Dombes à la France, réunion consacrée de nouveau par la loi spéciale du 27 septembre 1794.

FIN DU PREMIER VOLUME.

www.ingramcontent.com/pod-product-compliance
Lightning Source LLC
Chambersburg PA
CBHW060606170426
43201CB00009B/913